絵図とカラー写真で見る
房総里見氏の城郭

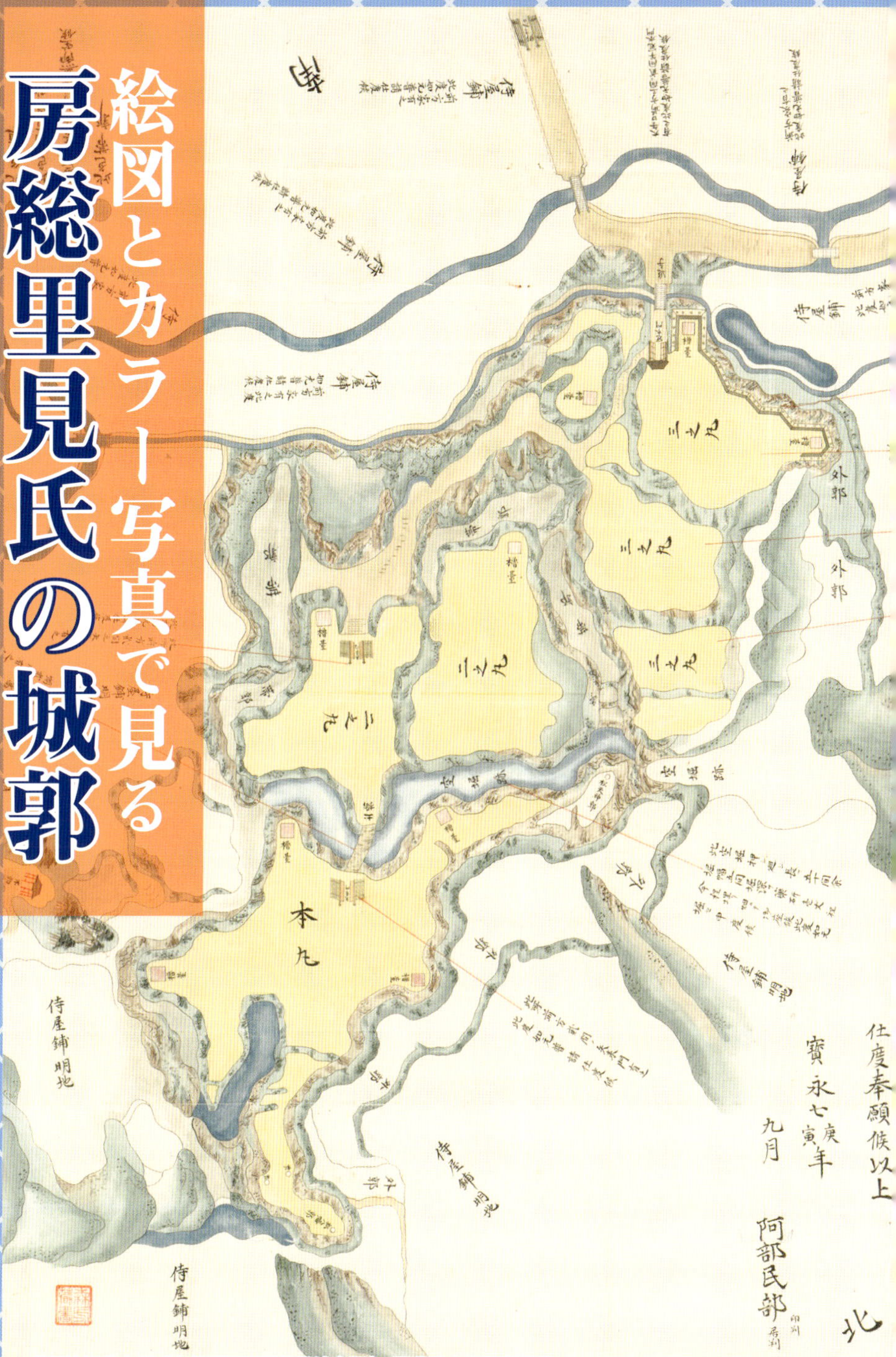

八代国治旧蔵史料「上総國天羽郡佐貫城之図」 國學院大學図書館蔵

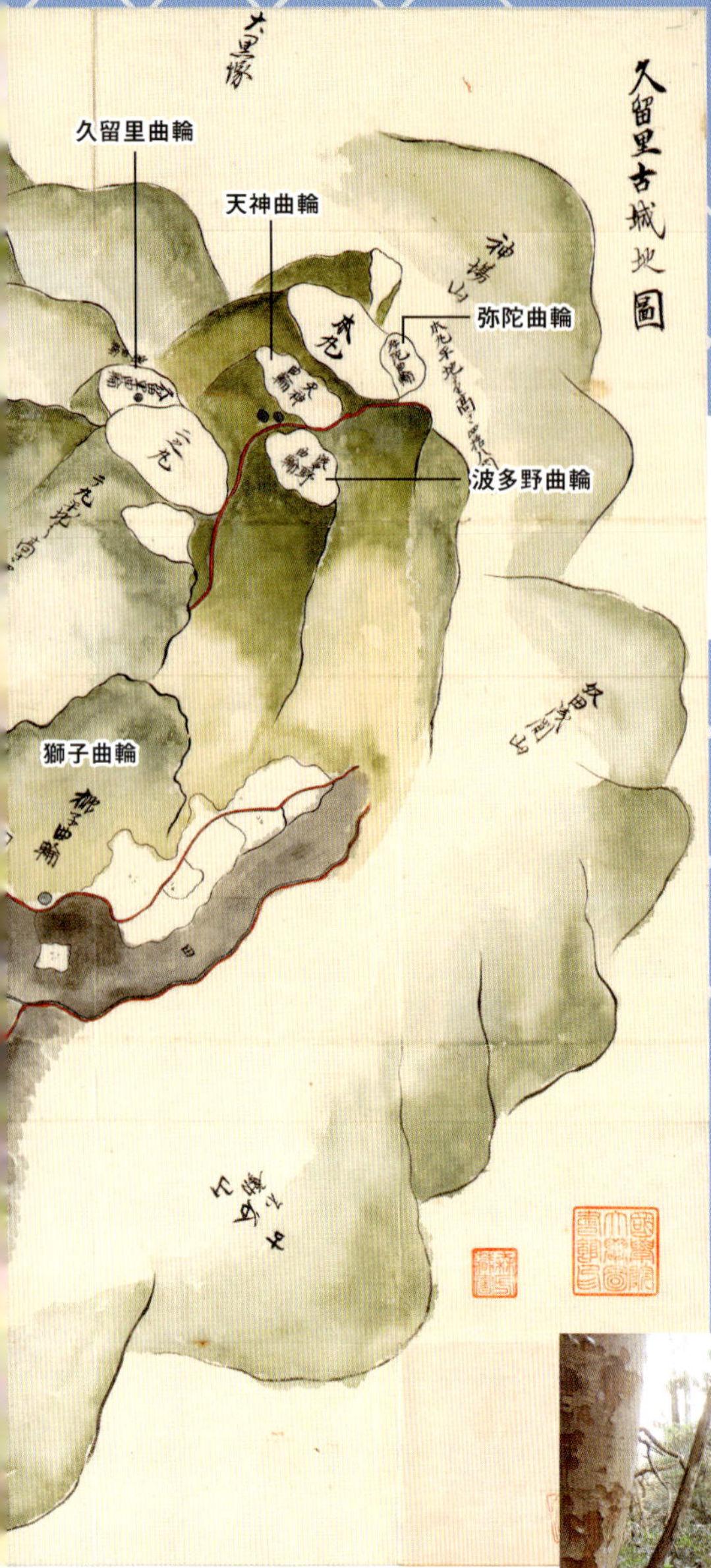

▲久留里城本丸背後の曲輪　天文～永禄初期（1550～1560）の北条氏との戦いのなかで、久留里城は山上まで大きく整備された

▶久留里城本丸北側の大堀切　里見氏時代の中世の遺構のなかでも最大の堀切である

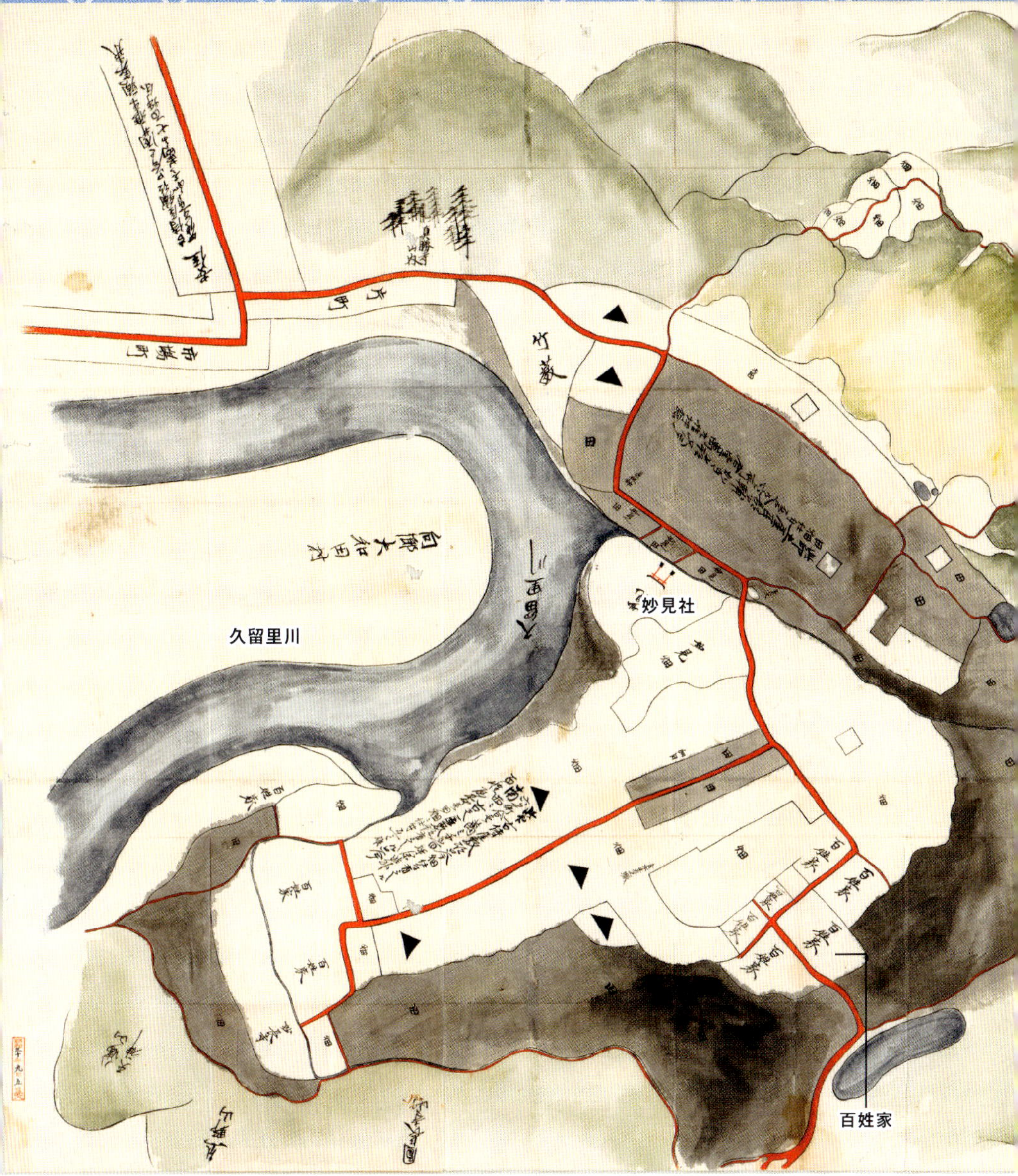

▲八代国治旧蔵史料「久留里古城地図」　近世の久留里城について描いた絵図であるが、里見氏の時代の枠組みを伝えるものといわれている　國學院大學図書館蔵

▶金谷城虎口　岩盤整形による埋門と、背後に石組みの壁が組まれた石山ならではの構造である　画像提供：富津市教育委員会

◀金谷城二ノ丸掘立建物跡　金谷城では、複数の掘立柱建物跡が確認されている。岩山を大きく掘り下げて作られた主殿級の建物である　画像提供：富津市教育委員会

●八代国治旧蔵史料「上総國天羽郡金谷古城之図」　金谷城は鋸山山系の西の丘陵端に位置し、西側は現在の東京湾に面する城郭であり、水軍にとっても重要拠点であった　國學院大學図書館蔵

●八代国治旧蔵史料「上総國天羽郡峯上古城之図」 峰上城は、周囲が断崖絶壁の山城であり、里見氏と北条氏の争奪の場となった。絵図には、天神・本城・中城・鍛冶屋敷・大門・尾崎といった曲輪の名称や堀切の位置などが記されている 國學院大學図書館蔵

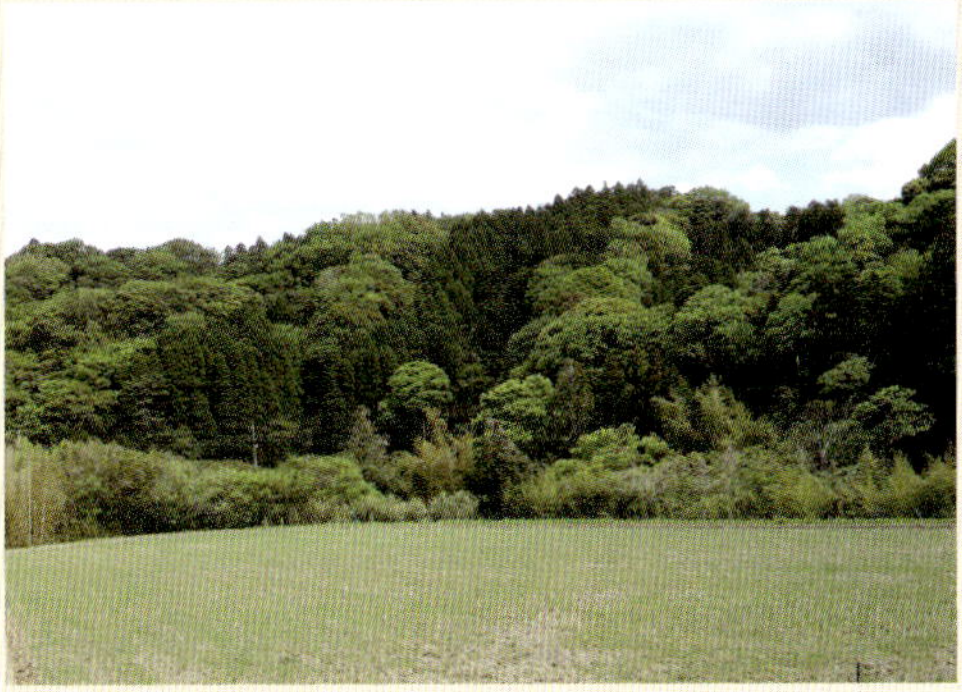

◀峰上城跡遠景

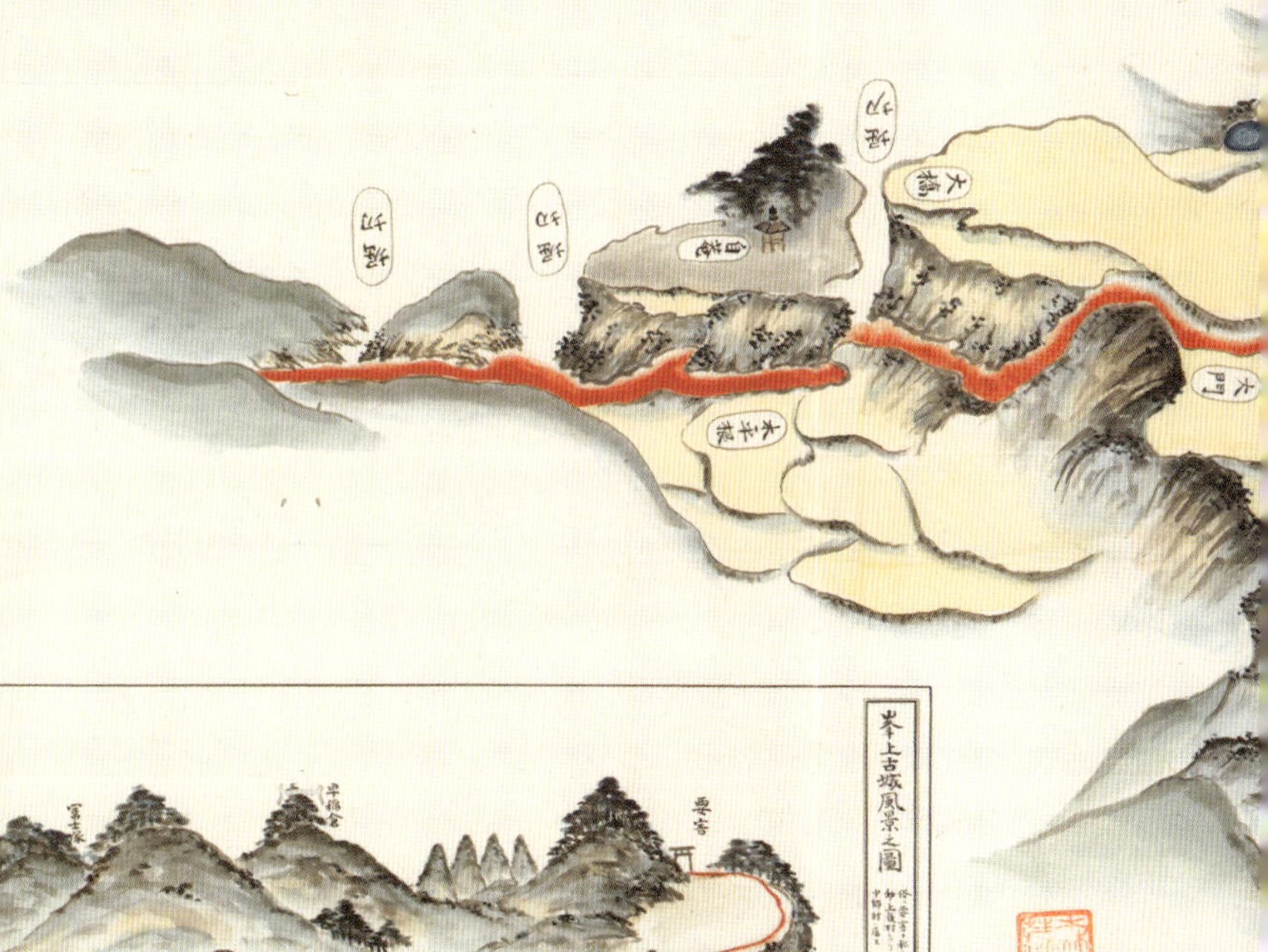

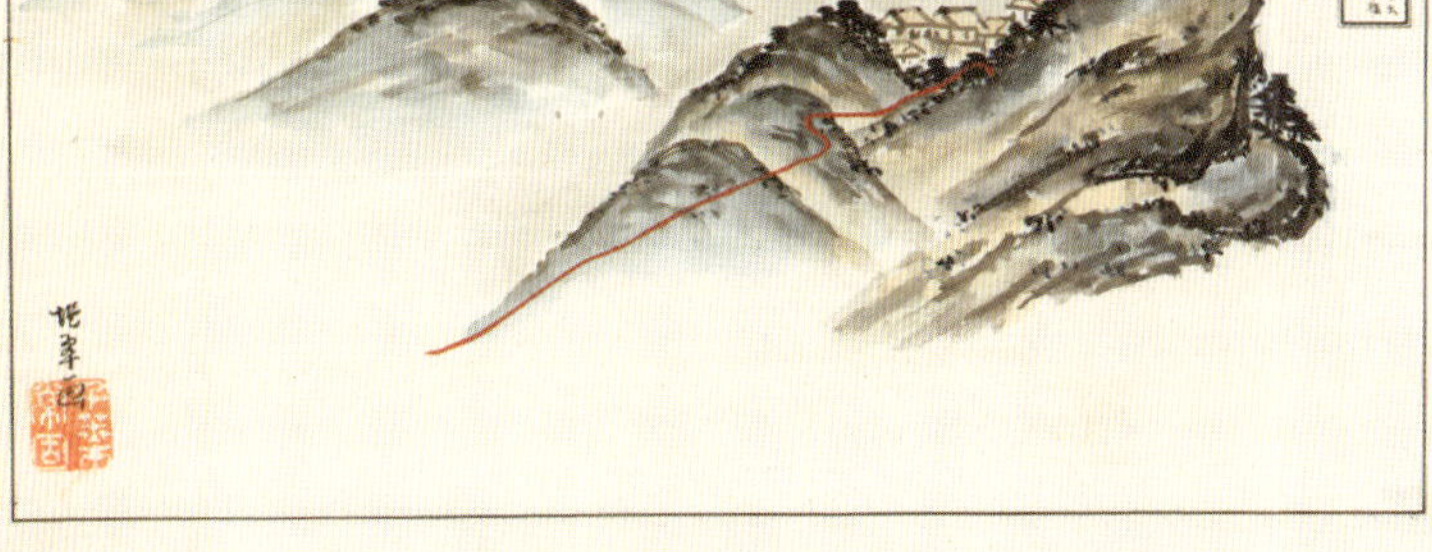

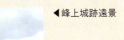

●八代国治旧蔵史料「上総國夷隅郡勝浦古城之図」 勝浦城は南北約1.5キロ、東西0.6キロに及ぶ広大な尾根上に築かれ、太平洋に面した湊城である。絵図からも地形のありようがみてとれる 國學院大學図書館蔵

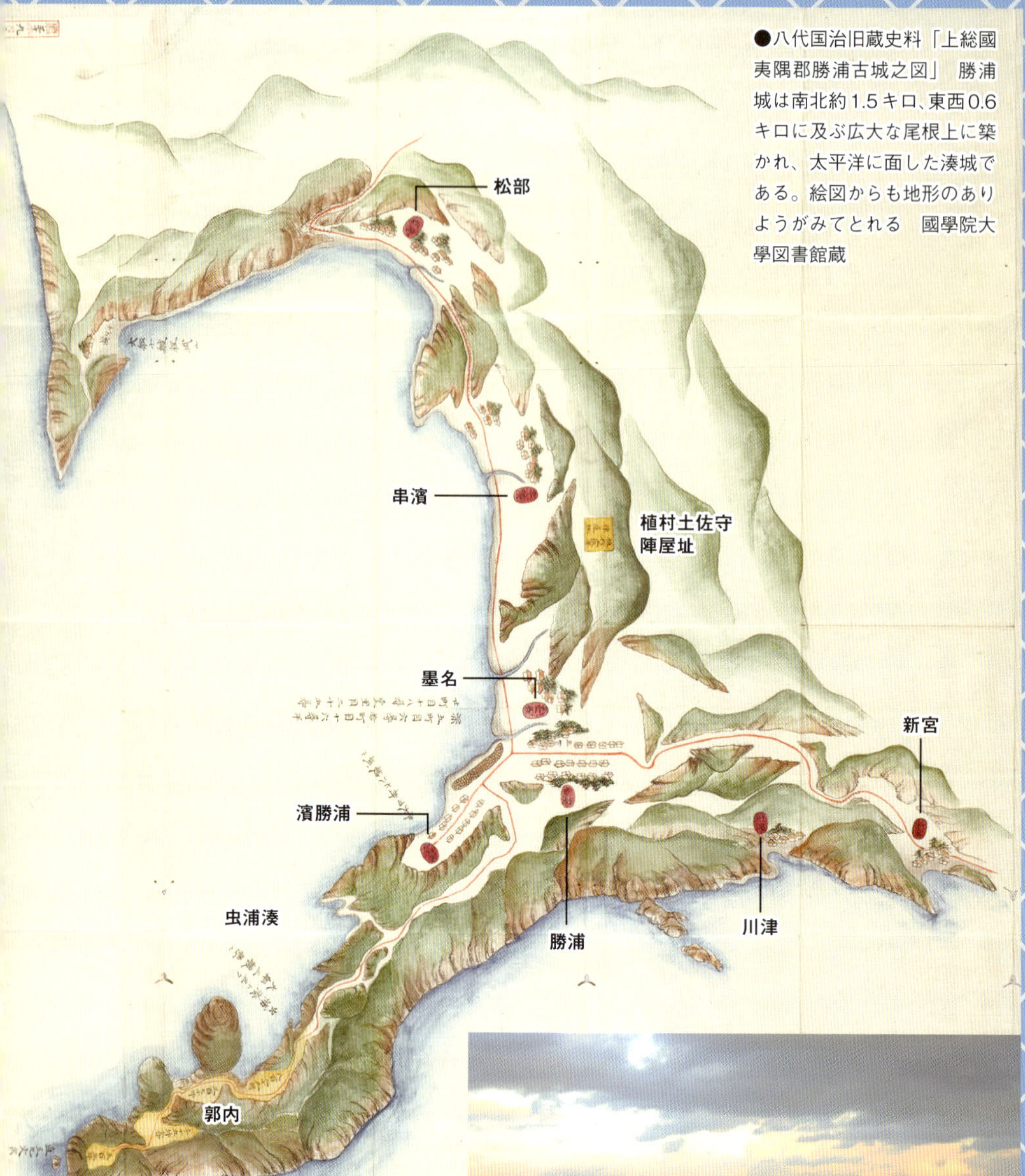

▶勝浦城跡遠景

図説 日本の城郭シリーズ 9

房総里見氏の城郭と合戦

小高春雄

戎光祥出版

はしがき

里見《さとみ》氏の城郭といえば、従来、単純な縄張り——つまり、尾根《おね》を均《なら》しただけ——の城というイメージがあった。たしかに、館山《たてやま》はさておき、山ノ《やま》城《しろ》や宮本《みやもと》・稲村《いなむら》といった城を大雑把に散策するだけなら、それも間違いとはいえない。しかし、細部にまでこだわって全体を見回すと、安房《あわ》の城のほんとうの姿が見えてくる。本書は、その実像を理解するための手引きであり、単なる紹介ではない。残された城郭遺構の解説に力を入れたのも、そのためである。

さらに、ともすれば安房＝里見と思われるかもしれないが、天文《てんぶん》の内乱以降、里見氏の勢力は上総《かずさ》南部に大きく延びたので、新たに獲得した城のほうが多い。これに比べて、本国安房では新規の築城は限られていた。既述した観念は、そういう歴史的な経緯とも関連するのである。

もちろん、それには房総の地形や地質条件が大きく関わっている。実は、縄張りを大きく規定したのは、里見氏や正木《まさき》氏、武田《たけだ》氏といった築城主体というより、地形条件に拠るところが大きい。つまり、台地か丘陵か、痩せ尾根かそうでないか、周囲が懸崖面《けんがいめん》か緩斜面かといった条件に加え、砂質シルトか泥岩《でいがん》か、または一部が岩石かで様相を異にする。

上総から安房の丘陵地帯は、もともと地形が複雑なことに加え、地域性もあって一様ではない。これに、城郭の変遷や性格の違いが縄張りや規模に反映される。要するに、現存する遺構はさまざまな要素が織りなした結果といってよい。そういう眼で当地の城を観察すれば、里見氏の城は、決して単純なものではないことがわかるはずである。

残された遺構には、それほどの興味がないという方も、当然いるはずである。私自身、考古学出身であり、振り返ると、久留里《くるり》を出発点として、佐貫《さぬき》・岡本《おかもと》をはじめ大小の城跡の調査・報告をずいぶんとこなしてきた。出土した遺物の細かな分類や産地比定など、発掘調査報告書が城郭愛好者に馴染むには、ハードルが高いのが実情である。しかし、私としては当地の城郭史から地域史を編み直したいという気持ちがあり、そのことを認識するがゆえに、房総の戦国史にも正面から取り組み、最新の成果による通史を心がけたつもりである。

ともすれば、名城案内と銘打ちながら、実は、通り一遍の歴史で済ませている例のなんと多いことか。現在見る個々の城は、築城に至った、ないしはそこにいた人々が辿った、まさに歴史の反映である。残された遺構がいついかなる状況の産物で、改築・廃城となったか、できるだけその歴史と関連付けて解説したのも、そういう私の思いからである。

最初のまとめともいうべき章は、いまだ地形測量や発掘調査例の乏しい当地にあっては、あるいは私の抱いたエッセンスにすぎないかもしれない。その意味でも、本書を一つの踏み台として活用していただければ、筆者にとっては本望である。

平成三十年六月

小高春雄

目次

第二部　隣国上総の城

【コラム】

凡　例

一、本書は、房総の戦国大名里見氏と、重臣正木氏にかかわる主な城館をとりあげ、その発展過程や特質を論じたものである。
一、構成は、最初に考察を含めた総論、次に各論として各城を国別、居城主体ごとのグループ別に分けて概説した。
一、城館名下の項目は、①所在地、②城主、③特徴的な遺構、④景観、の四項目を付した。
一、各論の項目は、立地・構造・歴史とし、利用の便を図るために、国土地理院1／25000地形図と縄張り図を付した。また、引用文献等は一部を除き、下欄に示した。
一、人名や歴史用語には適宜ルビを振った。読み方については、各種辞典類を参照したが、歴史上の単語、とりわけ人名の読み方は定まっていない場合も多く、ルビで示した読み方が確定的なものではない。
一、郭・曲輪の表記については、主要な区画を「郭」とし、それ以外の区画を「曲輪」としている。
一、提供者の氏名が記載されている写真以外は、著者あるいは当社提供の写真である。
一、本書に掲載しなかった城館については、筆者の旧郡別城郭シリーズ（『安房の城』、『君津の城』、『夷隅の城』、『市原の城』、『長生の城』）で扱っているので、参照されたい。

総論
里見・正木氏城郭の特質と変遷

研究の歩み

里見《さとみ》氏といえば、実像よりも滝沢《たきざわ》（曲亭《きょくてい》）馬琴《ばきん》著「南総里見八犬伝《なんそうさとみはっけんでん》」といったほうが通りがよいだろう。この読本《よみほん》は一世を風靡《ふうび》し、少なくとも明治期までその影響は大きかったが、現在では、文学史のなかの一つとして記憶している方がほとんどではないだろうか。

作者自身が巻末[*1]で述べているように、「里見軍記《さとみぐんき》」・「里見九代記《さとみくだいき》」などを下敷きに、和漢の歴史・伝記・物語などから舞台を設定し、かつ夷隅《いすみ》の「長者の里人《ちょうじゃのさとびと》」という中村国香《なかむらくにか》の『房総志料《ぼうそうしりょう》』を参考としたこともあって、義成《よししげ》―義通《よしみち》の稲村に対し、現御宿町の「館山《たてやま》」が里見に敵対する一方の主の居城として登場する。物語自体は歌舞伎と同様、時の規制もあって虚構だが、個々の城郭名は創作でない。それは、たとえば稲村《いなむら》城について「長須賀《ながすか》を距《へだて》ること、一里許《いちりばかり》なりといへども、今その古城迹《こじょうあと》詳《つまびらか》ならず」[*2]と記していることでも推し量られるだろう。

では、当の「里見軍記」などの軍記物や系図類はどうかといえば、義実《よしざね》・成義《しげよし》―白浜《しらはま》、義豊《よしとよ》―稲村《いなむら》、義堯《よしたか》―久留里《くるり》、義弘《よしひろ》―佐貫、義頼《よしより》―岡本、義康《よしやす》―館山とあって、三ないし二代義通がよくわからない（諸書にある窪田《くぼた》は論外）ことを除けば、大枠はすでに認識されていたのである。

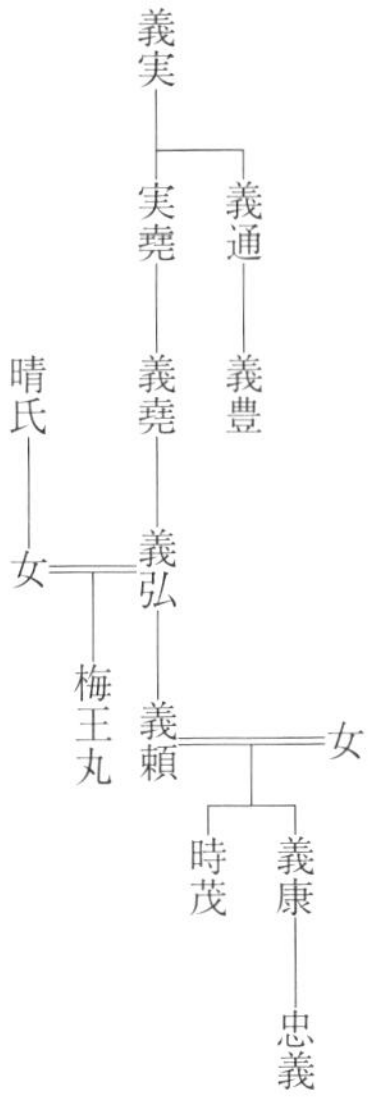

系図1 里見氏略系図

*1 第9輯巻53下「回外剰筆」
*2 第9輯巻5

「八犬伝忠勇揃」 館山市立博物館蔵

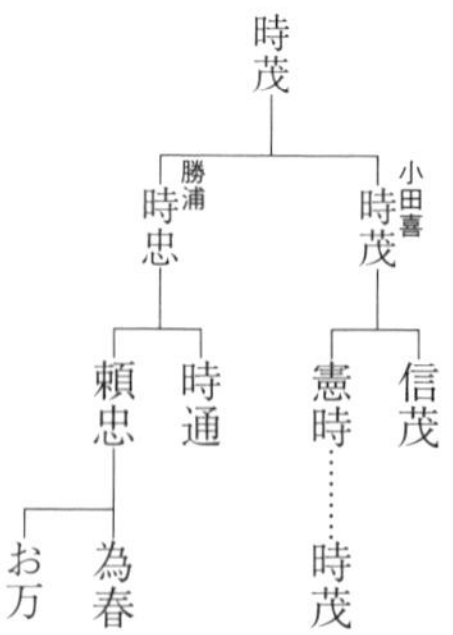

系図２　正木氏略系図

また、正木《まさき》氏にあっても小田喜《おたき》・勝浦《かつうら》の両拠点は同様ながら、それに関連して、山ノ城《やまのしろ》・一宮《いちのみや》・さらに大井《おおい》・三原《みはら》・北條《ほうじょう》といった諸城も登場し[*3]、家譜《かふ》編纂にあたっての調査を物語っている。とはいえ、そのほとんどは里見・正木両当主クラスの話であって、一族・家臣に及んではいない。ただ、『関八州古戦《かんはっしゅうこせん》録《ろく》』などでは、合戦にともなう現地の描写（三舟山《みふねやま》や久留里など）があり、それがすべて真実でないとしても参考となろう。

　これに比べて、江戸中期頃から見られる地誌・旅行記は、現地での見聞をもとにしており、しかも無名の城跡が記されている点で注目される。館山城一帯の観察記[*4]は、今となっては貴重な情報で、上総東西の[*5]それも同様である。

　その延長に、明治期の『安房志《あわし》』と大正・昭和期の県誌・郡誌があった。これによって、現在把握されている城跡の大枠が広く、公になった意味は大きい。ただ、それ以上の肉付けがされたわけではなく、大野太平著『房総里見氏の研究』（宝文堂書店、一九三三年）でも、城郭という点では関心外にあったといわねばならない。

　戦後も昭和三十年代になって、いわゆる名城シリーズが書店を飾るなかで、千葉曜胤氏の館山城に関わる一連の報告[*6]は、旧状復原にこだわった内容であり、当時としては異色の存在であった。こういう作業が広く行われていたらと思うが、同時に検証を行ううえで、さまざまな分野からのアプローチが求められていたことはいうまでもない。館山城総合調査は、まさしくその現れであり、川名登氏を中心とする基礎史料の収集に加え、発掘調査という手法が初めて取り入れられたことは、以後の研究の方向性を示すものであった。そして、近年の里見氏城郭群（稲村城・岡本城）

＊3　「正木家譜」

＊4　「安房風土聞書」、「北行日記」

＊5　「房総志料」、「上総日記」など。

＊6　館山城跡の項参照。

地図１　房総の主要城郭位置図

国指定史跡にともなう調査でも同様の手法がとられ、両城のみならず当地全体のレベルアップにつながった。

行政が文化財として城跡を把握する事業は昭和四十年代以降のことだが、行政担当者も参加した『日本城郭大系六　千葉・神奈川』（新人物往来社、一九八〇年）での補充、さらに県教育委員会自らが企画して、研究者に調査を依頼した「千葉県中近世城館跡詳細分布調査」により、県内の城館数は大きく伸びたが（約一〇〇〇城）、この間、実は里見・正木氏城館の数はそれほど増えていない（約六〇城）。近年の筆者の作業もあったが、この数字が大きく動くことはないだろう。それも、次に述べる里見氏の発展過程と深く関わることである。

下総では顕著な発掘調査成果が得られたが、上総南部から安房では限られた数（久留里・館山・佐貫・大多喜など）に留まっている。これは、ひとえに都市化と無縁な地域ゆえであるが、それだけに残された遺産をどう活用するかという課題がある。保存・活用を前提とした調査（館山・佐貫・秋元《あきもと》・稲村・岡本）は一部の有名な城に偏っており、山ノ城・宮本・白浜など、里見氏発展の鍵を握る城についても今後、意図的な調査が求められよう。

以上、里見・正木氏城郭の現在までの認識度と研究軌跡を大まかながら振り返ってみた。安房南端から出発し、房総の戦国大名へ成長した里見氏、そして突然、滅亡へと至った経緯は、それ自体がドラマステックな存在ながら、慶長期に一族もろとも姿を消したために、関係資料も運命を共にした。わずかに、勝浦正木氏の子孫が徳川家康《とくがわいえやす》の側室お万《まん》の方《かた》の縁故から、限られた史料を伝えたにすぎない。

そのため、研究の深化には限界があったが、そのなかにあって、里見氏を研究の俎上に乗せたのが戦前の大野太平氏であり、戦後の川名登氏であった。さらに、ここ数十年にわたり、里見・

伝里見氏墓所　里見実堯・義堯・義弘の墓といわれており、墓石の背後には正安三年（一三〇一）銘の板碑（板状の石を用いた卒塔婆の一種）がある　千葉県南房総市・延命寺

＊7　『安房の城』ほか上総〜安房に渡る地域版城郭シリーズ。

正木氏に関わる史料の収集を着実に進め、逐一、その成果の報告を怠らなかった岡田晃司・滝川恒昭両氏の活動は、残された城郭を理解するうえでも、きわめて大きな意味をもつものであった。また、関東足利氏との関係に加え、妙本寺《みょうほんじ》文書の分析成果から、内房沿岸の城郭に関わる佐藤博信氏の指摘も見逃すことはできない。さらに、稲村城の調査や天津小湊町史に関わり、いくつもの縄張り図作成に尽力した遠山成一氏や、安房～上総にわたって広く踏査・作図を行った松本勝氏など、個々の引用は個別城郭に記したが、筆者の一連の作業は[*7]、まさしくそれらの成果なしにはなしえなかっただろう。

安房の城の構造と特質

安房は、地政学的にみて大きく四区分される。富浦《とみうら》を含む館山平野、曽呂川《そろがわ》流域を含む長狭《ながさ》平野、保田《ほた》・勝山《かつやま》などの内房沿岸部、丸山《まるやま》を含む外房沿岸部であるが、さらに付け加えれば、中央部の平久里《へぐり》一帯ということになろう。これを、それぞれ館山・長狭・内房・外房・平久里と呼称することにする。そして、明確に城郭遺構をのこし、かつ文書・記録から確認できるものをA、城郭遺構は確認できるが、近世以降の記録や間接的な確認に留まるものをB、城郭遺構のみをC、その他をDとした。まずそこが出発点となろう（表1）。

実は、中世文書に城が登場することは稀である。「当城……」とあれば問題ないが、多くは在所名、たとえば「自岡本」（岡本より）とあれば、岡本城内から出された文書と受け取られるにすぎない。そのため、在所の館が必ずしも城内に取り込まれていない場合もあるのだが、それは一体とみておきたい。また、とりわけここで問題となる戦国期の文書も、数が増すのは天文も後半以降で、それ以前は限られたものにすぎず、金石文《きんせきぶん》などの資料で補われることも多い。里見氏でいえ

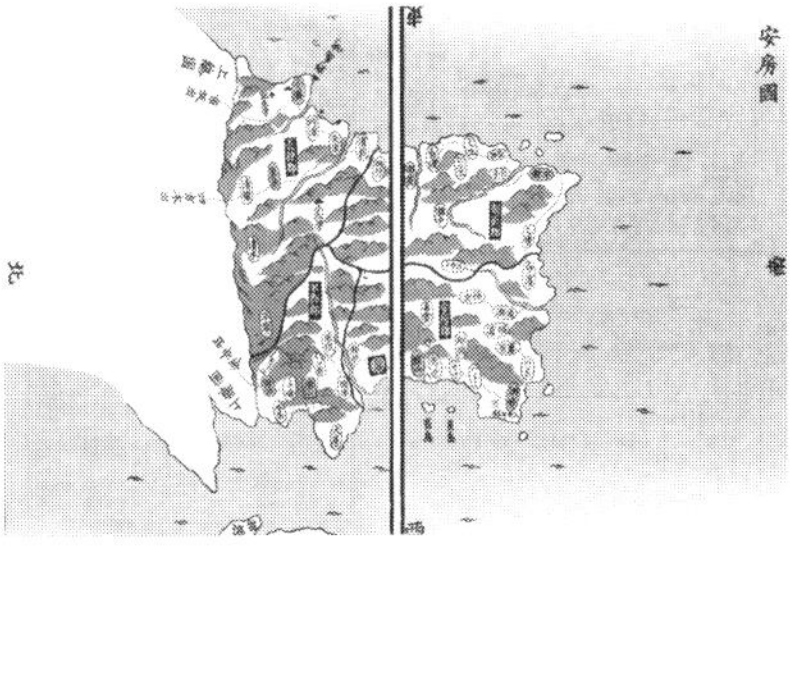
安房国絵図　当社蔵

安房の初現期城郭である丸城跡遠景　千葉県南房総市

	館山	内房	外房	長狭	平久里
A	館山・岡本・宮本・滝田	勝山・妙本寺	葛ヶ崎	金山	―
B	稲村・大井・山本・烏山・神余・山下	―	丸・石堂	山ノ城	里見番所
C	香要害山・州宮・伊戸	高崎要害山・下ノ坊	大貫・正木憲時陣屋・天津要害・金沢・宇田・牧田	打墨（鹿野岡）・江見根古屋	用田要害・宿要害
D	長田・高月・平松・北条・船形	市部要害山・和見	天津・久保城山・加茂・石堂原・神田城山	室戸・金束	―

表1　安房の地域・条件別城郭表

ば、義豊代までである。

　二次資料で頻出する白浜・稲村が、一次資料にのってこない大きな要因はここにあるのだが、すでに指摘されてきたように、義堯系への家督の移動にともない、居城も抹殺された一面はたしかにあろう。天文二年（一五三三）の内乱時、巻き返した義堯勢によって「房州悉く没落し、瀧田城ばかり相残る」[*8]となったが、言い換えれば、当時、滝田以外の敵城がいくつもあったということだろう（もちろん味方側も）。安房の場合は、この点に留意しておかねばならない。

　当主の居城だけではない。臨時の陣所や築城はその端的な例であり、軍記物とはいえ、里見番所が監視所として記されたのは、それなりの理由があってのことだろう。また、天正九年（一五八一）の正木憲時《のりとき》の一乱に際し、葛ヶ崎《くずがさき》・金山《かなやま》の名がみられるのは、まさにそれらが戦場、それも戦局を左右する拠点として認識されたからである。

　文書・記録などにまったくのってこない城の場合は、縄張りよりも城の構造によることとなる。構造を規定する要素としては、通常、曲輪・土塁・掘・堀切があげられるが、里見氏の場合は切岸《きりぎし》も重要な要素である。今まで研究者でさえ見逃してきた、ないしは十分に認識してこなかっ

義豊の居城・稲村城の広い主郭

＊8　「快元僧都記」

たため、進化の過程が辿れなかったといっても過言ではない。以下、各項目ごとにみていこう。

［切岸］　切岸自体は中世からある言葉で、日葡辞書《にっぽじしょ》にも「Qiriqixi キリギシ　壁のように切り立った断崖」とみえる。応永二十六年（一四一九）、上杉禅秀《うえすぎぜんしゅう》の与党が立て籠もった上総坂水城《さかみず》（上総山間部：場所不明）での攻防で、攻城軍のなかに負傷者が出たが、*9 それはまさしく「切岸」での攻防であった。この言葉自体は人工的な意味合いはなく、自然の懸崖地形をそう呼んだもので、それを城郭用語として使う場合は、人為的な切岸面または切岸化ということになろう。筆者が本文中で、切岸整形ないし自然の懸崖・懸崖地形という表現を用いている理由である。

切岸整形が確認される城郭は、安房全体のなかでは限られている。岡本・大井《おおい》・山本《やまもと》・大貫《おおぬき》・金山などだが、顕著なのは岡本外郭線・大貫主郭群周囲・大井曲輪群周囲であり、山本・金山は部分的である。顔ぶれからわかるように、切岸整形は新しい所産である。

では、いつ頃から出現するのか。鍵を握っているのが滝田・稲村、ついで山ノ城・宮本だろう。滝田は天文二年（一五三三）に落城しており、年代が押さえられる城である。おそらく、稲村もそうだろう。山頂に広い曲輪取りをし、背後は櫓台を介して掘り切っている一方、斜面にはこれといった平場がなく、山麓に館または屋敷地をともなっている。

それに比べて、山頂のみならず山腹に段整形による腰曲輪《こしぐるわ》を重ねるのが山ノ城と宮本だが、後者は背後を幾重もの堀切で限り、主郭肩部には石積みも確認される。両城ともに、腰曲輪は緩斜面を平場《ひらば》化したもの（それも主郭防御と曲輪群の造成を兼ねる）で、切岸化による平場面ではないが、宮本には過渡的な様相もうかがえる。各項で記したように、宮本が実尭―義尭、山ノ城が時茂系の居城であったとすれば、安房を代表する本拠の居城であり、かつ天文二年以降、十年代まで続いた可能性が高い。

＊9　烟田文書

岡本城外郭部の切岸と平場

その点、平久里の用田要害城《ようだようがい》は、より一歩、切岸化へ近づいた存在かもしれない。ここは懸崖をなす丘であり、長狭～府中へ至る街道に面する北側正面の山頂下に、緩い切岸プラス狭い腰曲輪が数段断続する。山頂部は明瞭な区画性はみられないが、櫓台状の壇もある。北側の宿《しゅく》要害から用田要害へという過程を踏んだとすれば、この城も立地上、存在理由があったのだろう。

切岸化は何をもたらしたのか。安房の城は、白浜・丸《まる》・長田《ながた》・平松《ひらまつ》・天津《あまつ》要害・市部《いちぶ》要害山・神田城山《かんだじょうやま》のように、明瞭な城郭字名（城山・要害・城ノ内）を有しながら、城郭遺構に乏しいものがある。しかし、それらはいずれも険しい山稜上に立地し、いわば山そのものが城といってよい。それが、削平した曲輪面と前後の堀切という過程を経て、曲輪周囲の切岸化へ至るのはほぼ間違いない。

結局、それは山そのものではなく、曲輪（群）の区画化・要害化を進めるうえで効果的であったからだろう。下総での切岸プラス横堀と通じる現象である。ただし、下総と決定的に違うのは、岩山という条件下で発達したことである。つぎに、堀切と石垣（石積み）にふれたい。

［堀切］堀切は、いうまでもなく尾根を切る手法である。丘陵に立地する城郭では、それだけで曲輪を独立させることができるので、丘陵を選ぶメリットになる。

この堀切にも、発達過程がある。城山地名のみの城がある以上、山上の平場化・曲輪化がおそらく出発点となろう。烏山《からすやま》や石堂《いしどう》が初現的な姿、香《こうやつ》要害山・稲村は進化型とみておきたい。当初は規模が小さく、ネック部を掘り切るのみながら、次第に城の規模に応じて深く掘り込まれていくようである。竪堀や切岸・横堀と連動するのは、さらに後のことである。

［石垣］石垣は、地盤と深く関連する。丘陵を構成する地質の多くは、泥岩またはシルト質砂岩だが、石材としては嶺岡《みねおか》の蛇紋岩《じゃもんがん》と、いわゆる房州石《ぼうしゅういし》が双壁をなす。しかし、あまり知られて

烏山城主郭東側の堀切

宮本城跡　主郭肩口の石積み

いないが、中世以降、安房の石塔には多様な地元産の砂岩が広く用いられた。その意味で、「房州石」は近代以降における内房地域産石材の総称といってもよい。それゆえ、安房は堅さこそ落ちるものの、決して石材に乏しい地域ではない。だが、地層と地形が複雑に入り組んでいるため、岩質が一定せず、大きな産地に乏しいのである。岩石の上に築かれた城郭としては、山ノ城・打墨《つみ》（鹿野岡《かのおか》）・金谷・勝山などがあるが、金谷と勝山の石積み虎口《こぐち》が注目される程度で、宮本城の場合も肩口に用いられているにすぎない。

［発掘調査成果］　安房の発掘調査例は限られている。古いもので、数回にわたる館山城と、千葉県教育委員会による稲村城、新しいもので、近年の国指定にともなう稲村・岡本両城、このほかには、市部要害山・葛ヶ崎程度である。いずれも、部分的な調査ないし確認調査ということもあり、成果も限られているが、館山城では、山上に御殿跡らしき礎石の存在と東側中腹の「新御殿跡」の実態が垣間見えた。

後者については、出土遺物に慶長期まで下る様相がみられないことから、義康の一時的な御殿であったのかもしれない。このほか、岡本では広範囲にわたる確認調査で、記録にみえる天正十七年（一五八九）の火災の様子が明らかになった。また、調査によるものではないが、滝田城から出土した陶器（古瀬戸後期Ⅳ新）は、落城年代が押さえられるだけに貴重である。

上総の城の構造と特質

里見・正木氏が上総に進出した背景には、武田氏の衰退があり、天文の内乱を乗り越えた里見氏にとっては、まさに僥倖《ぎょうこう》となった。しかし、すぐにそれが可能になったわけではなく、まず、天文十一年（一五四二）以降、峰上《みねがみ》と勝浦が最初の標的となった。両城ともに、それ以前は武田

	夷隅・長生・市原南部	君津・市原北部
A	大多喜、勝浦、吉宇、一宮、八幡	久留里、佐貫、秋元、千本、造海、金谷
B	大羽根	笹子（上ノ城）、峰上、湯名、大戸、根木田入口山脇、蔵波、三直、常代、蔵玉、荏柄
C	大野、新戸、城ノ腰、平蔵城山	小山野、川谷、岩富、東大和田城山、川原井
D	川谷	君ヶ谷、天神山、戸崎

表2　上総の地域・条件別城郭表

氏お抱えの城であったようで、そこに里見氏の改修があったかどうかも、上総に残された城を考えるうえで重要なポイントである。以下、安房と同様に地域分けをするが、こちらはむしろ、それ以前の築城主体や地形条件（台地・段丘の卓越する西上総と丘陵地帯の東上総）が鍵をにぎっており、東西の大枠で考えたい（表2）。

築城主体は、すでに述べたように、里見氏が入る前の上総南部は武田氏の席巻するところであったが、小糸《こいと》の秋元氏、養老川《ようろうがわ》中流域の多賀《たが》氏、小櫃川《おびつがわ》上流（荏柄《えがら》）の鴇田《ときた》氏など、独自の勢力もいたし、富津《ふっつ》や君津《きみつ》では一貫して不明のものもある。武田氏の城郭としては、真里谷《まりやつ》や笹子《ささご》・中《なか》尾《お》（ともに現木更津市）、長南《ちょうなん》（現長南町）、勝見《かつみ》（現睦沢町）など良好な比較例があり、結論から言うと、堀切の多様性という差はあるが、発展過程に里見氏とそれほどの差はない。

上総への侵攻は、西上総は里見義堯・義弘父子、東上総は正木時茂《ときしげ》・時忠《ときただ》兄弟がそれぞれ分担するように行われた。とはいえ、軍事力の主体は西上総でも正木一族であったし、東上総では真田氏や上野氏など、安房東部の国人層であった。金谷・峰上・造海《つくろうみ》を経て、佐貫が当初、義堯の居城となったのは、そこが武田氏の拠点であり、かつ交通上の要地でもあって、城下も形成されていたからだろう。それは、久留里・大多喜・勝浦も同様で、久留里などは武田の本拠真里谷の南五キロにあった。以下、安房と同様に個々の構成要素をみていくが、郭の区画化や土塁とい

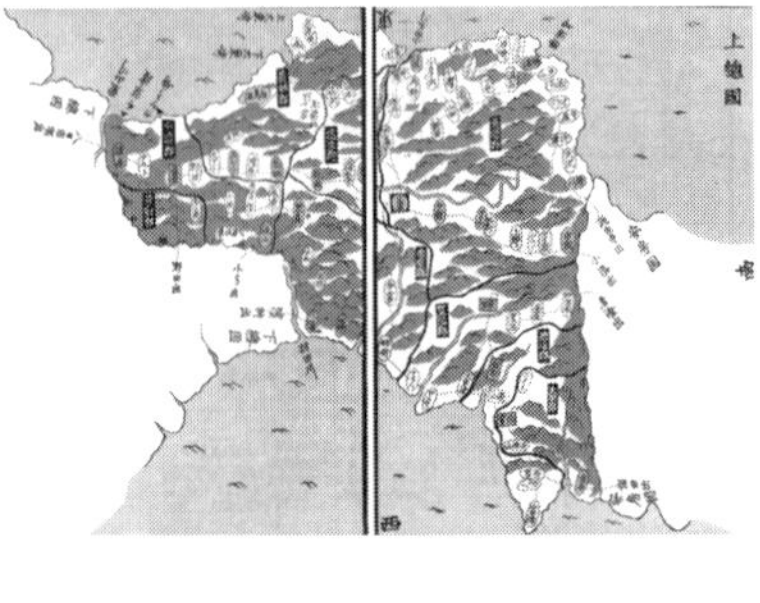
上総国絵図　当社蔵

う要素も加わる。

［郭と土塁］ 険しい山頂部ならば均しただけで済むだろうが、それでも主要な城では意図的に郭の周囲を掻き落とし、一段下に断続的な平場をともなうようになる。これらは、切岸手法の発達とも相まって、郭の区画化（独立化）の動きと捉えられ、当然、虎口の発達も促した。久留里城の先端にあたる真勝寺《しんしょうじ》裏の峰は、前後を大堀切で切り、山上を均したうえで周囲を切岸とし、裏の土橋から坂虎口状に入るもので、北側防御上の要をなすものである。また、金谷の石垣虎口は主郭に至る一ないし二の虎口とみてよく、一段高い海側の平場（二ノ丸）を切岸化した結果である。天正四年（一五七六）という年代が押さえられる八幡《はちまん》城は、屈曲する空堀の端に食い違いの虎口を設けており、これも向城《むかいじろ》というより時代の産物だろう。

その完成された姿が、養老川上流域の大羽根《おおばね》城にみられる。前後に大堀切を配し、多少緩斜面となる西側を切岸整形し、尾根面は土塁・堀切で仕切って七つの曲輪を独立させ、連絡には片側に寄せた土橋を用いている。対岸にある熊野神社旧蔵の天正十六年（一五八八）の棟札《むなふだ》に、守護源義安（康）・地頭板倉昌察とみえるのは、加茂地区まで里見氏の支配が及んでいたからであり、当城もおそらく、天正期に境目の城として築かれたのだろう。

土塁は安房と同様、尾根の削り残しによるもので、常代《とこしろ》城などは好例である。しかし、三直《みのお》城の主郭～二ノ郭、千本《せんぼん》城の北端部（字曲輪）や戸崎《とさき》城などは明瞭さに加え、各面または郭を全周する。台地状の地形や平場が続くことへの配慮かもしれないが、いずれにせよ、戦国末期の様相である。それにしても、このような動きは、下総のようにわかりやすいものではなく、上総南部でも台地・段丘面で典型的な例が見いだせるにすぎない。

［切岸］ 切岸は、安房よりむしろ上総で発達し、大きく二つの流れがある。一つは既述したように、

三直城二郭南側の土塁

郭周囲の区画化にともなう手法である。笹子《ささご》城先端要害部の周囲を廻る三条の空堀は、内側に向かって新しくなり、最終の堀は要害裾を切岸化しながら周囲を廻っている。背後の一段高い上ノ城は横堀と連動し、三日月堀の隅に虎口を設けた戦国末期の完成形で、平蔵城山《へいぞうしろやま》城も同類である。笹子城は、武田氏の城だったものを、里見氏が奪取した。「笹子落草子《ささごおちのぞうし》」にみえる天文十二年（一五四三）を最後の堀の段階とみれば、この頃を境に発達した技法だろう。そういう意味では、切岸化の一連の動きが、上総南部〜安房で始まっていたのかもしれない。

　もう一つは山上部というより、城郭の外郭線を強化したり、谷部の囲い込みにともなうものである。久留里の本丸から延びる丘陵先端外側などは、それによって取り付きを防ぐ目的があったのだろう。天文末〜永禄初期（一五五〇〜一五六〇）の、久留里城をめぐる北条氏との戦いのなかで整備されたのかもしれない。

　一方、峰上城の主郭周辺は背後の備えということになろう。また、佐貫城の黒部谷や島屋敷を囲む丘陵は、外側肩部を切岸化するもので、谷部にいわば特殊な土塁を廻らしているようなものである。丘陵地帯における谷部の曲輪化を図る選択肢として、発達したのだろう。実は、このような多様性も、上総の戦国城郭の特色なのである。勝浦しかり、一宮はその亜流である。この囲い込みの手法は、安房岡本ではより発達した内容となった。

　しかし、同じ様相は長南武田氏の長南城や勝見《かつみ》城、万木土岐《まんぎとき》氏の万木城でも確認されるので、拠点城郭の根古屋《ねごや》・内宿《うちじゅく》を囲い込む手法ともいえる。一見、様相の異なる大多喜は、夷隅川と田丁《たまち》川がその役目を果たしている。

［堀切・堀］堀切は、天文期には単に基部を切るものから、郭や要所を切るものへと発展する。当然、規模も大きくなるが、その後は切岸・腰曲輪と連動するようになって、地形条件にともない多様

千本城主郭西側の大堀切

久留里城本丸背後の曲輪

化する。つまり、堀切というより、堀の一種とみたほうが適当な事例が多くなる。しかし、岩盤地帯の懸崖地の端を切る場合は有効で、造海・天神山《てんじんやま》・岩富《いわとみ》・大野などは、岩山をほぼ垂直に切り立てている。天文末～永禄以降の手法とみてよく、岩富では底面に枡形《ますがた》状の坑を並列する。さらに、多重堀切も時折見られる。大堀切の先にあり、峰上城の例が代表的（六本）ながら、大羽《おおば》根《ね》背後も同類である。

堀は、既述した段丘端に立地する三直《みのう》や戸崎はともかく、丘陵地帯では普及しなかった。というより、必要性がなかったといったほうが適当だろう。しかし、平場が確保できる場合は郭間を分割したり（大野・峰上）、肩口を強化する横堀（大多喜城八幡郭）など、部分的には採用されている。注目されるのは、秋元城の例である。山上郭群の南側正面と北西尾根下に、切岸プラス横堀を設けているが、斜面に応じて下り傾斜となり、間に段を付けたり、箱状に掘り抜いたりする工夫がみられる。この城は、天正期には里見氏に併呑されたが、その影響はともかく、一つの到達点を示すものだろう。

竪堀（縦堀）については、堀切と連動する例は久留里や造海などそれなりにあるが、斜面を下まで下るものではなく、いわゆる畝状《うねじょう》空堀群もない。ただ、発掘調査例が里見・正木氏関係ではみられないことから、今後の課題としておきたい。

［石垣］内房地域では、近代の採石地と同居する城として、金谷・造海・天神山があげられる。このなかでは、前二者で部分的に石積みがみられ、既述した金谷城の虎口は、発掘調査された唯一の例である。このほか、佐貫の対岸にあたる根《ね》木《ぎ》田入口《たいりぐち》山脇《やまわき》砦では、外郭の一部とはいえ、発掘調査による明瞭な検出例がある。堀切など普請にともなって出た岩塊を再利用したものと思われ、低い二段の石垣である。積み方は乱雑で、擁壁《ようへき》として築いたのだろう。

秋元城鬼出沢側中腹をめぐる堀

根木田入口山脇砦の石積み　画像提供：千葉県教育委員会

この城は、天文十五年（一五四六）の佐貫城をめぐる戦いにおける北条方の向城らしいが、そうであれば、初期石垣の様相を示すものとして貴重な存在である。石垣は埋もれている場合も含め、今後の課題も多いが、金谷・造海にしろ、いずれも戦国最末期まで存在した城であり、石材としての意図的な活用は遅れるのだろう。なお、角石《すみいし》に勾配をつけるような手法は、今のところ房総では皆無である。

しかし、房総南部ではそもそも石垣など必要ないといってよい。なぜなら、泥岩は壁としては安定しており、しかも滑りやすいので、傾斜をつければよじ登ることが困難だからである。むしろ、切岸化は石垣以上に有効である。天正十八年（一五九〇）、大多喜城に入った本多《ほんだ》氏は、忠《ただ》勝《かつ》の子で二代忠朝《ただとも》時代の慶長十四年（一六〇九）秋、御宿沖で難破したドン・ロドリゴを城内に迎え入れたが、その際の記述に、「城の壁は高さ及び広さ六バラ余のテラプレン（約五メートル余の塁壁）を設けたり。……更に約百歩進めば又一つの堅固なる門あり、前よりも少しく小なる城壁の大なる切石を以て造りたるものあり」*10とみえる。大多喜城一帯は、泥岩の卓越する梅ケ瀬《うめがせ》層であり、水成岩《すいせいがん》の切岸城壁が記録されたとみてよい。三河武士で、畿内の城も見聞したであろう忠勝父子だが、当地の普請手法を逸脱することはなく、それは久留里や佐貫でも同様であった。

［発掘調査成果］上総の調査例は多い。内房地域の佐貫・造海・久留里・秋元・千本・金谷・笹子・根木田入口山脇・蔵波《くらなみ》・蔵玉《くらたま》・岩富・川原井《かわらい》、外房地域の大多喜・大野・平蔵であるが、同時に他勢力の調査例も多く、比較できる利点がある。久留里城本丸・二ノ丸の調査は、中世の遺構・遺物とも少なく、山頂部の活用に疑問符の付くものであった。一方、秋元では御殿・御主殿とも名称通りの生活感がみられ、金谷では二ノ丸で殿舎や石積み虎口が見つかった。こういう事実も、発掘調査ならではである。根木田は既述したが、佐貫と相対する山上に幟旗《のぼりばた》の柱穴らしきピッ

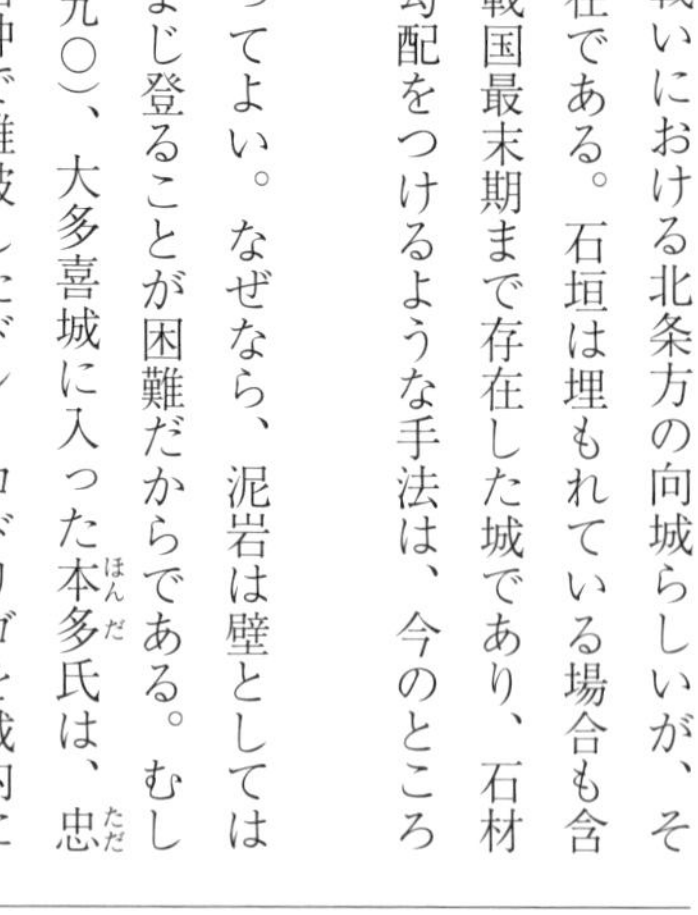

佐貫城本丸周囲の切岸

*10 村上直次郎訳『ドン・ロドリゴ日本見聞録』

ト群が確認されたことも付け加えておきたい。

千本では小規模な調査が行われたのみであったが、天正八年（一五八〇）の「日我書状」の内容と、出土した陶磁器の年代は矛盾しない。川原井城（川原井陣屋）は、馬来田《まくた》から牛久《うしく》へ至る街道に臨む城であるが、遺構・遺物はなく、隣接する里見城との関係は不明である。大多喜城本丸では、大量のカワラケを含む天正から慶長期にわたる遺物が出土しており、限られた期間に山頂部が使用されたといえる。平蔵は、低い尾根面の両端を残した堀切が見つかっている。造海と大野は測量調査だが、後者は一部、発掘調査をともなっている。

以上、調査例そのものは多いが、まとまった面積となると、金谷・笹子・根木田程度で、全容を把握できる例に乏しい。それでも、金谷では岩盤整形の様子と虎口の全容が、大野では岩盤を切岸状に深く掘り下げた空堀が初めて調査された。

安房における戦国末期の城

以上、安房と上総における里見・正木氏城郭の概要を綴ってきたが、安房から上総への侵攻・展開というかたちで構成したために、本国安房での発展過程はどうなったか、記しておく必要があろう。

文書・記録などから明らかな城は、里見義頼がいた岡本城と、そこから天正十七年（一五八九）に移転した館山城、天正の正木憲時《のりとき》の乱にともない登場する金山・葛ヶ崎ぐらいである。しかし、残された構造からみると、大井・大貫・打墨（鹿野岡）は規模と内容を備えた城郭であり、山本はその館城版、さらに物見《ものみ》と思しき牧田《まきた》、海辺の伊戸《いと》などもこの段階であろうか。江見《えみ》根古屋は末期とはいえないが、その間をつなぐものかもしれない。

このうち、金山の前面に位置する打墨は、正木憲時の乱にともなう城郭と思われ、大井・大貫が問題となる。本文でも記したが、大井・大貫両城は里見一門の城、山本もその可能性が高いとみている。憲時の乱以降、時忠系正木氏の勢力は一掃され、ごく近い一門のみが築城を許されたのではないだろうか。

内容もそれなりにユニークで、切岸による外郭線の完成された姿を留める岡本（枡ケ池《ますがいけ》は連動する遺構）、山上は大きく手を加えず、広大な外郭線を深い空堀で囲繞する館山（ただし、堀の普請は近世に入ってからか）、低い丘陵を堀切で分断し、切岸整形とあわせていくつかの曲輪を付設する大井、広い山上をいくつかに分割し、主郭部分には折の付く空堀で区画し、櫓台・虎口・切り立てた堀切、さらに周囲を切岸化している大貫などがあり、とりわけ大貫は、安房の城郭にはない要素を兼ね備えている。これらのなかでは、大井が若干古いとみられるが、それだけに、岡本や大貫は注目される存在である。

房総における里見・正木氏の城

房総の城はかなり多様であり、一口に下総の城といっても、東葛《とうかつ》と海匝《かいそう》ではもちろん異なる。しかし、城の構成要素という点では大きな差はない。それに対して、房総半島南部では多様な丘陵を地形なりに均して地続きを堀切で画する、というところから出発している。地域そのものが要害地であり、さらに懸崖地を選ぶということがむしろ重要であった。

では、上総ではどうだったのか。少なくとも、里見氏が上総へ進出する前段まではそう大きな違いはない。ただ、上総では北と接触しており、地形の類似する内房北部や山武《さんむ》では、下総と同じ類型の枠内にあった。

従来、上総武田氏は『鎌倉大草紙《かまくらおおぞうし》』に拠って、十五世紀の中頃過ぎに上総に入り、まもなく全域を席巻したかのように理解されてきた。しかし、資料を丹念に追いかけていくと、十五世紀末に至って真里谷に入り（長南はむしろその後か）、十六世紀に入って版図を急速に拡大した様子がうかがえる。里見氏はその遺産を獲得したわけだが、同時に彼らの城郭も入手したのであった。

しばしば、〝○○氏系の城郭〟とか、〝何々系の縄張り〟とかいう言葉を耳にする。ただ、それはその地を支配した一族の意思というより、その地域の伝統的な普請技術一般のなかから生じたものと筆者は考える。とりわけ、初期の段階はそうだろう。これは石垣《いしがき》の普請が、花崗岩《かこうがん》が分布し、寺院建築の下地のあった畿内から、政治的要因で慶長期に広く拡散したことでもわかる。要するに、戦国期では時の勢力圏と技術的な圏内とは必ずしも一致しないのである。まして、武田氏自体が入ってほどないよそ者だとしたらなおさらである。

そもそも、上総は伝統的に、南北文化圏の接触地域であった。しかも、里見氏が上総に入った天文期は、ちょうど単なる要害から堀・堀切を多用する城郭へと質的転換を迎えていた。里見氏が本国で獲得した技術水準（稲村・山ノ城・宮本）と比較すると、それは単純に進んでいたというより、むしろ異質な世界だったと考えられる。久留里城本丸・二ノ丸から延びる山側外郭線は、中世里見氏時代の所産とみてよく、尾根面だけみれば、山ノ城や宮本の延長である。しかし、そこには明瞭な切岸面が付属する。

重要な点は、万木土岐氏や長南武田氏でも同様なことで、既述したような本拠の囲い込みも同じ流れのなかにある。つまり、地域として技術水準を共有しながら発展させていったのだろう。安房に残された最終期の城は、その反映とみておきたい。

久留里城主郭　手前が近世の天守台で、奥が復元された天守である

里見氏・正木氏城郭関連年表

西暦	和暦	里見氏	正木氏(小田喜)	事歴	関連城郭
一四四一	嘉吉元	(義実)		里見修理亮、鎌倉公方足利持氏の遺児を奉じて蜂起した結城合戦で討ち死にする。	
(一四八〇〜)	(明応年間〜)	(義実)		里見(義実)、安房白浜を拠点とする。	白浜城
(一五〇〇〜)	(文亀・永正年間〜)	義通		里見義通、稲村城を居城とする。	稲村城
一五〇七	永正四	義通		里見義堯生まれる(妙本寺文書)。母は正木通綱の娘か。	
一五〇七	永正四	義通	通綱	十一月、武田信嗣、大檀那(「武田式部太夫源朝臣信嗣 在名号真里谷同信秋」)として佐貫鶴峯八幡宮再興に尽力する(杉山本鶴峯八幡宮棟札銘)。	(佐貫城)
一五〇八	永正五	義通	通綱	九月、里見義通(大檀那)・正木通綱(国衙奉行人)のもと、安房北条鶴ヶ谷八幡宮が修造される(鶴谷八幡宮棟札銘)。	
一五一四	永正十一	義通	通綱	武田恕鑑、小田喜東長寺を開基する。同寺位牌銘「東長寺殿圓邦恕鑑公大禅定門」(大多喜東長寺貞享元年由緒書ほか)。	小田喜城
一五二三	大永三	義通	通綱	妙本寺住持日継、安房・上総両国大乱により、寺域が要害となり、寺中が荒れたことを記す(「日継置文」妙本寺文書)。	妙本寺要害
一五二一〜二七	大永年間	義豊	通綱	里見義豊、家中の中里氏に武蔵・相模方面からの危機が過ぎたため、白浜の義通に知らせたうえで、岡本に集結していた軍船を実堯とも相談して戻すことを伝える(館山市立博物館蔵上野家文書)。	白浜城・岡本城
一五二九	享禄二	義豊	通綱	六月、里見義豊・正木通綱の承認のもと、安房北条鶴ヶ谷八幡宮が修造される(杉山林麿編金石銘文集)。	(稲村城)
一五三三	天文二	義豊	通綱	七月、里見義豊、伯父里見実堯・正木通綱を討つ。義堯等は逃れて上総百首城に立て籠もる(「快元僧都記」)。	百首(造海)城
一五三三	天文二	義堯	時茂	八月、正木時茂、上野弥次郎にこのたびの合戦(里見義豊vs里見義堯)における忠節に対して感状を与える(館山市立博物館蔵上野文書)。	(稲村城・滝田城ほか)
一五三〇年代	天文初期ヵ	義堯	時茂	里見氏の番兵、物見台をおき、寝ずの番をしたことから不寝見山と称す(安房志ほか)。	里見番所
一五三四	天文三	義堯	時茂	四月、真里谷朝信が興津城に拠るも、ほどなく大多喜へ移る(「上総町郁誌」)。	興津城

一五三五	天文四	義堯	時茂	十月、里見義堯・正木時茂・時忠、軍を三浦へ派遣する（妙本寺文書）。北条氏の求めに応じた武蔵川越城攻略に伴うものか。	
一五三七	天文六	義堯	時茂	五月、上総武田一族、真里谷・百首・峰上ほかで内乱状態となり、義堯も参戦する（「快元僧都記」）。	真里谷城・百首（造海）城・峰上城
一五三八	天文七	義堯	時茂	十月、国府台の戦いに里見義堯が小弓公方軍の一員として参陣。足利義明が討ち死にし、北条氏の勝利（「快元僧都記」）。	小弓城
一五三九	天文八	義堯	時茂	九月、武田信秋、天羽郡嶺上郷諏訪神社に鰐口を寄進する（小志駒諏訪神社旧蔵鰐口銘）。	峰上城
一五四一	天文十	義堯	時茂	十二月、「大檀那正木左近将監平実次……城内堅固」と書かれた棟札が作成される（造海三所大明神社殿造営棟札）。	百首（造海）城
一五四二	天文十一	義堯	時茂	六月、武田信秋、天羽郡嶺下郷白山神社に鰐口を寄進する（白山神社蔵鰐口銘）。	峰上城
一五四二	天文十一	義堯	時茂	十二月、正木時忠、勝浦城下の湊に年貢を課す（成毛英臣氏蔵三浦文書）。	勝浦城
一五四三	天文十二	義堯	時茂	七月、武田信茂の居城であった笹子城が、「一族内の争いで落城（「笹子落草子」）。	笹子城・小田喜城
一五四四	天文十三	義堯	時茂	後藤兵庫助の籠もる中尾城を里見義堯・正木時茂、武田義信等連合軍が攻略する（「中尾落草子」）。	中尾城・「北条」城
（一五四〇～五〇）	天文十～二十年代	義堯	時茂	里見義堯、「大津」（宮本城）から妙本寺宛てに田地を寄進する（妙本寺文書）。	宮本城
一五四三～四四	天文十二～十三	義堯	時茂	正木時茂、武田朝信を逐って小田喜城へ入る（小倉本里見家系図ほか）。	小田喜城
一五四五	天文十四	義堯	時茂	八月、里見義堯・正木時茂体制のもと、安房北条鶴ヶ谷八幡宮修造される（鶴ヶ谷八幡宮棟札銘）。	
（一五四六）	（天文十五年頃のことか）	義堯	時茂	某（上杉輝虎ヵ）、北条氏康に対し義堯を代弁して嶺上や佐貫におけるかつての不誠実を詰り、真摯な対応を促す（妙本寺文書）。	峰上城・佐貫城
一五五三	天文二十二	義堯	時茂	二月、妙本寺住持日我、避難した金谷城本丸で戦火により経巻などを焼失する（妙本寺文書）。	金谷城
一五五四	天文二十三	義堯	時茂	二月、北条氏、峰上城尾崎曲輪に籠もる吉原玄蕃助に、忠節を尽くせば褒美を与えることを約す（鳥海文書）。	峰上城
一五五四	天文二十三	義堯	時茂	小田喜城主正木時茂、城下の東長寺住持玄朔和尚に袈裟を寄進する（東長寺蔵袈裟銘文）。	小田喜城

（一五五四）	（天文二十三）	義堯	時茂	北条氏康、某城（金谷城）において正木弥五郎の差配に従い、味方するよう真田氏に書状を送る（神奈川県立歴史博物館蔵北条氏康書状）。	金谷城
一五五五	弘治元	義堯	時茂	十月、正木時茂、千葉庄へ「乱入」し、千葉親胤元服の儀が延期となる（「千学集抜粋」）。	
一五五五	弘治元	義堯	時茂	十月、北条氏康、南奥白河氏に金谷城奪取を報じる（白河文書）。	金谷城
一五五七	弘治三	義堯	時茂	十月、北条氏、下総船橋にて調達した兵糧を、天神山の南条氏ほか二氏に渡すよう船奉行に命じる（久保木実氏所蔵文書）。	天神山城
一五六〇	永禄三	義堯	時茂	五月、北条氏、里見義堯の居城久留里城対岸に向城を築く（白河文書）。	久留里城
一五六〇～一五六六	永禄三年十月～永禄九年	義堯	時茂	里見氏、匝瑳・香取侵略（香取文書ほか）。	「相根塚」・長谷新城・篠本城・府馬城・矢作城ほか
一五六一	永禄四	義堯	時茂	三月、里見義弘、鎌倉に軍勢を出し、比企谷妙本寺に制札を下す（比企谷妙本寺文書）。	
一五六二	永禄五	義堯	信茂	十二月、千葉胤富、佐貫在城衆の慶増志摩守に近日中の援軍があることを伝え、その地の防備を万全にするよう指示する（慶増家文書）。	佐貫城
一五六二	永禄五	義堯	信茂	四月、里見義堯、高谷延命寺に諸公事免除の判物を与える（上総国古文書所収延命寺文書）。	
一五六三	永禄六	義堯	信茂	十月、上杉輝虎、里見義堯父子に書状を送り、昨今の戦況と自身の関東出陣により「久留里籠城」から解放されたことを自讃する（妙本寺文書）。	久留里城
一五六三	（永禄六）	義堯	信茂	四月、正木信茂「お多喜」から、真田氏に宛てて小田喜在城と引き換えに所領を給する（真田文書）。	小田喜城
一五六四	永禄七	義堯	信茂	正月、国府台合戦で小田喜城主正木信茂ほかが討ち死に（「海上八幡宮年代記」ほか）。	小田喜城
一五六四	永禄七	義堯	憲時	六月、勝浦正木時忠の反乱によって一宮の正木大炊助が没落し（里見太郎宛上杉輝虎書状）、同年十二月にその子時通が一宮観明寺に制札を下す（観明寺文書）。	勝浦城・一宮城
一五六四	永禄七	義弘	憲時	十月、足利義氏、上総佐貫城を御座所とする（相州文書所収足利義氏書状写）。	佐貫城
一五六五	永禄八	義弘	憲時	二月、土気酒井胤治、北条・千葉連合軍に土気城を包囲され、里見氏から援軍がないことなど、苦境を上杉氏に報じる（早稲田大学図書館蔵河田文書）。	土気城
一五六六	永禄九	義弘	憲時	三月、里見氏、上杉氏の下総臼井攻囲陣に加わる（諸州古文書）。	臼井城
一五六七	永禄十	義弘	憲時	六月、北条氏政、勝浦の正木時忠父子に海上からの援助を約束する（正木武膳家譜）。	勝浦城

一五六七	永禄十	義弘	憲時	九月、松田憲秀、久留里陣の連絡に当たった妙泉寺（寺僧）に朱印の礼状を与える（上総国古文書所収妙泉寺文書）。	久留里城
一五六七	永禄十	義弘	憲時	九月、北条氏政、佐貫手前の三舟山合戦における太田氏資の討ち死にと事後処置をとる（平林寺文書）。	佐貫城
	（元亀元年）	義弘	憲時	六月、千葉胤富、上総大台の井田氏に宛てて、里見氏が「窪田」に築城し、さらに「生実近辺」に新たに築城を予定していることを報じ、出陣を急ぐよう命じる（井田文書）。	久保田城・小弓城
一五七四	天正二	義弘	憲時	六月、里見義堯没。妙本寺日我、百日に及ぶ追善供養を行う（妙本寺文書）。	
一五七五	天正三	義弘	憲時	十二月、佐竹氏の一族北賢哲、太田康資に宛てて越後上杉氏と小田喜正木憲時間の取り成しに際し、憲時が土岐氏の万喜城に対して向城を築いたことを伝える（館山市立博物館所蔵文書）。	八幡城
一五七五	天正三	義弘	憲時	八月、北条氏政、一族の氏繁に一宮城に籠城する正木藤太郎救援を命じる（伊藤賢之丞氏蔵北条家朱印状写）。	一宮城
一五七六	天正四	義弘	憲時	北条氏政、上総東西に進軍し、養老川北岸の有木を取り立てる（吉川金藏氏蔵里見義弘書状）。	有木城
（一五七七）	（天正五）	義弘	憲時	五月、三浦衆の井出・幸田両氏、「岡本、金谷、新地三所之敵船」を城際まで押し込んだ戦功を、水軍の将山本氏に報じる（「越前史料」所収山本文書）。	岡本城・金谷城・新地（勝山城）・館山城
一五八〇	天正八	義弘	憲時	六月、忍足治部少輔、三直城東に新寺造立を許可する（上総国古文書）。	三直城
（一五八〇）	（天正八）	義頼	憲時	七月、佐貫・岡本の里見義頼、敵対する正木憲時征伐を北条氏の重臣松田氏に伝える（稲子正治氏蔵里見義頼書状）。	佐貫城・岡本城
（一五八〇）	（天正八）	義頼	憲時	七月、里見義頼、正木憲時征伐に伴って出馬し、安房から上総にかけて「正木拘之地数ヶ城乗取」ったことを某に知らせる（竹本泰一家蔵里見義頼書状）。	
（一五八〇）	（天正八）	義頼	憲時	七月、里見義頼、上総国境において「興津巣城計ニ被成押詰」たことを妙本寺に知らせる（妙本寺書状）。	興津城
（一五八〇）	（天正八）	義頼	憲時	八月、岡本城の里見義頼、佐貫へ出陣する。百首城主正木淡路守に中島まで参陣するよう命じ、そこで北条氏からの援軍と（常代城主）忍足氏が合流し、久留里で法木氏・波多野氏にも加わるよう指示した旨を伝える（正木家文書）。	岡本城・佐貫城・百首（造海）城・佐貫城・久留里城

一五八〇	天正八	義頼	憲時	十一月、妙本寺住持日我、義堯亡き後の昨今の里見氏の状況を概嘆する。義弘没後、安房の義頼と上総衆との間で争いになり、久留里・佐貫・千本城が攻め落とされたこと、また、小田喜の正木憲時に属する金山城を落とし、葛ヶ崎を抱えたこと、憲時側には小田喜と一宮が残っているにすぎないと記す（杉山文書）。	久留里城・千本城・百首城・金山城・葛ヶ崎城・小田喜城・一宮城
（一五八〇）	（天正八）	義頼	憲時	冬、里見義頼の側近岡本氏元が、甲斐武田氏へ使わす使者の便宜を常陸の梶原氏に依頼した書状中に、正木憲時軍が吉宇城に夜討ちをかけたことがみえる（賜蘆文庫文書）。	吉宇城
（一五八一）	（天正九）	義頼	憲時	四月、里見義頼、江沢兵庫助に平蔵郷古敷谷村二貫文の地を与える（恵日寺文書）。	（平蔵城山城）
一五八一	天正九	義頼	憲時	十月、常陸小田城主梶原政景、義頼の近臣岡本元悦に書を送り、正木憲時の籠もる「小瀧之地」が九月二十九日に落ち、すぐさま義頼が打ち入ったことを祝する（武州文書）。	小田喜城
一五八七	天正十五	義頼	二代時茂	鹿野山神野寺修善院造営に当たり、秋元城主秋元義次、「地主藤原義次」として棟札に記される（鹿野山神野寺棟札銘文）。	秋元城
一五八八	天正十六	義頼	二代時茂	十一月、佐是郡大戸熊野神社の一宇造立に際し、里見義康・板倉昌察・宗政右馬助など、当地支配に関わる人物名が記される（鳥海家旧蔵熊野神社棟札銘）。	大羽根城
一五八九	天正十七	義頼	二代時茂	十月、天正十六年、岡本城は火災により御殿が炎上し、岡本頼元ほか夜番衆一同が出仕停止となる。頼元の父はそのそのことを深く愁い、出仕祈願の祝詞を鶴ヶ谷八幡宮に奉納した（那古寺文書）。	岡本城
一五九〇	（天正十八）	義康	二代時茂	豊臣秀吉、小田原北条氏征討に当たり、関東の諸城と兵力数を調査する。里見氏では「岡本、金谷、かち山、造海、佐貫、勝浦、吉宇、おつ木、一宮、久留里、小糸、小田喜」計三千騎と記載される（毛利家文書）。	岡本城・金谷城・勝山城・佐貫城・造海城・勝浦城・吉宇城・おつ木（興津）城・一宮城・久留里城・小糸城・小田喜城
一五九一	（天正十九）	義康		里見家重臣板倉昌察、妙本寺不入の件について、移転した館山より書状を発する（妙本寺文書）。	館山城

第一部　本国安房の城

上総
安房
10. 金山城
14. 用田要害城
11. 勝山城
9. 山ノ城城
15. 里見番所
3. 宮本城
13. 神田城山城
4. 岡本城
12. 滝田城
6. 山本城
7. 大井城
5. 館山城
2. 稲村城
8. 大貫城
16. 香要害山城
1. 白浜城

安房に築いた里見氏の橋頭堡

1 白《しら》浜《はま》城《じょう》

①南房総市白浜町白浜
②里見（義実—）義通—（民部大輔）
③十六世紀初めの城郭遺構——山頂部の曲輪群
④眼下に花畑、その先に野島崎灯台

【立地】　房総半島の南端野島崎《のじまざき》をやや南東に望む、標高約一四五メートルの丘陵（城山）に位置する。前面は、あたかも屏風を立てたような懸崖地形が続くが、背後は尾根沿いに比較的なだらかな丘陵地帯へ通じている。山稜は、泥岩・砂岩互層の千倉層《ちくらそう》で、集落背後という立地もあってか、かつては畑地として広く活用されていたようである。

城跡遠望　西側

【構造】　昭和四年の鳥羽正雄氏の観察記によれば、「今何れも畑となって二十餘区を存するが、大小区々で大は二十間四方位のもあり、小は四間位のもある。小郭が複雑に連續して居って、一團に纏まりの悪いもの」と記している。[*1]

その後の評価も似たものだが、近年、里見氏顕彰の機運のなかで、中井正代氏の踏査図が公表され[*2]、ようやく大規模な山城としての評価が定着しようとしている。たしかに、通称城山（字格）のみならず、東の字打越地区に顕著なように、付近一帯は至るところに大小の平場がランダムにみられる。

しかし、要害という観点からすると、城山に対して東側の打

＊1　「南房州見学の記」『歴史地理』五三—四、一九二九年、のち滝川恒昭編著『房総里見氏』（戎光祥出版、二〇一四年）に再録。

＊2　『中世城館跡調査報告書』（天津小湊町、一九九九年）。

31　白浜城

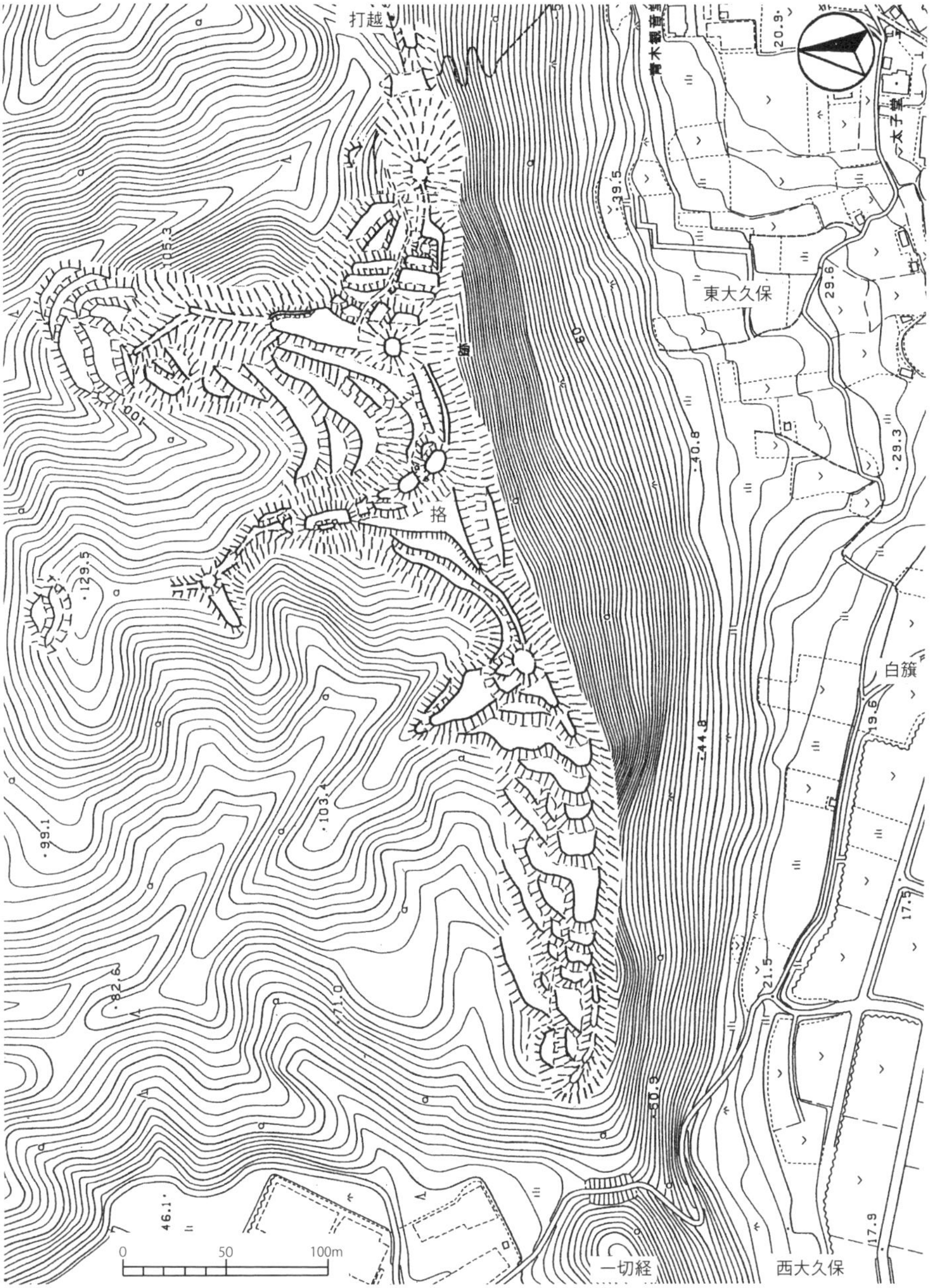

縄張り図　作図：小高春雄

越の丘陵は、山上の平場は確保できても、支尾根から取り付きやすく、配慮もうかがえない。また、西側の字一切経の丘陵は、狭隘《きょうあい》さに加えて、背後は平坦面（旧長尾陣屋跡）が広がり、取り付きやすい。それゆえ、筆者は城山のみが本来の白浜城であり、字打越の丘陵は一時的に使うことがあっても、それ以上のものではないと考える。以下、城山部分を大きく東西二つの峰に分割して略述する。

　東峰一帯は、耕地化による地形の改変が著しいなかで、当初の姿を留めていると思われる地域である。ここは、北側に開く谷を挟んで、東側では主郭ともいうべきまとまった平場（一五×三五メートル）がある。一方、西側では地形なりに削平した平場（小規模な堀切付随）があり、間の谷内は下まで階段状の平場を構成するものの、後世の手が入っているようである。峰の東側先は尾根の地形なりに平場が連続し、先端の丘（小祠群あり）から先は深い谷となって落ちている。一帯は急崖であり、あえて特別な防御構造も必要ないほどである。

　東峰から地形なりに均した狭い平場を経て、西峰に至る。ここから西側端までは、見事な階段状削平地群が連続する。峰の北側には主郭に次ぐ規模の平場も付設する。現在は、掘割道から峰まで続く木道が整備されて、その間は観察しやすいが、中程から峰までは灌木《かんぼく》性の藪と化している箇所が多い。これは、耕作放棄地によくみられ、耕地化にともない、段々畑として整えられたのかもしれない。俗にいう「布良《めら》の千枚畑」のことで、「海辺の民、山足より絶頂まで山を禿《かむろ》にしうがちて畑とす」という記述に対応するものだろう。[*3] 旧状復原の際には、留意すべきである。

　ここで、北側背後の状況にもふれておきたい。東峰西側から延びた支尾根は、自然の痩せ尾根がしばらく続いた後（堀切なし）、広い平場へ出る。ここには明瞭な二段の平場なども認められるが、城郭遺構としての要素は希薄で、一時的な畑地化の結果だろう。東峰北側は、自然の痩せ

城跡からみた野島崎

城址西側山頂部下の曲輪

尾根が続いた後、急な下り傾斜となり、沢筋に近いところで階段状の平場がまとまっている。段差が明らかで、おそらくこれも後世の一時的な畑地化だろう。

　このように、城は二つの峰にわたって小規模な平場を階梯状に配したもので、明瞭な土塁・堀・切岸状整形はなく（堀切は限定的）、自然の要害を最大限に活用している印象が強い。つまり、それは明らかな堀切を備えてくる永正期以前の産物で、いずれにせよ詰の城という印象である。そうであれば、居館の確定が今後の重要な作業となってくる。直下の山麓部は、かつて「庭台」*4と呼ばれた場所で、およそ東西一〇〇×南北一二〇メートル、比高一〇数メートルの段丘面がある。両者を併せた城郭像を構築する必要があろう。

【歴史】白浜城は、里見義実《よしざね》・成義《しげよし》父子の居城とされてきた。主な根拠は、嘉吉元年（一四四一）の結城落城後に、相模国三浦（神奈川県三浦市）を経て白浜へ渡航したとするものだが、これは軍記物などの記すところで、詳細はすでに、大野太平氏が紹介している。*5問題は、それが白浜城と直結するかだが、「延命寺里見系図」には、「安房国井戸村白浜へ渡海シ長田ノ入リニ堀ノ内ヲ構テ」とみえ、当初は館を営んだと解される記載がある。鴨川市東条地区の検出例からして、山上に城郭を構えるのが十五世紀後半以降とすれば、里見氏の入部＝即白浜城という構図はどうだろうか。少なくとも、そこにはワンクッションあったと思われる。

　そもそも、里見氏がいつ安房に入り、いつ頃地域的な権力を確立したのか、いまだに軍記物の記載以外みるべきものがない。この点、川名登氏以来、安房入部から数世代の系譜・事跡には疑義が持たれ、*6近年では、佐藤博信氏のいうように、義実の安房入部が結城合戦後のことではなく、享徳・康正の変*7（一四五二〜五五）を契機とし、かつ、活躍年代からして義通《よしみち》・実堯《さねたか》兄弟は十五世紀中頃以降の誕生で、偏諱《へんき》が義実のそれぞれ一字を継承したものとすれば、たしかに二代成義

*3 『房総志料』巻二。

*4 『安房古事志』第四・五。

*5 大野太平『房総里見氏の研究』（宝文堂書店、一九三三年）。

*6 『房総里見一族』（新人物往来社、一九八三年）ほか。

*7 鎌倉公方足利成氏が関東管領上杉憲忠を殺害したことを契機に勃発した、成氏と室町幕府・上杉氏の争いのこと。

伝里見義実墓所（中央石塔は明和八年「里見氏嫡孫」建立）
千葉県南房総市・延命寺

の可能性はほとんどなくなったといえる。[*8] とすれば、既述した点ともあわせ、築城は文明から明応の頃で、しかも義通にも受け継がれたとみておきたい。

　では、いつまで城は維持されたのだろうか。稲村城の項でもふれるが、中里氏に宛てた八月二十八日付け里見義豊《よしとよ》書状には、北条水軍の来襲に対し、父の義通や伯父の実堯と相談したうえで対処した様子がうかがえる。「白浜へも申上」げた相手が義通だろう。発給年代を「大永末～享禄年中」（一五二〇年代）[*9] とすれば、白浜城もその頃まで維持されていた可能性があるが、現状の遺構は、せいぜい永正期頃までの様相である。

　ところで、早川正司氏が注目した、城下東南の青木観音堂に安置される賓頭盧尊者像《びんずるそんじゃ》（通称おビンズル様）には、永禄六年（一五六三）に源民部大輔《みんぶのたいふ》（法名乾享元貞居士）五十七歳が、子孫繁盛などを祈願して奉納した旨の墨書銘がある。[*10] 源民部大輔が里見義豊につながる人物だというのは、すでに指摘されているが、[*11] それについて、近年、重要な発見があった。それは、当の早川氏が白浜満願寺で発見した石塔銘文の「寛永十九年里見木工入道沙弥掃環居士」が、傍系里見一族（義実の伯父の家系＝現豊岡家）の系図に確認されるという。同家がかつて代々官途民部少輔《みんぶのしょう》を名乗っていたことから、没年と系図を校合して、早川氏はそれが義貞《よしさだ》に該当するのではないかとした。[*12]

　この点については、滝川恒昭氏のコメントもあるが、[*13] 民部大輔（少輔）を名乗っていた系統が、義通没後または義豊亡き後、白浜に留まっていた事実が確かめられたことは大きい。ただ、白浜城との関係でいえば、彼らが城郭とどう関わっていたか（たとえば、一時的にせよ管理を任せられた存在であったかなど）を考慮する必要もある。ともあれこの点は、白浜城が山麓部も含め無傷で残っていることからして、いずれ解決されるだろう。

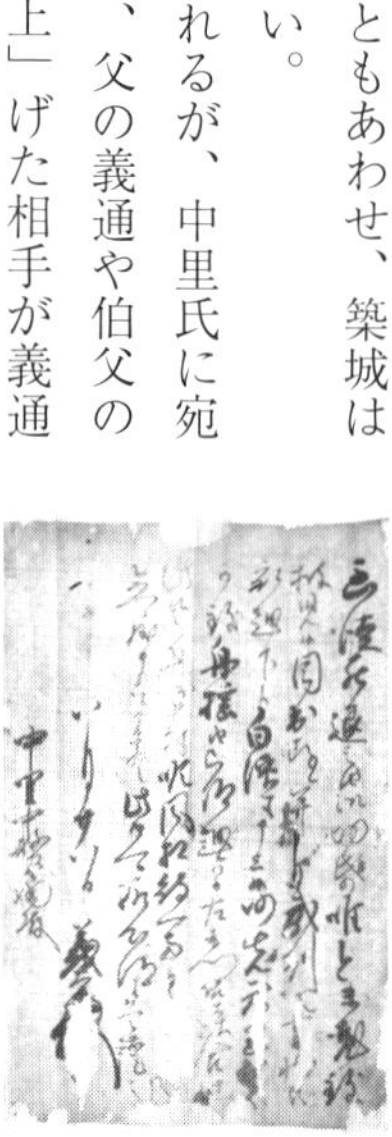

中里中務少輔宛て里見義豊書状（上野文書）　館山市立博物館蔵

＊8　「前期里見氏の歴史的位置―特に房州賢使君源義豊公の検討を中心に―」（『中世東国政治史論』、塙書房、二〇〇六年）。

＊9　前掲＊8佐藤論文

＊10　『千葉縣史料』金石文篇一・早川正司『里見義堯と〝おびんづるさま〟』（私家版、一九七〇年）。

＊11　前掲佐藤論文。

＊12　「里見氏と『びんずる尊者木像』について」（『里見氏稲村城跡をみつめて』第四集、二〇〇〇年）。

＊13　「白浜城と里見氏」（『白浜城跡調査報告書』、白浜町教育委員会、二〇〇三年）。

安房を掌握した初期の拠点

2 稲《いな》村《むら》城《じょう》

①館山市稲
②里見（義通—）義豊
③山上の広い曲輪と滝川沿いの城下
④菜の花かすむ館山平野を一望

【立地】館山平野を北側に見下ろす、標高六五メートルの小高い丘陵先端（字城山）にある。南側山麓先には、館山湾に開口する滝川が流れ、川との間には堀之内の小字が残る。城跡からの眺望はすばらしく、ほぼ平野全域を一望できる。

【構造】明治期の『安房志』や、昭和期の鳥羽正雄氏の観察記[*1]・大野太平氏の研究[*2]によって、すでに城山部分の概要は紹介されていた。しかし、昭和五十八年に実施された県中近世城跡調査報告[*3]で測量図が公表され、さらに平成十八・十九年度の補足調査を経て、ほぼ城山から背後まで、広くその様相が捉えられるようになった[*4]。また、それにともなって行われた総合的な調査・研究で、稲村城をめぐる研究は大きく飛躍した。以下、個別に検討する。

館山平野に面する標高六五メートルの字城山の地が、主郭に相当する。ここは、縦横およそ五〇メートルほどの平場で、南側から東側には地山整形の土塁（高さ一～二メートル）がめぐる反面、平野側の二面には土塁はみられ

前面を流れる滝川と城跡

＊1 「里見氏の古城址」（『歴史地理』五三—四、一九二九年）。

＊2 『房総里見氏の研究』（宝文堂書店、一九三三年）。

＊3 『千葉県中近世城跡研究調査報告書第4集—稲村城跡・臼井城跡発掘調査報告—』（千葉県文化財センター、一九八四年）。

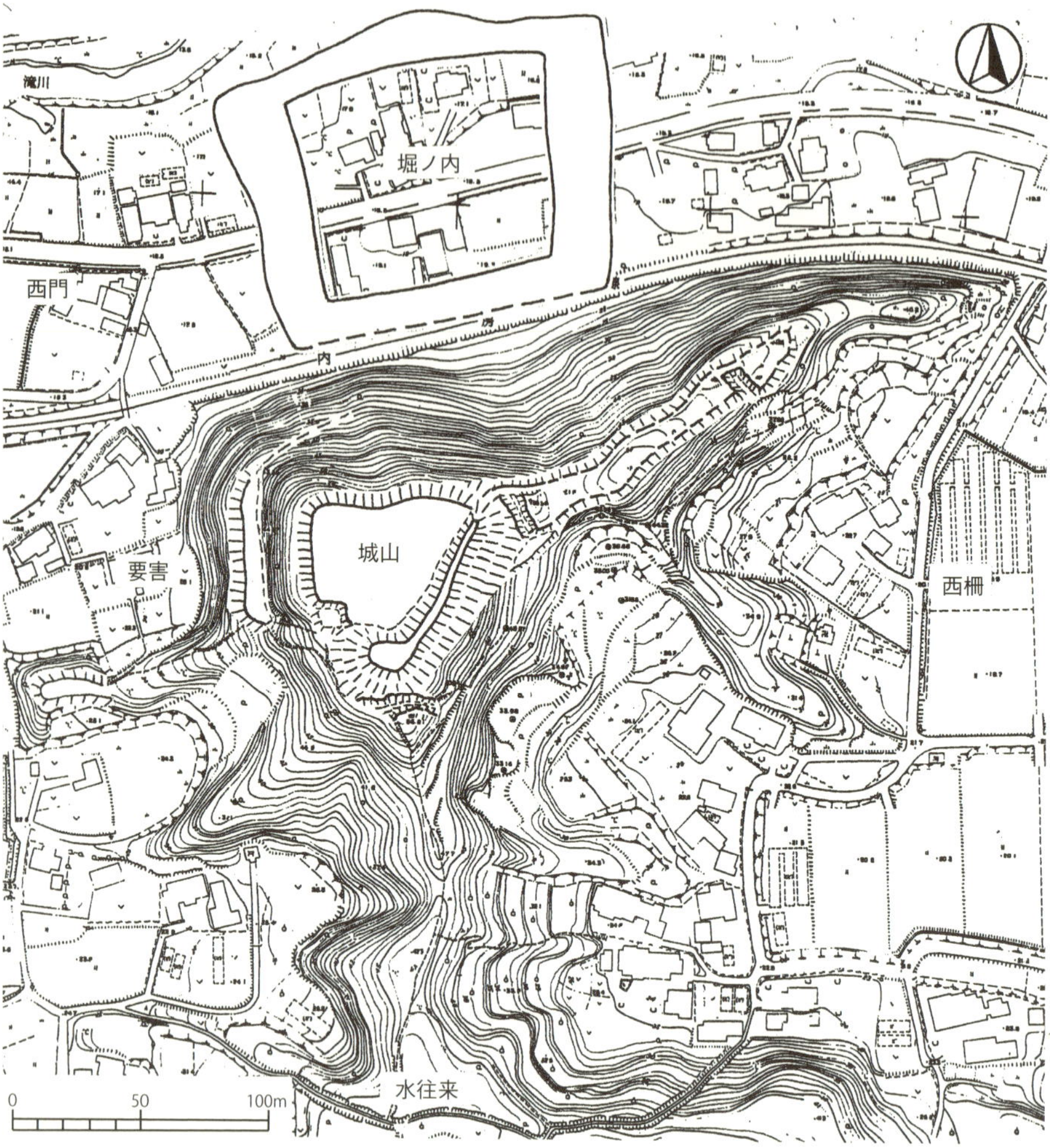

縄張り図　作図：小高春雄

山麓へ至る旧道

主郭現状

ない。昭和五十八年度の千葉県教育委員会による確認調査では、郭北西部に二～五メートルの厚い盛土がなされる一方、土塁寄りは表土下すぐに地山となっていることが確認された。北側に延びた丘陵の片側を削り、その土砂で西側緩斜面を埋めて、現在見る郭面としたのである。土塁は郭寄り西側で二段の段整形が確認されたが、幅約二メートルのトレンチ調査ということもあり、それが土塁すべてに及ぶかはわからない。

曲輪の活用という点では、興味深い結果が出ている。幅二メートルのトレンチ調査（計約二四〇平方メートル）だが、盛土部分はともかく、地表下浅く地山面となる東側計約七〇メートルの範囲でも、これといった遺構が確認できなかった。また、遺物も、ピット上面から出土した銭貨三点[*5]のみである。これを、山上のいわば詰めの郭ゆえとする見方も当然あろうが、それにしても少なく、前代の遺構が削平・整形で失われたのかもしれない。なお、すでに指摘されているとおり、土塁南端は城山最高所にあたり、明瞭な平場化はみられないが、櫓台として活用された可能性は高い。

櫓台背後には、尾根を切断する堀切がみられるものの、主郭の地業規模からすれば、幅・深さともに不釣り合いな感さえ受ける。主郭北東を画する堀切も同様で、溝といった程度である。この点、尾根中程の堀切は段差下の片側を土橋状に掘り残しており、こちらは問題ない。主郭虎口は南西隅に枡形状の区画があり、ここから西側に下る坂道が続くので、一連の遺構だろう。

肝心なのは、この道が途中から中腹の帯曲輪状の平場を北進し、ついで主郭北面を下っていくことである。この下り道は現存しないが、聞き

＊4 『館山市稲村城跡調査報告書』（館山市教育委員会、二〇〇八年）・『館山市稲村城跡調査報告書Ⅱ』（同、二〇一〇年）。

＊5 内一点は明銭の洪武通寳、残り二点は不明。

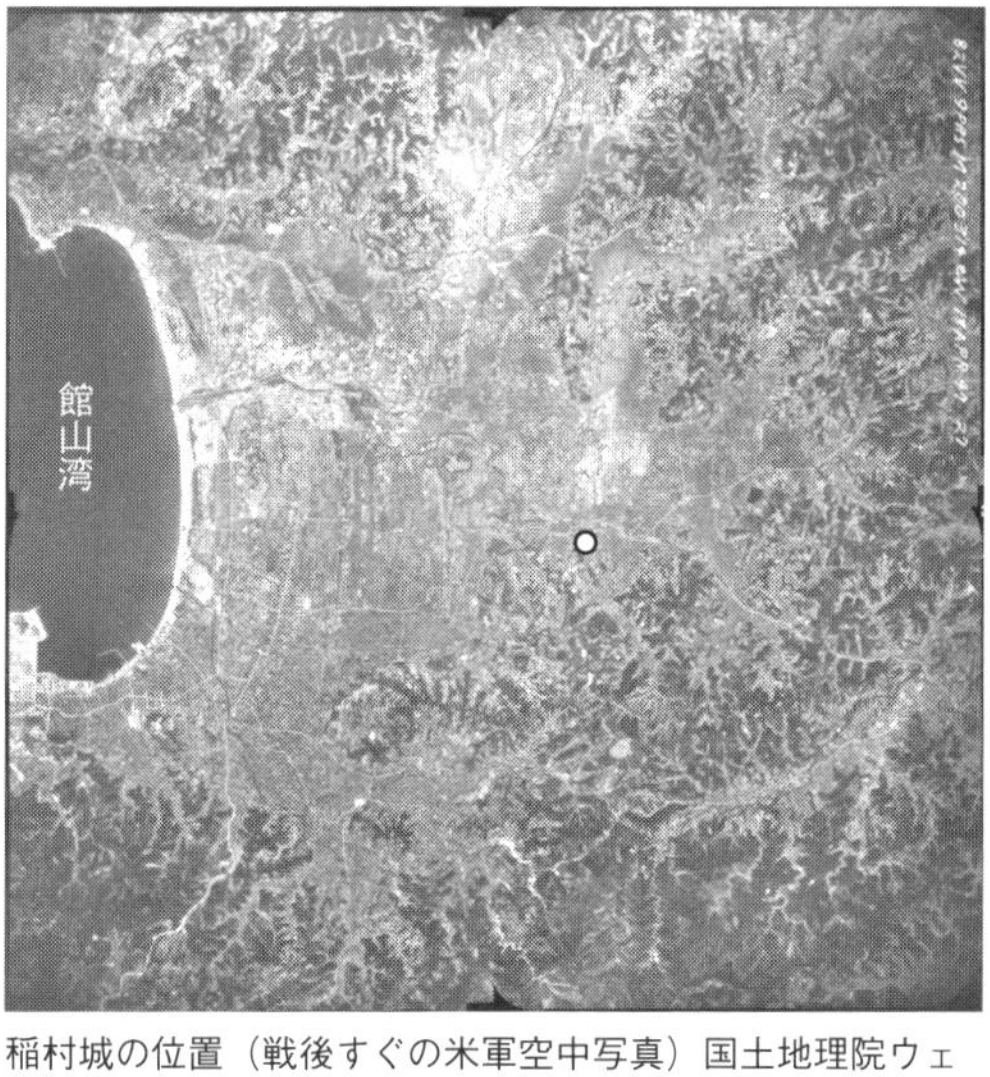

稲村城の位置（戦後すぐの米軍空中写真）国土地理院ウェブサイト（USA-M200-82）に加筆、〇印が稲村城

主郭南西の虎口

稲村城主郭背後の土塁

取りによれば、山麓沿いの鉄道建設で山腹を大きく削ったというから、その結果、旧道が失われたのだろう。堀ノ内の居館と山上を結ぶ道といえる。

　主郭北西山麓、滝川沿いの低地に遺存する字堀之内が、居館に相当すると思われる。ここは、方一町規模の堀囲みの区画が確認されていたものの、近年、市街地化が進み、旧状をうかがうのはもはや困難である。

　しかし、この堀之内が居館、それも安房国主の居館に該当するならば、一門・家中の屋敷地も周辺に営まれたかもしれない。むしろ、従来、ほとんど注目されてこなかった低地部こそ、稲村城の主体なのだろう。

　それでは、城郭遺構の延長との理解もある主郭背後の丘陵部は、どうみたらよいのだろうか。この点、主郭背後の堀切から通称水往来までの間に曲輪や堀切がなく、加えて「掘割道」をなす水往来は、まさしく東西を往来する掘り割りである。そうだとすれば、南側の丘陵（字竹尾ほか）とは一つながりということになる。竹尾一帯は、平成十九年の確認調査の結果、前代の遺構のみで明瞭な城郭遺構は検出できなかった。

むしろ筆者は、この主郭背後一帯は別の観点で評価されるべきだと考える。というのは、すでに指摘されているとおり、ここはヤグラ[*6]ないし、ヤグラとして再利用された横穴墓群と中世石塔群、里見氏ゆかりの寺社、一〜十に及ぶ坪地名などの歴史的な遺産に富んだ地で、しかも、東西の谷間中央部を除いて旧状もよく保存されている。城跡の背後に残された遺産という評価である。

そうすると、里見宗家の居城、それも里見氏が大きく飛躍した段階の城としてはいささか物足りないという読者も多いだろう。しかし、稲村がたとえ義豊期の居城だったとしても、継続して使われなかったとすれば、安房の城郭の変遷からみて、規模にそれほどの違和感はない。むしろ、重要なのは堀之内を含む滝川沿いの地で、ここここそが義豊期の様相を解く鍵を握っているのである。

【歴史】義実時代の末期または成義代に築城され、天文の内乱後に廃城となったとされてきた[*7]。これは軍記物などの記すところだが、大野氏は「無証拠に之を打消す訳には行かない（打消す確証はない）」と述べている[*8]。近年、前掲の館山市教育委員会の調査報告書（二〇〇八・二〇一〇）は、あらためて関係資料を博捜しており、『鎌倉大草紙』にみえる「十村」の分析や、『北条九代記』にみえる義豊新城の評価など、成果もあった。しかし、逆に稲村そのものの資料がいかに少ないか、課題の大きさも明らかになった。とはいえ、城郭ないしその在所名が当時の記録に現れることは稀であるし、そもそも戦国期前半の関係資料の乏しさは稲村のみに限らない。

そこで、安房全体も視野に入れて、稲村城の位置づけを考えてみよう。構造の大きなポイントは、①堀ノ内を前面にともなう城郭であること、②主郭背後や東側支尾根の堀切、土塁背面の処理など、総じて古い様相がうかがえること、③それにしては、山頂主郭部は自然地形を大幅に改変して広い郭面としたこと、などである。

＊6　鎌倉時代中期から室町時代前半にかけて造られた、横穴式の墳墓、または供養塔のこと。相模から安房に多く分布する。

＊7　文明十八年（一四八六）新立〜延徳三年（一四九一）完成。

＊8　『房総里見氏の研究』（宝文堂書店、一九三三年）。

主郭東側支尾根を分割する堀切

①は、陣城ないし番城などの性格とは異なり、独立した領主層の城郭であるとみてよく、②は城郭の発展段階からして、永正から大永頃の様相を示し、その一方、③は領主の格にともなう儀式・饗応の場としての空間を確保したもの、と捉えられようか。府中を含む安房の主要部を眼下に望むことからしても、永正期頃の安房を代表する城郭、つまり国主の城館としてそれほどの違和感はない。

　とすれば、それは義豊段階ということになるが、いつまでさかのぼるのだろうか。前代の義通については、佐藤博信氏の研究成果があり、[*9]延命寺系図の没年（永正十五年、三十八歳）とは異なり、少なくとも「永正十七年（一五二〇）頃までの活躍が確認される」という。義通・義豊父子の「二頭政治」が展開されたということになろう。里見義豊書状にみえる、「白浜へも申上候」という文言が注目される理由である（白浜城の項も参照）。

　義豊は稲村にいて、岡本には伯父の実堯が「在陣」し、かつ「申し上げた」とすれば、すでに滝川恒昭氏が指摘しているように、白浜には義通がいたとみるのが順当だろう。[*10]この文書の発給年代を「大永末～享禄年中」（一五二〇年代、＊9佐藤論文）とするなら、さらに存命期間は延び、同時に一定の政治的権力を持ちえたことになる。

　問題は、それを隠居した結果とみるかどうかである。義通段階に稲村に進出し、義豊が引き継いだのか、あるいは当初から義通＝白浜、義豊＝稲村という住み分けがなされたかが問題だが、すでに永正五年（一五〇八）に、総社ともいうべき鶴谷八幡宮の棟札に大檀那として名が記されているこ

主郭からみた府中方面

＊9　「里見義通試論―前期里見氏研究の深化のために―」（『千葉史学』三〇号、一九九七年）。

＊10　「白浜城と前期里見氏」『白浜城跡調査報告書』（白浜町教育委員会、二〇〇三年）。

となどからすると、前者の可能性が高いだろう。

最後に、稲村城の終末についてもふれておきたい。天文の内乱については滝川氏の専論がある[*11]。すでに二十年以上も前の研究ながら、基本的な構図・推移についての分析はいまだに有効である。ただ、問題の天文二年（一五三三）七月二十七日の「快元僧都記《かいげんそうずき》」の記載は、まず、正木大膳大夫《だいぜんのだいぶ》（通綱《みちつな》）が義豊に討たれ、同じく「伯叔」の里見左衛門大夫入道《さえもんのだいぶにゅうどう》（実堯）が誅されたとあるのみで、舞台がどこであったかを記していない。

しかし、子の義堯や時茂《ときしげ》がともに逃れているところをみると、稲村ないしは北条周辺での出来事であったのかもしれない。一乱はまもなく、北条氏の援軍を得た義堯派の勝利となるが、翌年、上総から反転攻勢に出た義豊は四月六日、「討捕」えられ、首は小田原へ送られたという[*12]。

戦後処理の過程で、稲村城がどうなったかは不明だが、義堯が稲村に拠った記録や伝承はなく、そこに誰かが入ったかという点も同様である。一乱の過程で戦場になれば、焼土層の存在が予想されるが、調査結果ではみつからなかった。もちろん、戦後に整地された可能性もあろう。それでも通常、その痕跡は残るので、稲村城そのものを舞台にした戦闘はなかったのかもしれない。ともあれ、一乱後、稲村城は安房の歴史から消え去った、ないしは意図的に抹殺されたとみるべきだろう。

＊11　「房総里見氏の歴史過程における「天文の内訌」の位置付け―関係資料の紹介をかねて―」（『千葉城郭研究』第二号、一九九二年）。

＊12　「快元僧都記」、場所は通説では滝田の犬掛といわれている。

里見実堯・義堯がいた有力な城

3 宮本城《みやもとじょう》

①南房総市富浦町大津・宮本
②里見（実堯―）義堯
③主郭周囲の腰曲輪群と背後の大堀切群
④房州の田園景観と城山

【立地】富浦湾《とみうら》に注ぐ、岡本川上流左岸の高い丘陵に立地する。山頂部に立てば、岡本城から東京湾までが視界に入り、背後は尾根沿いに滝田城へ至る。地層は軟質の泥岩や砂岩よりなる保田《ほた》層だが、一部には砂利層も確認される。

【構造】すでに、松岡進氏の縄張り図[*1]とそれに基づいた分析[*2]がある。筆者も以前の踏査に加え、近年、改めて全山を見直し、作図した。松岡氏の図と大きな差はないが、竪堀の理解など一部異なる評価もある。

城跡遠景

　標高約一九〇メートルの山頂部は、およそ四〇メートル四方の平場が存在し、主郭に相当する。郭内は、南東端に低い土手囲みの区画（約一五メートル四方）があるが、後世のものらしい。南西端は緩傾斜となっており、これは本来の自然地形によるのだろう。

　土塁は東側のみ（とりわけ中央）認められ、両端に至るにつれ、はっきりしなくなる。また、北東肩部には石積みが確認される。郭の周囲には腰曲輪が廻っており、周囲の法面《のりめん》に合わせて切岸整形をした結果、形状は必ずしも一定

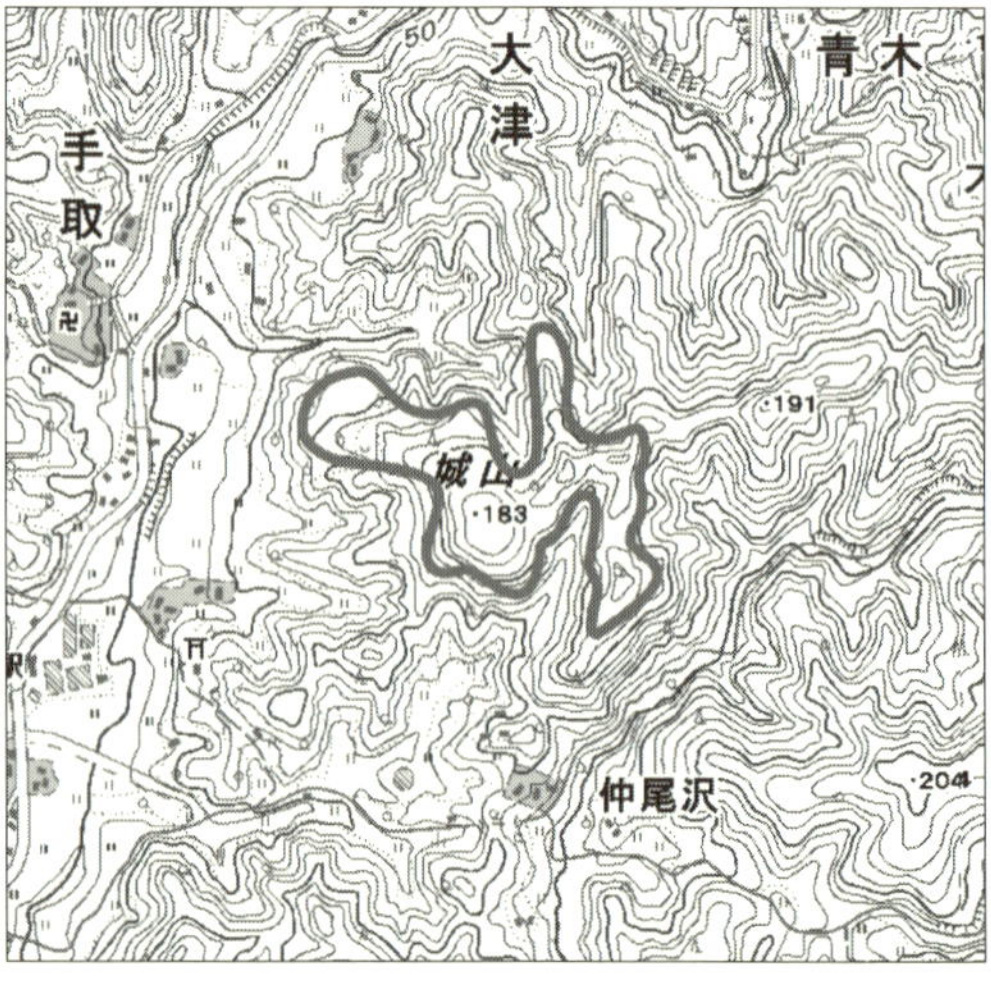

＊1　「宮本城跡」『千葉県所在中近世城館跡詳細分布調査報告書Ⅱ―旧上総・安房国地域―』（千葉県教育委員会、一九九六年）。

＊2　「宮本城跡」『中世城館跡調査報告書』（天津小湊町、一九九九年）。

43　宮本城

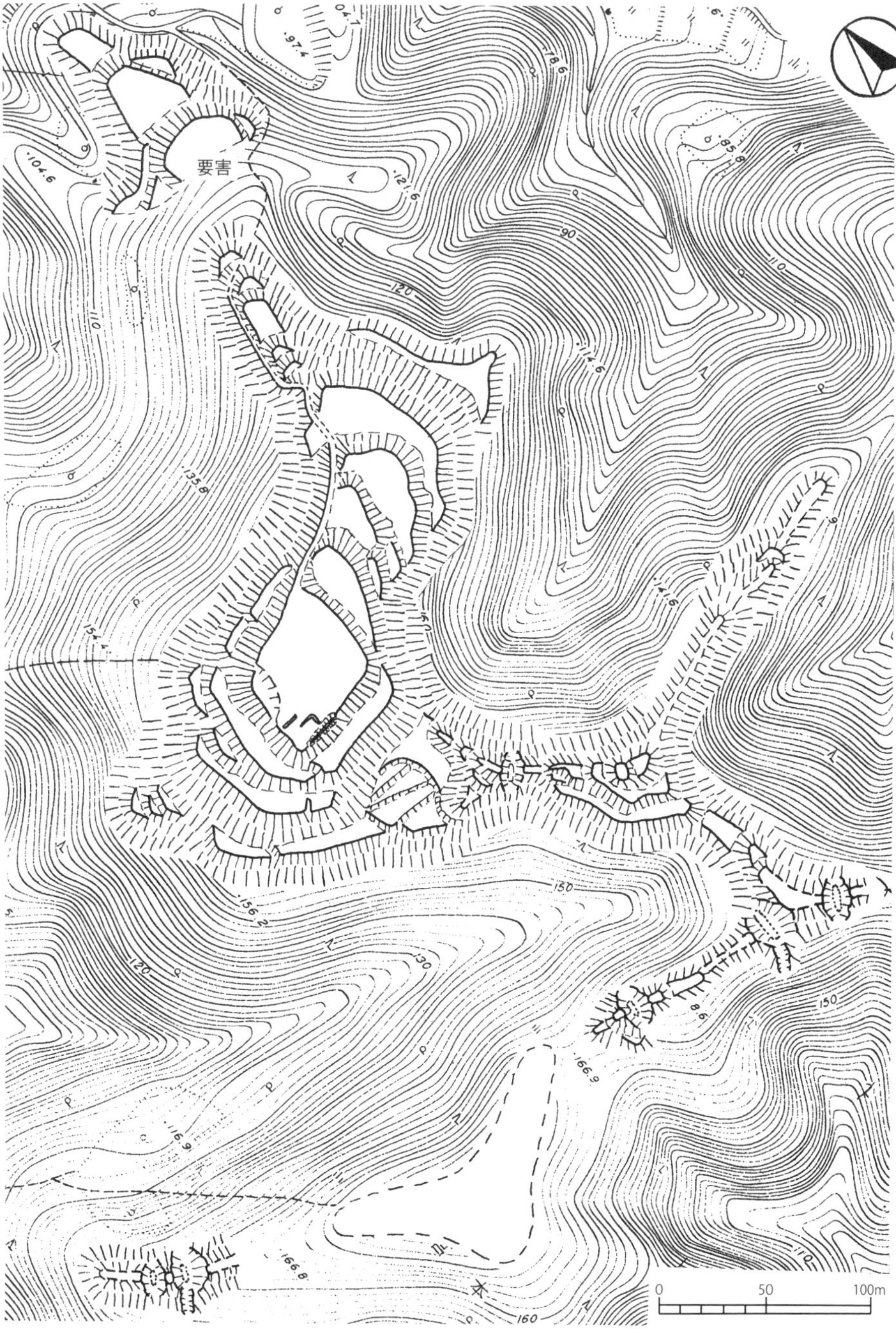

縄張り図　作図：小高春雄

せず、不連続となっている。

主郭北側は、地形なりとはいえ、主尾根面を大きく均した平場が半円状の段となって連続する。その数は四段を数えるが、上から三段と四段はそれぞれ五メートルまたは一〇メートルと、大きな比高を有する。これらの曲輪群をつなぐように山頂に至る西側山道は、おそらく当時からのものだろう。以上が、大きく主郭群（字要害）と一括される。

その下は、四段目の先から西へ屈曲し、それに応じて、やはり段状の曲輪（字台）がつくられている。あくまでも地形なりの小規模なもので、主郭群との相違は明らかである。さらに下ったところの扇形の平場は大きく、周囲には低い土塁も廻っている。後世の改変も考えられるが、西端を画する意味があろうか。

なお、その西側にも削平地がみられるものの、現在、枇杷畑やみかん畑になっており、一部を除き、曲輪との判別は困難である。

主郭背後の南側腰曲輪下は、地形なりの小さな腰曲輪が数段みられるのみである。また、東側はその付け根南東部にまとまった平場がある。おそらく地形条件ゆえか、ここには四段の水田跡が確認され、城内ではもっとも高位の耕地跡（現在、放棄地）といってよい。

東側尾根の先にも、広範囲に遺構が確認される。まず、小丘を画するように大堀切があり、その先の尾根面は地形なりに削平し、さらに先の尾根分岐点の付け根に堀切を入れている。また、

主郭北東曲輪縁の石積み

主郭から東に延びる尾根を切る堀切

南側に折れた尾根先には、小規模な平場と障壁状の丘、それに堀切を組み合わせているなど、技巧がうかがえる。南側の尾根先端には二重に堀切を配しており、尾根伝いを押さえる要所であることから、間の谷を含めた防御が意図されていたのだろう。宮本城の全体構造に関わる点である。なお、既述した技巧的な堀切間には尾根高所に平場群があり、ここをまとまった曲輪とみる向きもある。しかし、近年まで畑地として利用されていたことがはっきりしており、周辺の整形度からして、否定的に考えざるをえない。

主郭東先の峰からは、北側へ支尾根が派生しており、切岸状の懸崖を経て「竪堀」ではないかとされる遺構がある。たしかに、ここは尾根の段差先であり、堀があってもおかしくないが、西側の堀は谷頭にあたる一方、東側も急斜面に立地し、全体が尾根の遮断施設としてどう機能しているか説明できない。単に掘り切ってしまえば、事足りるのではないか。一帯は、山肌に礫《れき》が散乱しており、むしろ礫混じりの地山に起因する、筋状の崩壊の可能性を指摘しておきたい。

以上は山上の遺構の概要だが、城の規模と内容を考慮すると、城下の存在は当然想定できる。地形条件からして、西側または南西の谷筋に求められようが、この点は今後の課題である。

【歴史】通説では、成義の時代に築城され、実堯・義豊の在城を経て、天文の内乱で廃城に至ったとされてきた。これについては、遠山成一氏が遺構の現状や妙本寺文書からさらに下る可能性を指摘し[*3]、加えて、松岡氏の再検討もあった。それによれば、「以上を整合的に解釈する仮説として、「天文の内乱」中に義豊によって滝田城と結びつく形で宮本城が築かれ、内乱終息後に義堯の居城となり、その後、後北条方の金谷城に対抗する岡本城を支えるための後方の軍事拠点として改修されたと見てはいかが」と結んでいる。判断の一つは、この妙本寺文書[*4]にある。

最初にこの文書[*5]を紹介した重永卓爾氏は、表に貼り継いである「妙本寺別當　従大津」を文書

＊3　＊1文献。

＊4　九月一日付け妙本寺別当宛て里見義堯書状

＊5　内容は、宇部氏に与えた村のうちの田地某を妙本寺に寄進したが、その保証を義堯が確認したものである。

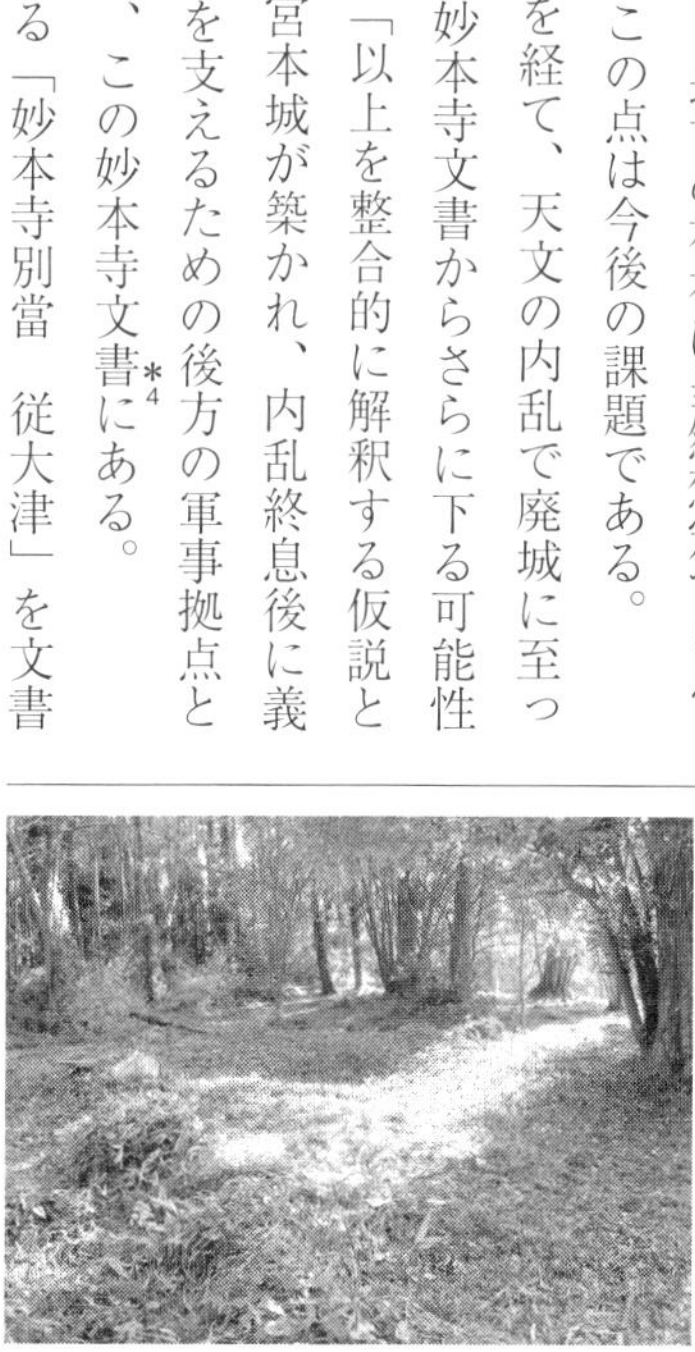

主郭現状

腰曲輪端伝いに主郭へ至る道

端裏の「ウワ書」を切断して貼り継いだものとして、それを「宮本城の大津」であろうとした。また、「花押の右肩が上向（いて）いるので、あるいは永禄初年頃のものでは」とされている。[*6]

この点、佐藤氏は義堯の入道年（永禄二〜四年）から、「それ以前のこと」とするが、[*7]正木氏をめぐる内房の状況からして、弘治以降の限られた年代幅とみてよいかもしれない。宮本城の山頂部一帯（字要害）は大津に属しているのに、なぜ宮本城と呼ばれてきたか、それは「城門が宮本村にあったから」[*8]だとすれば、当時の用例からして、大津はまさしく宮本城を指すとみて間違いないだろう。

では、義堯はいつこの城に入ったか、そもそも宮本は、どういう目的でいつ築かれたのだろうか。義堯自体は天文二年〜三年（一五三三〜三四）の内乱以後、どこにいたのだろうか。小弓公方の重臣逸見《へんみ》氏が義堯に宛てた書状[*9]には、「部久里郡里見義孝」とみえる。部久里《へぐり》郡＝平群郡とは古代的な名称で、この当時なら北郡《きたのこおり》である。それゆえ、現在の平久里、つまり富山の平久里中・下ないしは滝田辺りまでと考えて、当時の居城を推定する考えもあった。しかし、わざわざ郡としているのだから、北郡内で考えるべきだろう。

そこで、現存する遺構の分析が重要となる。宮本城の特色は、岡本川上流左岸の高丘に立地し、山頂部から階梯式に大きく腰曲輪を連ねていくもので、背後の尾根は何重もの堀切で遮断する。

＊6　『房総里見・正木氏文書の研究』史料篇2（崙書房出版、一九九三年）。

＊7　「妙本寺と房総里見氏」『中世東国日蓮宗寺院の研究』（東京大学出版会、二〇〇三年）。

＊8　『富浦町史』（富浦町教育委員会、一九八八年）。

＊9　「快元僧都記」天文六年六月の内に所収。

このような様相は、正木氏の本流たる時茂系の拠った山ノ城と一致する。もちろん、そのような城は沢山あるのではと思うかもしれない。これは比較上の話だが、明瞭な切岸や横堀をともなわず、一定の規模を持った曲輪群――しかも岩山や石山に対し――が重畳する城は、安房ではこの二城のみにすぎない。十六世紀前半の安房の拠点城郭と推定する理由である。

つまり、宮本城は最初から安房の国主ないしはそれに準ずる者の居城として永正期に築城された可能性が高く、近年言われているように、義豊が終始稲村にいたとすれば、実尭以外にありえないのではないか。そして、内乱後は子の義尭に継承されたと考える。

しかし、里見氏の勢力が上総へ延びていった天文十年代には、佐貫―久留里―小田喜が前線と化したのにともない、宮本城は少なくとも当主の居城ではなくなったはずである。もちろん、その位置からして、繋ぎの城という性格は持ちえたかもしれないが、それもまもなく終わり、この地域の拠点は岡本に収斂されたのだろう。里見氏、というより義尭が安房に留まっていた限られた期間の城郭は、それゆえ以後の記録にも留められる機会が少なかったのかもしれない。

最後に、地誌と軍記物に拠ったものながら、大正五年に山上に建てられた記念碑の銘文を紹介する（脚注参照）。安房の城館では唯一のものである。

主郭内に建てられた石碑。「宮本城址／八束村大津案東山地約千五百歩周回以切／石塁廻四尺許延徳中里見成義築為享禄天／文之間里見義豊居以後従於稲村城使其臣／宮本宮内鎌田孫六守之天文二年四月六日／義豊為里見義尭所滅二人死之城亦廃／自延徳元年至大正五年即四百二十八年也」と刻まれている（「／」は改行を示す）。

安房国主の居城

4 岡本城《おかもとじょう》

①南房総市富浦町豊岡
②岡本氏―里見氏―里見義頼―義康
③海に向けて続く曲輪群と直下の湊
④明るい海・潮風・初夏のビワ

【立地】富浦湾に面する、標高六〇メートルの丘陵（現・里見公園）から背後の聖山《ひじりやま》一帯が城跡である。南側は岡本川下流域の海岸平野に面し、東側は細尾根を経て、背後の丘陵部と連絡する。山頂北側の尾根に立てば、東京湾を隔てて三浦半島を間近に望むことができる。

【構造】用害地区[＊1]、聖山地区、北側山麓部[＊2]、南側山麓部の四ブロックに大別される。以下、ブロックごとに概説する。

公園となっている用害地区山頂部は、中央に径三〇メートルほどのまとまった平場があり、一部は岩盤が剥き出しになっている。過去二回の確認調査で、この平場は周縁部を埋め立てて整地されたこと、中心には布堀をともなう大きな柱穴群があることが判明した。おそらく、物見櫓の基礎の跡だろうが、深さからして、ちょうど火の見櫓のような構造物になろうか。

一段低い山頂部西側（およそ五〇×四〇メートルほど）は、周辺一帯でもっとも広い平場である。現在は二段だが、本来は一連の平場であることが判明している。平成十九年の

城跡全景　北西より

＊1　山上部・山麓部・宮ノ台一帯・北側尾根先平場群・東側腰曲輪群・浜地を指す。

＊2　汐入川流域を指す。

縄張り図　『千葉県南房総市岡本城跡調査報告書』より転載

確認調査で、泥岩ブロック整地層に掘立柱建物の跡らしきピット群が見つかっている。重要な点は、トレンチ一円に焼土層が堆積しており、しかも、ピット覆土に焼土・炭が混じっているものがあることで、火災の痕跡とその後の整地・再建を示唆する。出土したカワラケは戦国末期のもので、天正十七年（一五八九）の「国主御殿起火災」*3の記事と合致するものと考えられる。崖際の二か所のトレンチでも、旧表土面上に焼土層が確認されるなど、火災はこの曲輪一面を覆ったのだろう。

それでは、御殿が山頂部西側かというと、単純には言い切れない。なぜなら、西側直下の旧道脇（標高約二〇メートル）には、かつて城内でもっとも広い平場（現・光崎アリーナから共同選果場）が存在したからで、位置的にはここがいわゆる常御殿になろう。しかし、ここもせいぜい復元規模四〇×六〇メートルほどで、御殿の機能をすべて満たすことができたか疑問である。たとえば、山上では儀式や行事、接待の場所としての殿舎が存在したと理解できないだろうか。

光崎アリーナと国道を挟んだ中腹の西側平場群は、本来一体のもので、とりわけ最下段は、近代初めまで一つながりの場であった。現状では、その上にさらに三段認められるが、調査結果から、当時は大きく上・中・下の三段であったことが判明した。下段では、泥岩ブロック造成層の上から掘り込まれた掘立柱建物らしき柱穴群が見つかったが、山上と同様、造成層の上には広く焼土・炭が確認され、しかも、山上で出土したものと同じカワラケや白磁などをともなっていた。この一帯も、火災の被害にあったのである。地形条件からすればむしろ、こちらの火災が山上に及んだと考えるのが自然だろう。地続きの東側の広い平場を御殿地に比定する理由でもある。

中段は、いずれにせよ狭い平場で、上段との連絡に使用したものかもしれない。上段も同じく、焼土層にともない礎石らしき平石・カワラケなどが出土した。山上まで、火災が及んだのである。

岡本城要害部遠景

*3　「岡本安泰祝詞」那古寺文書

西側平場群の西下に当たる宮ノ台（標高約一二メートル）は、大宮八幡神社由来の字名で、海に面する丘陵末端地ながら、既述した御殿比定地と遜色ない平場に恵まれている。とはいえ、東側の丘陵から全体が俯瞰される位置にあり、曲輪としての独立性に欠ける。そういう意味では、のちにもふれる「岡本御西様」の殿地としては、格好の地といえるかもしれない。

つぎに、山頂部北側尾根続きに連続する平場群（四段）は、本来、痩せ尾根であったのを階段上に大きく削平・整地しており、先端のトンネル上には、かつて北条氏政《ほうじょううじまさ》の娘（里見義頼室）が持参した十一面観音像（現海禅寺蔵）が安置されていたという観音堂跡がある。また、北側中腹にも地形なりに均した平場群があり、間には竪堀状の掘り割りもみられる。北側平場群は確認調査をしていないので、現況のみを紹介する。なお、周辺は切岸状の急斜面である。

山頂東側の腰曲輪群は、段差や掘り割りから三つに分けられる。いずれもほぼ完全な平場であり、つながりという点からみれば、城内ではもっともまとまった平場群である。平場中央部で地形に直交するかたちでトレンチを入れた結果、幅二五メートルの平場の中程先は泥岩ブロックを含む土砂で埋め立てていることがわかり、尾根肩部を削って平場を造成したのだろう。なお、遺構は確認されず、遺物も出土しなかった。さらに、整地面上に焼土は見られなかったことから、火災にはあわなかったらしい。あるいは、建物自体がなかったのかもしれない。

最後に、用害前面の浜地についてふれておく。大正期の震災で逢島《おおしま》が陸化し、浜が前進したことは知られているが、近世の間、とりわけ慶長や元禄の地震でも大きな変化があったに違いない。湊・宿の部分でも記しているとおり、岡本川の変化と連動するように、湾内の環境も変貌した。具体

八幡神社裏手確認調査トレンチ（焼土面）

山頂南西平場の確認調査トレンチ（焼土面）　画像提供：南房総市教育委員会

山頂部の調査で見つかった櫓柱穴跡　画像提供：南房総市教育委員会

的にいえば、隆起にともなう岩礁の出現と用害下の離水は、中世の環境復元を考えるうえで留意しておかなければならない。そういう意味で、用害下の窪地（現国道西側下）の調査は、将来必要になってくるだろう。

聖山地区は、用害背後の谷を取り込むかたちで尾根続きの丘陵を城郭化したものである。用害山頂東側の腰曲輪群に加え、聖山とは大堀切で画していることは、本来、用害内で収斂していたものを、のちに背後の丘陵まで城域を拡張した結果かと思われる。それは、この地区に存在する遺構の様子でも確認される。丘陵東側の尾根肩部を切岸状に整形して直下に狭い段を設け、南東の峰（標高約六五メートル）は後世の畑地化の影響もあるが、階段状の整形、つまり切岸面を何重にも配して対処するなど、明らかに十六世紀も後半の様相といってよい。また、特徴的なのは、桝ヶ池の存在である。この池は、東側に連なる主尾根と聖山の分岐点を掘り切り、さらに桝状に抉ったもので、岡本城末期の大堀切に相当する。

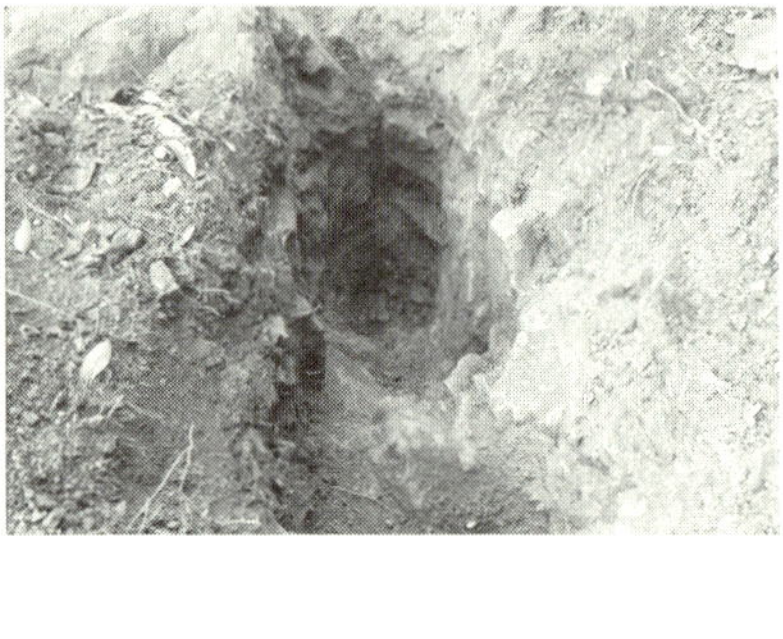
検出されたピット（未完堀）
画像提供：南房総市教育委員会

新たに取り込まれた聖山谷部は、鉄道の開削で大きく破壊されたが、入口付近と奥部は旧状を保っている。基本的には根小屋の一角になろうが、里見梅王丸《うめおうまる》幽閉地という所伝が示唆するように、そこは特別な地、たとえば人質曲輪のような性格も併せもった谷なのかもしれない。

なお、用害との堀切南下段（東京学芸大学附属小施設）にもふれておく。ここは、昭和六十年時の調査報告では居館地と推定された場所で、五〇×四〇メートルほどの一段高い平場となっている。南側山麓ではここのみであるから、目立った存在ではあるが、城郭外の地であり、用害地区との連絡など課題もある。ここも将来の調査が必要となる。年配者の記憶では、かつてはここから堀切を経て用害東の腰曲輪へ入り、堀割を下って聖山谷部へ至っていたらしく、途中まで道が現存する。

以上が、山上の城郭遺構について発掘調査の所見もまじえた概要だが、つぎに、根小屋に相当する北側山麓部（汐入《しおいり》川流域）についてふれる。南側を岡本城、北側を東西に連なる険しい丘陵に挟まれた幅二〇〇メートルに満たない谷部で、海岸に沿って二条の低い砂丘が南北に谷前面を遮っているため、谷奥は水捌けの悪い水田地帯となっている。この砂丘地に現在、人家が集まっており、正木・岡本・忍足・川名・本田・角田・山本・安田といった旧臣と同姓の人が多い。中世までさかのぼるかはもちろん不明だが、義康代に行われた館山移転という出来事と、どう対応するのだろうか。現在、この谷部には根小屋や堀之内という字・通称はなく、「木出」・「向城」・「上城」が確認される程度である。逢島トンネル下を木出というのは、岬の鼻下に「城出」があったからだろう。また、河口北側は近世に坂ノ下という漁村が分立しているなど、軍事的な浜地としての性格も考慮する必要がある。

一方、南側山麓部は宿地名が点在し、そのまま中世を起源とする宿とみられる。宿地名も一つ

主郭下腰曲輪から聖山谷部を見る

聖山東側山腹を廻る切岸遠景

ではなく、里見氏所縁の愛宕社から長泉寺一帯が古宿、城山南麓の全昌寺南を字田宿、用害西側平場群の南麓を新宿という。新宿に隣接する浜田宿は、その名のとおり田宿西側の浜地を指す。古宿の南北を縦断する道の両端には、古地図でも鍵形の屈曲が認められ、田宿との間には豊年川という小河川が流れている。

しかし、これだけでは岡本の宿は片づかない。というのも、より南に開口する岡本川の河口が、かつては古宿南端から海へ向かっていたらしい。古図・古写真をみると、古宿南の浜町は、現国道西側に並行する道路に沿って短冊形の地割りがはっきり読み取れ、古宿とは好対照をなす。そして、この浜町が、近世初めの元和四年（一六一八）検地帳《けんちちょう》にみえる「岡本村新町」であることもほぼ間違いない。中世末～近世初頭に、何らかの要因をきっかけに河道が現在の位置に変わり、それとともに宿の南の芝地が開発されて、新町が形成されたとみるのはどうだろうか。この推理が正しければ、宿の南は川筋と氾濫原が続いていたことになり、岡本城の評価にも大きく関わってくる。

【歴史】岡本城については、国指定のための確認調査と総合調査報告書が近年計二冊[*4]刊行され、筆者も関係者の一人として参画した。詳細は、この二冊を参照してもらうとして、ここでは城の性格の理解に最低限必要な事項のみを紹介したい。

岡本城の築城については、確実な資料があるわけではない。成立年代について記した古い資料として、『山城国白雲山累縁起』（富浦正善院蔵）に、元亀三年（一五七二）、岡本城の普請が成り、義頼の居城となったことを記しているが（軍記物では元亀元年着工、同二年竣工）、どうもそれ以前に築かれていた節がある。というのは、すでにふれた、里見義豊が八月二十八日付け（発給年代は大永～享禄年間）で中里氏に宛てた書状には、岡本での「船揺」を報じている。北条氏との

山頂から南側の宿一帯を見る

＊4　『千葉県南房総市岡本城跡確認調査報告書』（南房総市教育委員会、二〇〇八年）・『千葉県南房総市岡本城跡調査報告書』（同、二〇一〇年）。

海戦に際して、岡本に軍船を集合させたことや、里見氏当主とその父（義通）・伯父・一門間で連絡を取り合ったことが知られる内容ながら、これが岡本湊のみのことなのか、あるいは城下にともなう湊を指したものなのかが問題となる。ただ、この当時、軍事行動にともなう在所名は通常、城郭を指すので、後者の可能性が高いだろう。であれば、そこに誰がいたのか。

この点、前掲文書中にみえる「船揺」を岡本への攻撃とみて、そこに敵対する里見一族がいたと捉え、ひいては相互間の対立と矛盾が天文の内乱に至ったとする考えもある。[*5] さらに、この里見一族とは、本来、岡本城主であった岡本氏であり、里見氏から養子（岡本通輔《みちすけ》）を送り込まれる存在であったともされる。[*6] 広く岡本城内に調査の手を入れた確認調査では、下層までを対象としていないとはいえ、十六世紀の前半にさかのぼる遺物は出土していない。今後の整備事業における検討課題としてあげておきたい。

その後、義弘代に至って岡本城には里見氏が入り、岡本氏は滝田の南の千代《せんだい》に移ったという。[*7] いわゆる天文の内乱以降、北郡北部の沿岸部には北条氏の勢力が及び、それに対する反撃拠点となったのが岡本だった。そもそも富山と富浦を分ける山稜は険阻で、加えて富浦湾奥の岡本は天然の良港でもあり、背後の城郭とも相俟って、安房西筋沿岸部を押さえるには格好の拠点であった。岡本城の重要性が増した理由である。

里見義頼夫妻の位牌　千葉県南房総市・海禅寺蔵

そのため、義弘が上総佐貫を居城とするようになった永禄後半以降、単に番衆が置かれたというより、そこには後継者が入ったとみるのが自然だろう。

義頼の前名が義継《よしつぐ》であったことは、す

＊5　佐藤博信「里見義通試論―前期里見氏研究の深化のために―」（『中世東国政治史論』、塙書房、二〇〇六年）。

＊6　前掲確認調査報告書の滝川氏担当「里見氏と岡本城」。

＊7　「管窺武鑑」

でに大野氏が昭和十三年に指摘しているが、[*8]さらに進めて、天正六年（一五七八）まで義継と名乗っていたことがわかっている。[*9]それをさかのぼる三船山合戦直後の永禄十年（一五六七）九月八日と九日付けで、義堯父子が「太郎」に宛てた書状は、もちろん後継者としての太郎（のちの義頼）であり、大野氏によれば、居城を岡本とはしながら、「兎に角房州に居った」と、それ以外の可能性にもふれている。

ともあれ、義弘が亡くなる天正六年前（天正三・四年頃）から、安房国主としての領主権を行使しており、天正八年から九年にわたる上総と安房の家中を巻き込んだ内乱を勝ち抜いたのも岡本であった。現在遺る岡本城の惣構《そうがまえ》構造は、上総佐貫城とよく似ており、おそらく義継時代から整えられたのだろう。それも、国主の居城としてである。

最後に、館山との関係にふれておきたい。義頼の跡を受けた義康は、天正十九年六月以降に居城を館山に移転した。直接のきっかけは、「天正十八年に上総の領地を没収されたこと」であった。[*10]ただし、それ以前から館山移転への伏線はあったようで、もともと義康は館山にいたとする説や、町場としての発展・商人の存在に加え、「天然の良港に加え……安房国を支配する拠点として多くの条件を備えていた」[*11]ことも理由だろう。また、滝川恒昭氏が指摘したように、天正十五年の火災という「消極的な事情」も当然あってよい。[*12]

結局、それは大勢として時代のうねりのなせる業だが、北条という館山平野の前面の砂州を縦貫する道沿いが次第に町場化し、とりわけ外海への湊として繁栄するようになった結果といえるかもしれない。この当時、戦国大名の政策は、むしろ経済・商業の実態を後追いする一面があったからである。

伝里見義頼石塔　千葉県南房総市・光厳寺

＊8　『房総郷土研究』五巻二号。

＊9　佐藤博信「関東足利氏と房総里見氏―房総地域史研究の深化のために―」（『中世房総の権力と社会』、高科書店、一九九一年）。

＊10　『さとみ物語』（岡田晃司氏執筆、館山市立博物館、二〇〇〇年）。

＊11　前掲岡田論文。

＊12　前掲確認調査報告書。

里見氏最後の居城

5 館《たて》山《やま》城《じょう》

①館山市館山・上真倉
②里見義康―忠義
③房州唯一の近世城郭――外郭をめぐる深い水堀
④山上の天守と眼下には鏡ヶ浦

模擬天守と遠くに見える館山湾

【立地】館山城跡といえば、模擬天守（現館山市立博物館分館）のある山上一帯がよく知られているが、本来の城域は、大字館山・上真倉・下真倉の現市街地から城山山麓東側まで、広大な範囲にわたっている。

しかし、近世初頭の慶長期に転封（実質は改易）になったため、湊・根小屋を含めた城下の実態は、いまだにはっきりしない。そもそも古代以来、安房国の中心は、館山平野の喉元にあたる府中―国分付近にあった。その後、現市街地ののる砂丘線が安定するにともない、正木―北条―長須賀一帯が新たに町場化した（宿の成立）。おそらく、戦国期のことだろう。

城山は南端付け根にあたり、北側の北下台は当時、岩礁ないし海浜であったという。館山平野を押さえ、かつ廻船を視野に入れた湊を城下に求めるなら、北端の那古かこの館山だが、平野を貫流する滝川河口が城下にあることなども、キーポイントになろう。

【構造】城跡は、大きく三ブロックに分けられる。一つ目は、

館山城とその周辺遺構現況・中世環境復原図　作図：小高春雄

標高約六五メートルの城山一帯であり、山頂の千畳敷・天守台・南側中腹の御厩・東側中腹の新御殿などが該当する。二つ目は、山麓外郭部一帯で、天王下―御霊山―大膳山の東側をめぐる通称鹿島堀内部・城山南麓の近世水野氏陣屋跡・城山西麓の天王台・根古屋地区など。三つ目が北側城下の町場・湊である。前二者は当然として、城下は対象外とみるむきもあるが、近世初頭という時代性も考慮し、あえて対象とした。なお、館山城は過去いくつもの調査報告から回顧録に至るまで、旧状を理解するうえで必須の先行文献があるので、一覧を脚注に記載した。必要に応じて引用する。＊1

城山《しろやま》地区は昭和十年代以降、大戦中にかけて、縁辺部各所に高射砲が据えられ、旧状を大きく損なっている。もっとも大きな変貌は北東山頂部の削平で、本来の高さより約七メートルほど低くなっている。当然、それらの土砂は南西一帯に敷かれたはずで、昭和三十四年の千畳敷各所（現、茶屋）のトレンチ調査で確認された、一メートル以上の「堆積崩壊土」（文献④）がそれに該当するのだろう。逆に、千畳敷中央部は大きく破壊されることもなかったようで、厚い覆土が戦後に至っても遺構をまもってきたといえる。

特筆すべきは、北寄りの場所で一・五メートル下に灰層と焼土層があり、その下の黒土層（厚さ四〇～五〇センチ）上に礎石があったという事実である（文献④）。灰層には「焼瓦破片」が含まれ、かつ、「一間間隔に捨石と考えられる水成岩が表面を削って平面上に配置されて」いたという。ということは、この千畳敷には礎石建物があり、しかもそれは焼亡したらしいこと、建物の一部には瓦が使用されていたことをうかがわせる。山上御殿の存在を示すものだろう。

なお、安政三年（一八五六）の奥付のある「安《あ》房《わ》風《ふう》土《ど》聞書《ききがき》」に登場する「遠見櫓」の位置は、「仙現の社」を「遠見櫓有し跡」としたうえで、南西一段下ったところが「千畳敷の跡」という。つ

＊1　館山城参考文献。
①真田為憲『安房風土聞書』（一八五六年）。
②大野太平『房総里見氏の研究』（宝文堂書店、一九三三年）。
③千葉燿胤『房総及び房総人』（一九五七年）。
④山岡俊明・上田勇次郎『館山城の考察』（一九六〇年）。
⑤千葉燿胤『館山城趾』（日本城郭協会、一九六三年）。
⑥千葉燿胤『館山城址後記』（日本城郭協会、一九六四年）。
⑦千葉燿胤「里見北条両氏の抗争に就て　附　館山城址」（鳥羽正雄博士古稀記念論文集編纂委員会編『日本城郭史論叢』（雄山閣、一九六九年）。
⑧館山城跡調査会編『館山城跡調査概報（第一次）』（一九七八年）。
⑨館山城跡調査会編『館山城跡調査概報（第二次）』（一九七九年）。
⑩館山城跡調査会編『館山城跡調査概報（第三次）』（一九八〇年）。
⑪川名　登「館山城についての一考察」（『商経論集』第一六号、一九八三年）。

まり、遠見櫓は現在消滅した山頂部であり、南西の平地が千畳敷であった。仙現とは浅間《せんげん》のことで、江戸中期の宝暦期の状況を示す『房総志料』巻二にも、千畳敷とともに「山上に浅間の神社」とみえる。

南側中腹は字「御厩《おんまや》」といい、大きく二段の平場があった。ここは、昭和五十二～五十四年度に発掘調査が行われている（文献⑧～⑩）。上段（三五×二八メートル）はトレンチ調査の結果、のちの耕作などで見かけ上一つの平坦面となったもので、南東部の一区画を除けば、中腹の緩斜面というのが本来の姿だといえる。遺構は中央部でピット群が確認されたのみだが、それも建物にともなうものかどうかはっきりしない。遺物は「南側に行くほど濃い分布を示」し、「天目茶碗断片、黄瀬戸の皿の断片、香炉片、中国製の皿の断片・鉄片、鉄滓等」が出土し（文献⑨）、年代は十六～十七世紀ぐらいのものとされる。要するに、平場はその頃、部分的に活用されていたということだろう。なお、南西の小規模な平場群は調査の対象外である。

下段（三段の階段状平場）は上段から約五メートル下にあり、上位に南北に交差するトレンチ調査をした結果、厚い黒色土が堆積し、遺構は検出できず、遺物も陶器片だけという（文献⑩）。ここが活用されていた可能性は低いだろう。なお、参考ながら下段北東に面する崖地（通称姥《うば》神《がみ》）から明治三十年代に五輪塔群と陶磁器が出土しているものの、十四世紀代のもので（文献⑰）、里見氏と直接的な関連はない。以上の結果からすると、御厩地区は、少なくとも当主の御殿地格の地ではなく、「義康御殿地」（里見義康の御殿跡）とはいえないだろう。

これに対して、城山東山腹の通称新御殿地は御厩よりはるかに広く、しかも「新御殿の跡」（文献①）と伝承されてきた。公園整備にともない、昭和六十二年に郭内の広範囲にわたって確認・本調査が行われた（文献⑬）。新御殿の平場は三段あり、北側がもっとも高く、つぎに南東部、

⑫館山城跡鹿島堀調査会編『千葉県館山市館山城跡鹿島堀発掘調査報告書』（一九八四年）。
⑬第4次館山城跡調査会編『千葉県館山市館山城跡第4次調査報告書』（館山市、一九八七年）。
⑭房総里見会事務局編『里見家の一文字（第一部）』（一九八七年）。
⑮山岡俊明『館山城とその城下町』（崙書房出版、一九九四年）。
⑯岡田晃司「館山町成立の契機について」（『房総路』三四号、一九九六年）。
⑰千葉県「館山城跡」（『千葉県の歴史』資料編中世1、一九九八年）。
⑱千野原靖方『里見家改易始末』（崙書房出版、二〇〇一年）。
⑲岡田晃司「古文書と伝承から探る歴史の痕跡―安房館山に所在した旗本陣屋―」『古文書の語る地方史』（吉川弘文館、二〇一〇年）。
⑳『さとみ物語』（館山市立博物館、二〇〇〇年）。
㉑『千葉県の歴史』通史編中世（千葉県、二〇〇七年）。
㉒『里見氏の遺産　城下町館山～東京湾の湊町～』（館山市立

そして南西部となる。北側では、地形なりに従った溝囲みのなかに建物が営まれたようだが、ピット相互の位置関係、深さは区々であり、間取りを組み立てるのは困難である。地形条件などからして南北十二メートル、東西十五メートル以上の建物にはならないだろう。出土遺物は、天目茶碗・擂鉢・常滑・染付などの小破片であった。

南西最下段も同様で、たしかに柱穴らしきピットもあるが、提示された復元案には無理があり、掘立柱建物が存在したらしいというのみであろう。出土遺物は、カワラケ・灰釉小皿・瓦質土器・陶磁器小破片などであった。

これに対して、南東部は二棟の建物が存在したらしい。また、一部とはいえ礎石らしきものが存在した可能性もある。それでも、南側の一棟、報告書でいう「第3区建物址Ⅲ」は唯一整った掘立柱建物（柱間約二メートル）といってよく、建て替えも行われたらしい。しかし、南側は本調査範囲から外れており、全体の構成は不明である。遺物は「白磁・染付・天目茶碗・瓦、などの小破片が覆土内や柱穴内」から出土したという。

新御殿の調査は、御殿の存在が想定されただけに、たいへん残念な結果と言わざるをえない。それでも、従来、あまり注意もされなかった重要な事実がある。実測図や写真で報告されたものは一部にすぎないが、瀬戸・美濃陶器大窯3段階の製品や、端反りの白磁皿、小型かつ鋭角に立ち上がるカワラケなど、十六世紀後半〜終末の様相を色濃く示す出土遺物であり、文禄・慶長期の様相（志野製品の流行）はうかがえない。この点、御厩も基本的に同様である。つまり、城山中腹の平場はむしろ、戦国最末期の様相を示すということになろう。とすれば、岡本の義頼に対して新たに後継者となった、義康の一時的な御殿跡なのかもしれない。

それでは、天正十八年（一五九〇）以降、慶長十九年（一六一四）まで、義康―忠義時代の御

博物館、二〇一四年）。
㉓『館山城下町資料調査報告書』（館山市立博物館、二〇一五年）。

五霊台下からみた新御殿跡方面

殿はどこに置かれたのであろうか。筆者は御廐南、つまり、庚申山山麓の近世館山藩陣屋跡の平場以外にはありえないと考える。寛政元年（一七八九）、稲葉氏は一万石の大名として安房に入り、陣屋を字城山下の旧川口氏陣屋跡（文献⑲）とした。ここは、館山城山麓ではもっともまとまった平地で、しかも山上の千畳敷と連絡するには、合理的かつ便利な場所だ。旧地籍図によれば、一帯は方一町ほどの方形区割があり、ここが陣屋跡になるのだろう。それが里見氏の遺産を継承した結果かどうかだが、入口に采女《うねめ》の井戸と呼ばれる古井があったことや、[*2]西側の隣接地を根古屋と呼ぶことも傍証になろう。なお、根小屋は熊野山山麓一帯（字熊ノ台・熊ノ山下）にも及んでいたはずである。

もちろん、屋敷地はこれだけではなく、水田を隔てた東側対岸の下藤井（通称大膳山）は大膳屋敷跡と伝承され、近世には石川氏、ついで川口氏が陣屋としたらしい。川口氏が元文四年（一七三九）頃に西側へ移転したのが、既述した城山下陣屋地である。大膳とはこの場合、里見義頼の次男で小田喜正木氏を嗣いだ時茂を指すが、彼は一門のなかで八千石という最大の知行を与えられていた。[*3]谷を挟んで里見と正木家中が住み分けたということかもしれない。

しかし、これは外房南部の旧正木家中を含むものであるから、当然、家中屋敷もその周囲に及んだのだろう。それは、御霊山一帯と言うべきかもしれない。正木氏といっても、他に久太郎や善九郎など二千石程度の一門衆もいて、彼らの屋敷地がどこにあったかも課題である。ちなみに、字根古屋にみられる清七屋敷とは、忠義時代の家老山本清七の屋敷地そのものだろう。

大膳屋敷東側は、鹿島堀という大きな堀が廻っており、地籍図や発掘調査、伝承などで、ある程度は復元できる。現在、はっきりと遺存するのは天王山から御霊山を廻る部分であり、昭和五十三年度と翌年度に確認調査が行われた。その結果、上幅十～十一メートル・下幅約七メート

五霊台南堀跡（鹿島堀）

＊2　忠義時代の家老格とされる印東采女に由来。

＊3　「慶長十一年分限帳」

ル・深さ五メートルの箱薬研の堀が検出されている。また、ここではのちに水田化するにあたり、上面を均したことを除けば、堀を意図的に埋めた痕跡もみられない。天王山から真倉市営住宅の右手までは追えるが、その先はよくわからない。あえて推測すれば、妙台寺先から左折し、宗真寺の北を走り、城山にあたったところでその縁をめぐり、現駐車場端付近に至ったといえようか（この点、文献㉑で筆者が提示した案とは多少異なる）。

　駐車場端では、その一部らしき落ち込みが検出されており、[*4] 山側一部が未調査とはいえ、上幅約十二メートル・下幅八～九メートルほどで、深さは二メートルであった。堀の外側には高まりがみられるので、あるいは土塁がめぐっていたのかもしれない。ここでも堀を埋めたような様子はみられないが、外側に向かって一メートル以上掘り返したようなラインが記録されている。御霊山付近ほどの深さはないが、これは城山際という条件の差だろう。

　一方、南側は御霊山南西隅から直角に南へ曲がって大膳山まで達し、山麓を出張りのように廻って慈恩院前の溜池に至り、丘陵裾にあたったところで終わっている。これだけの土木工事で出た土砂も、相当量にのぼると思われ、その土砂で土塁を築き、内側の平地をかさ上げして屋敷地の造成に充てたのではなかろうか。それも掘り割りと連動して進められたのだろう。

　ところで、従来、まったく省みられなかったが、西側根古屋部分には堀はなかったのだろうか。鹿島堀の現況からして、実際に存在したら痕跡は当然あるわけで、東側に対して西側がまったく手薄というのも腑に落ちない。あるいは、城山北麓から西ノ浜方面を仕切るような懸崖でもあったのかもしれないが、今後の課題である。

　その意味で、城山入口の現駐車場北側一帯で確認された、幅三七メートル以上、深さ約一・六～二メートル以上の堀（文献⑫）は注目される。これは一部ではあるが、検出したコーナー部が

＊4　昭和五十九年調査。

西側　惣持寺付近から見た天王台・根古屋一帯

直角で、さらにノミ状の工具で段差をもって仕上げている。また、幅や深さに加え、館山神社境内前で止まっていることなど、鹿島堀とは異なる様相を示している。

そして、検出箇所から東側を辿っていくと、近年まで市街地化から取り残されたように、本蓮寺付近まで低湿地が続いていたことがわかる。むしろ、ここは古い海岸段丘の前に砂丘が形成され、その後背地として沼沢地化したために、自然の堀状となったのだろう。人工的な段差は、岸辺に手を加えた結果かと思われ、河岸の遺称はその名残かもしれない（文献⑮）。それが汐入川との連絡を意図したものとすれば、まさしく岸壁ということになる。参考ながら、館山神社前から仲通橋を経て、現館山桟橋付近に開口する小河川は古くからあり、これが堀ないし運河のような役割を果たしていたのかもしれない。

ところで、この堀からは多量の木材が出土しており、多くは屋根材であったという。また、「出土状況より埋められたものと考えられ、木材には切断した痕跡」（文献⑫）があったとする。館山城の受け取りは、大軍とはいえ、大坂冬の陣のため途中で切り上げたようだから、これだけで破却の際の産物といえるかどうかは、慎重であらねばならない。それが建物を壊した結果としても、位置的にみて、町場のものであった可能性が高いからである。

城下・湊については近年、関係史料が、『千葉県の歴史』や文献㉒・㉓などで全容が紹介されている。慶長六年（一六〇一）四月の里見義康法度[*5]では、館山城下で市立てがなされ、そこでの売買に限定するよう、安房国内の商人に通達されている。また、他国の商船の入港は、新井浦に限定された。市場の保護は当然、徴税と対応し、三名の町名主《まちなぬし》らしき人物に宛てているので、上・中・下の三町に分かれていたのだろう。範囲は、ほぼ現上町―中町―下町にあたり、汐入川河口左岸が新井浦となる。ただし、当時の浜は少なくとも元禄汀線より内陸にあったはずで（文献㉓参照）、

＊5　岩崎文書

いわば海付きの町場であった。慶長十四年に新井浦塩年貢の目録が代官に提出されているのは、塩焚が行われたことを物語っている。[*6]

町場の前後には、通常、木戸や枡形が設けられる。上町に残る通称枡形から大手枡形をここに求める考えがあるが、これは町場の西端を画するものではないだろうか。なお、鹿島堀の外側に並ぶように走る街道沿いには、宇和宿・下宿の呼称と、館山城があった時代の家臣居住地という伝承があったという（文献㉒）。あるいは、下級家臣団の長屋でもあったのだろうか。里見氏時代の町場の実態についても、考古学的な究明が待たれる。

最後に、残された課題について若干ふれておこう。大手（追手）と搦手《からめて》がしばしば問題となるが、これも天守の存在と同様、それほどこだわる必要はないだろう。そもそも二か所に限定する必要はなく、要はどこに通じているかであり、それゆえ〝〇〇口〟という言い方になるのである。この点、「安房風土聞書」には、「城の大手ハ東南下曲輪にて今稲葉兵部少輔殿陣屋の東南真倉村蓮池の跡といふ所大手の堀すじといふ」とあり、現在の溜池、つまり慈恩院門前付近が、筆者の御殿説からすればもっとも合理的である。『房総志料』巻二にみえる記事に[*7]対応すれば都合がいいが、この門柱とは門の跡（たとえば礎石等）を指しているのだろう。

館山城は、それ自体独立した要害地のためか、丘陵そのものの城郭遺構、たとえば堀切・堀・土塁について従来は無関心であった。わずかに、第四次調査時の新御殿北側の尾根を切る堀切が調査対象となった程度である。この堀切は上幅七メートル、深さ約五メートルの本格的なもので、町場を望む北東上町方面から、城山への進入を拒むには好都合である。

しかし、南側城山下方面をはじめ、支尾根沿いの登攀《とうはん》を妨げる遺構は当然考えられるし、中腹や山麓付近の平場（たとえば北西の天王台など）も城内であれば、それなりの城郭遺構をともなう

＊6　嶋田家文書

＊7　「大手の門柱、近比まで残りしが、今はさなくらといふ処の道の側に倒る」。

館山城山頂部から見た北条海岸

はずである。もちろん、そのはじまりが戦国時代にさかのぼるのであればなおさらで、これも今後の課題となろう。

【歴史】 館山城は、義康―忠義二代の居城である。従来、軍記物では館山城の築城年代を天正十六年着工、同十八年竣工としてきたが、この点、初めて本格的な研究に取り組んだのが川名登氏である。まず、二月八日付けで義頼が上野源八に宛てて、「館山」に番手として詰めることを命じている判物から、*8 里見氏の一支城として義頼時代にすでに存在していたとした（文献⑩・⑪）。これは、そこを管轄していたらしい「□□殿」（□部分不明）が持ち場を指示するだろうと追って書きにあるところをみると、それなりの人物がいたのだろう。

では、いつ館山へ移ったか。それについては、関係文書の「たてやまより」の記載から、天正十九年六月以降だと結論づけている。これを受けてか、岡田晃司氏は、天正十二年に義頼が沼で屋敷分一貫代を岩崎氏に与えた文書に注目し、高の島湊を管轄する海城が館山城であって、両者は一体のものとした。さらに、商人を配置して流通の管理をさせたことは、「義頼自身がその後の里見家にとって両者が重要拠点になることを十分考慮していた」のではないかとして、すでに館山の地が「経済的に領国を支える見込みがたっていた結果」とされた（文献⑯）。

これらをふまえ、滝川恒昭氏は館山移転に至ったいくつかの事情ないし理由として、①上総没収にともなう家臣団の収容先としての岡本城の手狭さ、②すでに館山が流通の拠点として繁栄していたこと、③天正十七年の岡本城大火、をあげている。そして、それを可能にした条件として、それ以前から義康の居城として取り立てられていた結果だったとする（文献⑲）。

たしかに、佐藤博信氏が可能性を指摘（義頼・岡本―義康・館山）したように、それが事実とすれば、館山への移転は義頼の時代から「あるていど既定路線」であったのかもしれない。うがっ

里見義康画像　義康は、天正十三年（一五八五）に元服し、翌年には病気がちな父・義頼に代わり、政務を継承した。羽柴秀吉が北条氏を滅ぼした小田原合戦では、秀吉方に付いたものの、違反行為などが咎められ、上総国を没収された。上総国を没収された義康は、岡本城から館山城に移ることになった　『英名百雄伝』　当社蔵

*8　上野文書

ていうなら、義康は元服後に館山城に入り、そこに留まっていたにすぎないともいえる。この点は、さらなる考証をともなうが、義康がここに居を定めたとすれば、それはまさしく滝川氏が②で示した条件、とくに館山が安房を代表する湊町として発展途上にあったからにほかならず、背後の高丘一帯が選ばれたのもうなずける。

　これは筆者の提言だが、城山千畳敷は、天守の存在はともかく、御殿の様相（礎石建物かどうか、瓦の有無、威信財の存在など）は、現茶室（日本庭園）一帯の発掘調査を行えば確認できるのではないかと考える。全体の復元は難しくとも、ある程度の見通しが得られればいいのである。

　つぎに、御厩や新御殿跡は壊された箇所は仕方がないとして、残された部分も多い。現在の調査水準なら、重要な手掛かりも得られるのではないだろうか。ある意味、〝無い〟ということも成果である。もっとも強調したいのは、館山藩陣屋跡一帯と根小屋である。大きな削平でもない限り、個人住宅なら基礎部分の破壊で済んでいるはずで、しかも慶長期と一部寛政期以降の陣屋遺構（館山藩水野氏一万石）が主だとしたら、判別にそれほどの困難はない。ここの様相が明らかになっていないことは、里見氏最後の歴史を語るうえで大きな損失といってよい。

　このほか、鹿島堀北端の様相や内堀の有無などがあげられる。これらがもう少し明らかになれば、他の慶長期近世城郭との比較研究が可能になるだろう。そこで、関東地方内ではあるが、近世初頭における館山城の立ち位置について考察しておこう。

　里見氏は、出自はともかく、当地に根づいた戦国大名といってよく、房総では国衆《くにしゅう》*9を含め、天正十八年（一五九〇）以降も存続した唯一の家である。一方、下総の一部を含め、常陸では天正期を通じて争いが続き、佐竹《さたけ》氏の一統が成るのは、鹿行《ろっこう》地域までを支配下に置いた天正十九年であった。それでも、南西部には結城《ゆうき》氏や水谷《みずのや》氏、多賀谷《たがや》氏などが残った。比較的、在地勢力が

山上御殿地　旧山頂付近より見る

里見義康墓所　館山市・慈恩寺

温存されたのは下野であり、宇都宮《うつのみや》氏・佐野《さの》氏・茂木《もてぎ》氏・皆川《みながわ》氏・芳賀《はが》氏・那須《なす》衆（大関《おおぜき》氏・大《お》田原《たわら》氏など那須一族）といった国衆である。上野は、戦国末期に武田氏→織田氏→北条氏とめまぐるしく上位権力が変わったあげく、小田原合戦後は徳川氏の領有になった。また、相模・武蔵は北条氏が支配したところで、小田原と各地の支城・番城・陣城よりなる姿は里見領国に近いが、天正十八年を境に徳川氏のものとなった。

　そうすると、関東では近世まで残った勢力として、まず佐竹氏、ついで里見氏、それから下総北西部から下野の国衆があげられよう。ただ、佐竹氏は慶長五年（一六〇〇）の関ヶ原合戦を契機に同七年には秋田へ移されたので、慶長末まで生き抜いた戦国大名としては、里見氏が最大勢力であったということになる。

　慶長期はまさに築城ラッシュの時代で、いわゆる織豊系城郭が全国的に拡散した時期でもある。ときの当主義康は天正十八年に上洛し、実際に上方の城[*10]を見たはずだから、彼我の差に驚嘆したのではないか。ただ、この差は、多分に伝統や地域差という側面もある。関東でも、上野金山《かなやま》（由良《ゆら》氏。群馬県太田市）や下野唐沢山《からさわやま》（佐野氏。栃木県佐野市）のように、もともと石山で、かつ戦国末期から近世の場合は、石垣を残している城もある。佐野氏が慶長十二年に平野部の春日岡《かすがおか》（ここも低地ながら石山）に居城を移した際に、やはり石垣作りとしたのもその条件ゆえである。

　一方、那須衆の城は切岸と土居《どい》の城である。これは、新しく入ってきた徳川氏の家臣団が従来の城を大きく変えなかったことと対応する現象でもあって、新規の築城や大幅な改修は、政権の許可事項となっていたのだろう。この点、房総では慶長十年代に新たに築城した佐倉城が唯一といってよいが、それも北総を管轄する政治的な意図（もちろん、土井氏の居城としての整備も含め）があってのことである。ただそこでも、縄張りは慶長期の城でありながら、石垣・天守はなく、

＊9　一定程度の領域を一円的に支配するも、政治的・軍事的に独立できず、戦国大名に従属する領主のこと。

＊10　石垣を積み、その上に櫓を揚げ、中心に天守を設け、木戸は枡形とする。

＊11　慶長六年、里見氏は関ヶ原合戦の恩賞で常陸国三万石を得た。里見氏が鹿島の領民を動員して、堀を掘らせたといわれていることから、「鹿島堀」と呼ばれている。

＊12　「大給家譜」

＊13　里見忠義は、江戸幕府で絶大な権力を握っていた大久保忠隣の長男・忠常の娘を室として迎えた。

わずかに外郭まで山裾に堀をめぐらす総構構造としたところが、それまでの房総の城にはない要素であった。

　こうしてみると、館山城を近世城郭として特徴づけるもっとも大きな要素は、やはり広大な外郭線を囲む鹿島堀の存在である。この堀は、名称からして慶長六年以降に掘られたものとされているものの、[*11]東側のみで丘陵全体を囲むものではない。それを完成された姿とみるかどうかが、重要なポイントになろう。慶長十九年の改易時に堀が埋められたのはたしかだろうが、東側で一部行われた発掘調査結果から裏づけるところまではいっていない。

　これは、土塁が現存しない状況からして、通常、それを崩して埋めたためと解釈されることからすれば不審ではある。大きな土塁がなかったとすれば、「堀一方埋る時分」[*12]というのは、御霊山北側だけで終わったことを示しているかもしれない。この問題も、将来の意図的な調査に委ねられることになろうか。

　以上、館山城築城に関わる経緯と理由、城郭としての実像や城郭史における意義などを紹介・考察した。江戸の喉元を押さえる安房に、小国とはいえ一国単位の有力大名が存在すること自体、いずれは転封(ないし取り潰し)の運命が待っていたことは間違いない。事実、諸大名のほとんどが、慶長期に関東から消えており、直近の慶長十九年七月には佐野氏も改易となっている。わずかに残った那須衆は、関東外縁に位置したのが幸いしたともいえよう。里見氏とて、おそらくそのような危機感は持っていたはずで、大久保氏との縁組み[*13]も、家の存続を賭けての行動だったのだろう。これが裏目に出たという見方もあるが、十三万石の大名を取り潰すには、それなりの用意もなされたに違いない。多くの大名[*14]を城の受け取りに向かわせたことや、とりあえず替地として鹿島三万石を言い渡したこともそうだが、当時の幕閣の動きを具体的に知ることは困難である。[*15]

＊14　「台徳院殿御実紀」では十四家。

＊15　「当代記」九月九日条には、「里見安房守出仕之処、従将軍以使曰、安房国可致国替との儀也……安房守領分可移鹿島」とあり、さらに当主義康が大久保忠隣の孫娘を娶り、その縁者に拠ると記しているのみで、里見氏をめぐるこの間の出来事にはいまだ謎が多い。

昭和五十三年鹿島堀調査写真
画像提供：館山市立博物館

戦国末期の里見一族・山本氏の城

6 山本《やまもと》城《じょう》

①館山市山本竜渕寺脇
②里見康俊
③背後に大堀切の館城様式
④安房国分寺に近い山稜の館

【立地】安房国分寺《こくぶんじ》跡のある大字国分《こくぶ》を西に見下ろす、標高約五〇メートルの丘陵先端に立地する。西側は急崖をなす反面、東側の竜渕寺《りゅうえんじ》斜面は比較的なだらかで、境内との比高は二五メートルほどである。

【構造】すでに、柴田龍司氏が概念図を紹介しており、[*1] 筆者の踏査結果も大きく異ならない。基本的なプランは単純で、平野部に突き出た低い丘陵先端部の基部を掘り切って内部を削平し、北から東側にかけては土塁を廻し、多少緩斜面となる東から南側は切岸整形した結果、腰曲輪がともなうというものである。

竜渕寺と背後の城跡

構造的には、丘陵上館跡とでもいうべき内容（ちなみに、西側低地は字竹ノ下という）だが、当城の場合、堀切の規模そのものが大きく（幅約一〇×深さ四メートル）、しかも、東面中央の開口部脇は明らかに塁線を曲げたうえに馬踏みを広くとっていることなど、十六世紀も後半の所産と思われる。

なお、南側丘陵先端から入る現山道（狭い掘割道）は、すでに指摘されているように、後世のものだろう。城跡の東側谷部

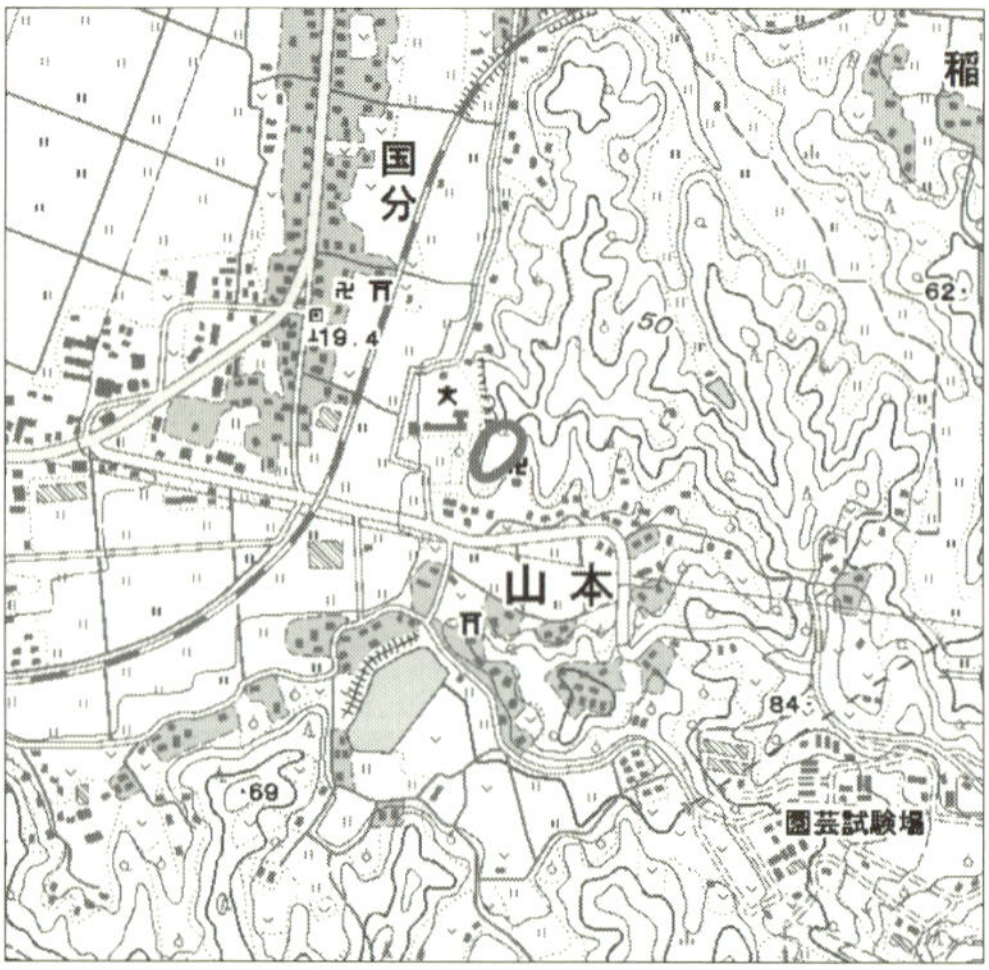

＊1　「山本城跡」『千葉県所在中近世城館跡詳細分布調査報告書Ⅱ—旧上総・安房国地域—』（千葉県教育委員会、一九九六年）。

＊2　「慶長十一年分限帳」

＊3　『房総里見氏の研究』（宝文堂書店、一九三三年）。

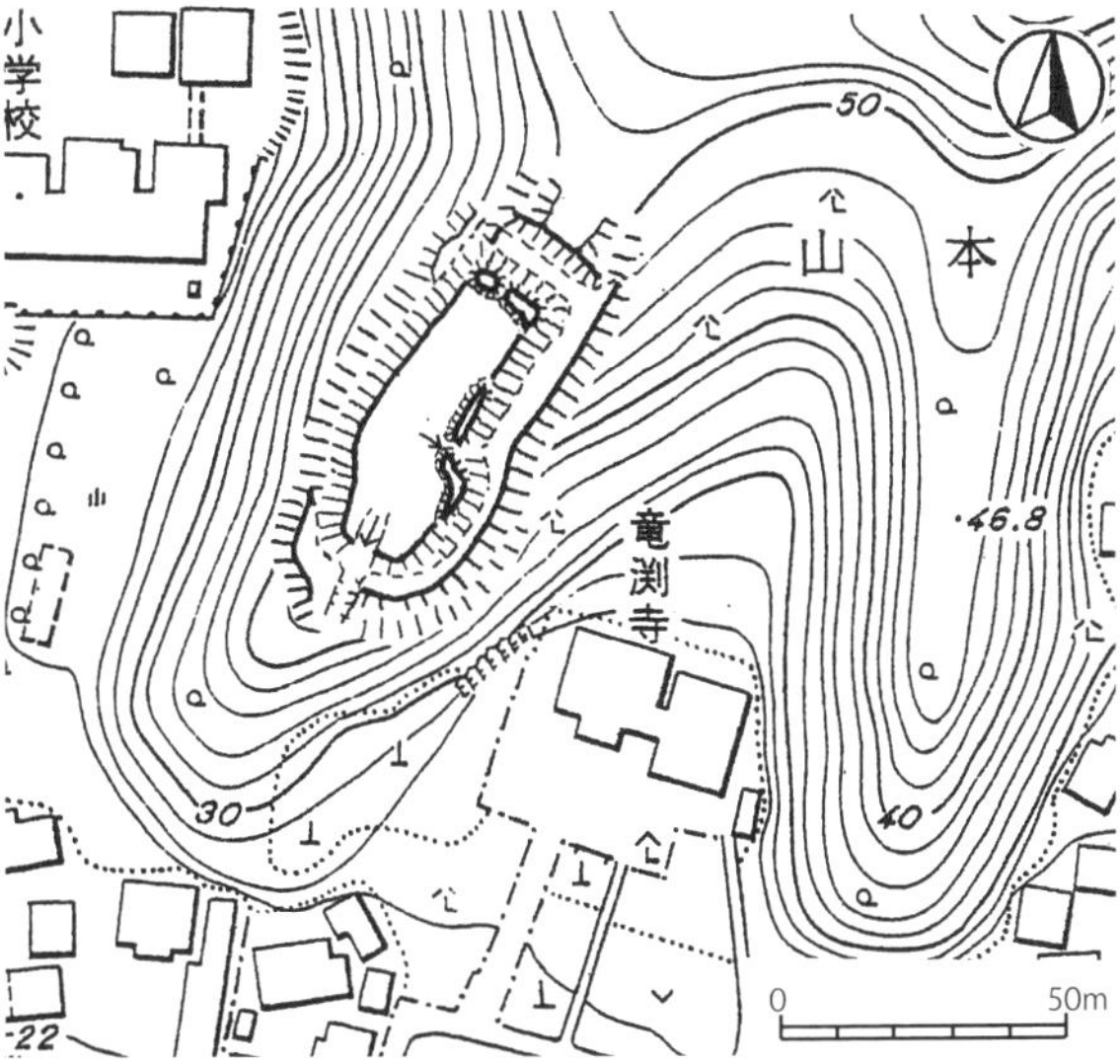

縄張り図　作図：小高春雄

は現在曹洞宗竜渕寺境内で、字堀之内という。地形からみれば、谷戸式館跡のような地で、その関係が問題となる。

【歴史】戦国時代末期の城として評価は一致しており、城主は、分限帳[*2]で山本村約七五〇石を知行（総知行一三五〇石）した大家老山本清七《せいしち》かとされている。そうだとすれば、中世の支配関係が城館も含め、そのまま継続したことになり、安房ではきわめて稀である。しかし、山本氏と山本との関係、というより、そもそも山本氏自体、中世の段階では確認できないのである。

寺伝にいう開基・里見中務大輔《なかつかさのだいぶ》なる人物は、「延命寺蔵里見系図」に「山本中務」、「系図纂要」に「康俊　里見中務大輔」とみえる、義頼の子・康俊《やすとし》に該当するとみてよい。大野太平氏は康俊について、文禄五年（一五九六）の安房神社御遷宮奉納者を記したなかに「中務少輔　康俊」とあるので、「一書に中務大輔とあるは誤なり」とするが、[*3]同一人物だろう。

義頼の子であれば、現存する遺構とは時期的に合致し、それが館構えだとしても、遺構として遜色ない。ただ、彼は近世の分限帳には登場せず、その後の消息は不明である。

曲輪北側の土塁

曲輪背後を切る大堀切

城主は里見義弘の子・薦野頼俊か

7 大《おお》井《い》城《じょう》

①館山市大井
②（薦野頼俊）
③地形に合わせたコンパクトな縄張
④館山平野付け根に築かれた城

【立地】館山平野の最奥にあたる、大井の谷部を北に見下ろす丘陵先端に立地する。標高は山頂部で五三メートル、山麓部は二六～二八メートルほどで、中腹から下は緩斜面となるなど、それほどの要害性はない。西側を梶櫓・根古屋、道路北側を大溝、西側を東門といい、城郭関連字名に富む。地質は、泥岩から一部砂層の豊房《とよふさ》層である。

城跡遠景

【構造】君塚文雄氏[*1]らの報告があり、研究蓄積のある城である。要害・根古屋地名を有し、明瞭な遺構を残している結果だろうが、それにしては位置づけが一定しない。おそらくそれは、安房の城全体からみて、どういう特色があるかに尽きるだろう。以下、その点も考慮し、概説する。

南北に堀切を入れた山頂部（およそ二五×二〇メートル）が、もっとも要害性に富んでいる。ここは、中央部を四角い櫓台状とし、周囲を削平する。南側の堀切は中央に土橋を残す一方、北側は遮断するのみである。郭の周囲は切岸状に整形しており、独立性を高めている。互いの郭関係や

＊1「城郭の変遷と房州の古城―中世城郭址としての大井城について―」（『館山市文化財保護協会会報』第一〇号、一九七七年）、松岡進「戦国期城館遺構の史料的利用をめぐって」（『中世城郭研究』第二号、一九八八年）、遠山成一「稲村城跡周辺城跡群」『館山市稲村城跡調査報告書Ⅱ』（館山市教育委員会、二〇一〇年）。

中央櫓台背後の土橋と竪堀

高低差からすれば主郭だが、伝承のとおり、物見櫓跡という見方もできよう。

南側は、徐々に高さを減じながら、大きく二つの平場が連続する。地形なりに削平した平場群で、東南二段下にもそれにつぐ平場がある。その先のネック部には堀切を入れており、ここ

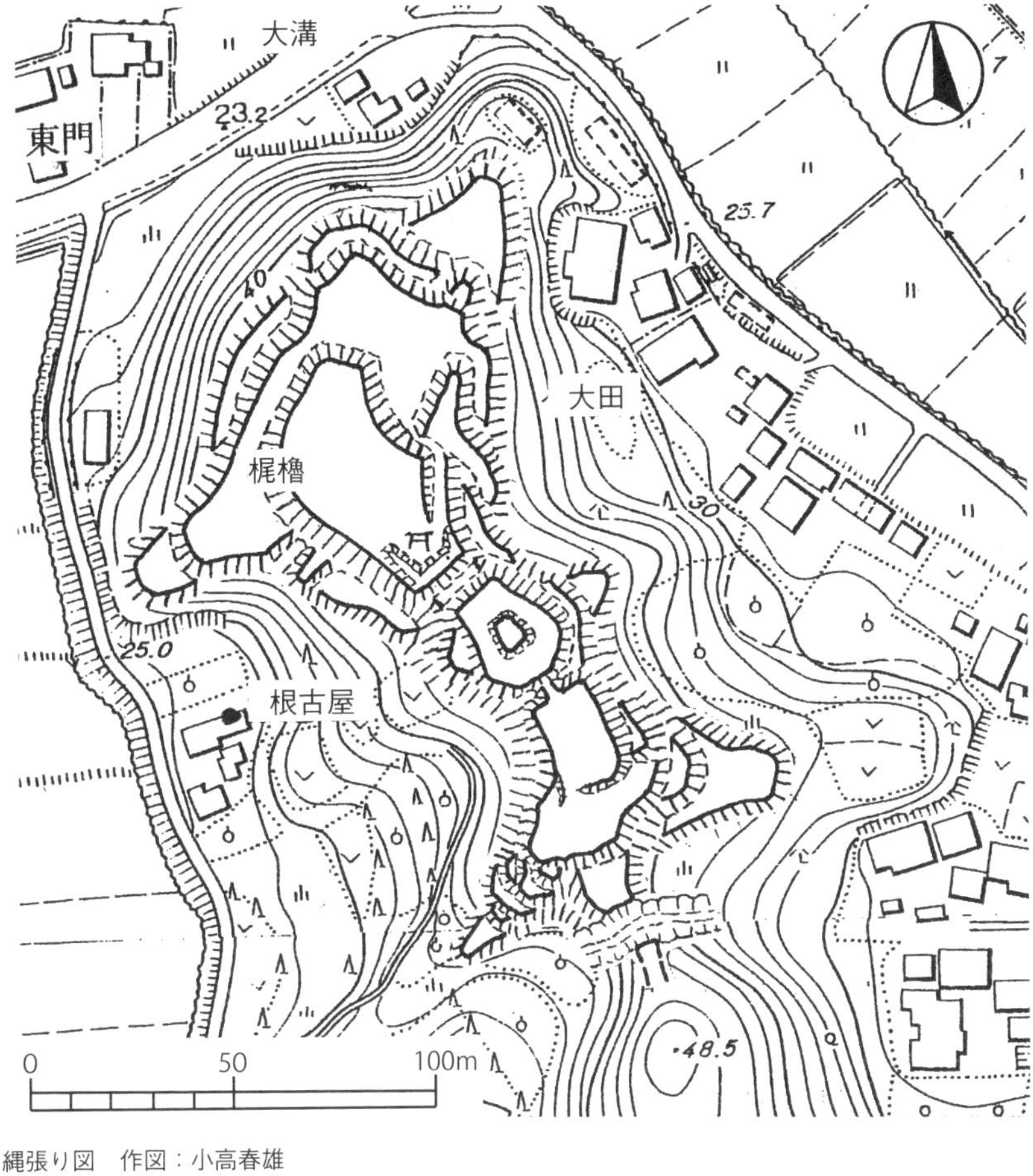

縄張り図　作図：小高春雄

が区切り（南限）となろう。性格としては、詰の郭と思われる。郭の周囲は全体に法面整形しており、ここも要害性は高い。

主郭北側は堀切を経て八幡社の境内となっており、周囲は北側を除き土塁がめぐっているが、これは多分に整形による段差という面もあろう。側面は切岸整形しており、結果として一段下に郭群をともなっている。主郭との位置関係や広さ（およそ二〇×四〇メートル）からして、ここが二ノ郭になろうか。その北側下には多少の傾斜面を経て、城内ではもっともまとまった平場がある。畑として利用されていたこともあり、後世の改変もあろうが、殿舎を建てるには十分な広さなので、御殿地としてよいだろう。この郭の周囲も、切岸整形がみられる。

主郭前面の切岸

主郭西側中腹の郭も、整形度が高い。中腹にしては主郭と遜色ない広さがあり、しかも前面の斜面を二段に切岸整形し、かつ、南側山腹は意図的に竪堀状の抉り込みを入れるなど、明確に一つの郭に造り出している。中腹の郭から詰の郭南西支尾根に囲まれた谷部が、小字根古屋である。位置からしても、まさしく根小屋であり、ここには家中の屋敷地や小屋が連なっていたのだろう。

このように、比較的低い丘陵に郭を連続させること自体が安房では稀だが、それに加えて、堀切と切岸を連動させた郭の懸崖化がみられることなど、明らかに十六世紀後半の所産である。要害・城ノ内に加え、根古屋地名があるのも、年代の賜だろう。また、南北二〇〇メートルに及ぶ明瞭な曲輪群は、城主の格と関わるものといってよい。

【歴史】 戦国期の城跡として評価されている。そのため、「正木家譜」や近代の地誌が記すように、城主は安東《あんどう》氏や大井《おおい》氏ではありえず、里見氏ないし正木氏とするのが自然だろう。だが、そうだとすれば、館山平野の喉元を押さえる位置に、これだけの城が存在する理由がありそうだ。
もっとも可能性があるのは、薦野《この》氏だろう。薦野氏は多田良《ただら》氏の一族とされ、[*2]丸《まる》氏や安西《あんざい》氏などと同様、安房に古くからいた氏族（三浦一族ともされる）である。また、本貫地《ほんがんち》ゆえか、戦国期に那古寺《なごじ》の檀那《だんな》であったことも間違いない。[*3]天正期に「岡本薦野殿」[*4]とみえるのも、その延長だろうか。多田良氏の一族が、なぜ薦野氏を名乗ったかは不明だが、薦野時盛《ときもり》の娘が里見義弘の側室となり、その子が神《しん》五郎《ごろう》頼俊《よりとし》で、外戚のため薦野を称したという。[*5]

ところで、竹原《たけはら》の明星山《あけほしやま》城は、諸書で薦野頼俊が城主だとされる。おそらくこれは、竹原石井家系図[*6]など、地元の伝承によるのだろう。慶長十一年分限帳には、「薦野甚五郎知行　二千五百廿四石八斗之内」として、筆頭に山下郡竹原村八六四石があげられている。だが、明星山城の現状は、少なくとも十六世紀代の城郭とは縁遠く、城郭関連の字名もない。頼俊が義弘の子とすると、里見義頼から義康時代に生きた人で、天正十五年（一五八七）の鹿野山神野寺棟札に、義康以下、一族に交じって薦野殿と殿付きでみえるのは、まさしくこの人物だろう。おそらく、戦国期に大井城主として、竹原までも含め城付領として領有したものの、天正十八年以降、里見領国の再編に際して〝大井領〟は解体され、頼俊はその一部を給付されたのかもしれない。

なお、大井城下には黒川・高梨・秋元氏など、里見氏所縁の家が連なっている。これももちろん偶然ではなく、戦国期にさかのぼるかと思われ、近世資料での検討も必要である。

＊2　「系図纂要」ほか。

＊3　永正八年「那古寺阿弥陀如来修理銘写」・弘治三年補陀山那古寺鐘銘写ほか。

＊4　「高野山妙音院過去帳」

＊5　大野太平『房総里見氏の研究』（宝文堂書店、一九三三年）。

＊6　『館山市文化財保護協会会報』第一二号、一九七七年。

明星山城跡　先端部現状

城主は義頼の子・正木康盛か

8 大貫城《おおぬきじょう》

①南房総市千倉町大貫
②正木康盛
③安房では珍しい折の空堀
④谷奥にのこされた戦国も終わりの城

【立地】瀬戸《せと》川上流右岸にある大貫熱田《おおぬきあつた》神社背後の丘陵（標高七〇～八四メートル）上に立地する。東西両側に小河川が流れ、とりわけ東側が懸崖をなすことなど、比高の割には要害に富む地形である。また、安房では珍しく、山上部は平坦面が卓越し、当城のプランに大きく影響している。

城跡遠景

【構造】安房の城の中では、きわめて特異で、時代の特徴をよく示す城跡として特筆できる。それゆえここでは、当城の有する構造的な特異性に重点を置いて概説したい。

一段高い丘陵南部は、広い平坦面の中央に堀を入れて東西に区画し、東側は堀に沿って土塁を築く。その南東高所に櫓台を付設し、さらに折りを入れた南西隅を内窪み状として虎口とするなど、ここが主郭とみてよい。

郭は変形五角形ともいうべき形状で、規模はおよそ三〇×五〇メートルほどで

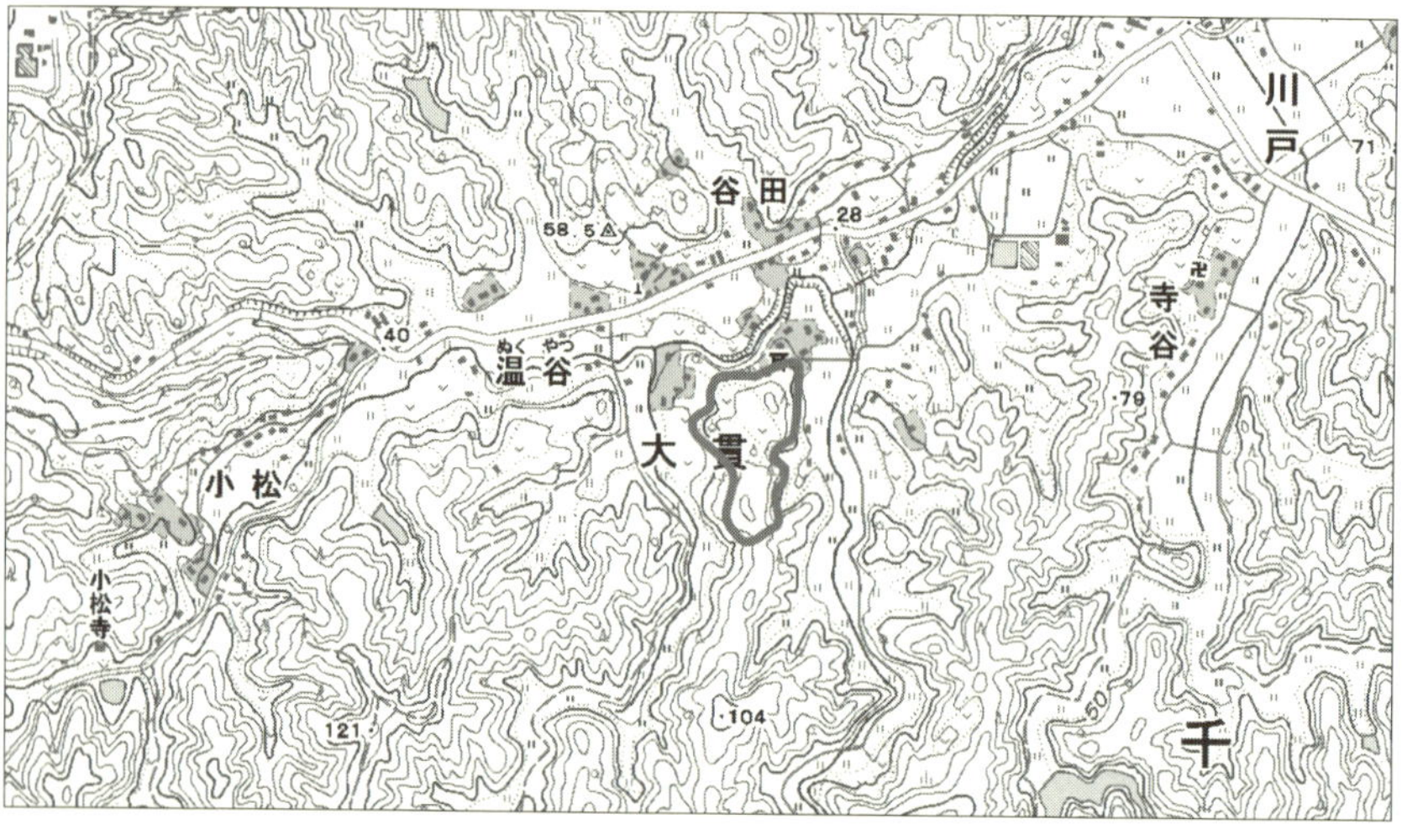

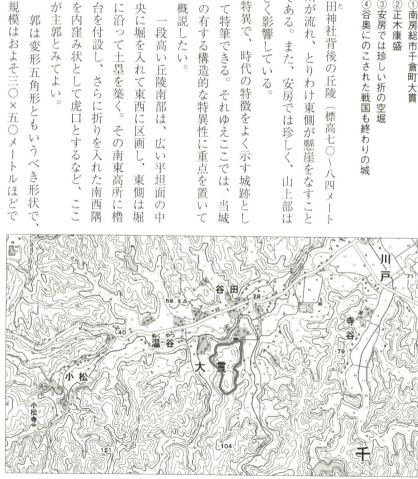

77　大貫城

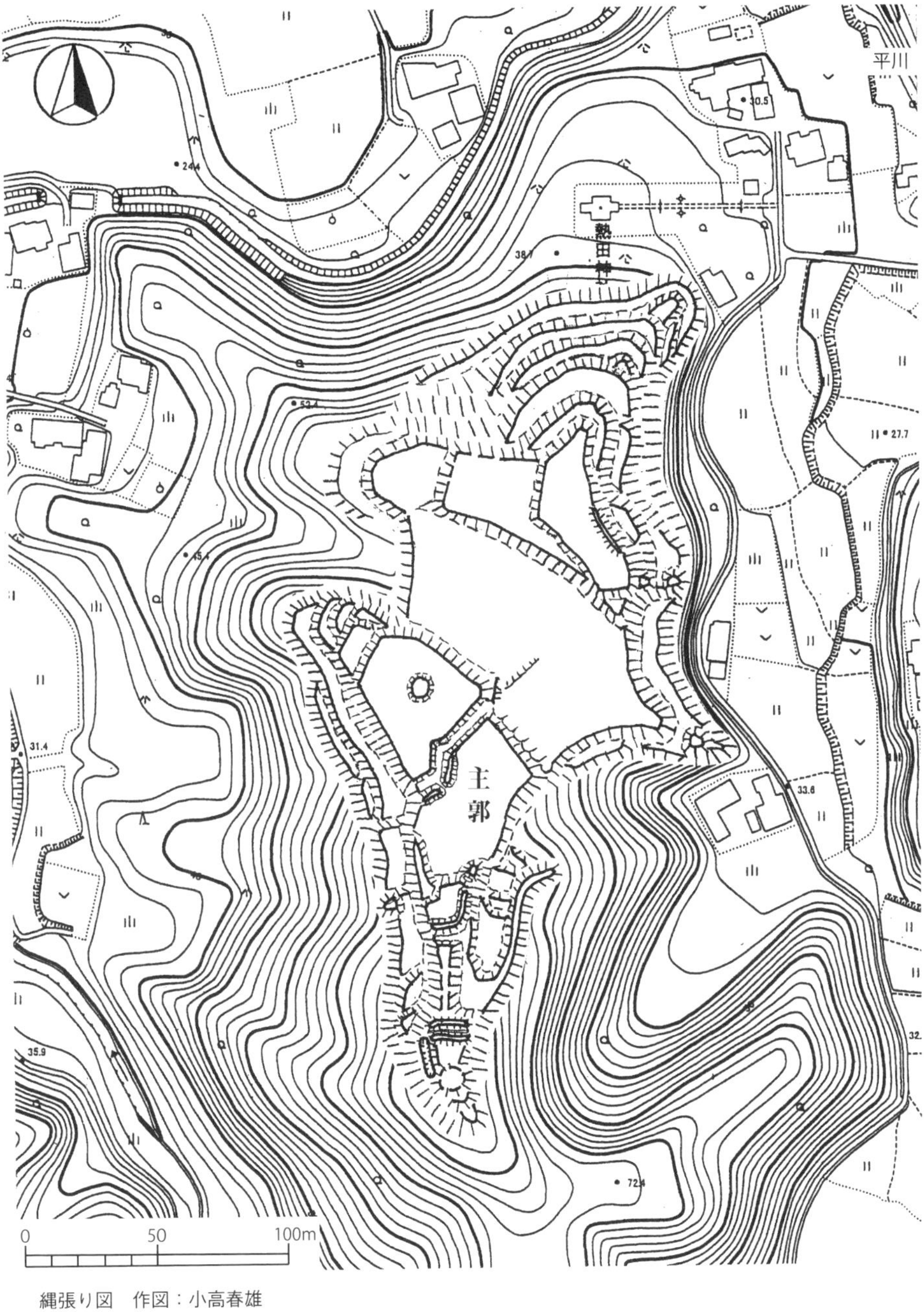

縄張り図　作図：小高春雄

ある。虎口北側の土塁はそこだけ規模が大きいので、横矢掛かりの施設があったのかもしれない。土塁そのものは、北側へいくに従い消えてしまうが、北端部は畑のために縁が削られたことが明らかで、本来は北側にも土塁がめぐっていたようである。なお、虎口南側縁辺部は土塁状に削り残しており、これも意図的なものだろう。

南東端の櫓台は、南側高丘部に至る尾根を堀切で深く切り離し、堀切に面して土塁をめぐらしている。また、注目すべきは西側斜面の処理の仕方である。明らかに切岸状に削り落としたうえ、その結果生じた腰曲輪内に堀状の窪みが見られることなど、戦国末期の上総南部から安房の主要城郭に共通する技法が確認できる。

その西側は、主郭に付属する西出丸といえようか。中央部に削り残した低い台がみられ、上面の整形度は主郭より落ちる。北側は畑の掘削で崖状となっていることなど、本来の形状ではないだろう。西側斜面の明瞭な階段状平場と、その下の南側までめぐる肩部の明瞭な切岸状整形は圧巻でもある。その続きが主郭南西部に継続するので、主郭群の西側は、意図的に防御線の強化が図られたことになる。

主郭群の北、現在、畑（北東部は荒地）として利用されている平場は、城内ではもっとも広く、二ノ郭に相当する。整形度も高いが、南北山林との境界はカッティングされて地山が露出するなど、旧状が大きく改変されていることは明らかである。

この点、主郭群を南北に分ける堀の北側延長がどうなっていたかは、この郭の本来の区画を知るうえで重要である。主郭群の防衛を考えれば、両者の境界ラインに設けることになるが、ほぼその延長上に東西の畑の境界がある。それに沿って、いったん折れて北側へ至っていたとも考えられる。この郭の東側も、主郭群南部と同様、はっきりと切岸状整形を行ってはいるが、西側にはとりたててそのような様子はみられない。しかし、後述するように、大手口に当たるルートであることや、畑地化にともなう旧状の改変も予想される。

　その北側が三ノ郭だが、畑地化されなかったこともあり、西端を除き、上面はなだらかな自然面を残している。その反面、尾根続きの北側は、腰曲輪ないし帯曲輪が五重にめぐっている。図からすると、一見厳重な防備のようにみえるが、各曲輪の段差は少なく（二〜三メートル）、既述した切岸との差は明らかである。ただし、三ノ郭から北側は砂層が卓越しており、結果として、このような仕様になったのかもしれない。いずれにせよ、旧状については将来の検証の機会を待ちたい。

　主郭尾根続き背後の状況にもふれておく。堀切先の尾根を登っていくと、小高い峰に取り付く。ここは、北と西に小規模な堀が入っており、南端が自然の丘となっている。その先は急坂となり、さらに奥まで踏査したわけではないが、城跡の南限は一応ここまでと捉えておきたい。

　なお、主郭物見台の東側には、一段低い位置に階段状の平場群がある。現状の平場そのものは、近世以降の耕作に関わるようだが、北側には下へおりる道らしき跡もある。ともに関連するものだろう。

　このほか、山麓等の状況も記しておこう。北麓の熱田神社境内から一段低い民家群一帯は低位の段丘面にあたり、周囲を小河谷が取り巻いているので、館や屋敷地を営むには良い場所である。城郭遺構群の現況からして、ここから城内に至るには、南西山裾を経て、支尾根沿いに二ノ郭に至る現在の登城路がもっとも合理的であり、尾根南側を削り落としているのもそのためだろう。

【歴史】山本城と同様、十六世紀中頃以降の所産とみることに、それほど異論はないだろう。しかも、規模が大きいことや境目でもないことを考えると、里見氏ないし正木氏の一族の城とみたほうが

北側山麓の熱田神社

よい。

そこで注目されるのは、慶長期の分限帳に、丸郡四か村ほか三二五五石余を領する正木源七《げんしち》郎《ろう》（康盛《やすもり》）の存在である。なぜなら、知行所の筆頭に八〇八石の大貫村が挙げられているからで、同久津美《くつみ》（沓見）村の約八〇〇石と同様、他を大きく引き離した存在である。仮名源七郎・受領名淡路守《あわじのかみ》は、上総百首城主の家系が継承したもので、その当主を意味する。そして、重要なのは、この人物が義頼の子で前名義断《よしたつ》、百首正木氏を継いだ後は康盛と称したその人ではないかという点である。*1

義頼の子であれば、城持ちかつ正木氏を嗣いだことや、丸郡内大貫であってもおかしくないが、一方、大井城の頼俊の場合（大井村ではなく隣接する竹原での給付）とは異なっている。義康の時代における彼我の関係の相違といってしまえばそれまでだが、はたして、この城がいつまで機能していたかにもよる。

天正十八年（一五九〇）以降、正木大膳でさえ城郭を保つことがなかったように（勝山正木家しかり）、里見領国では、城郭は館山城のみに収斂したと思われるものの、はたしてそれは、まったく同時進行で行われたのだろうか。大貫城は、その鍵を解く唯一の城ともいってよく、今後の取り扱いを含め、注目せざるをえない。なお、子孫は佐貫城主内藤氏の家臣になったようである。*2

＊1　『安房志』ほか。

＊2　「正木康盛」『すべてわかる戦国大名里見氏の歴史』（国書刊行会、二〇〇〇年）。

安房における正木氏の前衛拠点

9 山ノ城城《やまのしろじょう》

①鴨川市主基西
②正木時茂―憲時
③堅い石山を崩して築かれた腰曲輪群
④房州でもっとも高い嶺岡山系の山城

【立地】標高約二三〇メートルの嶺岡浅間山《みねおかせんげんやま》から北東約六〇〇メートルの支尾根上に立地し、長狭平野を一望のもとに収める景勝地で、まさに長狭一円を掌握するに格好の地といってよい。山上部は、蛇紋岩《じゃもんがん》や玄武岩《げんぶがん》の岩塊が覆っているが、中腹では砂勝ちシルト層となる。

【構造】従来、山ノ城ととうしろ台は別の城[*1]として区別されてきたが、松本勝氏が力説するように[*2]、両者は上（山ノ城）・下（とうしろ台）の位置関係にあるだけで、一つの城と考える。それゆえ、両者を含めた全体を山ノ城と呼称する。

山ノ城山頂部は瓢箪形を呈し、北寄りに大堀切を入れ、間を土橋として、尾根面は地形なりに削平する。北側は一段下って広い曲輪となり、これらを含めて主郭とすべきだろう。であれば、山頂部は櫓台相当になろうか。背後も堀切で切っているが、規模としては小さい。東側に派生する尾根も削平し、その先に堀切を入れている。広い曲輪面東側には窪みが残り、井戸の跡かもしれない。中央の南北溝には、東側肩部に石積みの土手が

城跡遠景

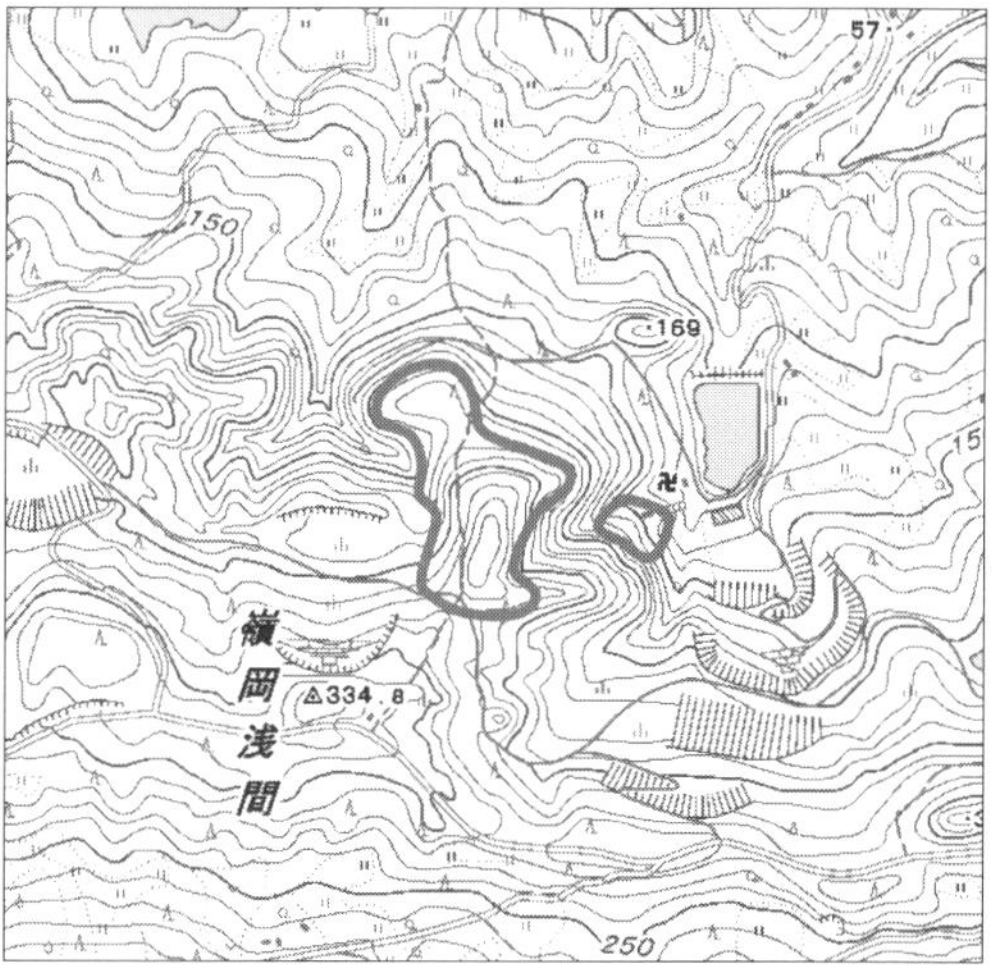

＊1『安房志』には酒井藤四郎の館址とある。

＊2「山之城城跡・藤四郎台館跡」『千葉県所在中近世城館跡詳細分布調査報告書Ⅱ―旧上総・安房国地域―』（千葉県教育委員会、一九九六年）。

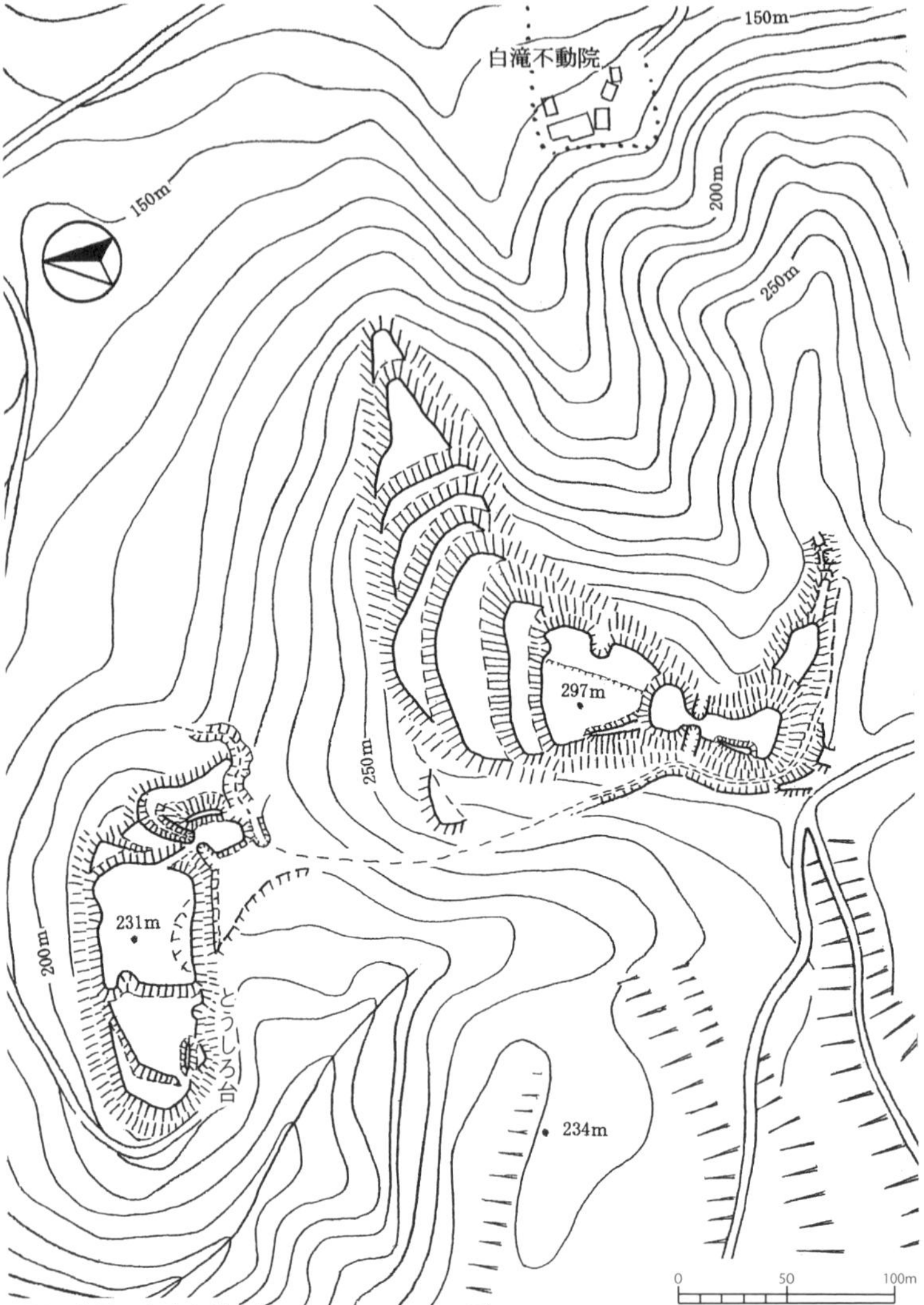

縄張り図　作図：小高春雄

主郭群ととうしろ台を結ぶ道

櫓台から主郭を見る

並列する。城郭遺構というより、近世の嶺岡牧に関わる遺構だろう。

北側斜面部には、末端まで同心円状の平場が計七段連続する。この中では、二段目と六段目が大きく、北側最末端までていねいに削平している。一つの丘陵を余すところなく手を入れており、当地では他に類をみない。

とうしろ台は、主郭から約七〇メートル北西へ下った中腹にあり、本来、東西に延びたなだらかな丘陵であったためか、大きな平場が連続する。そのうちもっとも大きなものは東端で、約五〇×四〇メートルほどの規模だが、南端はほぼ緩斜面となっている。また、北西部では内窪みがみられ、西側下段に至る坂道の意味合いもあるのだろう。中央の段はもっとも削平度が高く、南西端には部分的に土塁がみられる。西端平場は地形上の制約にもかかわらず、縁まで普請しており、南東部で上段と連絡する。

さて、とうしろ台の理解に欠かせないのが、虎口遺構である。主郭部からは、おそらく現山道のルートを下って連絡したのだろうが、とうしろ台に入るには、その手前の馬出状の空間に入らねばならない。ここは、基部両脇に小規模ながら堀が入っており、東側から入る谷に面しては比較的大きな土塁が築かれている。また、台と連絡する隘路《あいろ》は、曲輪に対して斜めに設定されているなど、全体に進んだ構造である。つまり、とうしろ台はそれだけで完結する城郭で、その意味では別城という理解も成り立つ。しかし、主郭部からは眼下真下に全体部が見渡せることから、とうしろ台は上位の曲輪群

櫓台背後の堀切（中央に土橋）

主郭を南北に走る溝と石列

櫓台壁面の石塊

第一段の斜面平場

とうしろ台前面虎口

なしには意味をなさない。
　このほか、東側中腹の滝谷寺（伝正木時茂建立。現・白滝不動教会）や、その下の昭《しょう》和院《わいん》の境内にもふれておかねばならない。というのは、滝谷寺（通称滝の不動）は中腹という条件にもかかわらず、山上のどんな平場より広大で、寺域の造成にしては不釣り合いなためである。むしろ、こここそ城主の館が営まれた地といえようか。それに対して、昭和院境内はさらに広い平場が確保できるのに比べ、それほど普請痕跡はみえない。この点は、上小原堰東岸の平場群にもいえることで、城下に比定する根拠である。

【歴史】山ノ城は、別名郡山の城とも呼ばれ、鴨川市内では規模・内容ともに十六世紀代前半を代表する城郭である。であれば、城主は正木氏をおいてほかにはないが、不思議なことに、それを示す一次資料は存在しない。しかし、間接的にはいくつかあり、最たるものは、北麓に所在する曹洞宗長安寺所蔵の資料群[*3]である。
　長安寺の開創については、「長安寺禅院開山　檀那平朝臣正木大膳亮時茂」とあって、のちに小田喜へ移った時茂が、弘治二年（一五五六）七月に袈裟を寄進[*4]しているのも、その延長にあろう。『安房誌』にはこのほか、正木氏一族の諡号《しごう》が多く紹介されているが、惜しいことに没年月

＊3　『安房誌』ほか。
＊4　篠崎四郎『房総金石文の研究』（私家版、一九四二年）ほか。
＊5　「長安寺蔵伝燈録」。大野太平『房総里見氏の研究』（宝文堂書店、一九三三年）。
＊6　『勝浦市史』資料編中世（勝浦市、二〇〇六年）。
＊7　大野太平『房総里見氏の研究』（宝文堂書店、一九三三年）。
＊8　渡辺匡夫『鴨川風土記』創刊号、一九八〇年・『嶺罡』第三号、二〇〇一年。
＊9　滝川恒昭氏ほかの教示による。

日・法名・人物が混同していたり、のちに書き加えられた節があるなど、過去帳《かこちょう》や位牌を転写・整理した過程で錯誤が生じたようである。また、裏山には二代正木時茂室の供養塔（「明室清鑑禅定尼」）や、近世のものだが正木時茂（他に里見義康室など）の供養塔もあり、正木氏（それも時茂系）の菩提寺であった。とすれば、背後にある城郭が正木氏の城とすることに異論はないだろう。長安寺は、寺伝に永正三年（一五〇六）創立とある一方、天文九年（一五四〇）三月に伽藍が完成したともする。[*5] 後者が伽藍の整備とすれば、築城年代もこの間だろう。

　では、時茂が小田喜へ移った後、廃城になったかといえばそうではなく、ここにはその子憲時が入った可能性が高い。彼は、高野山西門院所蔵の「上総国諸侯大夫過去帳」に「智叟道種　大田喜城主正木大膳亮殿　天正十壬午年九月廿九日」[*6]とみえ、国道を隔てて長安寺と対する道種院《どうしゅいん》を創建した人物でもある。小田喜二代目の信茂が、永禄七年（一五六四）の国府台《こうのだい》合戦で討ち死にするまで、ここに在城したのではないか。また、それは当時の里見・正木氏の慣例にならったことと思われる。なお、一説に憲時の居城は宮山の古城址とするが、[*7] 宮山には城跡がみられないので、現状ではやはり山ノ城でよいだろう。

　また、加茂川を隔てた対岸の成川観音堂《なりかわかんのんどう》棟札には、当地頭正木大膳亮・代官大井氏の名と、元亀二年（一五七一）の銘があるという。[*8] 元亀二年時点の大膳亮は正木憲時以外になく、また、裏面に正木大膳大夫道種とあるなら、両者は別人ということになる。しかし、花押形《かおうけい》が異なること[*9]や、墨書自体が不鮮明であることなど、再検討が必要だろう。

　憲時が去った後も当城は維持されたのか、この点は何とも言えないが、現状の遺構からすれば、否定的にならざるをえない。金山城の項で挙げた日我書状からして、天正の内乱時には金山が長狭の拠点で、そのため戦いの舞台となったのである。山ノ城はすでに存在価値を失っていたといえる。

長安寺本堂　千葉県鴨川市

長安寺裏山供養塔　右が正木時茂、左が時茂娘義頼室

天正期に一族攻防の舞台となった城

10 金《かな》山《やま》城《じょう》

①鴨川市太田学
②正木氏
③広い曲輪と井戸跡
④金山川上流の峡谷が取り巻く城

【立地】金山ダムの堰堤《えんてい》南西の一丘陵にあり、長狭平野からは約二キロほど下った山間部に立地する。西側山頂部で標高約一五〇メートルであり、背後の尾根道伝いに清澄山系《きよすみさんけい》に達する。

【構造】南北一〇〇×東西一三〇メートルの、広い土塁囲みの主郭がある点で、安房の城郭のなかでは稀なタイプといってよい。もちろん、土塁といっても、南側と北西側は丘陵の斜面ないし裾を削り出しており、北西から北側にしても、西から延びる尾根を活用したものである。

金山城根古屋からみた山上部

また、よくみると、北東側は土塁というより縁近くまで表土を削ったために、見かけ上、土塁のようにみえるといったところがある。唯一、確認できないのは南東部である。

このような現況は、すでに指摘されているとおり、曲輪面を削って東側のダム堰堤に用いたという地元の証言からして、旧状の復原作業がまず求められよう。たしかに、繁茂する藪を掻き分けて観察したところ、曲輪面には黒い腐植土がなく、全体に一メートル近く掘り下げたような痕跡があり、さらに凹凸に富んでいることなど、

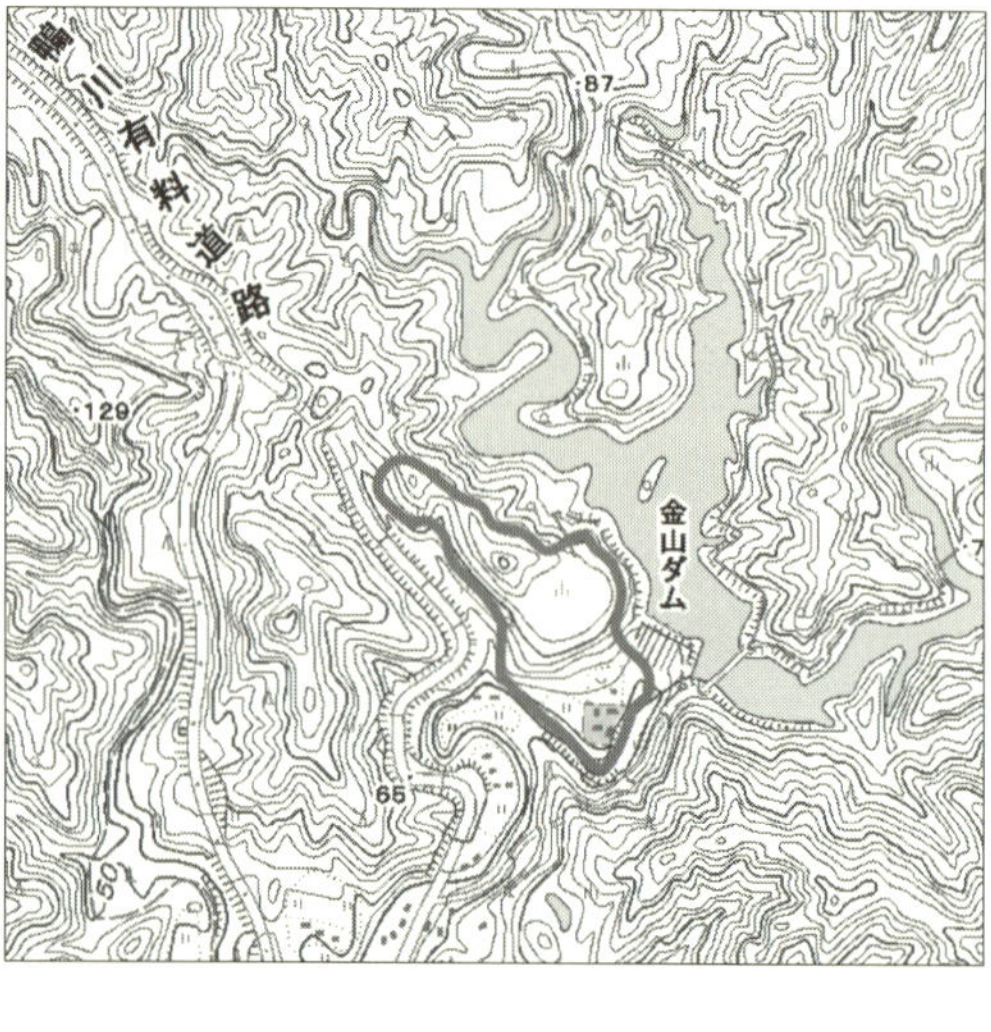

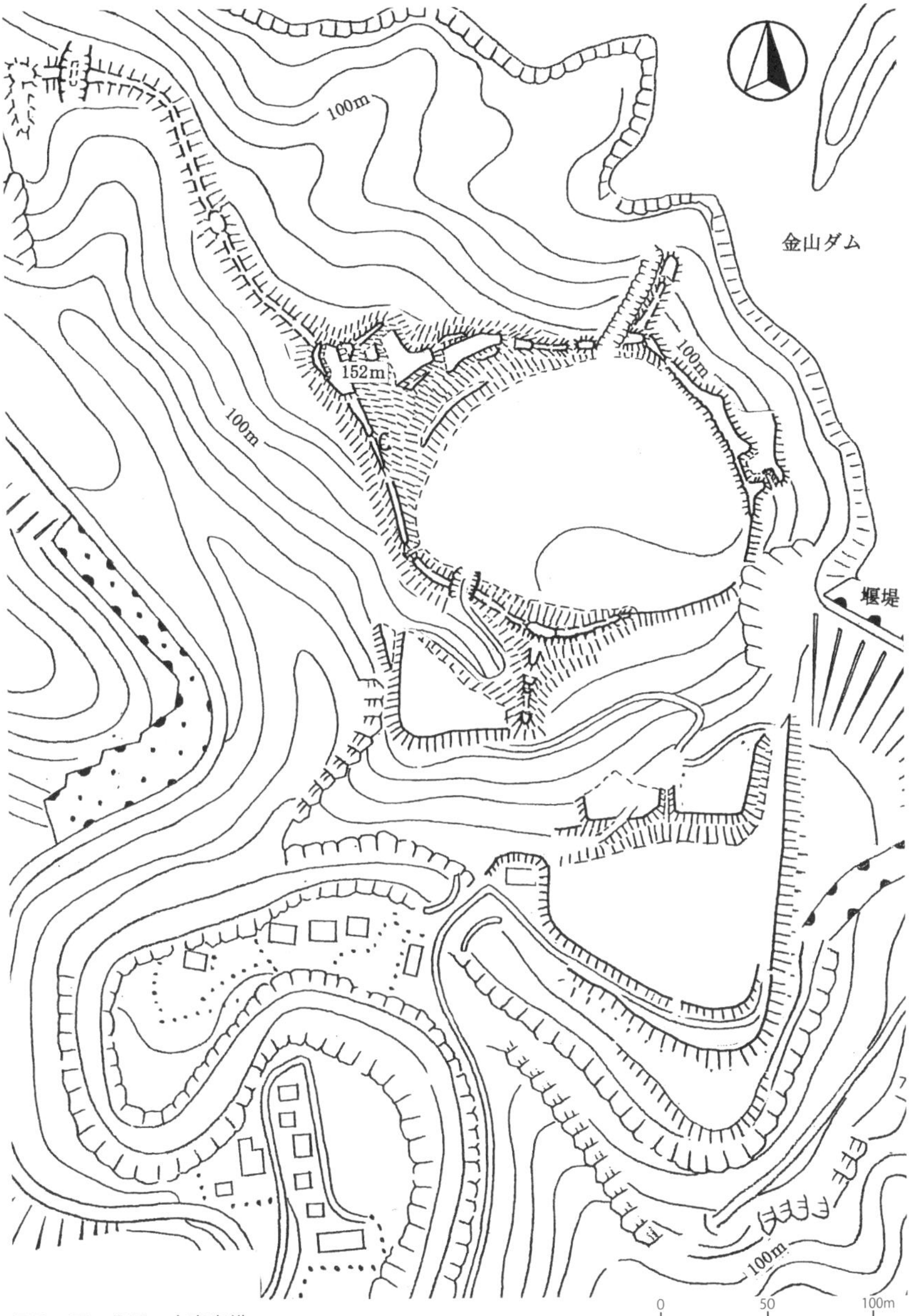

縄張り図　作図：小高春雄

南東曲輪下堀切

ほぼ全面にわたって採土が行われたらしい。

しかし、地形図をみると、南東部は一段低く等高線が廻っており、西側奥に向けて本来は谷間となっていたようである。南西から北西丘陵部を削り、谷を埋め立てて曲輪面を造成した可能性を指摘したい。ただ、採土そのものが基本的に曲輪内に限られるので、現在残るグランドプランは損なわれていないとみたい。

なお、この南東崖直下には溜井戸がみられるが、これは地層の傾斜による水の道を活用したものだろう。井戸の周囲には石積みがみられ、そこに至るには窪んだ坂道となっており、ここを虎口とする見方がある。しかし、北東に下る道筋は辿れるものの、それも途中までで、肝心な南側との連絡は見出せず、あくまでも井戸にともなう施設と考えておきたい。その意味で、現在も主郭への入口にあたる南西の掘割は多少拡張したかもしれないが、南側との連絡のうえでも、ここを虎口としてよいかもしれない。

主郭に比べ、北西部丘陵上の遺構は旧状をよく保つ。北端山頂部は、地形なりの区画とはいえ整形度は高く、西側の土手は削り残している。その東に、これまた地形なりの曲輪が階段状に二段続く。なお、これら曲輪間と背後には堀切がみられず、かなり先へ行ったところに大堀切がある。

主郭南には、一段下って三角形（東西六〇×南北三〇メートル）の曲輪がある。中腹にありながら、ほぼ平坦に削平しており、土塁はみられない。その東南に、主郭と同規模の上下二段の広い平坦面がある。金山川の低位段丘面にあたり、現在も河道が周囲をめぐっているので、土塁など

北側尾根大堀切

曲輪内現状

も必要なかったのだろう。

以上、金山城は深い峡谷が周囲を取り巻く金山川上流域の要害地——それも広い平坦面に恵まれた——という条件から取り立てられたと思われる。山頂部を物見、主郭を詰めの曲輪、中腹の平地を虎口防衛の馬出、山麓部を番衆の根小屋と考える。安房の城郭のなかでも、十六世紀後半の様相を残す好例である。

【歴史】軍記物では、東条氏累世の城として紹介され、ときに文安二年（一四四五）六月、東条重《しげ》永《なが》（常政《つねまさ》とも）の代に、里見義実が落としたとされる。しかし、これは里見氏のいわゆる安房入部にともなう一連の創作の可能性が高い。一方、『安房志』では、金山城主正木弾正左衛門《だんじょうざえもん》とみえ、信憑性はともかく検討が必要だろう。

明確に記録に見えるのは、天正八年（一五八〇）十一月付け蓮照坊《れんしょうぼう》宛て日我書状である。すなわち、「當年辰のとし夏秋正木弥九郎今大膳と申候、主従敵みかたニなり、去夏金山せめおとし、長さ十二郷あハよりあんと候て、はまおき要かいとりもたれ候、□みなとさかいめまかり成候、」と記される事変である。天正八年庚辰の年、八月から九月にわたって、小田喜城主・正木憲時の主従間で敵味方となる事態に陥った。おそらく、安房東部の真田氏や上野氏、それに鴨川の諸豪たちが義頼に呼応し、反旗を翻したのだろう。八月には金山城が義頼軍によって攻め落とされ、長狭一円はその管轄下となった。ということは、それより以前、長狭一帯は憲時主従の支配地であったことになる。

重要な点は、金山が憲時側の長狭支配の拠点であったこと、また、それは金山の位置からして、長狭平野の東西を境に、両者が対峙したことを示しているのかもしれない。

正木憲時の乱の舞台となった葛ヵ崎城を興津城山頂からみる

城跡からみた長狭平野方面

湊と一体化した新地の城

11 勝《かつ》山《やま》城《じょう》

①鋸南町勝山〜下佐久間・勝山漁港背後の山塊
②正木輝綱
③山上ながら広い曲輪と湊
④城下の勝山湊と目の前の浮島

【立地】勝山漁港を直下に見下ろす、標高約八〇メートルの険しい独立丘陵一帯（通称八幡山）に占地する。北西山麓の浜地は内宿《うちじゅく》、南西山麓浜地は水浦《みずうら》・鬼出ノ越《きでのこし》といい、現町場は西から城町、田町と続く。近世には、勝山藩の酒井氏陣屋が置かれ、その宿が現勝山市街地へと発展した。

【構造】松本勝氏によって概念図が公表されている。＊1 筆者もかつて、二度ほど城跡を訪れたが、周囲の懸崖とブッシュのために未踏査に終わった箇所もあり、主要部については基本的に異なることもないので、松本図を参考に以下、解説する。

屹立する山頂には八幡社があり、北西真下に尾根を大きく削平して造成した平場（通称物見場）がある。対岸を遠望するには格好の場所で、望楼と詰所からなる監視機能を担っていた郭だろう。この点、八幡社および背後の山頂尾根部にも、一部地形なりの整形をした箇所があるが、狭隘である。

西側尾根続きを下った先には、周囲に土塁（石塁）をと

山上の主郭

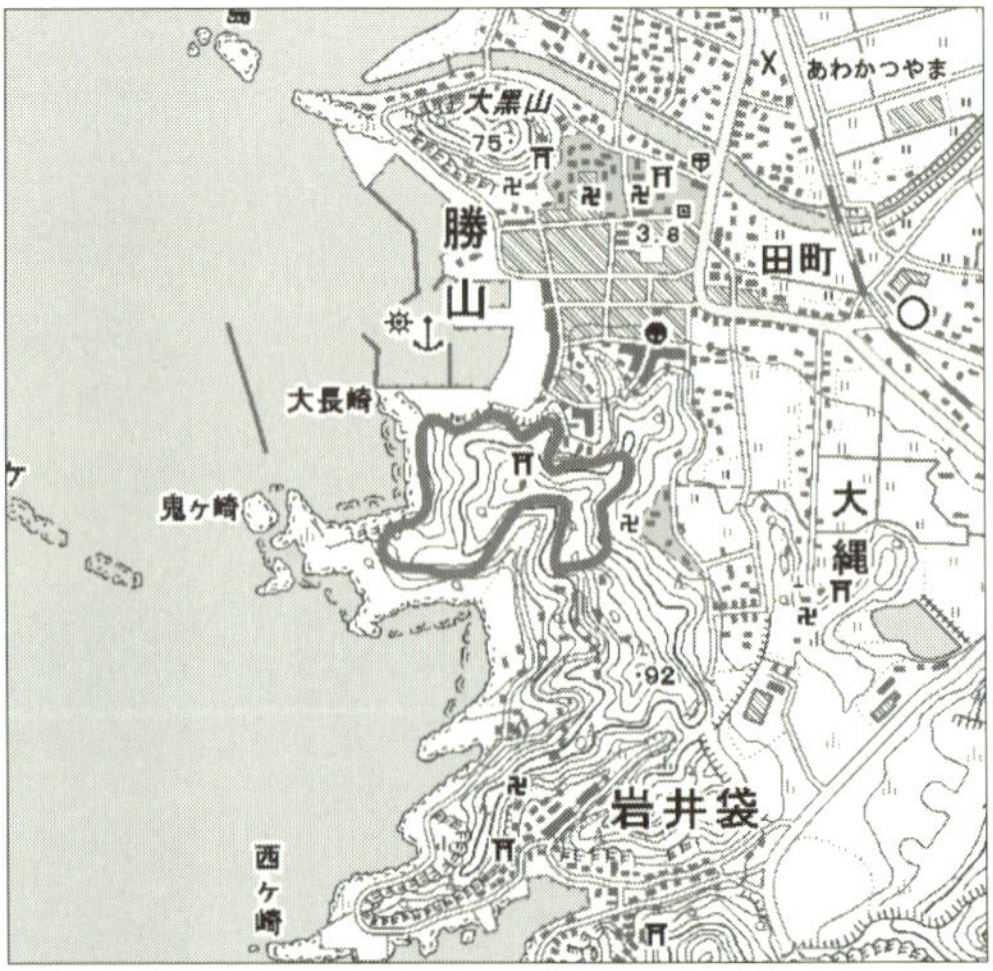

＊1 「安房勝山（加知山）城跡について―内房正木氏系海城の構造と概要―」（『千葉史学』第四〇号、二〇〇二年）。

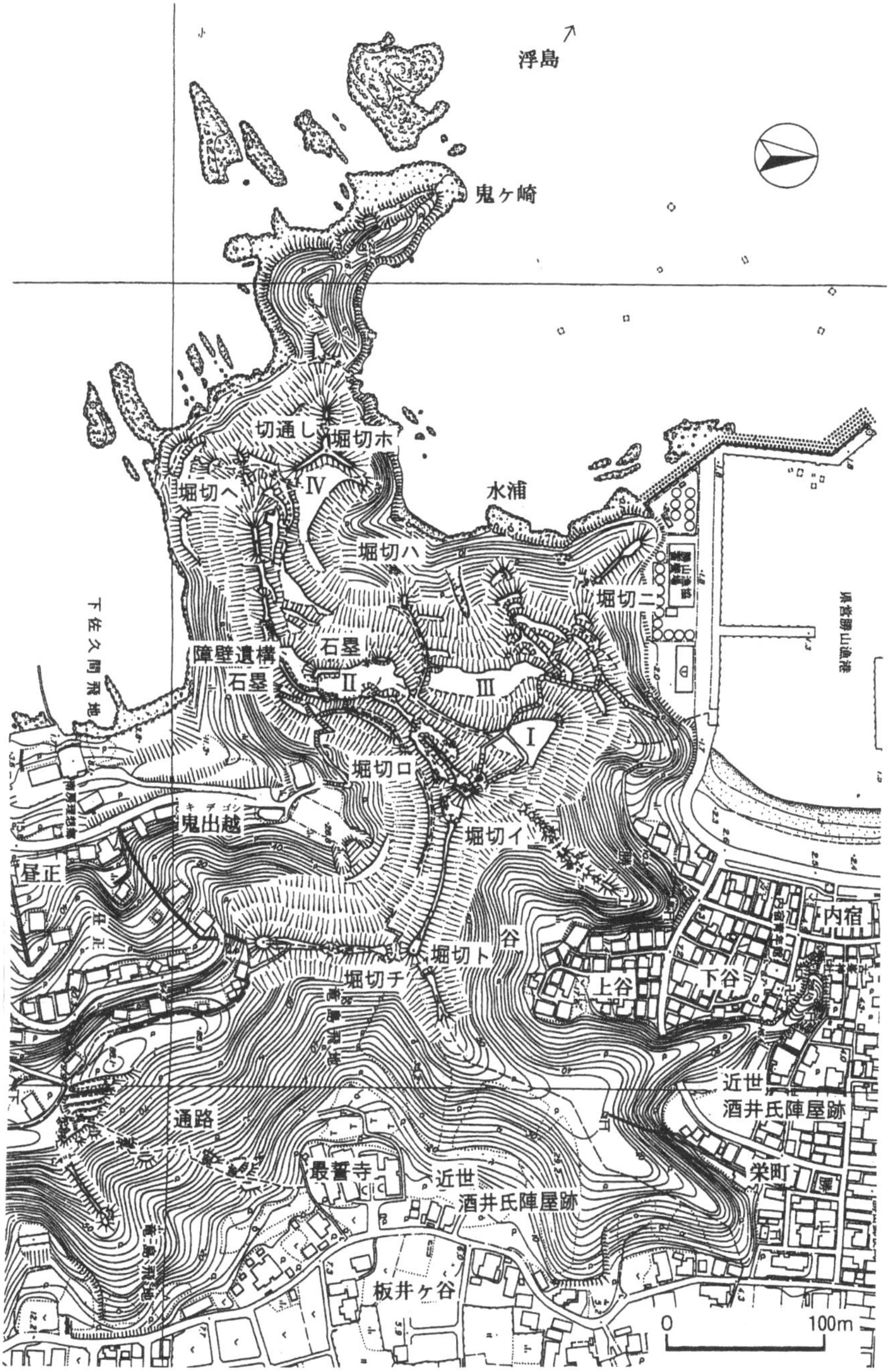

縄張り図　作図：松本 勝（『千葉史学』第40号より転載）

山麓水浦

もなう細長い郭がある。ただし、土塁や石塁とはいっても、地形を活用して削り残し、一部はその際に出た岩を低く積み上げたものである。西側を閉め切るように設けた塁は、安房の城郭としては異例で、それもこの城郭の年代とかかわるのだろう。ともあれ、この郭（二ノ郭）は、区画性や広さから殿舎の存在が予想される。

　なお、その西側にも小さな平場がみられ、さらに広い郭が北西部下にある。ここは背後が丘陵斜面にあたり、西側が水浦に開けた中腹の細長い平場で、やはり殿舎を設けるには格好の地である。これら三つの郭に至るには、谷から上る現在の登城路がもっとも合理的だが、水浦からの連絡路ももちろんあっただろう。

　このほか、主尾根西側端にも水浦側肩部を削平した郭がみられる。水浦が舟溜まりに想定されることを考えれば、水夫《かこ》らが常駐する郭かもしれない。

　以上が、勝山城の主要な郭群であり、さらに肉付けをしてみよう。山頂部東下尾根は堀切で切り、さらにその先の分岐点にも南北に堀切を入れているので、北側の谷までを取り込んだ形態（根小屋か）だろう。谷の先が現内宿にあたり、一帯を含めて根小屋・宿に相当しようか。南御殿から水浦郭背面は支尾根を掘り切り、岩の露出した懸崖でもあり、大きく外郭ラインを構成する。

　そうすると、この城は海辺に屹立した丘陵上に大きく手を加えて、いくつもの郭を造成し、浦に面する下段は水軍を意図した郭を設け、北側山麓に根小屋・宿が展開するなど、まさに湊と城

勝山　内宿遠望

二ノ郭現状

が一体化した好例である。

【歴史】 勝山は加知山（梶山）とも呼ばれ、「安西氏城址[*2]」として知られる。また、「安西氏世々據る所[*3]」とされた。しかし、ここは立地上、戦時に要害として使うことはあっても、現在のこる城跡は、とうてい安西氏のものとは考えられない。事実、天正期後半には正木氏の一族である安芸守輝綱《あきのかみてるつな》が城主であった。[*4]しかもこの城自体、新規の取り立てらしいことは、天正七〜八年（一五七九〜八〇）頃の妙本寺住持日侃《にっかん》書状[*5]にみえる「新地」から推し量ることができる。

すなわち、一乱で大破した妙本寺再建資材の件で「新地在城之方、御番手以下」の狼藉がないよう取り持ちを依頼しているが、その新地について、「隣城」と述べている。[*6]この隣とは金谷のそれで、かつ妙本寺にほど近いのであれば、それは勝山を置いてほかはない。おそらく、戦国末期に新たに築かれたのだろうが、その要因は当地周辺での争乱に対し、この当時は岡本から出撃したように、[*7]金谷までの間に適当な城がなかったからであろう。そのため、敵方の北条水軍の三浦衆二人（井出・幸田）が、その将山本氏に宛てて「岡本・金谷・新地三所之敵舟[*8]」と報じているのである。湊を併せ持つ城郭として取り立てられた結果にほかならない。

輝綱の出自はよくわからないが、天正期に金谷・百首を抱えた淡路守系正木氏とも近い関係と思われ、かつ、両者が旧千倉町の久保や大貫周辺と関係を持つことなど、正木本流（通綱系）から分かれた一族の可能性が高い。綱の偏諱も、それゆえだろう。

勝山城の意義は、勝山・岩井一帯を北条水軍の脅威から除くことにあったと思われ、これによって、妙本寺を要害とした不自然さも解消したのだろう。また、岡本—金谷間の防衛や連絡という点も改善されたはずである。

＊2 『大日本國誌』安房

＊3 『安房志』

＊4 「関東八州諸城覚書」

＊5 宛所不明ながら佐藤氏は金谷城主正木時盛に比定、「安房妙本寺と房総里見氏—上総金谷城・妙本寺要害及び勝山城をめぐって—」（『千葉県史研究』第六号、一九九八年）。

＊6 妙本寺文書

＊7 「正木時茂制札」・妙本寺文書

＊8 「越前史料」所収山本文書

Column

いまだ不明な正木氏の出自

正木氏の出自は従来、三浦氏、それも戦国期に北条氏と相模の覇権をめぐって争った佐原《さわら》系三浦氏に求められてきた。それが新井《あらい》城で滅亡後、一子時綱《ときつな》が正木郷河名《かわな》に逃げ、正木氏を称したという（「正木家譜」）。

たしかに、寛永期に幕府に提出した「寛永諸家系図伝《かんえいしょかけいずでん》」巻六正木には「三浦より出」「家の紋　丸の内三引」、つづいてみえる生国遠江の佐原氏では「家の紋　丸の内二引」とある。遠州佐原氏は相模三浦氏の別れだから、家紋のうえでは同系にある（ちなみに、里見氏も丸二引）。しかし、いまだに決定打といえる資料はない。

『安房志』には、当初、正木時綱が正木村「要害山と称する地」に住したことを記しており、それが事実なら、正木氏と安房との関係、それも初期の手掛かりを知る重要な城である。そのため、筆者も何度か現地調査を試みたが、確定には至らない。

また、正木集落の一角（西光寺北）には字馬場がみられ、正木谷田の八幡神社は延元二年（一三三七）の再建で、義弘代から正木大膳の祈願所という。「系図纂要」の三浦高《たか》救《ひら》の脇注には「後年遷居安房正木郷」とあって、以前から何らかの関係があったのかもしれない。

それはともかく、正木は古代以来の国府と地続きにあり、永正五年（一五〇八）の安房総社鶴谷《つるがや》八幡宮棟札裏面に「国衙奉行人　平通綱」とみえるのも偶然ではなく、国衙機能の一端を担う存在でもあったのだろう。

そのため、里見氏にとっては、安房一統を成し遂げるうえで欠くことのできない存在で、当初から里見氏と同格で遇されていたのは、単なる家格以上の背景があったのだろう。

ところで、八幡神社の南にあたる北条小一帯は城ノ越《しろのこし》（腰）と呼ばれ、北条城の跡とされている。「正木家譜」には、安西氏の居城であった「北条城」を正木時綱が奪ったとあるが、北条城とはまさしく、この城のことを指すとみてよい。『中尾落草子《なかおおちのぞうし》』には、（天文十三年）四月のこととして、「ほうじやう」の住人正木時茂・ときまさ・時忠の名が登場する。あたかもこの頃、時茂・時忠兄弟は東上総を経略していた最中ながら、それ以前の状況が反映された結果だろうか。初期正木氏の実態解明は、今後の課題である。

府中への入口を押さえる一色氏の城

12 滝田城《たきだじょう》

①南房総市上滝田・下滝田
②一色氏
③山頂櫓台と主郭、中腹の馬場
④安房府中への入口を押さえる城・春には桜

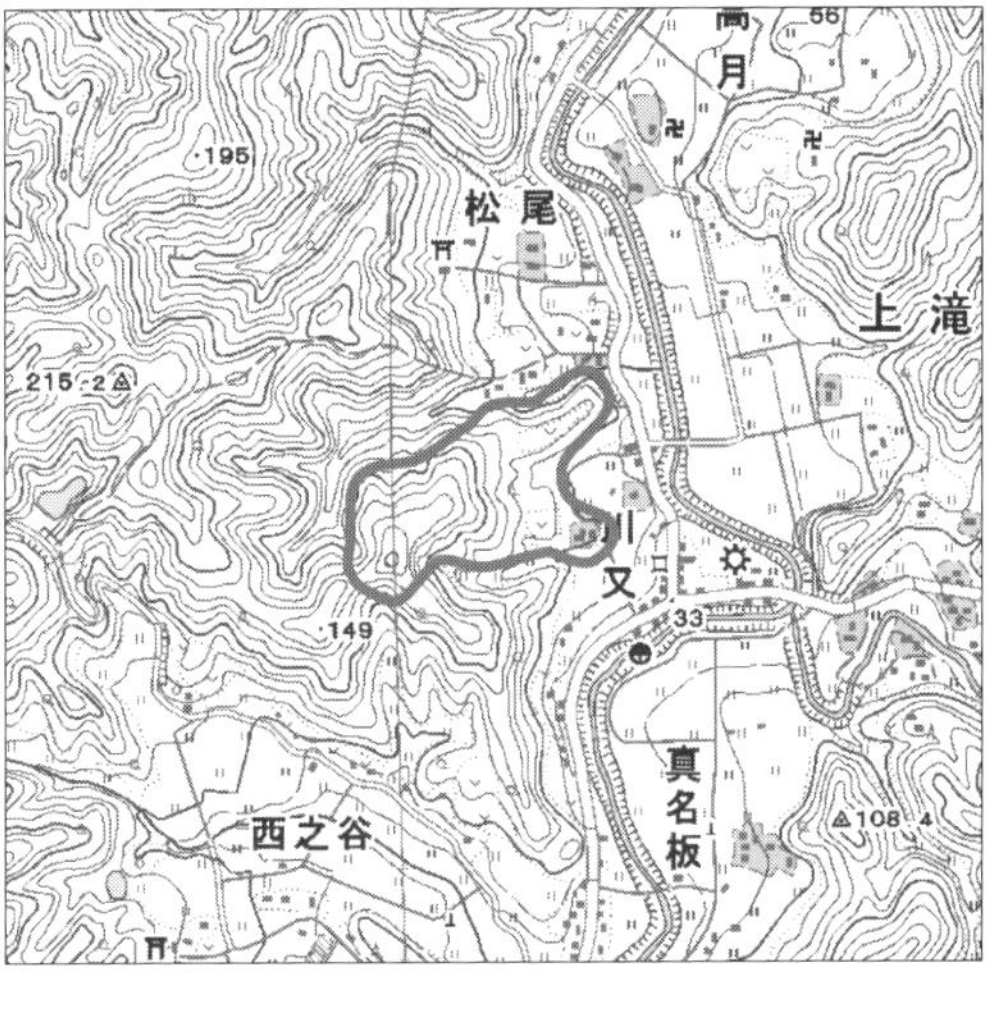

【立地】平久里《へぐり》から府中へ抜ける主要道を山麓直下に見下ろす、標高一五四メートルの高い丘陵上（山麓との比高約一〇〇メートル）に立地する。東側は平久里川が山麓をめぐり、西側は険しい峰続きを経て、宮本城へ至る。全山泥岩の岩山（保田層）である。

【構造】遠山成一氏が、概念図とともに「三区画」に分けて解説している。*1 筆者もこの点に異論はなく、山上平場群（通称、八幡台ほか平場群）、北東低位の細尾根（通称、馬場）、東麓の段丘群（字根古屋、通称、寺屋敷）はそれぞれ山上平場群・馬場地区・根古屋地区というように、大きく区分して説明する。なお、城跡の通称などは、地権者の一人でもある御子神勲氏の著作*2に従った。

山上平場群は、削平度の高い山頂部の曲輪群と北東へ続く主尾根上小規模の平場群、その下の中腹曲輪群に三分される。山頂部は、八幡台と呼ばれる峰（現鉄塔地）の背後を掘り切り、北側を大きく削平したもので、南北約三〇×東西およそ二〇数メートルほどの大きさである。平成八年の台風による倒木にともない、陶磁器が多数（四十五点）出土したという点*3も含め、ここを主郭として問題なかろう。

堀切は、分岐する東西の両支尾根にみられ、西側は多少の切岸整形も含めて懸崖化を図っている一方、東側は土橋を残して両側から竪堀を入れている。また、後者は峰の背後を切るのではな

*1 「滝田城跡の縄張について」（『千葉城郭研究』第六号、二〇〇〇年）。
*2 『戦国時代の山城 滝田城の実像に迫る』、二〇〇七年。
*3 前掲御子神著書。

主郭虎口

主郭

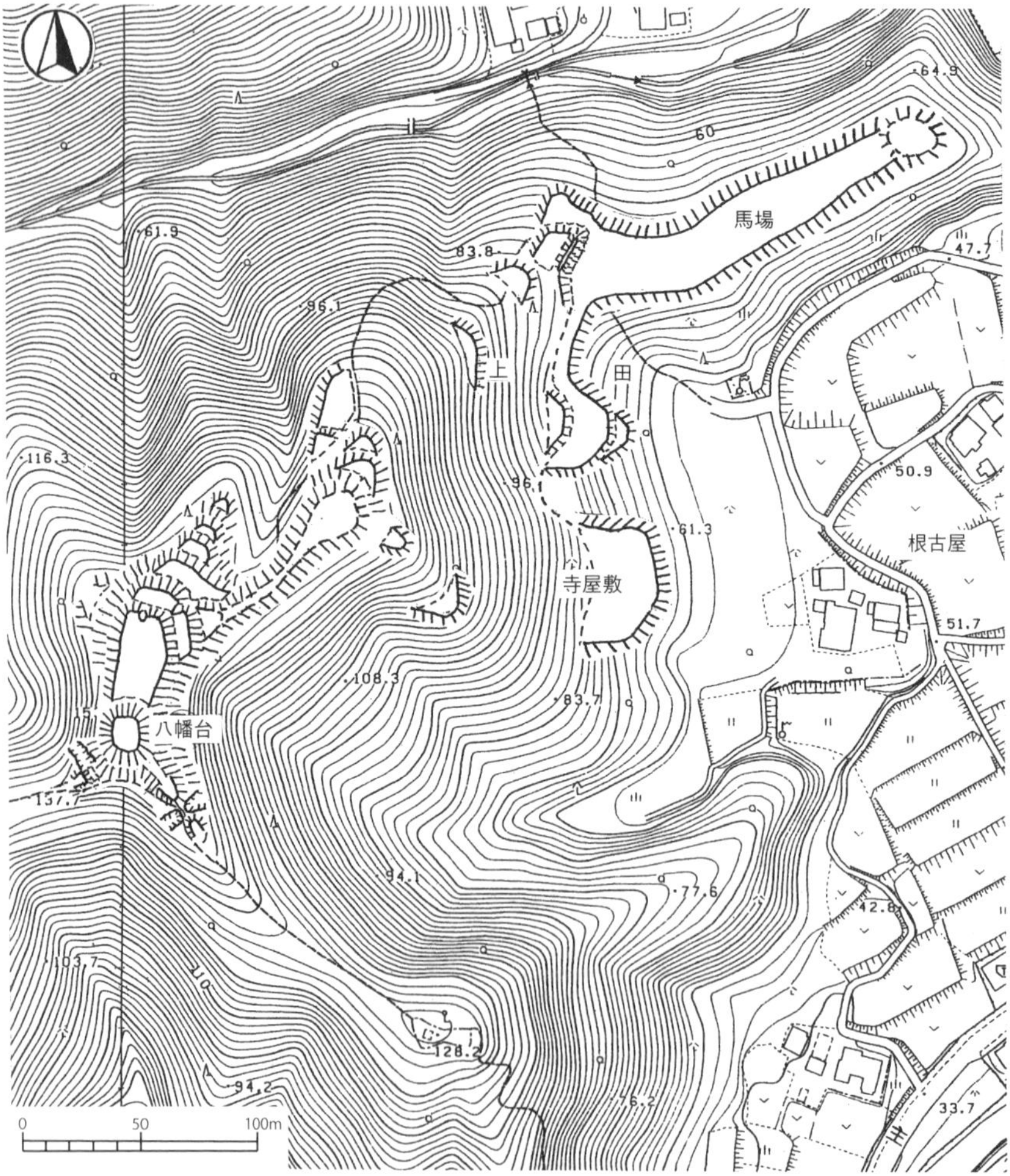

縄張り図　作図：小高春雄

く、十分な比高を有する切岸化の先に設けているなど、配慮がうかがえる。主郭の北は、地形なりの小規模な平場が尾根上に連続し、ここまでが主郭群である。

北東主尾根部は、峰の先端（裾のみ削平）と一段下の狭い平場、それに下ったところの帯状ないし扇形の平場群だが、わずかな緩斜面を平場化したのみといえる。これに対して、中腹の平場群（三段）は、主郭に次ぐ広さで、削平度も高い。ここまでが山上の曲輪群である。

北東低位の細尾根（標高七五メートル）は、幅一五×長さ一二〇メートルほどのなだらかな面が続き、先端部は自然の円丘となっている。全体に畑地化による改変が明らかで、本来はさらに起伏する地形であったのだろう。ここで注目されるのは、南端基部の状況である。馬場を見下ろす平場（約六×一五メートル）の前面に明瞭な土塁を築いており、馬小屋等馬場の管理に関わる区画の可能性があろう。

根古屋部は現在、水田化で地形の改変が進み、中心が出山宅一帯にあることは間違いない。その上段の通称寺屋敷は、位置や広さ、山上に居館に相当するような平場がないことなどから、居館の可能性が高い。なお、旧道は滝田城北側では現在より西側を走り、川の手前で屈曲し、根古屋部でも折れ曲がっていたことなど、平久里と府中を結ぶ主要道が城下の隘路を通っていたことを考えると、導線がどうなっていたかも重要である。

以上、構造からみると、小規模ながらも

馬場跡

滝田城中腹からみた平久里方面

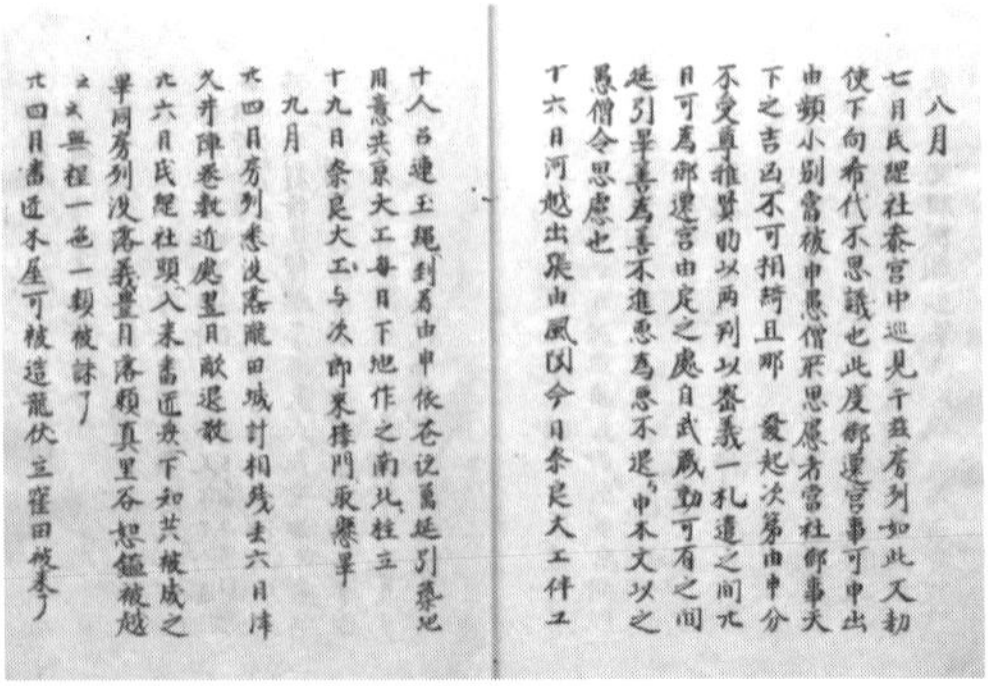

「快元僧都記」　天文２年９月24日条　國學院大學図書館蔵

山頂部と根小屋の遺構がセットではっきりとのこり、加えて馬場の伝承がある低位の平場など、安房地方における小規模城館の様相を知る好例といってよい。また、馬場先端に立てば、平久里方面を狭い谷沿いに遠くまで見渡すことができ、里見氏の本拠たる安房中心部への入口を押さえる城郭と位置づけられよう。

【歴史】出土遺物を整理した井上哲朗氏によれば、古瀬戸・常滑製品は計三十四点を数え、接合後破片数は五点、個体数では四点だという。また、器種は皿・水注・擂鉢・片口瓶（口広有耳壺）・甕であり、年代は藤沢また中野編年により、十五世紀後半〜末期と述べている。[*4]

古瀬戸後期Ⅳ新の年代については、筆者はさらに下る可能性があるとみているが、重要なのは、その時期の遺物が一括して「主郭」内から出土したことと、瀬戸・美濃大窯製品がともなわないことである。もちろん、これだけでこの城の年代を考えることは早計だが、ある一時期の遺物群が出土したことは、はからずも、この城の歴史を暗示しているのだろう。

すなわち、天文二年（一五三三）七月に端を発した天文の内乱は、八月後半には里見義堯・正木時茂派の反撃で大勢が決したのか、九月後半には義豊側は一色氏の拠った滝田城ばかりとなり、それもほどなく落城したようである。「快元僧都記」（國學院大學図書館蔵）には「（九月）廿四日房州悉く没落し、瀧田城ばかり相残る。（中略）廿六日、（中略）同じく房州没落し、義豊自落す、

＊4　「滝田城跡の出土遺物」（『千葉城郭研究』第六号、二〇〇〇年）。

真里谷恕鑑を頼み越さると云々。程なく一色の一類誅せられおわんぬ」[*5]とみえる。なぜ、滝田城が最後の拠点となったのか。それは、かつて柴田龍司氏が地勢的観点から結論づけたように、「里見氏領域の北限に位置する境目城で、安房中枢部である館山平野への主要ルートの入口部を押えるとともに、北進する里見氏勢力の進出拠点の性格を担っていた」[*6]一面はたしかにある。

ただ、その後は境目というより、館山平野、とりわけ府中への入口を押さえる城郭として重要視されたからこそ、内乱時まで維持され、しかも本来、里見氏と同格の足利氏一門・一色氏が城主となったのだろう。それもまた、城郭における家格の体現である。そして、彼が最後まで義豊側に与したのも、旧族側の一員であり、かつ義豊の縁者であったからではないだろうか。

ところで、天文の内乱に際し、とりわけ後段に滝田城が舞台であったとするのは「小倉日記」である。これは、『房総里見誌』の筆者がわざわざその相違にふれているほどで、攻守の違いはあるが、一考すべきかもしれない。

旧丸山町の「御子神家系図」[*7]によれば、御子神直家は「義豊仕　天文三甲午年四月四日於滝田城死」とあり、同じく旧和田町の「小倉家系図」[*8]でも、「小倉民部定光　天文三甲午年四月六日滝田城討死」とみえる。両家とも義豊臣下の家ゆえ、天文三年四月六日の義豊敗死[*9]に合わせたともとれるが、あるいは実際に、滝田城で合戦があった結果であろうか。系図の類とはいえ、紹介しておく。

＊5　『神道大系　神社編二十鶴岡』（神道大系編纂会、一九七九年）。なお、群書類従本との異同については岡田晃司「天文二・三年の安房里見家内訌について」（『史翰』第二〇号、一九八八年）参照。

＊6　「滝田城跡の歴史的意義」（『千葉城郭研究』第六号、二〇〇〇年）。

＊7　『丸山町史』史料集（丸山町、一九八六年）。

＊8　『和田町史』史料集（和田町、一九九一年）。

＊9　前掲「快元僧都記」

千倉の土豪・真田氏の居城

13 神《かん》田《だ》城《じょう》山《やま》城《じょう》

①南房総市和田町中三原
②真田氏
③丘陵を地形なりに均した腰曲輪群
④三原川右岸に人知れず眠る城跡

【立地】日蓮宗正文寺《しょうぶんじ》の南三〇〇メートルの丘陵先端が、通称城山である。北側に向けて弧を描く半円形の地形をなし、西端に山頂がある。山頂部は標高五五メートル、約八メートル四方の方形を呈し、現在、小祠が存在する。

【構造】山頂部東南下に幅八〜十二メートル、長さ四〇メートルほどの平場があることを考えると、方形の平場は櫓台に相当するのだろう。一段を経たその下が、城内でもっとも広い平場となる。平場内には区画するような溝もなく、周囲には土塁もない。これら上下三段の南北肩部には、狭い平場がめぐっている。四段目は、西側に尖った三角形をなし、周囲肩部も囲繞するように幅四メートルほどの平場がめぐっている。最下段辺りは南側畑地との比高も少なく、あるいはその先も城郭として取り入れた可能性があるが、峻別には至らなかった。

　要するに、一方を川、一方を懸崖に面しながらも、当地では比較的なだらかな丘陵を地形なりに均して（四段整形）、その周囲肩部を帯曲輪状にしたものである。城郭としての体裁はうかがえるものの、背後との尾根間に堀切はなく、平場間は低い段差のみであることなど、後世の改変が考慮されるとはいえ、戦国期でも古式の様相といえるだろう。

【歴史】『安房志』によれば、日蓮宗正文寺は「安元・治承の頃、相模三浦の党

真田某所領の時は、其一族の菩提所」で、当時は禅宗であったという。平安時代末期はともかく、真田《さなだ》氏と当地との関係から、開基という点は問題ないだろう。大正期の『千葉縣誌』巻下では、この神田城山城を大字御原所在ゆえか「御原城址」として真田源吾《げんご》の居

山頂平場

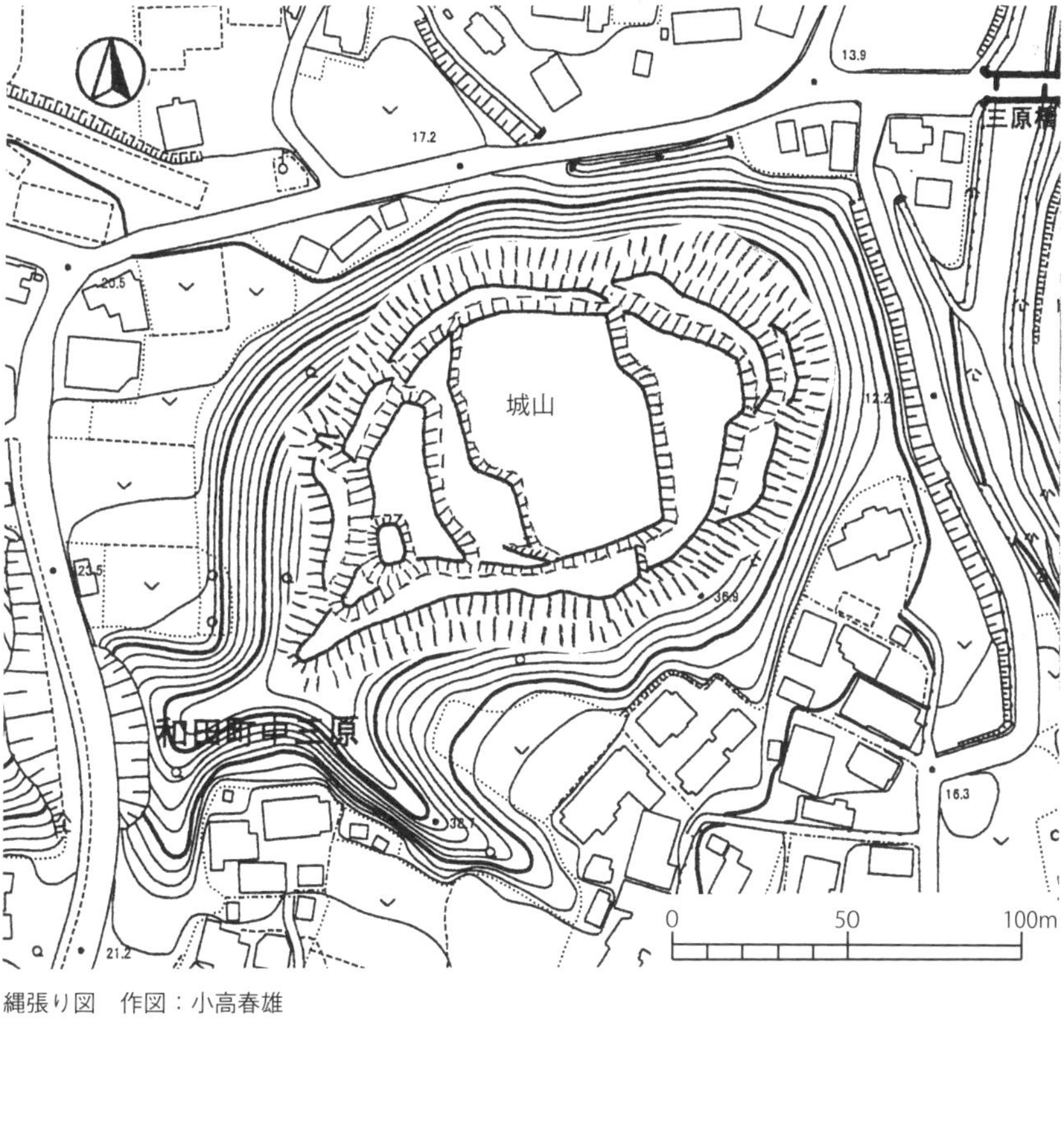

縄張り図　作図：小高春雄

城とする一方、大字小川の城址（とうしろ台）を「三原城址」としている。

これが誤解の原因となったのか、通常、正文寺背後の丘陵が三原城＝正木氏の居城と理解されている。おそらく、三者を混同しているのと、のちの正木氏と正文寺との関係から生じた誤解だろう。正文寺背後の丘陵はまったくのなだらかな山容で、要害性はない。その意味で、白浜や長田とは異なるのである。であれば、伝承どおり、神田の城また旧正文寺は、真田氏の所縁と理解しておくべきではないか。

中三原の諏訪神社が、貞応年間（一二二二〜二四）の真田氏の創建と伝えられるように、真田氏の勢力は旧和田町をはじめ、館山市東部から千倉町北部に及び、上野氏とならんで戦国期の安房南東部を代表する土豪である。そして、十五世紀末〜十六世紀のある段階で、正木氏の軍事指揮下に入ったと思われ、神田城はその頃の城だろう。

なお、正文寺は元亀二年（一五七一）ないし天正二年（一五七四）に、正木頼忠によって日蓮宗に改宗のうえ、父時忠・兄時通の菩提寺となり、時忠の法号（威武院殿正文日出居士）をもって寺名にしたという。[*1]

しかし、時通が没したのは天正三年であり、菩提寺は加茂の日運寺《にちうんじ》である。時忠の菩提寺が正文寺、時通は日運寺ということになろう。勝浦正木氏と法華との関係が、上総進出以後に生じたことを考えると、それ以前の当地と正木氏との関係が下地となって成立した可能性が高い。

ちなみに、正木環斎《かんさい》が時忠の娘の菩提を弔うために、慶長十七年（一六一二）に建立したという妙達寺《みょうたつじ》は小川にある。

正文寺本堂　千葉県南房総市

＊1『和田町史』（和田町、一九九四年）。

平久里一円を望む城

14 用田要害《ようだようがい》（富山《とみやま》）城《じょう》

①南房総市平群中
②（里見ないし正木氏）
③櫓台と地形なりの曲輪・腰曲輪群
④平久里東方に聳える高丘・山麓には秋に彼岸花

【立地】鴨川と丸山両方面への分岐路にあたる、平久里中の谷底平野を北西に見下ろす標高約二〇〇メートルの高い丘陵上に占地し、北側対岸に宿用害城が間近に遠望できる。山上一帯は、砂と礫層が卓越する佐久間層が覆っている。

【構造】松本勝氏による概念図が公表されている。*1 筆者も現地調査にあたり参考にしたが、北東先端部と南側中腹の平場については踏査が叶わず、松本図に従ったことを述べたうえで、以下、概観する。

城跡遠景

山頂には、およそ二〇×三〇メートルの主郭相当の平場があって、その南西寄りに小規模な櫓台（五×八メートルほど）らしき壇がみられる。曲輪の端ではなく中央にあるという点で特異であるが、このような壇は館山の大井、千倉の牧田・大貫城などに類例があり、当地特有の遺構である。壇には現在、小祠が祀られており、参道と鳥居は北側にある。

平場北東はスロープ状となって、一段目帯曲輪へ続いている。帯曲輪の東側は、尾根筋を均した平場があり、その先は

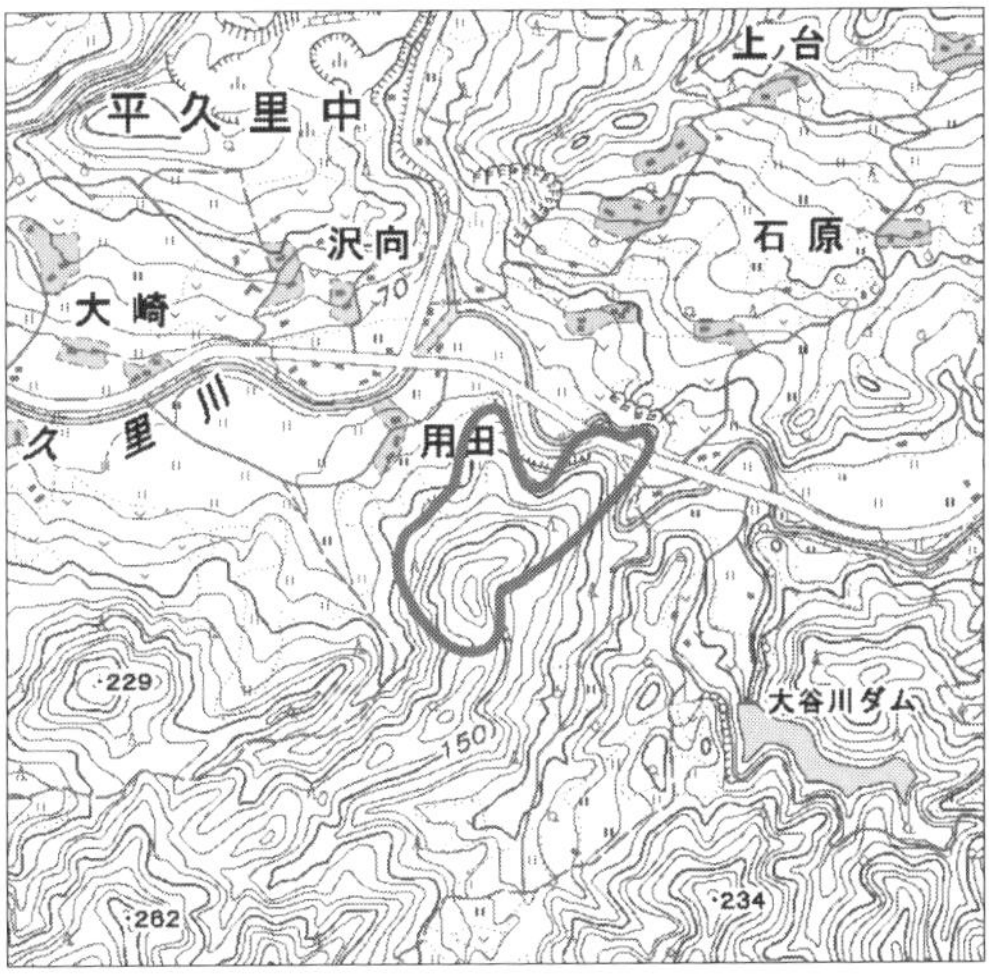

*1　「平久里四城（富山・宿要害・蛇喰・里見番所）について」（『千葉城郭研究』第六号、二〇〇〇年）。

堀切（幅約八×深さ約四メートル）で遮断する。主郭南側の尾根筋は多少カットした結果として平場があり、少し先の狭まった所に堀切を入れている。なお、堀切自体は地形条件もあってか、東側のそれに比べると小規模である。以上、ここまでが曲輪および付属する遺構として明瞭なものである。ここからは、付随する遺構群にふれる。

一段目帯曲輪の下方には、北側山腹に沿って二段目の帯曲輪がめぐっているが、むしろ切岸整形にともなう平場だろう。位置関係からして、山腹へ取り付く敵の登攀を妨げるものと理解される。帯曲輪の下にも、数段の帯曲輪状平場や小規模な段があるが、いずれもその延長にある遺構と捉えておきたい。

北東尾根先端部には、まとまった平場がある。しかし、松本氏によれば、「所々に堀状の落ち込みや不規則な段差、不明瞭な通路が存在」するという。筆者も一部の踏査ではあるが、確認している。その位置づけについて

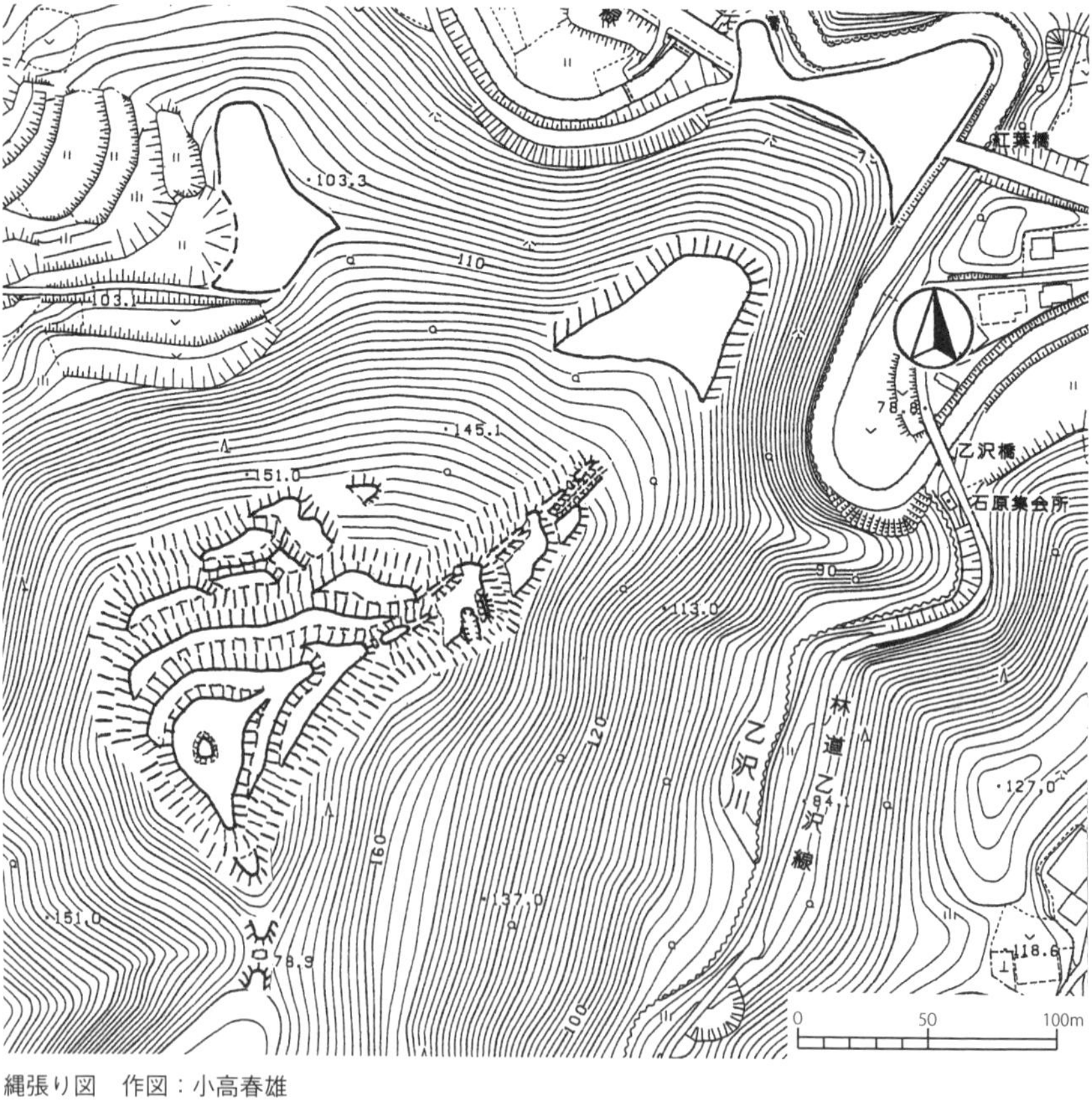

縄張り図　作図：小高春雄

は、後世の活用も含め、さらなる見極めが必要となろう。また、その下の江見に至る国道面も十分な平場といえる。南側中腹の平場群は後世の棚田と思われるが、結論は留保せざるをえない。

北西山麓は現在、主に水田や畑として活用され、なだらかな階段状の耕地が続いている。山上の高さや狭隘さからして、平久里川に面する北側山麓に館や根小屋があったようだが、それらしき字名もみられない。なお、館相当部は、泉竜寺《せんりゅうじ》の下辺りが該当しようか。

【歴史】大正八年の『千葉縣誌』巻下には、「平群砦址」二か所のうち、南側を用田要害（北側は宿要害）としており、すでに知られた城である。規模や内容からして、平久里の支配にあたった人物の居城かもしれないが、位置的には府中―丸山―山ノ城方面に至るルートを押さえる城郭という性格もあわせ持ったかと思われる。

この点、宿要害をどうみるかだが、南側山麓に宿地名を有する後者が、当地に根ざしていることは言うまでもない。遺構としては、当城のほうが新しいとは思われるが、それほどの差もないような気がする。里見氏による天文の内乱の反映――勢力の交代――とみるべきだろう。

山頂櫓台と祠

東側尾根を切る堀切

府中への入口を押さえる物見台

15 里見番所《さとみばんしょ》

①南房総市犬掛
②（里見氏）
③山頂の平場（監視所）
④平久里から内房岩井と館山へ分かれる道を俯瞰

【立地】長狭から安房府中に至るには平久里に入り、滝田を抜けなければならない。その喉元をおさえるのが、標高一二一メートルの通称宮田山また不寝見《ねずみ》山と称する山塊である。ここは、保田方面への分岐点であるとともに、谷底平野を遮るように屹立する丘陵で、かつ、全山急傾斜の要害地である。

里見番所　滝田側より

【構造】山頂部は、東西に走る馬の背状の尾根を呈するが、その北西先一段低いところに主郭とみてよい平場（およそ南北八×東西二五メートル）がある。北西尾根続きにも同程度の平場があり、その先は狭い自然の尾根面となって先端に至る。

注目すべきは、主郭北東下の中腹に掘られた横堀である。急斜面をさらに切岸状に削り落とすと同時に、その直下を掘って空堀とし、前面に土塁をめぐらすのも異例ながら、長さはさほどでなく、しかも両端を閉じているのは不自然（とりわけ尾根にあたらない東側）でさえある。山頂部背後は、肩部に幅三〜四メートルほどの切岸とセットになる帯曲輪

＊1『富山町史』（富山町、一九九三年）。

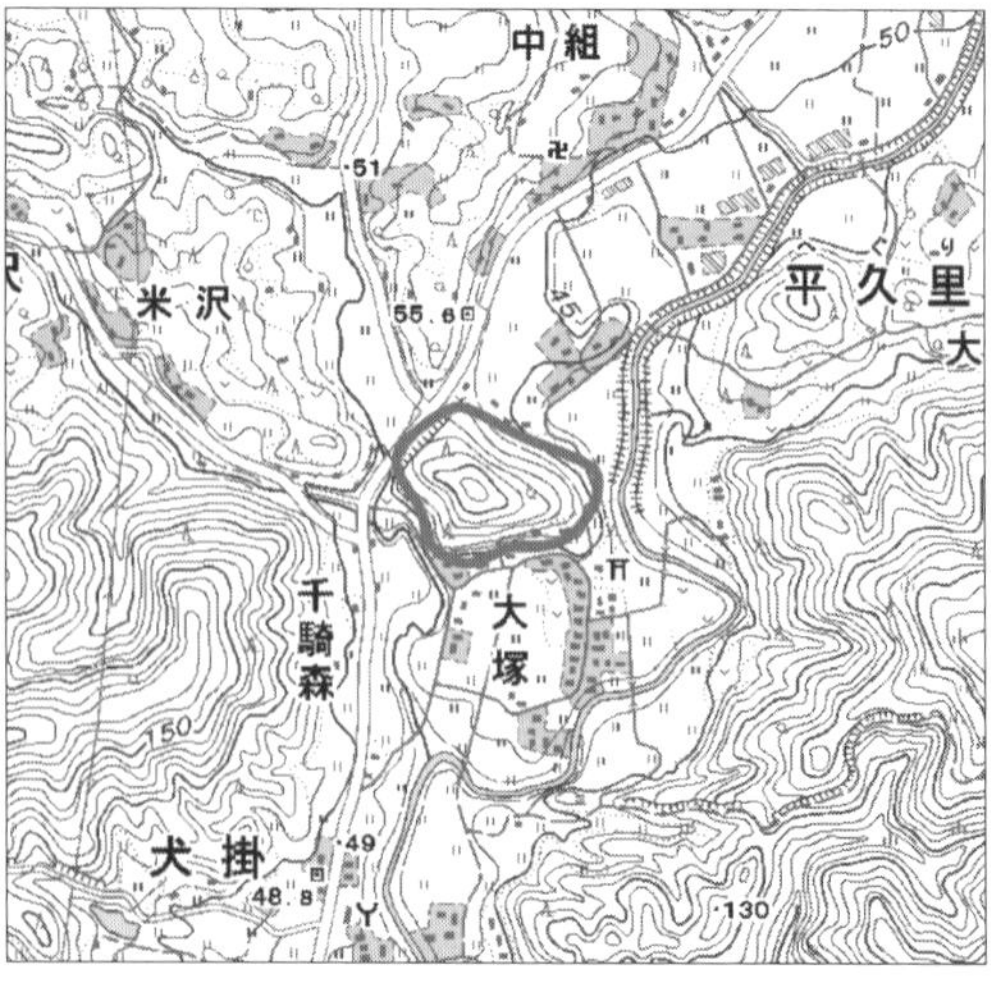

がめぐっており、南側先端には小さな平場もみられる。また、東側尾根を少し下ったところに堀切を入れ、明瞭な竪堀をともなっている。

以上のように、物見台を越えるものではない。しかし、主郭に残る土手やその下の横堀は安房の城に類例がなく、この城に登攀するうえで、もっとも合理的なルートである北側尾根筋を見下ろす場所に設けられている点には、留意しておく必要があろう。

【歴史】当城は、『安房志』に「是往時里見氏遠望の場作とて、番兵寝ずして此處を守衛せし故終に此名あり」とあって、古くから知られた城である。

また、旧番所跡で火急の際にはのろしを上げたところというから、[*1]里見番所として登載されたのだろう。現存する遺構が北側への対処に徹しているところからして、南方側の勢力が一時的に築いた結果、すなわち、天文の内乱（それも天文三年時）に義堯側が築いた物見台ではなかったかと考える。もちろん、その後しばらく番所として機能した可能性もあろう。

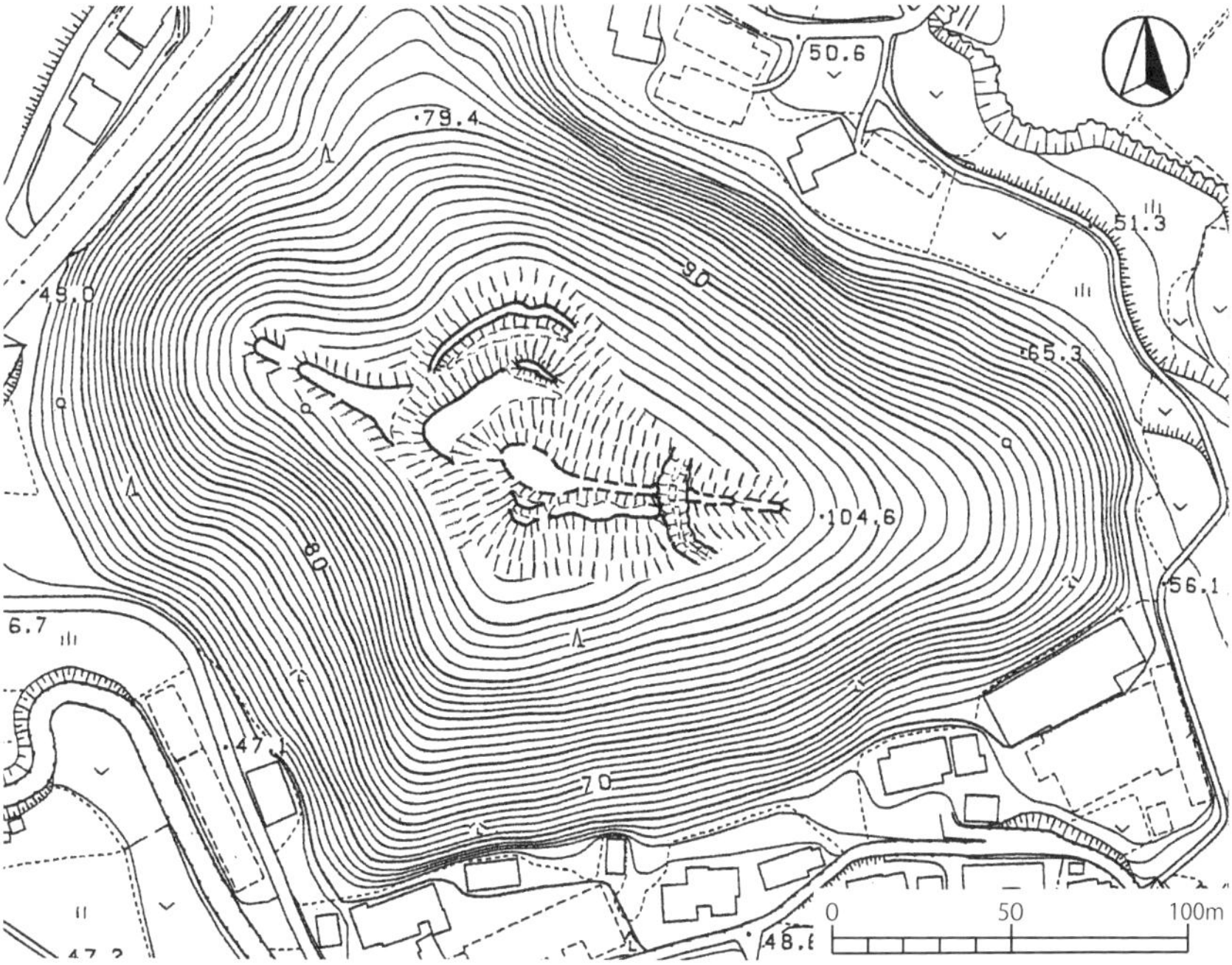

縄張り図　作図：小高春雄

館山築城前の西岬地区に築かれた城

16 香要害山城《こうやつようがいやまじょう》

①館山市香・塩見
②（里見氏）
③階梯状の曲輪群・要所に堀切
③サンゴの海を見下ろす岩山

城跡遠望　北西より

【立地】香漁港〜大賀海岸を北西に見下ろす、標高約八〇メートル（山麓部約二〇メートル）の丘陵に立地する。基盤は泥岩だが、山頂付近は砂勝ちシルト層がのっており、比較的なだらかである。一方、周囲は急崖で、要害地といってよい。なお、平野に乏しい安房南西部だが、左右（香・塩見）の谷は水田が広がっている。

【構造】金剛寺裏山山頂から南西部尾根一帯（字城ノ腰）に遺構が連続する。山頂部は三〇〜四〇メートル四方の平場（二段）からなり、西側尾根は小規模な堀切で遮断する。側面二か所に大きな坑が開いており、これは先の戦争にともなう掘削跡という。

周囲に土塁は認められないものの、主郭とみてよいだろう。西側尾根伝いに、山道が山上まで通じていた（現在は荒廃）ことから、かつては畑地として使われていたのかもしれない。主郭南西には、大きな段差（比高約八メートル）をもってまとまった平場（三ノ郭）があり、その先は自然の小山を経て、小さな平場が階梯状に続く。

一方、北東側は明瞭な二段の腰曲輪の下に、尾根に沿って

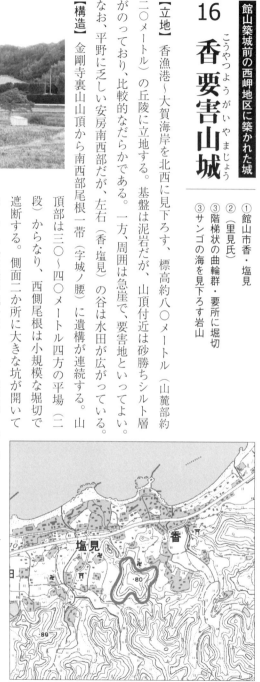

数段の平場があるも自然地形に近く、尾根鞍部には堀切状の溝もある。腰曲輪の周囲法面が切岸状であることを考えれば、明確な城郭遺構はここまでとみるのが妥当かもしれない。南東側は腰曲輪から続く平場が広く展開し（二〇×三〇メートル）、二ノ郭と位置づけられる。北東側尾根続きとは、上幅約八メートルの明瞭な堀切で画している。なお、北東山麓には金剛寺があり、字には的場がみられる。

【歴史】記録・伝承がなく、そのためか城跡として認識されたのはそう古くはない。加えて、図化作業もされなかったので、ほとんど知られずに今日に至っている。しかし、香谷一帯を見下ろす急峻な山頂にまとまった郭群、それも山頂から延びる支尾根までていねいに曲輪取りされ、しかも曲輪末端は堀切で切っているなど、明瞭な城郭遺構を遺している。ただ、曲輪自体の区画性は不十分で、切岸化もみられないなど、十六世紀前半の内に収まるといえる。

おそらく、岡本と並んで安房南西部浦々の防衛拠点（番城）で、かつ、そこにいた人物も一門かそれに準ずる者だろう。しかし、後半に下る要素が見られないとすれば、天文の内乱か、あるいはその後に廃城となったために、記録に残らなかったのだろう。

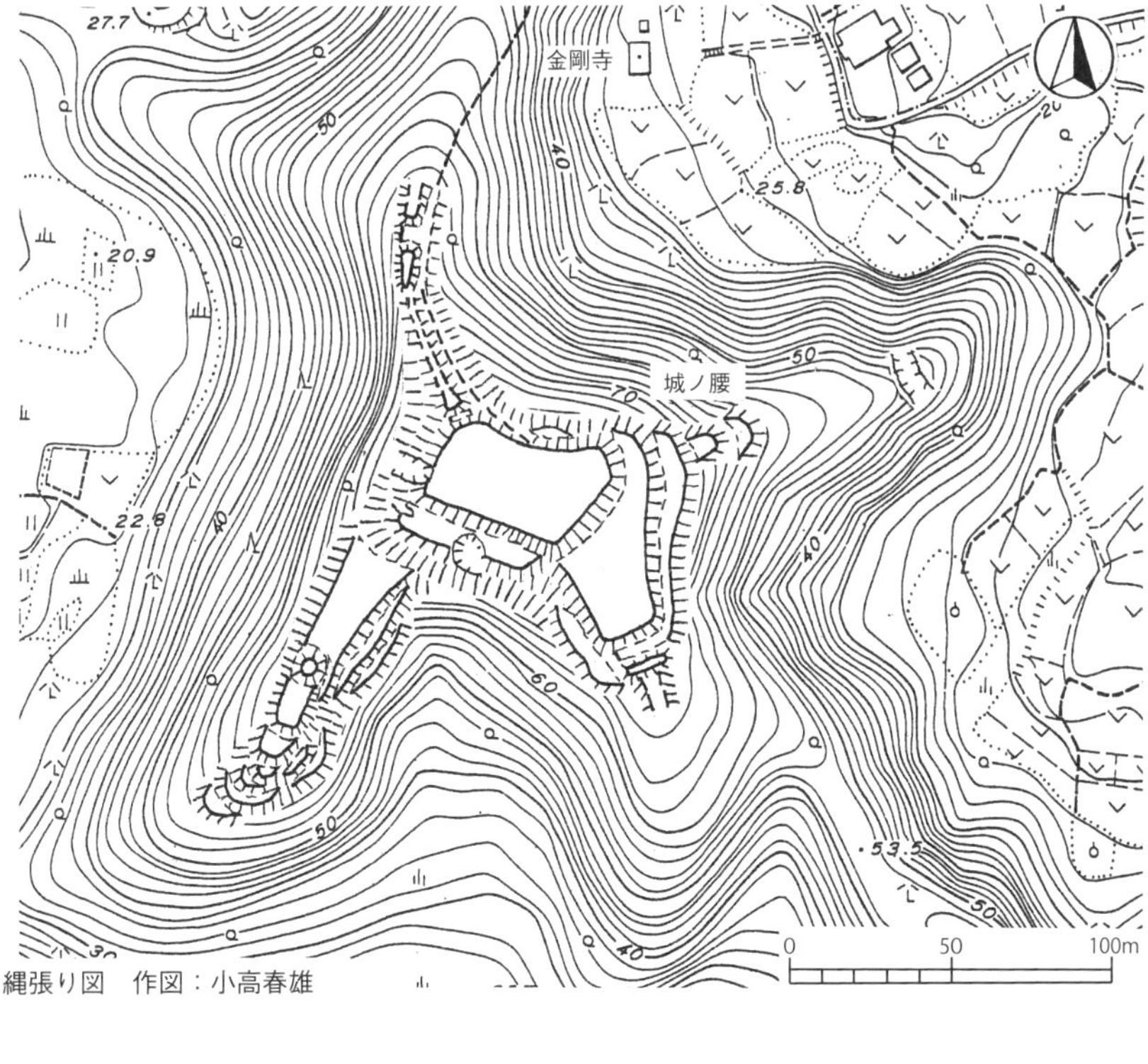

縄張り図　作図：小高春雄

Column

要害となったお寺――妙本寺

三浦半島の対岸にあたる日蓮宗富士門流妙本寺《みょうほんじ》は、戦火にさらされた寺院である。海辺にそそり立つ山嶺の谷間に立地しており、周囲を取り巻く丘陵を臨時に要害化し、浜辺を整備すれば、堂塔も含めて臨時の湊付きの城塞となる。

事実、通称太鼓打場は本堂北西の山上にあり、その東の尾根に堀切が入っているなど、中世段階から使われていたらしい。見張台としては格好の地である。堀切から尾根伝いの東側には、さして自然地形をいじった様子もないが、谷間を限る分岐点には大堀切がみられるので、ここまでを要害としたのだろう。

南に延びる支尾根は、それ自体、土塁の代わりとみてとれる。山上の城郭遺構としてはこんなものだが、周囲を取り巻く丘陵自体が急峻なことから、要所に手を入れれば、陣所としては十分である。ただ、谷間の寺域はそれほどの広さがなく、多くの軍勢を収容するには不向きである。

永正十一年（一五一四）の里見氏の北郡《きたのごおり》打ち入りにともない、要害として取り立てられたのに始まり、永正～天文期にわたって里見・北条間の抗争の舞台となった。おそらくその要因は、金谷から岡本にわたって水軍を介した海戦に際し、格好の陣所となったためであろう。

しかも、そこに文書・記録類が一括して残されたのは、その経緯を知るうえでも、まことに幸運であったというほかない。

妙本寺遠景

妙本寺山門

第二部　隣国上総の城

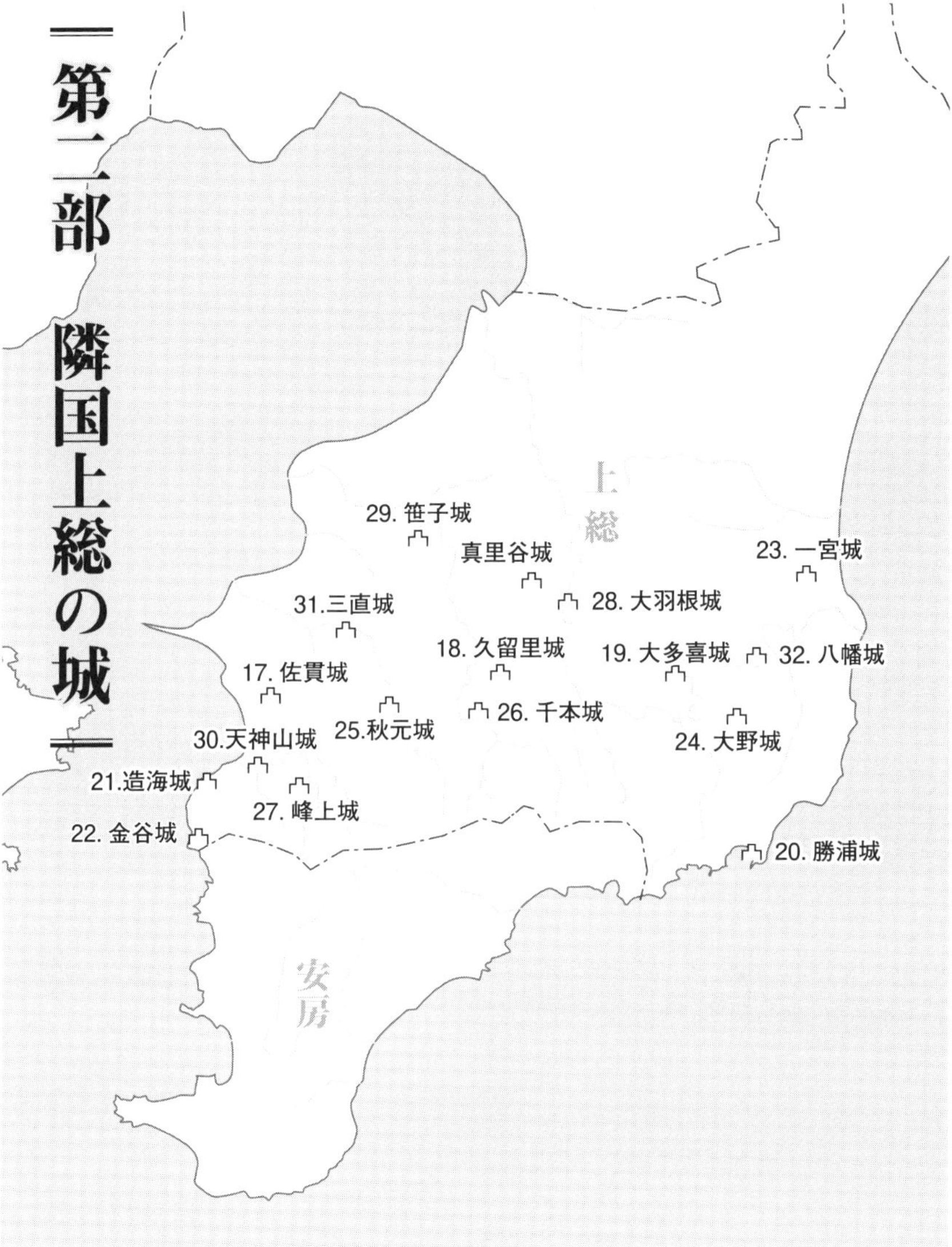
上総
29. 笹子城
真里谷城
23. 一宮城
31.三直城
28. 大羽根城
18. 久留里城
19. 大多喜城
32. 八幡城
17. 佐貫城
26. 千本城
25.秋元城
30.天神山城
24. 大野城
21.造海城
27. 峰上城
22. 金谷城
20. 勝浦城
安房

里見義堯・義弘の西上総の拠点

17 佐《さ》貫《ぬき》城《じょう》

①富津市佐貫
②武田信秋—里見義堯—北条氏—里見義弘—加藤氏
③近世佐貫城と外郭の中世大構
④そのままに残る城跡と鄙びた城下町

【立地】佐貫城（別名、亀城）は、里見義堯・義弘が一時期居城とした著名な城である。佐貫字城山を中心として、北側は島屋敷、東側は黒部谷から陣場台に及ぶ、ほぼ六〇〇メートル四方の丘陵・谷部一帯にわたっている。

黒部谷

また、近世には内藤氏以下の譜代大名が入ったこともあって、西側と南側の谷に侍屋敷と城下町が形成された。本丸の城山は標高約六〇メートルほどで、山麓との比高差もおよそ三〇メートルにすぎないが、南側は染《そめ》川、北側はその支流北上《きたかみ》川が流れ、大きく城域を区画する。

さらに、周囲が複雑に入り組む丘陵群に囲まれた谷間にあり、見かけよりも要害に富んだ地といえよう。

【構造】佐貫城跡は中世から幕末までに及ぶ城のため、まず、研究史から紐解くことにしたい。年代順に並べると、次のようになろう（文献①〜⑥）[*1]。

文献①・②ともに、近世佐貫城の範囲を図化しており、その意味では中世佐貫城に及んだものではない。その点、松本氏は東西

＊1　①野中徹「佐貫城」『日本城郭大系六　千葉・神奈川』（新人物往来社、一九五五年）。②小室栄一・小林三郎・星龍象『千葉県中近世城跡研究調査報告書第1集—佐貫城跡・本佐倉城跡発掘調査報告—』（千葉県教育委員会、一九八一年）。③松本勝「佐貫城跡」『千葉県所在中近世城館跡詳細分布調査報告書Ⅱ—旧上総・安房国地域—』（一九九六年）。

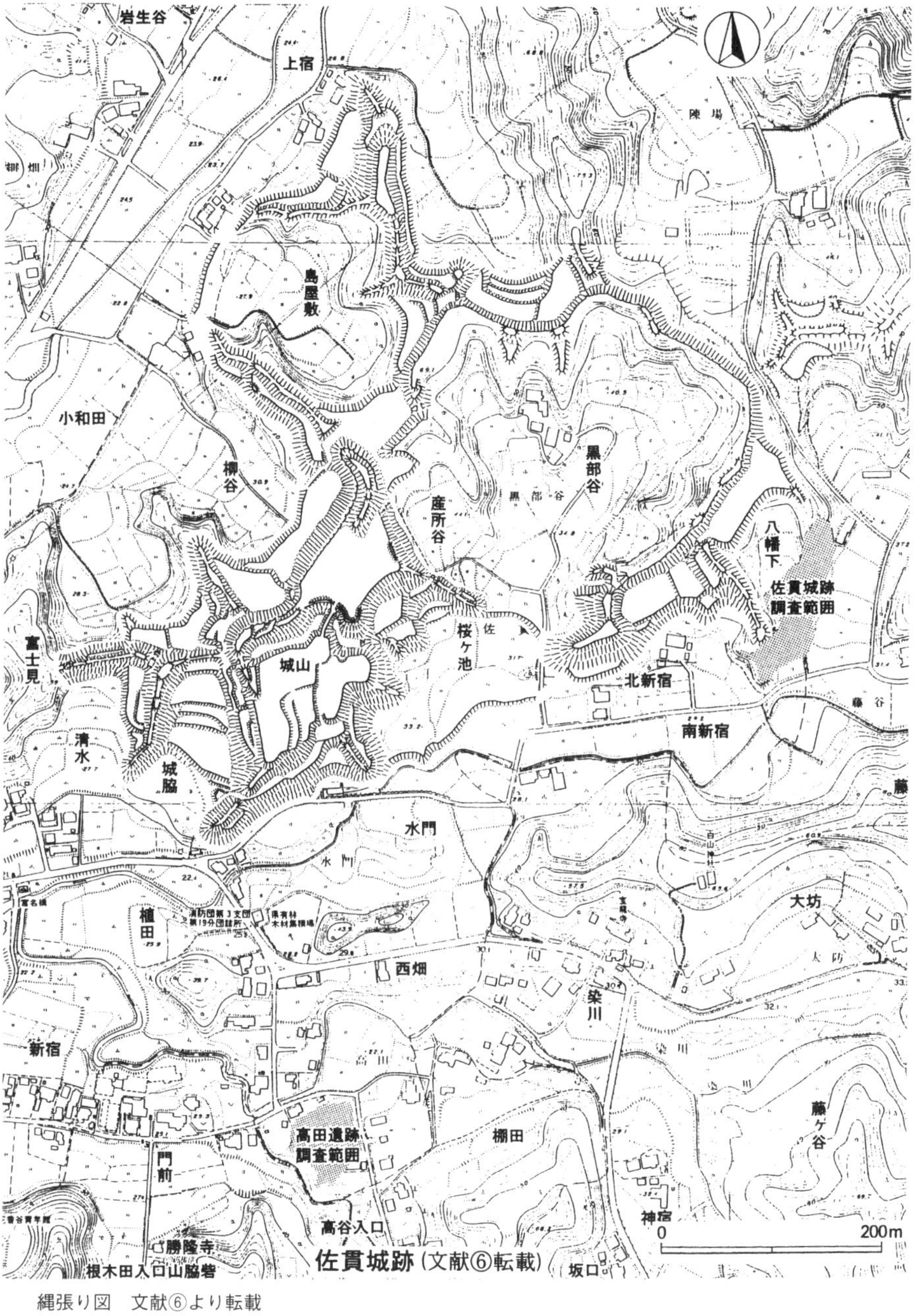

縄張り図　文献⑥より転載

に拡がる広範囲の城郭遺構を図示した点で、画期的な作業といってよい（文献③〜⑤）。筆者もその成果に基づき、館山自動車道の建設にともなう調査報告時に踏査し、ある程度の見通しを得ることができた（文献⑥）。以下、中世城郭遺構の実態に迫ってみたい。

近世佐貫城時代の本丸から二ノ丸にわたる丘陵が、中世でも佐貫城の中心であることは間違いない。しかし、現在の遺構がそのまま中世のものかといえば、もちろん否である。内藤氏（天正十八年〜元和八年）―桜《さくら》井《い》松平《まつだいら》氏（元和八年〜寛永十年）―（天領）―能見《のみ》松平氏（寛永十六年〜貞享元年）―（天領）―阿部氏（宝永七年）とつづき、最後の阿部氏が幕末まで存続し、この間に普請や作事がなされたことは当然予想される。宝永七年（一七一〇）に幕府に普請伺いを出した阿部氏はもちろん、内藤氏も新たに旧里見領国内に入ったという点で、城郭普請を行った可能性が高い。

一方、両松平氏は内藤氏の遺産を継承したのだろう。とすると、内藤氏の普請の状況が、中世里見時代の復元に直接関わることになるが、一九八一年度の発掘では本丸部分の限られたトレンチ調査で、かつ中途までの掘り下げにとどまっているなど、課題の答えにはなりえない。その意味で、天領期を経て古城に入るにあたり、阿部氏が残した絵図[*2]が、現存する遺構と比較するうえでの検討材料とならざるをえない。

現存する主郭（本丸）は、南北一〇〇×東西五〇メートルほどの長方形で、南側中央に虎口を有し、その両脇は現在も土塁が明瞭である。この虎口は、絵図では両袖形の虎口（二間之矢来門）として描かれ、両脇には櫓台として四角い印がみられる。同じく北東と西側一角（現在、高まりとして遺存、漆喰塊が確認）にも櫓の印がみられ、北側丘陵脇の現下り道が堀として描かれている。この堀は注記もなく、位置や現状からして疑問である。あるいは、堀底道を兼ねたものであろうか。

---

④松本勝「佐貫城跡」『千葉県の歴史　資料編中世1』（千葉県、一九九八年）。
⑤松本勝「佐貫城跡（亀城跡）」『図説房総の城郭』（千葉城郭研究会編、二〇〇四年）。
⑥小高春雄『東関東自動車道（木更津・富津線）埋蔵文化財調査報告書11―富津市高田遺跡・佐貫城跡・佐貫横穴群・根木田入口山脇砦―』（千葉県文化財センター、二〇〇八年）。

＊2　「上総国佐貫城地取立普請所々」

主郭北東からは一段高い痩せ尾根状の丘陵が延び、接点に石組み（文献②では石垣）がみられる。また、尾根面はこれといって削平は感じられず、先端は絵図に「松八幡郭」と注記される。一方、主郭南西から延びる尾根には狭い平場があり、同じく、絵図には「松天神郭」と注記される。かつて何らかの建物があったらしく、現在も扁平な河原石や玉砂利が認められる。

曲輪面は南西から北東へ傾斜し、北東側には約二メートルほど下位に腰曲輪を有する。郭周囲の傾斜は急で、とりわけ、西側は明瞭な切岸整形を施しており、あたかも屏風のような崖面がめぐっている（その下の腰曲輪は外郭と注記）。なお、虎口前面の土橋は②調査時、側面にトレンチを入れた結果、盛土によるものと報告されている。

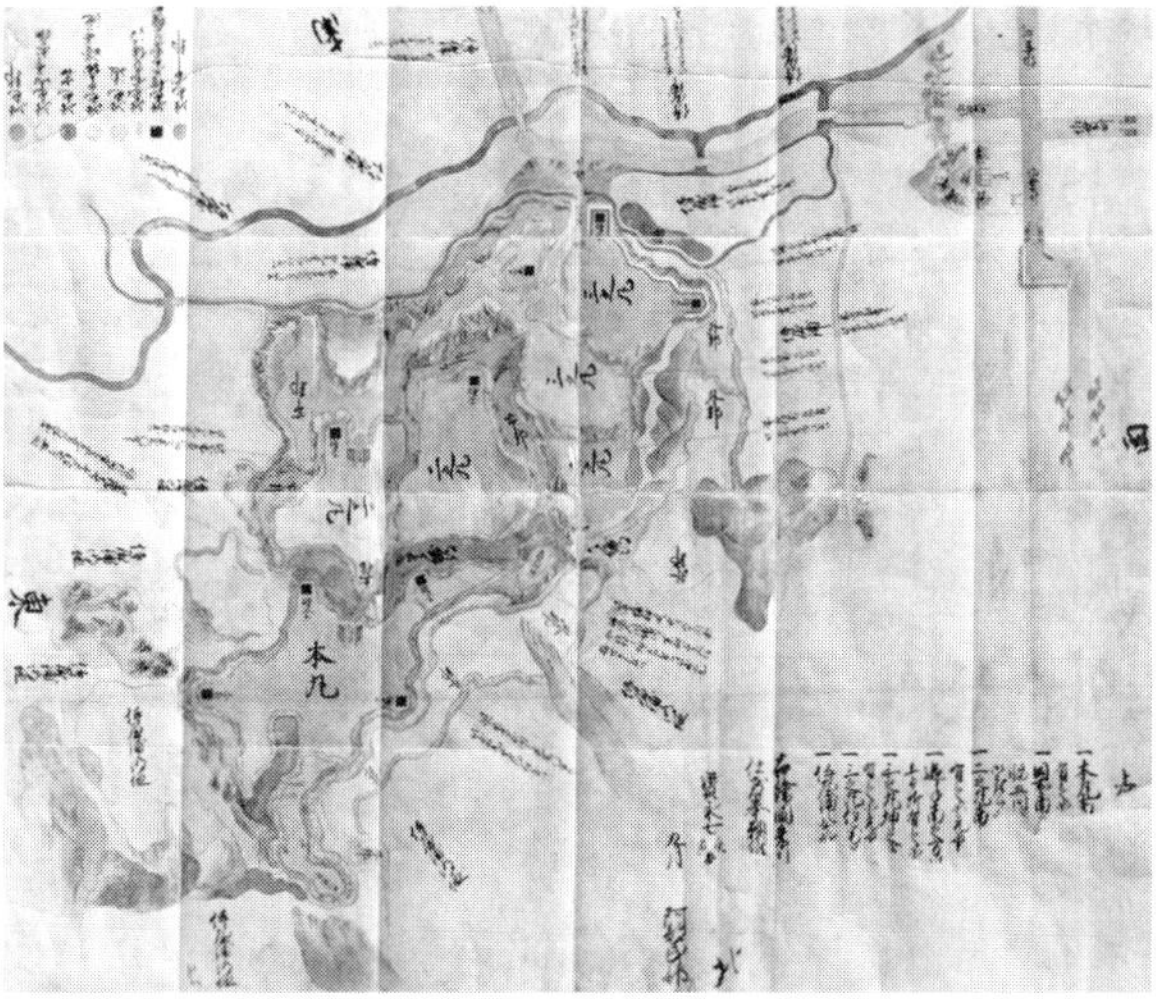

宝永七年佐貫城絵図（上総国佐貫城地取立普請所々）　三条実子家蔵
画像提供：富津市教育委員会

本丸内の出土遺物は、文献②で、内削ぎの青磁大皿に瀬戸・美濃向付《むこうづけ》や天目《てんもく》などが報告されており、主郭内の遺物としては遜色ない。また、時期的にも青磁のような伝世品はさておき、瀬戸・美濃製品は十六世紀前半のもので、当城の歴史と照らしても矛盾はない。

主郭と堀を隔てた南側が、近世二ノ丸に相当する。ここは多分に地形に合わせた形状で、中央の段差で東西に分けられる。全

本丸先端先から見た里見氏時代の宿

本丸近景

体では本丸より広いものの、自然地形を残しており、郭としての整形や区画性は低い。南東部に内枡形状の空間があり、絵図では内側に門（二間之矢来門）が、門の東側隣接地と南西端には櫓台がみえる。周囲の崖面は本丸と同様だが、西側には切岸に加えて、並行するように一部箱堀らしき痕跡が認められる。南西端先には、本来一連の丘陵だが、大堀切で分断された丘がある。狭い二段の平場で、絵図では上段に櫓台の印がみられる。

二ノ丸の西側谷部が、近世三ノ丸である。本丸南西尾根の延長にあたる痩せ尾根を取り込み、その内部を郭としたもので、尾根続きには大堀切を入れ、外側斜面は切岸整形とする。絵図には大きく三段の平場が描かれ、最上部にも小規模な平場がある。また、南西端と南東端には櫓台の印が、南側縁にも石垣らしき矩形の線が確認されるものの、南東端の櫓台を除いて現状では遺存しない。この南東隅の櫓台脇は、三ノ丸虎口を兼ねた大手口に相当し、それゆえか、切り込み接ぎかつ布積みの石垣はほぼ無傷で遺っている。石自体はいわゆる房州石で、石質から富津市内で調達したものといえる。なお、三ノ丸の前面には限定的に堀が書き入れられているが、これも現状では確認できない。

以上は、近世の佐貫城、それも近世後期阿部氏時代の佐貫城の姿を述べたにすぎないが、中世との比較上、いくつかのポイントをあげておきたい。

一つは現存する佐貫城が多分に自然地形、つまり本来の丘陵の姿を変えていないことで、大きな普請箇所といえば、本丸内の大規模な平場化と二ノ丸間を分ける横堀をあげられる程度である（小さなところでは、計九か所の櫓と最低三か所以上の門）。これは、阿部氏が入城した時代が宝永期に下ることや、江戸のお膝元という事情もあろうが、さらにさかのぼって内藤氏時代にもあてはまるかもしれない。内藤氏が佐貫にいたのは約三十年間で、慶長十九年の里見氏転封（実際は改易）

佐貫城本丸南西櫓台の玉石遺存状況

まではその最前線にあった。近世に手が加えられたとすれば、この間かと思われるが、同じ条件下にある久留里にしろ、大多喜にしろ、丘陵そのものの姿を変えるほどではない。

要するに、地形を生かした伝統が踏襲されており、逆にいえば、地形・地質そのものが城郭のあり方を規制したことになる。当地の城郭を理解する、大きなポイントといってよい。

さて、一昔前はこれで中世佐貫城も語られてしまったが、既述したように、松本氏の広範な踏査で、この何倍にも及ぶ城域が明らかになった。そして、重要な点は、それが里見氏時代の遺産を前提として新たに語られたことである。たしかに、阿部氏時代の佐貫城は本丸から三ノ丸、とりわけ三ノ丸が藩政の中心を担っていたであろう。では、背後の城域は、内藤氏時代に使われた可能性はないのだろうか。そのためにも個々の検討に入ろう。

三ノ丸から西の富士見台方面の丘陵には、踏査の結果、手前の一本の堀切を除いて城郭遺構らしきものは認められなかった。先端の日枝神社一帯は御殿山と称されるが、これはその南麓一帯を殿町と呼んだことに対応するもので、阿部氏以前にさかのぼる（絵図にはすでに記載）のだろう。現在の殿町から小和田付近まで山麓一帯は、絵図に侍屋敷を「元の如く」普請とあって、松平氏時代にはすでに屋敷地になっていたらしい。

本丸から北側は大堀切となり、堀底は道として西側へ下り、谷へ至る、いわゆる搦め手口である。この一角には門があったのだろう。注目すべきは、島屋敷と呼ばれる谷を囲繞する遺構である。この谷は、北上川方面に口を開けた袋状の谷間で、南側の黒部谷と対をなす空間ながら、あまり注意されることもない。しかし、周囲をめぐる丘陵外側斜面は切岸整形が明瞭であり、北東先端は削平して腰曲輪を設けているなど、明らかにこの谷間を囲い込む思想が見受けられる。

一方、さらに広い黒部谷（産所谷含む）も延々と切岸遺構が外側をめぐる。総延長は約六〇〇メー

本丸・二ノ丸間の空堀

トル以上に及び、房総の城郭でも類をみない。ここも外側のみ懸崖化しており、南東部など尾根幅があるところでは、大きく削平したために幅広い腰曲輪を併設する。また、先端の細長い平場は産所谷から延びる支尾根と相対し、直下の虎口（おそらく門があったのだろう）を監視する一支塞とみることができよう。この虎口前面は小字桜ヶ池といって、古い空中写真でも堀状の窪みが観察される。

つまり、黒部谷はそれ自体、一つの曲輪であり、島屋敷も同様に捉えられよう。これを外郭とみるか、あるいは大構（ないし惣構）とみるかだが、宿までを囲んでいるわけではないので、一応前者と考えておきたい。

そうすると、これら外郭はいつ造られたのだろうか。絵図には外郭部分は含まれず、本丸周辺も単に「侍屋敷明地」と記すのみである。つまり、以前は屋敷地であったものが、阿部氏時代には「明地」として使われなかった、ということなのだろう。

では、内藤氏時代はどうか。そこで、平成十三年の発掘調査結果（文献⑥）が参考となる。調査地点は黒部谷南東の腰曲輪下にあたり、水田より一段高い場所である。ここから内藤氏時代の屋敷跡（溝囲みの掘立柱建物群）・平場・墓地が検出された。出土遺物も含め、殿舎というより蔵ないし小屋の跡のようだが、それが内藤氏時代に合わせるように出現して消滅する。上段の腰曲輪と黒部谷内部にまで調査の手が及んでいない恨みはあるが、内藤氏時代に黒部谷東側が活用されていたことは確かである。調査地点を含め、南側小河川の右岸は広く新宿と呼ばれており、もしそれが内藤氏時代の宿の名残だとしたら、当然、黒部谷は家臣の屋敷地と考えられる。

とはいえ、長南・久留里・大多喜・勝浦など、徳川諸将の入った（一時的にせよ）城郭のみならず、万木・勝見・造海など戦国末期の上総の拠点城郭で、このような切岸による懸崖化手法が広く確

本丸先端丘陵の切岸

佐貫城本丸前面の土橋

認される。佐貫城が義弘時代に里見氏の本城であったことを思うと、中世の所産とみるのが妥当であろう。

以上、多分に推測を交えながら外郭について述べてきたが、基本的に内藤氏は里見氏の遺産を継承したとみておきたい。それが、両松平氏を経る間に黒部谷・島屋敷一帯が放棄されてしまったようで、具体的には、天領を間にはさむ能見松平氏時代が候補にあげられよう。

その周辺の遺構について補足する。東端は堀切を利用した切通道の先に大堀切があり、これが東限に相当するのだろう。尾根続きは陣場台といい、踏査したところ、城郭遺構らしきものは確認できなかった。北限については、黒部谷から国道方面へ延びる丘陵があり、そこまでを城郭に含める説もあるが（文献③〜⑤）、ここは自然地形と判断される。この点、南側の川を越えた対岸に位置する白山神社の丘陵も同様である。

最後に、根小屋・宿についてふれる。佐貫城の周囲には根小屋地名はみられないが、宿地名は何か所か確認される。島屋敷北側の北上川沿いの地（上宿）、既述した黒部谷南側の地（北新宿・南新宿）、勝隆寺《しょうりゅうじ》門前西側の旧街道沿い（古宿・新宿）がそうである。勝隆寺門前は、東側を含め阿部氏時代の家臣団屋敷地であったため、ひとまず措くとして、問題は前二者である。

とりわけ、黒部谷南を新宿というからには古宿があったわけで、それはとりもなおさず上宿、つまり北上川沿いの地にして、佐貫城北麓一帯が該当するのではと考える。上宿とは下宿に対する語で、本来、その下流（字小和田）あたりに下宿があったのだろう。北側対岸には曹洞宗天祐《てんゆう》寺《じ》があり、ここは加藤信景《かとうのぶかげ》の中興（武田信嗣《たけだのぶつぐ》開基）と伝えられる。天正期の佐貫城代が信景であったことを思えば、宿の北側に寺社が展開するという意味で、この一帯がまさしく里見氏時代の宿であった可能性が高い。なお、天祐寺が真如寺《しんにょじ》末、黒部谷南東の来光寺《らいこうじ》が相川見性寺《あいかわけんしょうじ》（正木氏再興）

島屋敷内部の谷

黒部谷北東の大堀切

末、城山南東の宝龍寺《ほうりゅうじ》が義弘所縁の坊[*2]であることも、武田・里見氏時代の名残を示すのかもしれない。

　南側の染川沿いの勝隆寺は、松平勝隆《かつたか》の諱《いみな》に由来するが、前身は善昌《ぜんしょう》寺といって、内藤家長《いえなが》の法名（善昌）による。こちらは近世以降、新たに作られた菩提寺で、発掘調査の内容もあわせ、南側が内藤氏以降、新たに城下として整備されたことを物語っているのだろう。隣接する勝隆寺・安楽寺《あんらくじ》・妙勝寺《みょうしょうじ》はいずれも阿部氏時代の家臣の墓が多く、二〇〇四年に勝隆寺北東の染川河畔の高田遺跡（文献⑥）で内藤氏時代の遺構・遺物が検出されたのも、その証左の一つといえよう。

【歴史】つぎに、文書・記録から垣間みえる佐貫城を紹介する。佐貫城がいつ取り立てられたかはわからない。しかし、佐貫が十六世紀前半に武田一族の拠点であったことは間違いなく、まずは武田氏との関係から探ってみよう。

　武田氏と佐貫との関係を物語るものは、永正四年（一五〇七）の佐貫鶴峰八幡神社再興棟札である[*3]。黒田基樹氏は、具体的に信秋《のぶあき》は信嗣《のぶつぐ》の弟で、佐貫郷の直接の領主にして佐貫城主と想定した[*4]。問題は、それがいつにさかのぼるかだが、佐貫城対岸の亀沢天祐寺が明応元年（一四九二）に信嗣の開基とされるので、その前後ということも考えられる。そうだとすれば、それ以前は敵対する勢力が押さえていたのかもしれない。

　信嗣―信清《のぶきよ》と継承されるので、信秋は傍流だが、宗家に準ずる立場にあったことは確かで、それゆえ佐貫を拠点としたのだろう。佐貫城の淵源がさらにさかのぼることも考えられるが、少なくとも信秋が城主であったという想定は可能で、それは以後の軌跡とも一致する。

　佐貫城北西の亀田安国寺不動明王胸部胎内墨書銘[*5]によれば、約十二年後には当地が戦乱の舞台となるようである。対岸の相模では、永正十三年（一五一六）に北条氏が三浦氏を滅亡に追い込み、

宝龍寺　千葉県富津市

＊2　玄林齋「西門院文書」

＊3　「信心之大檀那武田式部大夫源朝臣信嗣　在名号真理谷同信秋」と記載され、両名の関係も弟ないし子に相当するのであろう。

＊4　『戦国の房総と北条氏』（岩田書院、二〇〇八年）。

＊5　「永正十六戊寅六月廿八日佐貫郷大乱」とある。

翌年以降には、千葉や原氏との対立を深めていた真里谷武田氏の求めに応じて、房総に援軍を派遣するまでに至っている。事実、その直後の永正十六年七月に北条軍が房総へ渡ったのは確かで、*6あるいは、すでに代替わりしていた信清と信秋との間に争いでもあり、それに北条氏が関与したのであろうか。

しかし、大永四年（一五二四）以降、古河公方《こがくぼう》家内部と北条・上杉間の対立が新たな展開を遂げるにつれ、小弓《おゆみ》公方足利義明《よしあき》を招聘《しょうへい》した信清は、必然的に上杉氏と結ぶことになった。当時の領国内は、長南武田氏に見るように、同族でも動向は必ずしも一致せず、それゆえ、当主信清自ら「当国度々の忩劇《そうげき》に及び、かれこれもって鴻音《こうおん》絶え候」*7と慨嘆するものであった。おそらく、信清代の権力基盤の不安定さもあり、彼の死を契機に天文期の大乱へ発展したのかもしれない。

大乱の基本的構図は、後継者となった庶兄信隆《のぶたか》に対して、嫡系信応《のぶまさ》が対抗したとされるが、それはあくまでもトップの話である。本質は、両者の背後で動いた一族間の権力闘争と捉えられ、信応派の黒幕が、佐貫の信秋であったと想定する。

というのは乱後、一時的にせよ武田家を代表したのは、従来、信秋に比定されてきた真里谷大学頭入道全方《がくのかみにゅうどうぜんぽう》という人物で、その子が大炊頭義信《おおいのかみよしのぶ》である。一乱終息後の天文六年（一五三七）六月に、足利義明を介した鶴岡八幡宮の材木提供の申し入れに対し、鳥居木は佐貫市場浦にあるが、そのほかの用材についてては戦乱で散逸したようだ、と答えている。*8信秋の本拠が佐貫にあったためだろう。信秋は戦後、信隆派が抱えていた峰上城を接収し、佐貫とあわせ、一躍西上総の最大勢力となった。

それも束の間、翌天文七年には頼るべき義明が国府台で討ち死にし、相模へ避難していた信隆も、北条氏の支援のもと再度房総へ復帰したようで、「小弓御所様御討死軍物語」によれば、信

*6 藻原寺文書ほか。
*7 上杉家文書
*8 「快元僧都記」

応をはじめとして皆、惣領信隆に屈服したとされる。信隆の没年は不明ながら、その後は確認できないので、ほどなくして世を去ったらしく、まもなく二度目の内乱が一族を襲う。その経緯は、語り物でもある笹子・中尾の両草紙にみえるところで、天文十二年から同十三年にかけて、まず笹子の信茂《のぶしげ》一党の内訌《ないこう》に佐貫・峰上の信秋父子と小田喜の朝信《とものぶ》が介入し、それぞれ里見氏と北条氏が加担したのであった。

　里見氏を頼った信秋父子だが、ほどなく北条氏の反撃に遭い、峰上はもちろん佐貫も失ったようで、信秋自身もこの間に没したようである。しかし、佐貫には天文十四年〜十五年にかけて里見氏（それも当主義堯自ら）が入城しており、結果として佐貫領を簒奪したということになろう。これに対して、北条氏は同十五年九月に義信を引き立て、佐貫城を囲んだ。籠城は一月近くに及んだが、北条氏と対立する太田資正《おおたすけまさ》の武蔵松山《まつやま》城乗っ取りの報に接し、囲みを解いた。*9 館山道の建設にともない調査された佐貫城南方約五〇〇メートルの根木田入口山脇砦は、この戦いに際して北条氏が築いた陣城の一つらしく、要所を掘り切り、自然地形を生かした生活感のない曲輪という実態が報告されている。

　その後も北条氏の攻勢は続き、天文末にはついに佐貫城も落ち、義堯は久留里城に移ったようである。佐貫には現平塚・伊勢原市域を本拠とした布施康朝《ふせやすとも》*10が在城し、普請も行ったらしい。また、伊豆衆筆頭清水上野介《しみずこうずけのすけ》（康英《やすひで》）居城の伝承もある。*11 のちに佐貫城代を務める加藤氏の一族と思われる大蔵丞《おおくらのじょう》が、「佐貫の近所、但しただいま所務なきの由申す」とあるのは、北条氏所領役帳成立時の永禄二年（一五五九）頃の状況を示しており、以前は佐貫の近所を領していたのである。

　同族の加藤太郎左衛門は、「西上総　氷郷」で二百貫文の所領を有しているが、氷郷が佐貫の北東に当たる大字郡《こおり》であることは間違いなく、その状況の相違が、のちの太郎左衛門系加藤氏

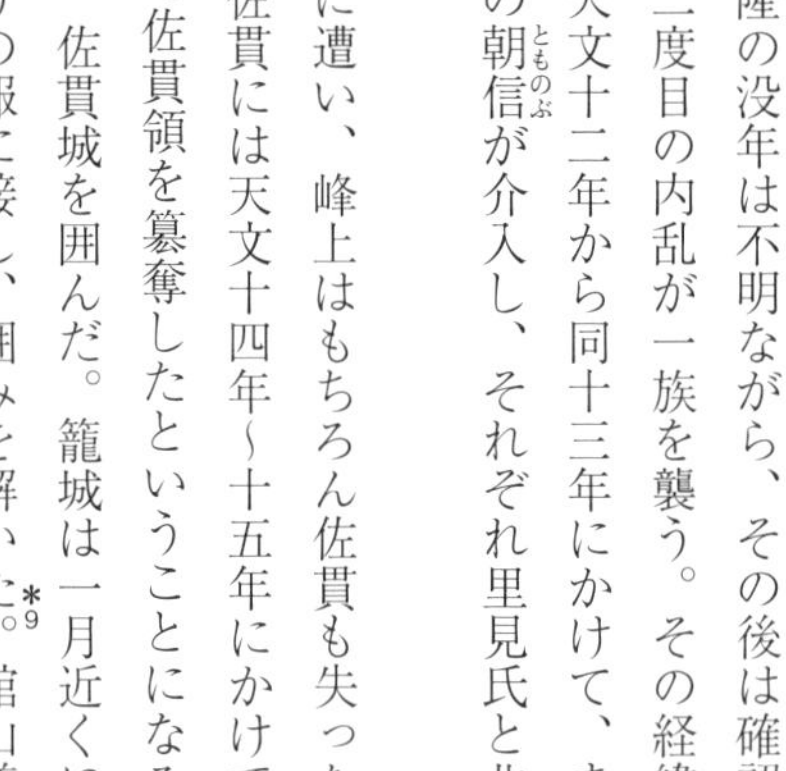

伝足利義明夫妻の墓　国府台（千葉県市川市）で討ち死にした義明の遺骸は小弓御所（千葉市）に運ばれ、夫人もその場で自害してしまったという　千葉県市原市・満徳寺御墓堂

*9　妙本寺文書・「太田資武状」『北区史』資料編古代中世2（東京都北区、一九九五年）。

*10　「北条氏所領役帳」

*11　「岩坂誌」『富津市史』史料集二。

の定着・発展へつながったのだろう。加藤氏の出自は必ずしもはっきりせず、本来、西上総に地盤を有する在地領主とみるなら、現富津市加藤を名字の地とする考えも生まれよう。

　永禄三年から四年には、越後長尾景虎《ながおかげとら》＝上杉政虎《うえすぎまさとら》（謙信《けんしん》）の関東出陣もあり、里見氏は危機を脱して、正木氏が長躯香取《かとり》郡まで侵攻し、その後しばらく同地へ在陣した。一方、永禄六年（一五六三）中には古河公方晴氏《はるうじ》の子にして北条氏が擁立した義氏《よしうじ》が佐貫に移座したようである。[*12]しかし、当時の状況を考えると、はたして佐貫が安全な地であったか疑問である。

とはいえ、関宿《せきやど》・江戸《えど》など以前の御座所を考えると、北条氏がいかに佐貫を重要視していたかがうかがわれ、逆にいえば、佐貫に対して強力なてこ入れを図ったとも受け取れよう。もちろん、北条氏のみが里見氏と対峙していたわけではなく、千葉・原氏とも連携した結果で、千葉胤富《たねとみ》が武射《むさ》の小領主慶増《けいそう》氏に原・高城《たかぎ》・土気《とけ》酒井《さかい》氏とともに佐貫在陣を命じた書状は、永禄四年から六年頃までのものとみるべきだろう。[*13]

　この頃であろうが、北条氏康《うじやす》が佐貫在番衆の某氏宛てに、寄せ来たった里見軍[*14]に対し、「宿城」における奮闘と今後の備えを指示している。[*15]宿城がどこを指すかは不明ながら、佐貫城下が城郭構えになっていたことを知る貴重な史料といえよう。それを黒部谷ないし島屋敷とみるかだが、近世三ノ丸一帯の谷地の可能性も考えられる。

　上杉氏と北条氏の抗争は、境目にあった太田氏のみならず、里見氏をも巻き込んで、永禄七年正月の国府台合戦を惹起した。結果は北条氏の勝利に終わり、ついで勝浦正木氏の離反とそれに呼応した北条氏の上総侵攻（同年五月～八月か）など、悲報は続いたものの、佐貫はこの前後に里見氏が奪回したふしがある。同年八月に義氏が鎌倉へ移座したのは、その状況を受けてのものと思われるが、香取経営を精算した里見氏と小田喜正木氏にとっては余力が生じた一面もあろう。

＊12　渡辺文書

＊13　慶増文書

＊14　「向佐貫、敵動候」とある。

＊15　原文書

上杉謙信画像　『英雄三十六歌仙』　当社蔵

翌八年から九年には、北関東で上杉と北条が激しく争い、九年三月には下総臼井《うすい》城でも両者は相まみえた。しかし、同年四月から五月には北条氏へ帰属する者が続出し、*16 その余裕か、北条氏は八月には里見氏に矛先を転じた。これが有名な三船台《みふねだい》合戦だが、そもそも三船山が陣所になったという確実な資料はなく、単に北条氏政《うじまさ》の発した「上総行《てだて》之《の》砌《みぎり》」（上総への軍事行動のとき）の文言があるのみである。要するに、それは三船山のみならず対久留里など、西上総一帯で行われた作戦の一つであったのだろう。

三船山は御舟山ともいい、遠くからみると舟を逆さにした形状に由来するともいわれる高台で、佐貫攻略上、その前衛が陣を敷くには格好の地（佐貫方面を広く見渡せる）である。しかし、三船山と佐貫間は、隘路のような谷と険しい山脈が行く手を遮っており、陸路ならばむしろ、東側の郡地区から谷をさかのぼって小山野経由の二正面作戦が有効である。戦いの経緯そのものは不明で、軍記物*17でも記述は必ずしも一致しない。*18 ただ、三船山南麓先の「沼地」が戦場になった可能性はあり、それも詰まるところ、敵地での不案内によるものというべきだろう。

戦いそのものは八月の後半ながら、里見義堯父子の勝利の知らせと北条氏の戦後処理は九月に入って行われた。ここでようやく一段落したのであろう。両者の当主が対峙した戦いではあったが、十月初めには上杉輝虎《てるとら》（謙信）の出陣が伝えられるなど、のちの天正初期の会戦とは状況を異にする。その後は上野、ついで駿河の戦局推移にともない、里見氏は当座の危機を脱したばかりか、一時的に版図《はんと》を拡大した。内房沿岸部の経営も、この時点でようやく安定したものになったとみるべきで、佐貫城が名実ともに里見氏の本拠となったのも、この合戦以降である。

永禄末には、里見氏は久保田に築城、その年の内に国境にまで築城工事をもくろみ、千葉・原氏を圧迫するようになったが、その過程でも一貫して当主義弘は佐貫に在城した。永禄後半（十一

三船山と前面の沼田跡

*16 「会津四家合考」九

*17 「里見代々記」、「関八州古戦録」等。

*18 この点、大野太平『房総里見氏の研究』（宝文堂書店、一九三三年）参照のこと。

年）には、北条氏は甲斐武田氏との抗争に入り（三国同盟の消滅）、そのため同末には、長年争った上杉氏との講和（越相同盟《えっそうどうめい》）へと進展した。里見氏にとって心外な出来事ではあったが、講和時の案件という事情もあったためか、むしろこの期に乗じて勢力拡張に動いたのである。永禄十二年とされる千葉胤富書状には、「てき《（敵）》おゆみ《（小弓）》とりたて《（取立）》候」とある。[*19] ただ、それも元亀元年（一五七〇）には上杉氏の周旋もあって、いったん落着（相房一和《そうぼういちわ》）したかのようにみえる。[*20]

それも束の間、翌年十月に北条氏康が没すると、越相同盟は破綻し、今度は武田・北条の同盟（甲相同盟《こうそうどうめい》、元亀二年十二月）が成立した。同時に上杉氏との抗争も復活したが、もはや謙信には往時の勢いはなく（自身もこの頃中風を病んでいたらしい）、天正期に入ると、武蔵から下総にわたる一帯は北条氏の勢力下に入ることとなった。ある意味、上杉氏あっての里見氏であったが、上杉氏が「関東管領《かんとうかんれい》」の役目を果たせなくなった結果、つぎに来たるものは北条氏の圧迫ないし報復であった。

天正二年（一五七四）十一月に、抗戦を続けた簗田《やなだ》氏の関宿城が落ちると、翌年八月～九月にかけて北条氏がまず東上総に侵入し、九月末～十月には直接対陣に至っている。[*21] このときの「義弘・氏政御対陣」がどこであったかは知りえないが、おそらく小弓から椎津《しいづ》間ではなかったか。

なお、「放光寺縁起《ほうこうじえんぎ》」（旧地日月神社境内）には、元亀二年（一五七一）の宝殿落成にあたり、「大檀那左馬頭義弘四十二歳、奉行正木源七郎時盛」と記されていたという。おそらく、棟札の銘文であろうが、年代といい、人物といい（時盛《ときもり》はのちの百首城主）、真実を伝えている可能性があろう（『富津市史』史料集二）。そういえば、「西門院過去帳」は、天正十六年に亡くなった人物として「佐貫住正木平六郎」なる人物を載せている。時茂の弟の系統であろうか。当然といえばそれまでだが、正木一族も居住していたのである。

伝里見義堯陣所跡（泉汲寺裏丘陵）

伝正木氏陣所跡からみた三船山

天正四～五年には、北条氏が上総の東西に進軍し、そのつど向背を繰り返していた土気・東金《とうがね》の両酒井氏を屈服させた。さらに、最前線の椎津城・久保田城を落とし、ついに隣接する長南武田氏も北条方に付くと、里見氏はたまらず講和へ動いた。永禄七年以降、小田喜の正木家を継いでいた憲時《のりとき》が上杉方の上野厩橋《まやばし》の北条《きたじょう》氏に越山《えっさん》を懇願した書面には、噂だけでも小田原へ届いたならば、氏政が調儀《ちょうぎ》（軍事行動）を見合わせるだろう、とある。[*22] つまり、里見氏は追い詰められていたのである。内房沿岸でも水軍同士の海戦があり、蔵波・佐貫浦での戦いをはじめ、百首以南まで洋上でも広く戦場となった。[*23]

翌天正六年（一五七八）五月二十日、義弘が世を去った。のちに義堯と親交深かった日我が、宗門に送った書状には、「大酒故臓府《ぞうふ》やふれ候」とある。[*24] 晩年には、安房にいた嫡子義頼と不仲となり、自立の構えを示していた小田喜の憲時との関係も悪化していたようである。[*25] おそらく、里見家の内紛も、北条氏に付け入る隙を与えたのだろう。

また、義弘と足利晴氏の娘との間の子・梅王丸が父の死後、権力を行使するに至って、両者は敵味方に分かれ、ついに天正八年には、義頼の先制攻撃で西上総の諸城が陥落した。義頼が四月二十六日付けで常陸佐竹氏へ送った書状には、「上総国異儀なく静謐《せいひつ》せしめ、佐貫一城に討ちなり候」とあり、つづいて佐貫も落ちるのは時間の問題と述べている。[*26]

事実、まもなく佐貫城は陥落したようで、六月には義頼自身が城内に入っている。[*27] 戦後処理もあったのだろう。その後、義頼は安房へ戻り、佐貫城には義弘時代からの老臣加藤信景が城代としておさまった。義弘在城時は里見氏の本城であった佐貫城は、ここにその地位を安房岡本城に譲り、以後は里見氏の一拠点となる。加藤氏は、外様とはいえ天正一乱時の功績ゆえか、義頼―義康代にわたって重臣として遇されたことは確かで、その系譜は、信景―弘景《ひろかげ》と継承された。[*28] 佐

＊19　豊前氏古文書抄
＊20　上杉家文書
＊21　高橋文書
＊22　上杉家文書
＊23　「越前史料」所収山本文書ほか。
＊24　椙山文書
＊25　上杉家文書
＊26　戸村文書
＊27　稲子正治家文書
＊28　西門院文書・神野寺棟札銘

貫城北の天祐寺の中興開基とされる藤原信景とは、この人物のことであろう。

下って天正十八年の段階では、秀吉方によって里見領国内の主要城郭の一つとして把握されている反面、[*29]同種の史料では小田喜の下、長南城との間に「さぬきの城」が入っており、これもある意味、その独自性と地理的な判断に拠ったものかと思われる。と同時に、加藤氏が実質的に「佐貫領」の支配を任せられていた実態の反映であったのかもしれない。[*30]

その結果ゆえだろうか、安房一国となった里見氏の領国に加藤氏が入る余地はなかったようで、先に仕官していた上総出身の勝長門守《すぐろながとのかみ》が西門院を介して信景の扱いをお願いしたものの、[*31]うまくいかなかったらしい。そもそも、加藤氏（信景―弘景）は天正十年以降、高野山西門院の里見氏側の窓口となった人物だが、それも秀吉と高野山信仰との縁に期待したものであった。[*32]それが結局不調に終わったことも、同氏にとって不利な事態になったのだろう。

新井白石《あらいはくせき》の「折たく柴の記」には、「戸部《とべ》の家に、加藤といひし人あり。我はたちばかりの時、六十にはあまりもやせむと見えし人也。その祖父は、安房の里見の侍大将にて、上総の国佐貫といふ所の城を守りしといふ。加藤伊賀守といひしといふ」と記している。戸部とは、久留里の酒井家のことで、白石が二十歳頃といえば延宝期半ばである。伊賀守とはまさしく弘景のことと思われるが、里見家でなく久留里土屋家へ仕官したのも、やむをえないというべきだろう。

なお、加藤氏の族的関係を物語る資料に、高野山西門院の「上総国諸侯大夫過去帳《かずさのくにしょこうだいぶかこちょう》」がある。これは近年、新編千葉県史に[*33]収載されたので全貌を知ることが可能となったが、それによれば、信景・弘景のほかに、越前守（弘秀《ひろひで》）・六郎左衛門・時景《ときかげ》、豊景《とよかげ》・頼景《よりかげ》・右馬之丞など、嫡系に準ずる人々の存在を確認できる。彼らや子孫の一部は、里見氏に従い安房へ行ったのだろうが（慶長期分限帳に左衛門ほか）、その消息は不明な部分が多い。

＊29 「関東八州諸城覚書」

＊30 葛田文書・滝川恒昭「里見氏の西上総支配と民衆」（『袖ヶ浦市史研究』第二号、一九九四年）ほか。

＊31 西門院文書

＊32 竹原健「房総里見氏と高野山西門院」『戦国期東国社会論』（吉川弘文館、一九九〇年）。

＊33 『千葉県の歴史』資料編中世5（千葉県、二〇〇五年）。

さて、以上が中世佐貫城をめぐる歴史であるが、当城は近世城郭でもあるので、その概要についてもふれておこう。天正十八年、内藤家長は天羽郡内二万石を与えられ、佐貫に入城した。もちろん、里見氏への配慮であることは言うまでもない。家長自身は慶長五年、関ヶ原前哨戦の伏見城の戦いで子の元長《もとなが》とともに討ち死にした。[*34] 跡は嫡男政長《まさなが》が嗣ぎ、元和八年に陸奥平《たいら》へ転封されるまで在城した。慶長十九年（一六一四）の里見氏改易時の受け取りに、大多喜の本多忠朝《ほんだただとも》と一緒に使者として赴いたのも、この政長である。正木氏・楠《くすのき》氏・周東《すとう》氏など、里見氏の旧臣で召し抱えられた者も多く、彼らは以後、内藤氏の家臣団の一翼を形成した。[*35] 内藤氏時代の佐貫城の実態は不明だが、基本的に里見氏（加藤氏時代）の遺産を継承したとみてよいのではないだろうか。

内藤氏の跡には、替わって桜井松平氏が一万五千石で入ったが、わずか十年で駿河田中へ移り、佐貫領は一時天領となった。同十六年に、今度は能見松平氏が天羽・望陀《もうだ》郡内ほか一万五千石で入城した。当主の勝隆は奏者番、寺社奉行などを歴任した後、加増されて大名格となり、寛文二年（一六六二）に養子の重治《しげはる》が跡を継いだ。しかし、貞享元年（一六八四）十一月、突如所領が没収された。『藩翰譜《はんかんふ》』には、「忠勝が罪こうむりし事、いかなるゆえともさだかならず、然《しか》れども先に奉行職にもかぞえられて、上の事も弁へながら、下ざまのものどもにみだりなる消息して、御けしきかうむりしと聞えし」とある。勝隆の墓は、花香谷勝隆寺（菩提寺）にある。

その結果、再び天領となるも、元禄三年（一六九〇）～七年の間、佐貫付近は一時的に柳沢吉《やなぎさわよし》保《やす》領となった。吉保が大名格となったのは、元禄元年に側用人《そばようにん》となって以降のことで、佐貫宿南西の光明寺堂宇修繕に際し、大檀那となっている。[*36]

宝永七年（一七一〇）、阿部正鎮《あべまさたね》が天羽・長柄両郡一万六千石に封じられたが、松平氏改易の

内藤家墓所　千葉県富津市・勝隆寺

*34 花香谷勝隆寺内に石塔、当時は善昌寺。

*35 内藤家文書。明治大学内藤家文書研究会編『譜代藩の研究』（八木書店、一九七二年）。

*36 『富津市史』史料集二。

際に「破却」[*37]され、また、三十年近くも廃城となっていたためか、届けを出して普請に取り掛かった。その控え[*38]によれば、本丸南矢来門・同空堀・二ノ丸南矢来門・追手南冠木門《かぶきもん》・三ノ丸坤《ひつじさる》方塀《べい》・三ノ丸内家作・侍屋敷家作を、いずれも元のように普請したいというものであった。この点、久留里城のような再築とは異なり、これまでの佐貫城をまた使えるようにしたいということである。そのため、阿部氏時代の佐貫城は、本丸・二ノ丸間の空堀と三ノ丸一帯を除いて、ほぼ現状が維持された（それも元のごとくという枠内）ということになろう。その意味では、現在の佐貫城跡は、それ以前の面影を残しているというべきである。

なお、三ノ丸塀と追手門、つまり大手門は一連の普請・作事であり、現在の大手櫓台はこのときにつくられた可能性が高い。阿部氏時代の侍屋敷は本丸から三ノ丸にわたる周辺の谷地一帯、さらに染川を越えた南西街道筋にも及んでいた。一方、既述した島屋敷など北側の旧宿は、耕地と化したようである。

下って、幕末には佐幕《さばく》か勤王《きんのう》かで藩論は二分し、一部藩士は富津陣屋の攻撃に加わったりした。だが、ほどなく官軍が城下に迫り、その指示に従い、明治二年には飯野《いいの》・小久保両藩とともに版籍奉還に応じ、同四年には藩主阿部氏も東京へ移住した。現在も、街道筋を中心に旧藩士の子孫が居住する。

*37 「黒坂家記」。
*38 前掲「上総国佐貫城地取立普請所々」。

佐貫城大手門跡（左側は石垣櫓台）

Column

佐貫城をめぐる攻防の舞台

岩富城と根木田入口山脇砦

佐貫城の周辺には、二つの城跡がある。一つは佐貫城北東の岩富《いわとみ》観音の丘陵（岩富城）で、もう一つは染川対岸の勝隆寺を廻る丘陵（根《ね》木《ぎ》田《た》入口《いりぐち》山脇《やまわき》砦《とりで》）である。

岩富山上は近世に入って真言寺院が建てられたが、十八世紀代には三十三ヶ所観音霊場の一つとして多くの参詣者を集めたという。その過程で当然、参道や伽藍の整備があったのだろう。城跡一帯は平成十五年～十七年にわたって発掘調査が行われ、ほぼその全域が調査対象となった（財）君津郡市文化財センター『岩富城跡確認調査報告書』・『岩富城跡発掘調査報告書』）。しかし、近世の改変は大きかったようで、中世、それも戦国期の遺物が出土しているのは、もっとも広い観音堂から北へ下がった狭い平場程度で、全体に建物跡などの遺構も見出していない。しかし、唯一確実なのが堀切である。

主尾根南北には、中央に障壁を設けた箱堀と斜面の竪堀がセットとなった堀切があり、この間二〇〇メートルが城域とみてよいだろう。主尾根から東に二条、西に三条の支尾根が派生し、東の一条を除いてすべて少し下ったあたりに堀切を入れ、一部は二重（本堂裏手）となる。東の一条も山頂から派生する急な支尾根に二段の平場を設けているので、その代わりを兼ねたと推測する。そうすると、東西は約一〇〇メートルほどの堀切間とみられる。この間が城内である以上、中心はやはり岩富観音境内地ということになろう。

堀切の規模や形状からして、十六世紀代の城郭であることは間違いない。また、陶磁器は瀬戸美濃藤沢編年の大窯1段階が多いものの、同2・3段階もそれについでみられるので、十六世紀代後半に改修されたとみたい。ということは、佐貫城と併存したということである。佐貫城の北東わずか一・五キロの、しかも小糸川方面から佐貫に至る主要道を押さえる岩富は防御上の要であり、その山上に取り立てられたのが、この岩富城であろう。

一方、根木田入口山脇砦は佐貫城の南約六〇〇メートルの丘陵一帯に占地し、北側山稜に立つと佐貫城が指呼の間にある。ここは、南方から延びた丘陵先端が二又に分かれたもので、その基部から先が城郭で、間の谷が勝隆寺寺域

岩富城堀切　画像提供：富津市教育委員会

内である。城跡の東半分は館山道の事業地に該当するので、（財）千葉県教育振興財団により平成十三年から十五年にかけて山稜部を、同十五年に北側中腹部の発掘調査が行われ、報告書は平成二十年に刊行されている（『東関東自動車道（木更津・富津線）埋蔵文化財調査報告書11―富津市高田遺跡・佐貫城跡・佐貫横穴群・根木田入口山脇砦跡―』）。

東側山稜部は、北側先端部と南側二又基部に城郭遺構が認められる。北側先端部は、標高七〇メートルの峰の背後を大堀切で切り、その北側、つまり佐貫城側の緩斜面を多少均し、尾根続きに門を設けたものである。峰は東になだらかに傾斜する自然面上に、銭貨をともなう土坑と深く掘り込んだピット群があり、前者は墓坑、後者は何らかの構造物（物見櫓か）だろう。

峰の北側約六メートル下には尾根幅約五×長さ約三〇メートルの平場（物見台下平場）があり、これは北物見台の裾を削って作り出したもので、荒さはあるが、城内ではもっとも削平度の高い箇所である。その西側寄りに掘立柱建物二棟、三本柱穴のピット群が四ないし六列ほどみつかっている。掘立柱建物は、長さの割に間の穴を欠くなどの特徴がある。その下は、自然の緩斜面に数か所の部分的な平場が設けられ、それぞれまばらに三本一組ほかのピット列（約十列）が散在する。平場をともなうピット列が柱の径・深さともに勝っているのは、その性格ともあわせて示唆的である。

主尾根続き北側には、約二〇メートルちょっと行ったところに四脚門があり、北側の境界をなすものと思われる。大堀切の東にはそれと連動するかたちで、石積みで擁護された二段の帯状の平場がある。また、北東山稜下にも堀な

根木田入口山脇砦平場　画像提供：千葉県教育委員会

根木田入口山脇砦東石積み　画像提供：千葉県教育委員会

いし堀切をともなうと思われる平場（事業範囲外）が認められる。南側の二又基部は地形なりではあるが、物見台ともいうべき峰の南北を多少削平して平場を設けている。西側約六メートル下には折をともなう堀（井戸もある）がみられるものの、これは未完成といってよいかもしれない。峰の南側には二条の堀切があり、規模的には北側大堀切とそれほどの遜色はない。物見台からは茶壺・茶入などが出土しており、「野点《のだて》」でも行われたのであろうか。

　以上が調査結果の概要だが、つぎに西側山稜部の遺構について述べる。明瞭な平場は北側先端の峰のみで、わずかな削平地の北と西を掘り切り、主尾根続きに小さな平場を設けている。しかし、西側の支尾根はすべて断ち切っており、これも谷間を大きく取り込む構図だろう。

　肝心の谷間は、大きく四段の段差があり、出口は数メートルの段差となって水田面に続いている。この出口部分は土塁がなく、谷間へ下る両脇の支尾根を切る堀切もない。谷間は事業地外であり、その性格を考えるべく、今後何らかの処置が必要だろう。

　さて、以上の様相は幅一〇〇から一五〇メートル、長さ五〇〇メートルに及ぶ谷間を、その両脇の丘陵ごと城郭化したものと要約できるが、臨時ないし一時的な城砦化の可能性が高い。とりわけ、北側山稜部はこの種の城郭の類例としては特異なもので、それが何に起因するのかが問題となる。

　北側山稜門跡にともなうかたちで出土した陶器二点は、藤沢瀬戸美濃編年大窯1段階に相当し、およそ一四八〇年から一五三〇年過ぎ頃までの年代幅が与えられている。決め手となる遺物は、この他には南物見台で出土した茶壺程度で、そもそも遺物自体がきわめて少ない。

　永正～天文期という幅で年代を考えると、真里谷武田信秋時代から里見義堯、北条氏時代も該当するかという頃である。そうすると、真里谷氏が佐貫城を逐われ、替わって里見氏が入城する段階、ないしは北条氏による佐貫城攻囲戦の天文十五年頃に築城の要因が求められるのではないか。

　とりわけ後者は、長期戦（九月以前～十月）に及んだこともあり、周辺に陣所を設けた可能性が高い。染川対岸の地であること、広大ではあるが臨時築城の様相を呈すること、北側山稜における対佐貫側のピット群の存在（幟旗の跡と推測するが）、そして以後、里見氏がこの砦跡を使わなかったということなどから、まさしくこの城こそ、北条軍の陣所ではなかったかと想定する。

三船山合戦

　西上総の覇権をめぐって里見・北条が激突した大きな戦いの一つに、永禄十年（一五六七）八月の三船山合戦がある。背景については、滝川恒昭氏の論考（「北条氏の房総侵攻と三船山合戦」『城郭と中世の東国』）によるとしても、実際の戦闘場所や経緯となると、『関八州古戦録』などの軍記物や系図類でうかがえるのみである。里見義堯が陣を張った虚空蔵山《こくうぞうさん》とは、標高一〇〇メートルの障子谷泉汲寺《しょうじやつせんきゅうじ》裏の小高い丘陵を指し、その名のとおり、山頂の虚空蔵堂（現在その名残のみ）に由来する。陣場にともなう遺構はこれといって確認できないが、丘陵そのものは要害地で、山頂にはまとまった平場もある。

　一方、正木氏が陣取った八幡山（別名旗本山砦跡）は相《あい》野谷《のやつ》八幡神社の丘陵とされ、別当寺である大正寺《だいしょうじ》はその南にある。また、太田氏らが討ち死にした八幡の森の北十里四方の深沼は、現在では耕地整理も終わって旧状さえうかがえないが、土地の人の話によれば、その北西前面がかつては泥田であったという。北条軍が惨敗を喫した理由が、現地の地理不案内だけに求められるかどうかはともかく、この戦いで里見氏が息を吹き返したのは事実である。

房総最大にして里見義堯の居城

18 久留里城《くるりじょう》

①君津市浦田・久留里
②勝氏―里見義堯―北条氏―山本越前守
③尾根上に遺された広大な城郭遺構と山麓の近世三ノ丸
④山上二ノ丸跡からの絶景・春のミツバツツジ・井戸水の湧く城下

【立地】曲流する小櫃《おびつ》川が山腹を廻る標高約一四〇メートルの山頂部（本丸・二ノ丸）を中心に、東西約一・二キロ×南北七〇〇メートルに及ぶ丘陵上に延々と曲輪・堀切を連ねている。里見氏飛躍の功労者・義堯が居城としたこともあってか、房総最大規模の城郭である。また、西側山麓には、近世の城郭遺構が東西約五〇〇メートルにわたって現存する。

二ノ丸からの眺望はすばらしく、眼下には近世の黒田氏時代の御殿・水堀跡をはじめ、向郷から愛宕山方面を一望できる。地質は上総層群柿ノ木台層の泥岩だが、山頂部は砂と泥岩互層の長南層が乗っており、山上のあちこちに湧水点があって、この点は城の取り立てに際し、影響を与えたであろう。

向郷からみた久留里城

【構造】縄張りについては、従来、本丸・二ノ丸とその周囲の見取図に終始していたが、筆者も加わった復元天守再建時の報

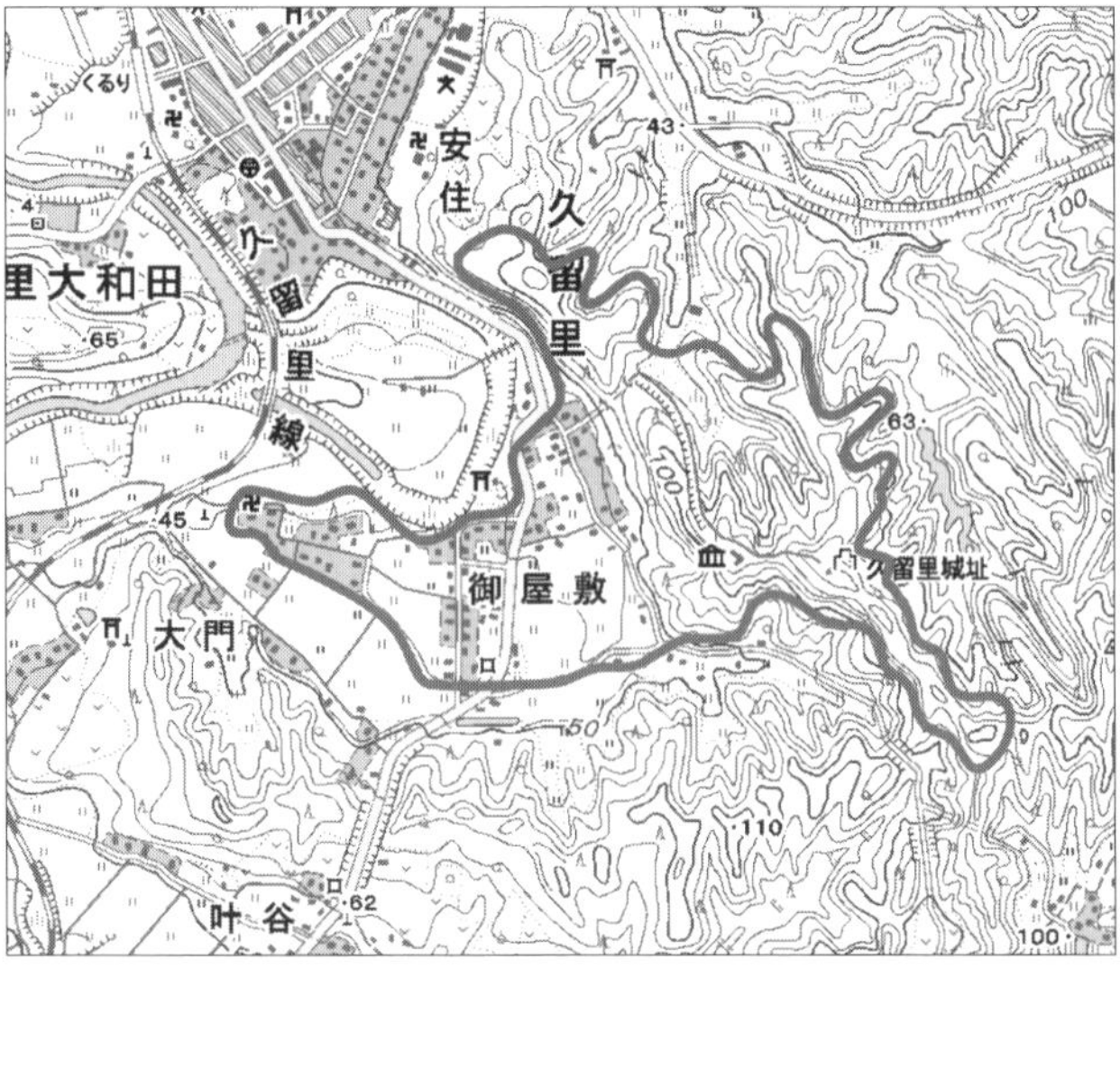

告書[*1]で初めて、実測図と踏査図が提示された。その後、千葉県教育委員会による分布調査の報告で、丘陵部の縄張りの概要が紹介されてはいたが[*2]、広くかつ詳細に捉え直したという点で、松本勝氏の報告は特筆される。[*3]筆者もその後、踏査図と所見を公表したので[*4]、それによって以下、概説したい。

まず、城跡が広範囲に及ぶこともあり、①近世本丸・②本丸北西の遺構群・③本丸背後の遺構群・④近世二ノ丸とその周囲・⑤神明社裏の平場群・⑥上の城と堀切群・⑦南西山麓・⑧その他に分けて説明するが、そのまとまりや性格も、各ブロックのなかでふれることにしたい。

また、山上の本丸・二ノ丸ほか近世絵図に見える曲輪名（弥陀《みだ》・波多野《はたの》・獅子《しし》・薬師《やくし》・久留里・鶴・天神）は、そのまま使用することとする。なお、最後にふれるが、天正十八年以降、久留里に入った諸大名は、まず大須賀《おおすが》氏、ついで土屋氏、その後、陣屋支配の酒井領時代を経て、寛保二年（一七四二）に黒田氏が再築し、幕末に及んでいる。

久留里城天守横発掘区域全景（中世ピット群）　画像提供：君津市立久留里城址資料館

本丸は標高一三五メートルの主峰にあたり、復元天守建設にともない、昭和五十二年に中央部約一四〇平方メートルが発掘調査され、近世の堆積層下に中世の遺構（掘立柱建物ほか）が確認された。遺物自体はわずかな陶磁器片にすぎないが、年代がある程度絞れるのは瀬戸・美濃大窯期、それも2段階のもので、里見氏が久留里に入城して以降の年代と矛盾しない。

また、その周囲は大切岸・大堀切で隔絶しており、ここが

*1　『上総久留里城』（君津市教育委員会、一九七九年）。

*2　中井正代「久留里城跡」『千葉県所在中近世城館跡詳細分布調査報告書Ⅱ—旧上総・安房国地域—』（千葉県教育委員会、一九九六年）。

*3　「佐貫城跡と久留里城跡」『第2回千葉城郭研究会セミナー「西上総の　戦国社会と城郭」』資料。

*4　『君津の城』。

本丸近世天守台と復元天守

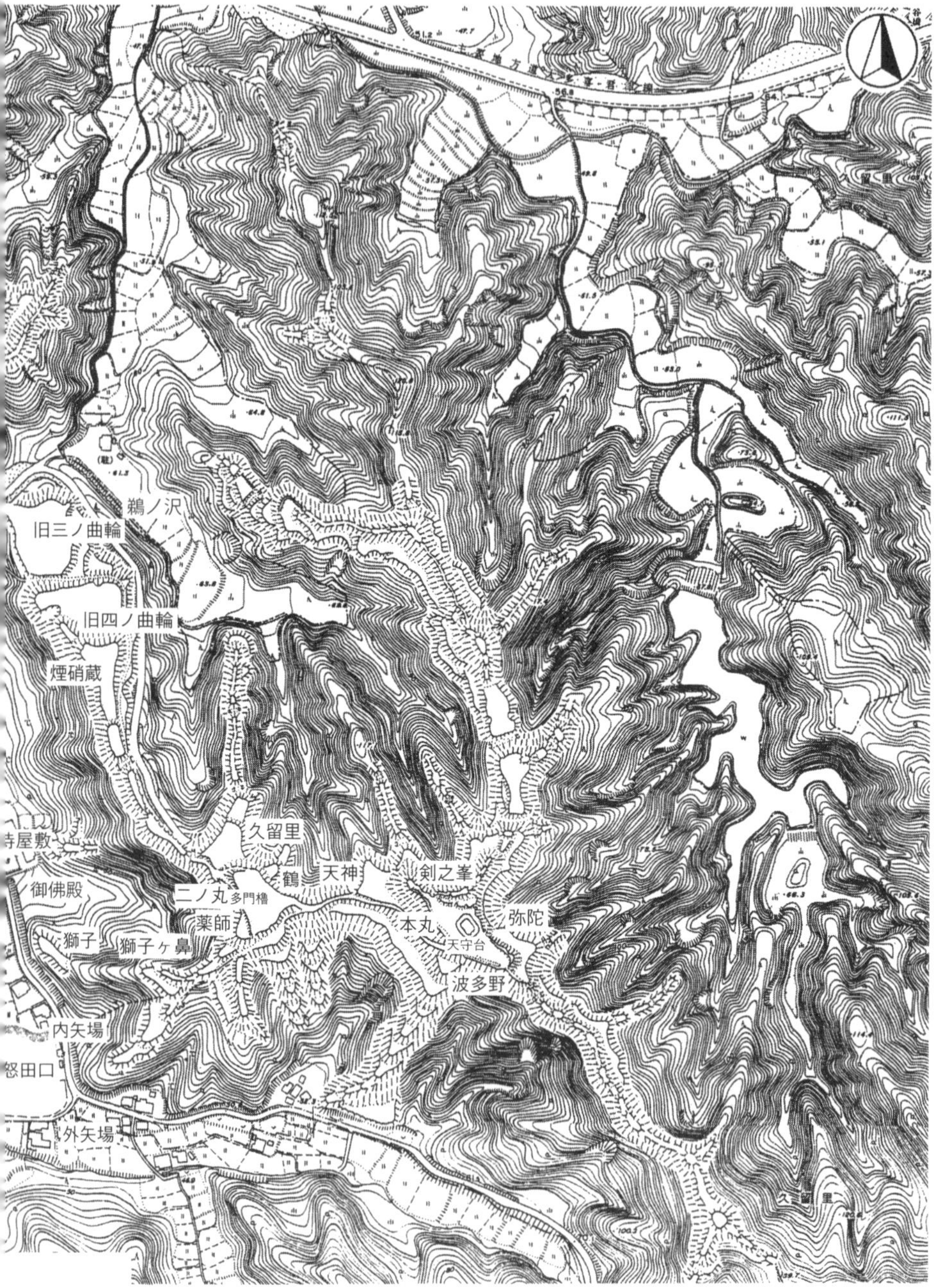
鵜ノ沢
旧三ノ曲輪
旧四ノ曲輪
煙硝蔵
久留里
屋敷
御佛殿
鶴
天神
剣之峯
二ノ丸
多門櫓
薬師
本丸
弥陀
天守台
獅子
獅子ヶ鼻
波多野
内矢場
怒田口
外矢場
久留里

中世に山上の詰めの曲輪として整備されたのは間違いない。本来、不定形の丘陵頂部を削平したこともあり、曲輪の形状も地形に沿ったものながら、おおよそ七〇×二五メートルほどの平場とその北側には櫓台状の高まりがあり、北東と南側にはそれぞれ一段低い曲輪（弥陀曲輪と波多野曲輪）が併設される。中世の遺構が平場下から同一レベルで検出されており、現況の大枠が、中

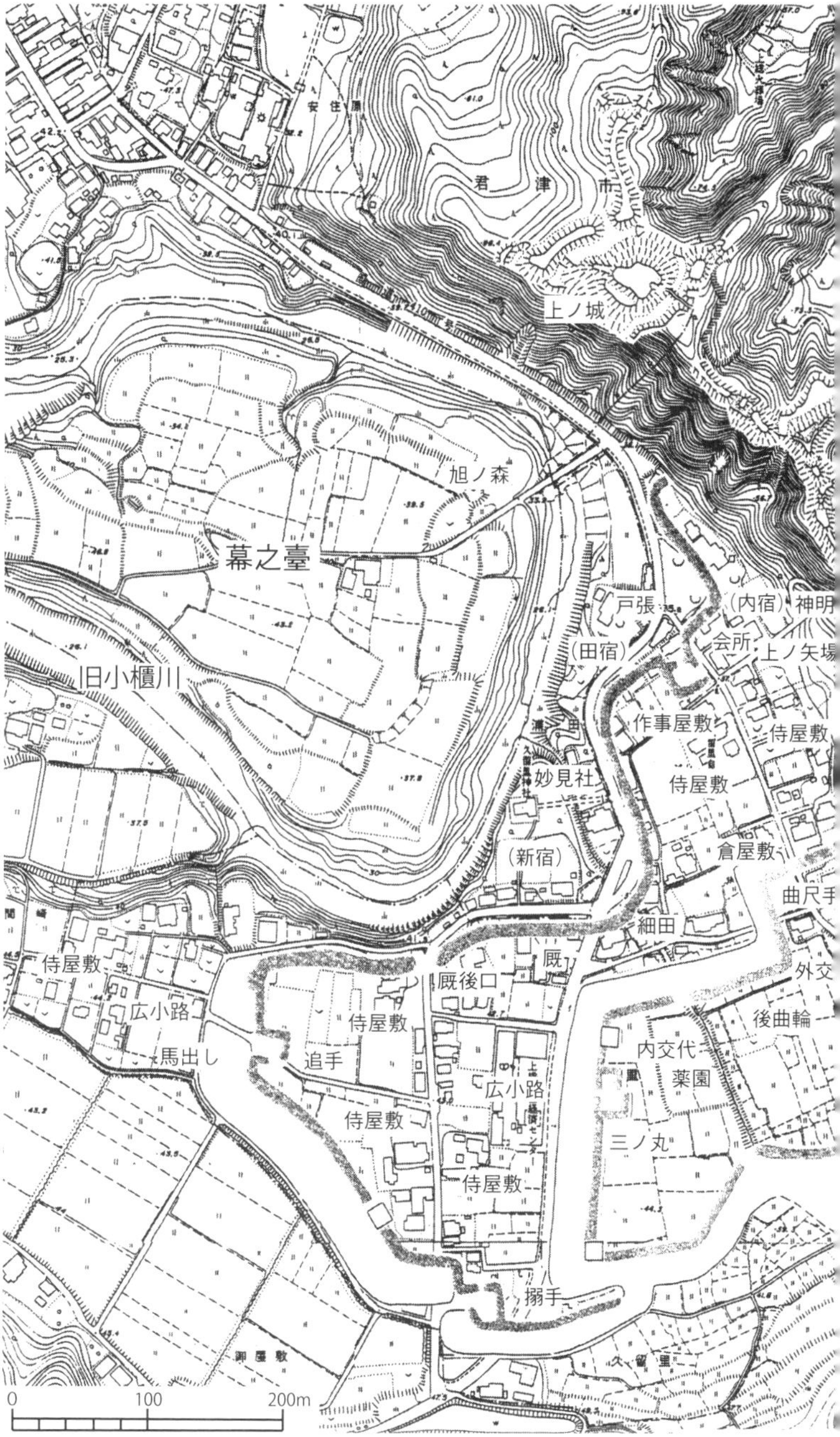

縄張り図　ゴシック地名・通称は（　）内が「久留里城地図」（酒井氏時代）、それ以外は「久留里藩制一班」（黒田氏時代）　作図：小高春雄

本丸北側の大堀切

世に改変された結果とみてよいのではなかろうか。

なお、検出された柱穴・ピットは、重複するものがほとんどないことや出土遺物も少ない点など、近世の改変を考慮しても、この本丸が常時活用されたとは考えにくい。この点は、二ノ丸も同様である。

本丸北側主尾根上には、末端（現・駐車場）まで城郭遺構が連続する。近世絵図には、ここが城域として描かれているものはなく、近世文書・記録でそのような認識もされていないので、全体が中世の遺構と考えてよいだろう。

まず、小規模な腰曲輪をおいて切岸と空堀で大きく切り離し（南側切岸下には泥岩積みの大井戸）、多分に自然地形を残した細長い曲輪（約一五×三〇メートル）を設け、先端は比高差一〇メートル近い切岸と深い空堀で遮断する。つづいて、稜線上でもっとも広い曲輪（約三〇×二五メートル）、さらに堀切こそないものの大きな峰（小規模な平場あり）となり、監視哨《かんししょう》を兼ねたひとまとまりの曲輪（両脇には切岸を兼ねた腰曲輪）と考えられる。以上、ここまでは支尾根もすべて大きく掘り切っているので、本丸と一体化した防御線とみてよい。

その先は、痩せ尾根が続くこともあろうが、北側には切岸処理にともなう小規模な腰曲輪が断続する一方、南側は多少幅広（数メートルから一〇メートル未満）で、地形なりの腰曲輪が連続する。そして、大きく下る前面で土塁囲みの曲輪（約二〇メートル四方）となる。下ったところにも、小規模な堀切と、さらに同程度の平場があり、先端の高台からは下に資料館の駐車場が見渡せる。

南西山麓から見た本丸・二ノ丸

本丸—二ノ丸間の切岸道

ここが、北側谷部から本丸稜線上へ至る末端の曲輪とみてよいだろう。

大堀切を隔てた本丸背後は、少し行った峰の先に大堀切を設けるほかは、痩せ尾根ということもあってか、途中までは北側に帯曲輪状の平場をともなう程度である（南側はまったくの懸崖）。帯曲輪の途切れるのと同時に、多少の平場を有する尾根面に合流し、怒田《ぬだ》と浦田方面へ分岐する峰の先をそれぞれ掘り切って東限とする。なお、峰の上は多少の平場（八×五メートルほど）が認められる。

本丸の南西下に二ノ丸がある。下り坂の道脇に男井戸・女井戸と称する溜池があり、これが中世にさかのぼるものか定かでないが、涸れることなく潤っている。二ノ丸への道は細い尾根道で結ばれ、両脇は切岸とした結果、南側では明らかな腰曲輪が真下に並列する。

二ノ丸には現在、君津市久留里城址資料館が建っているものの、旧地形を大きく損ねてはいない。ここでは本丸と同様、昭和五十二年に資料館建設に先立ち、約三五〇平方メートルほどの発掘調査が行われている。検出された遺構は、ほとんどが近世の黒田氏の再築にかかわるものながら、北側では近世の遺物を含まない（北宋銭のみ）地業層も確認された。おそらく、中世に現二ノ丸山頂部を平場化した際の所産であろうが、それにしても近世をさかのぼる遺物がほとんどみられないという点は確かである（かわらけは、その形態から中世末〜近世初頭の所産か）。

たしかに、近世中期の再築時と近代初頭の改変が行われたのは事実ながら、やはり少ないと言わざるをえない。その点、その北西下の曲輪（久留里曲輪）群は舗装道路で分断されているが、平滑化は明瞭である。むしろ、中世の「二ノ丸」は、この一連の曲輪群（北側の小規模な平場＝鶴曲輪も含め）全体に対して呼称すべきだろう。なお、派生する支尾根はすべて断ち切っている。

二ノ丸南側脇から南西に下る道は、近世三ノ丸へと連絡する主要路である。薬師曲輪から細

二ノ丸お玉ヶ池

二ノ丸南西尾根続きの広い曲輪群

長い獅子曲輪を通り、最後に獅子ヶ鼻の突端（平場があり、真下に御屋敷をのぞむ）手前を経て谷へ下り、三ノ丸御殿へ至る。ここも、中世段階ですでに使われていたらしいことは、小規模な階段状の削平地が支尾根に連続することでも理解されるが、同時に二ノ丸、さらに本丸への正面にあたるので、防御上とくに強化されたのだろう。

二ノ丸から北西主尾根上は、二か所の堀切と尾根上の平場を経て徐々に下り、階段状の広い二面の曲輪となる。いずれも地形なりに丘陵上面を均した結果、丘陵尾根面ではもっとも広い曲輪面を形成する。

とりわけ、神明神社上の平場はもっとも広く（およそ四〇×三〇メートル）、三ノ丸から二ノ丸に至るもう一つの登城路が、この曲輪へ取り付いている。とはいえ、どの曲輪も土塁はみられず、曲輪間にも空堀はない。近世酒井氏時代には畑地、その後の黒田氏時代には、上段に煙硝蔵《えんしょうぐら》が置かれたこともあったらしいが、これといって活用された様子もない。しかし、その先の安住《あんじゅう》方面には堀切・切岸が連続するので、中世の所産であることも間違いないと考える。性格としては、中世三ノ丸とみるのが至当ではなかろうか。

神明神社背後から北西尾根続きを登り切った先の大堀切を経たところに小さな峰があり、そこから鵜ノ沢方面へ延びた支尾根北側に切岸整形（一部は横堀）を施し、駐車場東側の遺構群と相対する。谷部を締め切るかのように対峙することから、谷部にも対応する、何らかの遺構（たとえば柵と門など）が存在したのかもしれない。あえていえば、久留里城本体の西限は、ここといっ

真勝寺裏出郭（対岸から）

＊5　『君津郡誌』

ても差し支えない。つぎに、出張りともいうべき遺構についてふれておく。

この峰から北へ、二重の堀切を経た先がいわゆる上ノ城である。ここは、北西隅が突き出たような多角形の曲輪（およそ三〇×二〇数メートルほど）であり、前面（安住側）には下幅一〇メートルに及ぶ大堀と大土塁（馬踏約四メートル、右手に出入部あり）を並列させている。さらに、その先の左手にも大きな堀と土塁が現存し、二重になっていたようである。背後は大堀が遮断するも、曲輪から堀にかけては内側に凹み、土橋らしき高まりを経て連絡も容易であり、この曲輪の正面が安住方面にあったことを物語っている。

なお、この曲輪自体は市場町方面から真勝寺《しんしょうじ》裏山を経て、尾根伝いに城山へ至る格好の高所である。それゆえ、久留里城防衛上の砦とみておくべきで、位置・構造ともに、この種の遺構としては残りの良さも含め、特筆されるべきものといえる。

ところで、「上ノ城」については、久留里小裏山あたりまでをその範囲に含める考えがある。これは、「真勝の居址」[*5]とする伝承のためであろうが、明瞭な城郭遺構と思われるものはないに等しく、むしろ真勝寺と上ノ城が結びついたものかと思われる。

つぎに、浦田方面の山麓に移ろう。黒田氏が久留里に移封されたのは寛保二年（一七四二）のことで、それにともない三ノ丸・外曲輪の整備がなされた。これが、現在みられる久留里城南麓低地部の原型となるが、もちろん中世の姿ではない。ただし、次に述べるように、酒井氏時代のものと

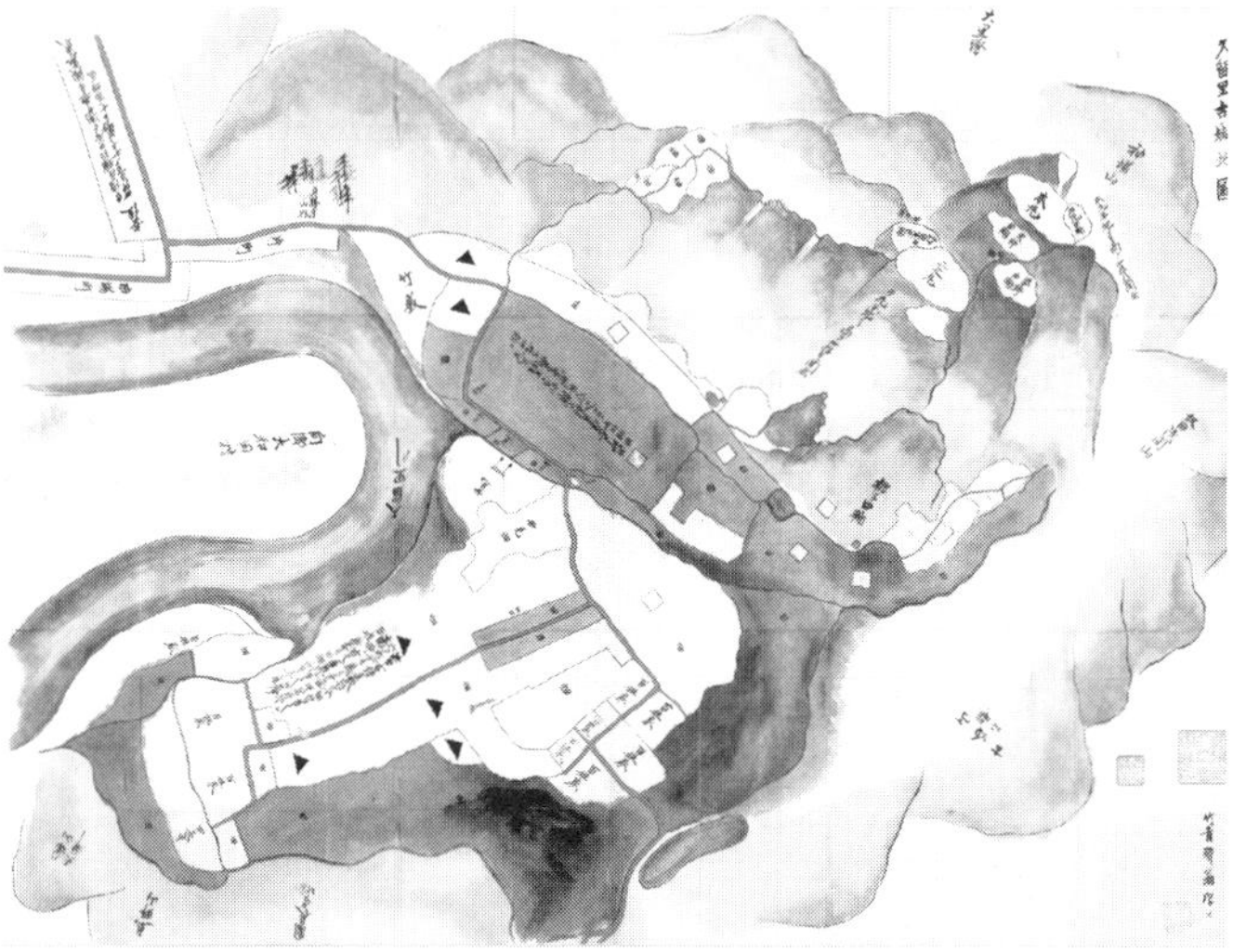

八代国治旧蔵史料「久留里古城地図」　國學院大學図書館蔵

推測される絵図で、[6]土屋氏時代の様子はだいたい把握できる。それによれば、獅子ヶ鼻下の現水田が古屋敷、つまり御館にあたり、西側に侍屋敷・新宿、北側に「内宿」・「田宿」などの記載が確認できる。

酒井氏の統治期間は、延宝八年（一六八〇）から寛保二年（一七四二）のことで、なおかつその間は安住に陣屋を置いていたので、絵図の内容は土屋氏時代（一六〇二〜一六七九）の山麓の様相を示したものとみてよい。つまり、怒田浅間西麓を源とする小河川が、城山山麓をめぐって戸張へ落ちる線から東側は中央小高い位置に御殿、その南に侍屋敷群、北に宿があり、その西側は侍屋敷・新宿があった。後者は下級家臣やその名のとおりの新宿で、新たに形成されたものであろうか。

とすると、大須賀氏時代もその枠を越えることはなく、里見氏時代に淵源がある可能性を指摘したい。前掲「久留里城地絵図」に、この御殿部（絵図では古屋敷）を「大手口ト申伝」と記されているのも、「総州久留里軍記」に見られる内宿・獅子坂の合戦と符合するものだろう。そこで、大手へのルートであるが、内宿から久留里市場へ通じる通称横手道もあったかもしれないが、中世の段階では妙見社先の窪地（戸張）から川を渡り、孫ノ台を経て大和田へ至る経路が、むしろ自然であったと思われる。

【歴史】築城は、「久留里記」の記載[7]はともかく、やはり戦国期以降のこととみなければならない。とはいえ、東氏は鎌倉期に周東郡内（中世では単純に周淮《すえ》東部ではなく小糸川右岸地域を指したようだが）に所領を有し、その一部は戦国期まで継承されたらしい。[8]また、山麓の久留里神社は別名細田妙見社ともいうので、城郭はともかく、久留里と東氏との関係までも否定するわけではないが、ここではとりあえず、従来から言われている勝《すぐろ》氏について検討することから始めたい。

御殿部現状

＊6　國學院大學図書館蔵「久留里古城絵図」・「久留里城地絵図」

＊7　「将門の三男東の少輔頼種」。

＊8　「川辺氏旧記」

＊9　『君津郡誌』下巻、大野太平『房総里見氏の研究』（宝文堂書店、一九三三年）ほか。

＊10　幕臣村上氏系図「寛政重修諸家譜」。

勝氏は武田氏一族で、和泉守武定《いずみのかみたけさだ》の代に久留里城主となり、真勝《さねかつ》へ継承されたという。[*9]しかし、すでに指摘されているように、系図類の記載はまちまちで、そもそも軍記物から採ったらしい内容でもあり、信憑性にはほど遠い。また、出自を信濃村上氏に求めている例もある。[*10]それはともかく、「真勝寺過去帳」によれば、真勝の没年は天文九年（一五四〇）で、しかもその室と思われる女性（同二十二年没）が真勝寺開基とされている。[*11]真勝は、軍記物では久留里城を里見氏（義尭）に明け渡し、小櫃の御沢谷《おざわだに》に移ったという。とすると、それは天文九年以前のこととなるが、この点、里見氏というより真里谷武田氏の動向とどう整理されようか。

その意味で、天文三年前後に顕在化し、同六年に一乱へと発展した真里谷武田家の内訌は、当然ながら、当地を巻き込まずにはおかなかったはずである。信隆派の敗北に終わった同年五月末から少し経った六月六日付けで、真里谷全方（心感斉《しんかんさい》）なる人物（反信隆派・足利義明の援助を仰ぐ）が、小弓公方側近の逸見氏に「久留里の様体、いかように落着申し候か」[*12]と書き送っていることでも明らかである。つまり、久留里では乱が一段落した後でも混乱は続き、しかも全方自身も関知しえない状況（久留里が信隆派であったためか）であったことになる。勝氏が、伝承のとおり久留里城主ならば、一乱後に没落したかもしれないが、事後処理がどうなったかはわからない。

では、里見氏が久留里にいつ入ったのか。従来の系図・系譜類の問題点をあげて、天文六・七年以降とした大野太平氏の指摘[*13]は間違いないが、近年いわれているように、天文十年代（一五四〇～）の中頃というのが無難なところだろう。

というのは、上総の武田領を接収するかたちで、東上総の勝浦・小田喜を天文十一年～同十三年頃にかけて重臣の正木氏が掌握したらしいこと、また、西上総の佐貫には、天文十五年に里見氏当主の義堯が在城していた事実[*14]による。とすれば、それは真勝の代ではなく、後継者かあるい

＊11　坂井昭『房総里見氏と久留里の時代』（房総歴史・文化カレッジ、二〇〇七年）。

＊12　「快元僧都記」

＊13　大野前掲書

久留里正源寺本堂　正源寺（当初時衆後浄土宗）は「天文十五年丙午里見義堯其母ノ為ニ菩提寺ト為シ其法号ヲ取リテ正源寺ト号シ僧行誉ヲ延テ中興開山トナシ今ニ宗ニ改メ…境内観音堂アリ伝ヘテ義堯ノ守護仏トナス…」というが（「上総町邨誌」）、その所伝はともかく、年代自体は注目されよう　千葉県君津市

は真里谷武田一族某の時代ということになろうか。いずれにせよ、真里谷と久留里との距離を考えると、真里谷城主武田信応の没落の過程と連動するものであったろう。

天文十四年から十五年には、里見氏は西上総で北条氏と鍔迫り合いを演じ、佐貫城も包囲される事態となった。武蔵方面の戦局推移により、一時的に難を逃れたものの、同二十一年には西上総の各地で国人・地侍を北条氏が扇動し、錯乱の状況に至った。

翌天文二十二年には、北条氏の本格的な侵攻が開始され、同二十四年には西上総の主要な城郭（佐貫・天神山・金谷など）を奪取したようである。*15 おそらく、この過程で里見氏は後退を余儀なくされ、義堯自身は本拠を東の畔蒜庄《あびるのしょう》久留里に移したようである。つまり、久留里は系譜や軍記物にあるように、もともと義堯（ないしは義実以降）の居城であったのではなく、やむなく避難した結果であった。

まもなく、久留里は北条氏の標的となった。永禄三年（一五六〇）四月、北条氏康は久留里城に対し向城を築き、五月には兵を入れた。*16 この向城*17については、岩室《いわむろ》城や川谷《かわやつ》砦など諸説あるが、久留里に対する新地というからには、やはり大和田から向郷一帯の地とみるべきだろう。「総州久留里軍記」では天文二十三年のこととして、「日の合、松葉、葛原」に陣を張った旨の記述があるが、それは現在の向郷一帯に該当する。ここからは、川越しに久留里城が一望でき、威圧するのに格好の地である。籠城戦は数か月にわたり、難儀に及んだが、*18 同年九月上旬には、関東諸将の要請で越後の長尾輝虎（謙信）が上野に侵入し、その知らせが届くや、北条氏は囲みを解いた。正木時茂の感謝の一報は、同年十月二日付けで出されている。*19

久留里籠城戦の帰趨は、里見氏にとって西上総における最後の拠点を失うことを意味したから、総力をもってあたったはずで、現在残る城郭遺構の大枠は、この前後に整備されたとみてよいの

---

*14　妙本寺文書

*15　黒田基樹「天文後期における北条氏の房総侵攻」（『市史研究横須賀』第三号、二〇〇四年）。

*16　白川文書

*17　*16で「久留里向新地」とみえる城のことである。

*18　妙本寺文書

*19　「歴代古案」三

*20　上杉家文書

*21　上杉家文書

ではないか。のちに述べるが、千本《せんぼん》城や大戸《おおと》城など、近接してこの谷には不釣り合いな大城郭が存在し、川沿いに安房との国境を越えると金山城へと連絡する。久留里籠城を背後から支えた条件についても検討が必要である。

危機を脱した里見氏は、早速、失地回復を図ったようで、永禄三年十二月に景虎（謙信）が武蔵太田氏に送った書状によれば、正木氏と下総の原氏が「取りあいの由」と報じている。[*20] 翌年三月には景虎の小田原攻めがあり（この時点で上杉政虎と改名）、以後もしばらく、北条氏は武蔵の状況悪化に対処していたので、上総の状況は大きく改善した。永禄五年初めには、義堯は上杉氏の求めに応じて下総臼井まで出陣し、さらに市川辺に陣取る予定を伝えている。[*21] 久留里から出陣したのだろう。

しかし、徐々に態勢を整えた北条氏は、北武蔵で攻勢に転じ、上杉氏の南下を食い止めるまでになった。輝虎（永禄五年に政虎から改名）から義弘・義堯に宛てた同六年十月の書状で、久留里籠城戦を引き合いに恩着せがましく参陣を要請しているのは、この間の事情を物語っているといってよい。

里見義弘の墓　千葉県君津市・瑞龍院

なお、義堯は永禄五年には家督を義弘に譲ったようで、自らは入道して正五と称した。この点、久留里の先、三田《さんだ》の谷奥には延命院《えんめいいん》（延命寺末）、瑞龍院《ずいりゅういん》（真如寺末）という義弘所縁の二寺が存在する。ともに元亀年間開基の伝承を有し、後者には義弘の墓石と称する石塔もある（ただし近世のもの）。以後の佐貫と義弘との関

延命院　千葉県君津市

里見氏墓所　千葉県南房総市・延命寺

係を考慮すると、いかに整理されようか。

永禄七年正月八日、下総国府台で里見・北条両軍は激突し、里見軍は小田喜城主正木信茂（平七）をはじめ、多数が討ち死にし敗退した。*22 追撃した北条軍は、上総の諸城を降《くだ》して、同年十月には久留里城をも攻略したようである。

常陸小田城主で、この年正月に上杉氏ほか同盟軍によって小田を逐われていた小田氏治《うじはる》は、十月七日付けで北条氏から「上総久留利在城」分を与えられたが、「惣城中おのおの申し合わせ、昼夜万端念を入れ、厳重に走り廻」り忠信に励めば、常陸への復帰も叶うとされた。*23 久留里城の北条方番衆（市原村上氏もその一員か）は、各自持ち場を決めて警戒にあたったことが察せられる。なお、氏治は同年十二月には小田城へ帰っているので、はたして実際にその任にあたったかはわからない。

北条氏の攻勢はこの後も続き、勝浦にいた正木時忠を調略で味方に誘って後方を攪乱させ、当主氏政自身も再度出陣（永禄八年二月）して、上総の東西から里見方を圧迫した。*24 それでも、大きく後退しなかったのは、上杉氏の脅威があったからで、長躯下総に入って臼井城を囲んだ戦い（九年三月）は、結果として同城を落とせなかったとはいえ、敵対する下総の千葉・原両氏にとっても大きな打撃となったことは間違いない。このとき、輝虎が課した軍役《ぐんやく》には、房州衆五百騎*25とあり、義弘が実際にそれだけ動員したかは不明だが、臼井城の攻囲に加わっている。*26

永禄九年から十年にかけて、里見氏は久留里城を奪回した可能性が高い。年未詳ながら十一月二十一日付けで北条氏の家臣遠山《とおやま》氏（康光《やすみつ》か）が、房州北郡にあって北条氏と通じていた真田石見守（忠次《ただつぐ》か）に宛てた書状の追って書きには、「房州衆久留里へ相集い候、これまた一昨退散の由申し候」*27とある。おそらく、この頃の状況を反映したものではないだろうか。

臼井城本丸の土塁跡　千葉県佐倉市

*22　長柄の「日輪寺過去帳」には「長南巻殿、正木平七殿討死者大小合百余人死ス」とある。

*23　「安得虎子」十

*24　河田文書・「正木武膳家譜所収文書」

*25　「謙信公御書七」

*26　賜蘆文庫文書

*27　妙本寺文書

同じく、佐貫もすでに里見氏が奪回していたようで、当主義弘が在城していたらしい。里見氏の勢力回復に対処するため、北条氏は同十年八月後半、西上総一帯に兵を進めた。主な攻撃対象はもちろん久留里と佐貫であったが、それは両城が相手方でも西上総の拠点と位置づけられていたからにほかならない。

戦いの主戦場は、佐貫城前面の三船山となったが、同時にこの八月中、久留里―真里間でも両者は対峙した。久留里の先約七キロの真里周辺は、九年六月には原氏が押さえており、[*28]境目で久留里勢を牽制した動きといえるかもしれない。三船山の戦いは里見方の勝利に終わり、九月初めには戦後処理も含め、一段落したらしい。その結果、里見氏の領域は佐貫―久留里ラインから北へ前進し、初めて西上総全域を勢力下に置いたようである。[*29]

翌十一年と推定される、簗田《やなだ》晴助《はるすけ》から里見氏へ宛てて関宿周辺の情勢を報じた書状には、「久留里江」とあるのみながら、お互いに隠居の身とある文面から、義堯へ宛てたものだとわかる。[*30]いつからかはわからないが、義堯が在城していたのである。なお、言い方は悪いが〝策士〟ともいうべき太田康資《やすすけ》が、この当時久留里にいたようである。[*31]康資は国府台合戦以降、里見氏を頼って房総に逃れているが、当初はともかく、それが久留里であったことは注目される。

これ以後、里見領国では佐貫と佐貫城が中心となり、久留里は単に一拠点と化したと思われる。永禄末から元亀年間にかけて、里見氏の版図は下総の一部に及ぶものとなったが、天正期を迎えるや、再度北条氏の反撃が開始される。義堯が没したのは天正二年（一五七四）六月一日のこと[*32]で、久留里城内とみてよいだろう。天正五年末、北条氏優勢で両者は講和するが、国分けの境界は、現袖ケ浦市南部から市原市中部辺りであったらしい。

久留里というより当地一帯が再び緊張するのは、義弘没（天正六年五月）後の混乱時である。

*28　「上総国古文書」

*29　滝川恒昭「北条氏の房総侵攻と三船山合戦」（千葉城郭研究会編『城郭と中世の東国』、高志書院、二〇〇五年）。

*30　簗田家文書

*31　「江戸通朝書状写」『勝浦市史』。

*32　「唯我尊霊百日記」妙本寺文書

円如寺　千葉県君津市

すなわち、安房にいた義弘の長子義頼と足利義明の娘との間に生まれた上総佐貫の梅王丸（派）との軋轢が、両者の戦闘へ発展した。義堯と親交のあった妙本寺住持日我の書状には、「当年辰年くるり（久留里）・さぬき（佐貫）・せんほん（千本）・ひゃくしゅ（百首）せめおとし」*33とみえる。義頼が天正八年四月二十四日付けで佐竹一門の北義斯《きたよしつな》に送った書状によれば、「上総国はすべて制圧し、残すは佐貫一城となり、それもまもなく掌握できるだろう」と述べている。*34

義頼は、久留里円如寺《えんにょじ》に四月五日付けで「当地本意」と前置きしたうえで、乱暴狼藉を禁じる判物を出しており*35、四月早々には義頼によって制圧されたのであろう。同時に、久留里・千本、つまりこの当時、小櫃川中～上流域に里見氏の二大拠点があったことがわかる。おそらく、義堯亡き後、当地にはその重臣クラスが在城していたのだろうが、降伏ないしは逐われたものと思われる。

翌九年、小田喜の正木憲時征伐に際して、西上総の百首や三直《みのう》城主（正木氏、忍足《おしだり》氏）のほかに、久留里からは「法木《ほうき》右京亮、波多野左京亮そのほか形のごときの者」たちが出陣している。城の南東に当たる怒田大日堂縁起（現金福寺）には、波多野氏が怒田の領主にして当山守護とある。*36また、法木氏は周淮郡法木作ないし法木を名字の地とする武士と思われるが、そうすると、小糸川流域の武士が、一時的に久留里に入っていたことになる。

その後、北条氏と友好関係にあった義頼の治世下、しばらくは戦乱から遠ざかっていたが、天正十七年末、関白豊臣秀吉によって小田原攻めの号令が下ると、翌年三月には秀吉自ら出陣し、小田原に在陣した。この頃の主要な関東諸城を記した「関東八州諸城覚書」*37には、「くるりの城　山本越前守」とあり、久留里は里見左馬頭義康領分となっている。

他の里見諸城が居城ないし抱《かかえ》と注記されているのに対し、単に山本越前守《やまもとえちぜんのかみ》とあるのみで、こ

羽柴秀吉画像　個人蔵

*33　妙本寺文書

*34　戸村文書

*35　円如寺文書

*36　「講座百回記念きみつの古文書」。

*37　毛利文書

*38　市村高男「豊臣政権と房総―里見分国上総没収をめぐって―」（『千葉県史研究』第二号、一九九四年）。

れは里見・正木一門以外のいわば外様《とざま》（山本氏は久留里北の湯名《ゆな》城主）としての扱いを指しているのだろう。おそらく、先にふれた天正の一乱時に義頼側に立ったか、あるいはいち早く従ったため、久留里城代になったのかもしれない。ともあれ、十八年七月には小田原城は開城し、北条氏は滅亡した。里見氏にとって、宿敵北条氏の壊滅は朗報のはずだが、事態はそのようには進まなかった。

もはや時代は関東の枠を越えて動いており、里見氏もそのことを承知して、秀吉にもいち早く服属の構えをみせていたのだが、小田原参陣までの逸脱した軍事行動を指摘されて、上総は没収された。*38 豊臣軍の房総分遣隊（浅野長吉《あさのながよし》・木村一《きむらはじめ》、本多忠勝《ほんだただかつ》）は、七月中に真里谷妙泉寺・秋元（鹿野山）神野寺《じんやじ》一帯に進軍しており、上総一円の里見領は接収された。土豪クラスはともかく、上総諸城の里見家臣、とりわけ上総譜代と呼ばれる者たちは、微禄を覚悟で安房へ移るか、大須賀氏・内藤氏など、新たに上総へ移ってきた徳川家臣ないしは他家へ仕官する道を迫られた。その狼狽振りはあえて記すまでもないが、それは久留里の山本氏ほか、在城衆にとっても同様であったろう。

以上で、中世久留里城の説明を終えるが、近世城郭としての歴史もあるので、以下、近世久留里城についても簡単にふれておきたい。

天正十八年八月、遠州横須賀《よこすか》城主大須賀忠政《ただまさ》は徳川氏の関東入国にともない、上総久留里に移封された（三万石）。忠政は榊原康政《さかきばらやすまさ》の長子ながら、盟友ともいうべき大須賀康高《やすたか》に子がいなかったのと、縁者ゆえに入嗣したのである。康高は、遠州高天神《たかてんじん》城攻略で活躍するなど武勇の士で、そのため里見氏への押さえとして久留里に配置されたともいえよう。しかし、大須賀氏は慶長五年（一六〇〇）の関ヶ原の戦いの後、旧地の横須賀へ移ってしまうので、治世はわずか十年にす

二ノ丸から三ノ丸御殿・向郷を見る

久留里三ノ丸近世櫓台跡

ぎない。本丸、二ノ丸の発掘調査でも近世初頭の遺物はまったく出土しておらず、山上を活用することはほとんどなかったと思われる。

ところで、かつて妙長寺先の川縁にあった撰要寺《せんようじ》は、厳父のため一院を建立したとされる。*39 しかし、故地横須賀には大須賀家の菩提寺である浄土宗撰要寺があり、康高―忠政二代の石塔が現存する。移転というより、久留里における菩提寺として建てられたのかもしれない。

慶長七年七月、甲州武田遺臣の子で、徳川秀忠《ひでただ》に仕えた土屋忠直《ただなお》（秀忠より偏諱）が二万石で入封した。室は上総生実《おゆみ》藩主森川《もりかわ》氏の出で、ともに秀忠の近習出身ゆえであろうか。二代利直《としなお》のときに、新井白石（君美《きんみ》）の父・正済《まさなり》が土屋家に仕官し、白石自身は江戸藩邸で過ごすものの、十代後半になって初めて久留里へ赴いている。「折たく柴の記」には、当時の様子が垣間見える。*40

土屋氏は、三代頼直《よりなお》時代の延宝七年（一六七九）に、不行跡を問題にされて取りつぶされた。*41 利直―頼直のそれぞれの舎弟は、一方（数直《かずなお》）が家光《いえみつ》の近習から出発して土浦《つちうら》藩主や幕府老中となり、一方（直方《なおかた》＝忠胤《ただたね》）が相馬中村《そうまなかむら》藩を継ぎ、その治世にも手腕を発揮しているなど、本家の凋落が際だつ事態となった。直系（達直《たつなお》）は旗本《はたもと》として残り、久留里円覚寺《えんがくじ》には忠直夫妻・利直の大形石塔のほかに子孫の墓石群もある。寺との関係までは清算されなかったのであろう。土屋氏の旧領は、延宝八年（一六八〇）に酒井忠清《ただきよ》に与えられた。単なる加増地のため、当初久留里の安住、のちに小櫃川対岸の向郷に陣屋（向郷陣屋）を置いて、上総分領を支配した。

寛保二年（一七四二）、上野国沼田から黒田直純《なおずみ》が三万石で入封する。黒田氏は武蔵丹党中山《たんとうなかやま》氏の出で、直邦《なおくに》代に将軍綱吉《つなよし》の近習から出世し、大名となった。のちに、前沼田藩主本多正矩《まさのり》の二男を養子としたが、これが直純であり、久留里古城を修築して居城とした。*42 以下、直亨《なおゆき》―直英《なおひで》―直温《なおあつ》―直方《なおかた》―直侯《なおよし》―直静《なおちか》―直和《なおやす》と続き、直養《なおたか》代に明治維新を迎えている。

土屋氏五輪塔　千葉県君津市・円覚寺

*39 「大須賀根本記」

*40 「戸部の屋形はむかし里見の義堯入道の住みし久留里の城の下なる郭」とある。

*41 白石の「藩翰譜」によれば、「家を保つ器にあらざれば」という。

*42 「寛政重修諸家譜」

土屋氏改易後は六十数年間、前橋藩（酒井氏）領となり、陣屋は安住に置かれたため、城地は山林・田畑と化したようである。久留里に入った黒田直純は、古城を取り立て築城を始めた（同年八月二十一日鍬入れ）。ときの当主黒田直純に宛てた老中御奉書写によれば、「上総久留里城本丸・二ノ丸・三ノ丸ならびに外曲輪・土居・塀・柵、かつまた櫓五ヶ所、楼門四ヶ所、衡四ヶ所、同じく左右の塀四ヶ所、舛形四ヶ所、虎口四ヶ所、木戸門九ヶ所、新規に申し付くるの事、掘立を掘るの事、絵図書き付けの通り、その意を得、言上に及び候、願いの通りをもって、連々普請あるべく候」[43]とある。

二年後の延享二年には、酒井氏旧安住屋敷地の仮住まいから城内へ移転できるまでになったらしいが、その後も普請は続き、ようやく安永期の終わり頃に至って終息したようである。その大枠は、山上に本丸・二ノ丸を置き、南側山麓に三ノ丸と外曲輪を配置するもので、山上には土塀と櫓、山下は土塁上に土塀をめぐらし、要所に櫓（二重櫓五か所）を揚げ、枡形門（四か所）を配したものである。奉書にある楼門とは櫓門のことで、枡形が付属し（あわせて四か所）、衡門《こうもん》とは冠木門のことである。土屋氏時代と比べると、山上を曲輪取りしたのはともかく、土塁・堀をもって三ノ丸・外曲輪を新たに大きく区画した点に大きな画期が見出せる。

とはいえ、山上は山下から見える部分に土塀や櫓を設けたり、三ノ丸や外曲輪にしても堀や土塁の規模・隅櫓の構造など、概して貧弱で、要するに城郭としての体裁を整えたものということができる。ただそれは、黒田氏の格というより、近世中期という時代性によるとみたほうがよいだろう。なお、個々の門・口の名称は、安永三年の「久留里御城中并外通り道法物坪数」[44]を参照願いたい。

ここで、黒田氏時代の遺構について多少補足する。本丸天守（台）や二ノ丸多聞櫓については、

＊43　上総古文書の会発行「御明細録」。

＊44　「久留里藩制一班」（「久留里城三之丸御館之図」、「久留里城御佛殿之図」、「文久年間追手外之図」など所収）。

筆者も関わった発掘調査報告書[*45]や調査時を振り返った『久留里城址資料館年報26』[*46]があるが、前者は多分に不備や誤謬もある。現状では、資料館の活動で得られた資料をもとに作成された『久留里城ガイドブック』をあげておきたい。

幕末から明治にかけて生きた久留里藩士・森覚蔵《もりかくぞう》によって「久留里藩制一班」が残されたのは、今となっては貴重である。もちろん、それが必ずしも黒田氏治世約百二十五年間を意味するものでないことは、地震・火災などの災害にともなう改修・改築の記録が垣間見えることからも明らかである。この点、発掘調査がほとんどなされていない三ノ丸・外曲輪では、まったく検証の余地がない。

明治四年、「修補不行届」で久留里城は破却されることとなり、翌年二月、兵部省官吏《ひょうぶしょうかんり》による点検の後、櫓・御殿などが入札されて払い下げられた。その経緯は、のちに旧藩士森覚蔵によって記された「雨城の夢」が語るところである。当然、破却・解体時のゴミが発生するが、その処理にともなう無数の坑が、山上の発掘調査で検出されている。[*47]権力の象徴が取り壊される様を、人々はどういう思いで見つめたのであろうか。

廃城後の様子については、明治期に「内交代・外交代・太鼓櫓・曲尺手・御仏殿・中土手等ノ規画」の存在が記録されている。[*48]昭和五十二年の発掘調査時に広く内外を歩いたが、現在と比べて、いまだ旧状を保っていたのを記憶している。縁をめぐる堀も水田の区画と重なっていたし、外曲輪二重櫓の櫓台も残存し、使われた栗石《くりいし》が露出していた状態であった。現在は、国道沿いの変貌が著しいが、三ノ丸北側はいまだよく残っている。なお、周辺を含めた環境復元は、坂井昭氏が現地踏査と資料・金石をもとに詳細な考察を行っているので参照されたい。[*49]

＊45　『上総久留里城』。
＊46　君津市立郷土資料館、二〇〇五年。
＊47　前掲調査報告書。
＊48　「上総町邨誌」。
＊49　坂井前掲書。

Column

北条氏の〝久留里陣〟はどこか

永禄三年（一五六〇）、陸奥白川氏に宛てた五月九日付け北条氏康書状（白川文書）には、久留里攻めにあたって新地を取り立て、普請がことごとくできたので、近日中に兵を入れるとある。この新地については、上ノ城や川谷城などとする考えもあろうが、筆者は、それを地勢上からして、川向こうの向郷がもっとも妥当性があると考える。

この点、軍記物（『総州久留里軍記』・『久留里記』）には向郷の「ひのあい」・葛原・松原に陣小屋を立てたとあり、松原（現松葉）は現向郷集落東端、葛原（現久津原）は集落裏手の広い台地に該当する（「ひのあい」は不明）。『上総町郡誌』では、「幕ノ台」（現孫ノ台・小櫃川旧流路を隔て久留里城と対峙）および「乗押」（現乗押《のりおし》）をあげ、それぞれを陣所と狼煙台《のろしだい》に比定した。

ただし、向郷一帯を踏査した限りでは、「新地」に該当するような城郭普請の痕跡は確認できなかった。現状では、対岸に位置する幕ノ台が字名からしてふさわしいとみるが、発掘調査も含め検証が必要だろう。

なお、品川海晏寺《かいあんじ》所蔵の応永二十二年（一四一五）の雲《うん》板《ばん》銘には「葛原刀村般若寺」とあって（篠崎四郎『房総金石文の研究』）、かつて般若寺という寺が久津原にあったことを知ることができるが、それがなぜ品川へ動いたかについては、この時代の戦乱の所産ではないかという指摘がある（滝川恒昭「交流を仲介する海「江戸湾」と海晏寺の雲版」〈『品川歴史館紀要』第二四号、二〇〇九年〉）。

（永禄３年）５月９日付け北条氏康書状写　東京大学史料編纂所蔵影写本　白川文書

関東にその名を知られた正木大膳の居城

19 大多喜城《おおたきじょう》

①大多喜町大多喜、県立大多喜高校敷地ほか
②武田信清—朝信—正木時茂—信茂—憲時—二代時茂（城代正木石見守）
③二ノ丸、三ノ丸間の広い空堀と惣堀
④復元天守（県立博物館）から見る城下・春の桜といすみ鉄道

【立地】いすみ鉄道大多喜駅裏手の小高い丘陵上にあり、現在、本丸跡が県立中央博物館大多喜城分館、二ノ丸跡一帯が千葉県立大多喜高等学校の敷地となっており、堀を隔てた東側が三ノ丸である。さらに、その南側を夷隅《いすみ》川が大きく蛇行して流れ、間の平地を街道が縦貫し、それに沿って城下の街並みが形成された。本丸背後は険しい丘陵地が続き、唯一陸続きの北側は、小河川ながら河谷をなす田丁《たまち》川が、天然の堀川を形成する。

【構造】研究史をふりかえると、大多喜城跡が武田—正木氏の居城として一貫していたのは間違いない。*1 しかし、戦後になって、中世大多喜城は北側の泉水岡部台《せんずいおかべだい》だとする説が出され、*2 それに対して反論もあった。まずは、その点から検証する必要があろう。

渡辺包夫氏が根拠としたのは、①周辺に城郭・城下町関連の地名が残っていること（城前・内堀・鍛冶町・番匠町・

大多喜城の復元天守

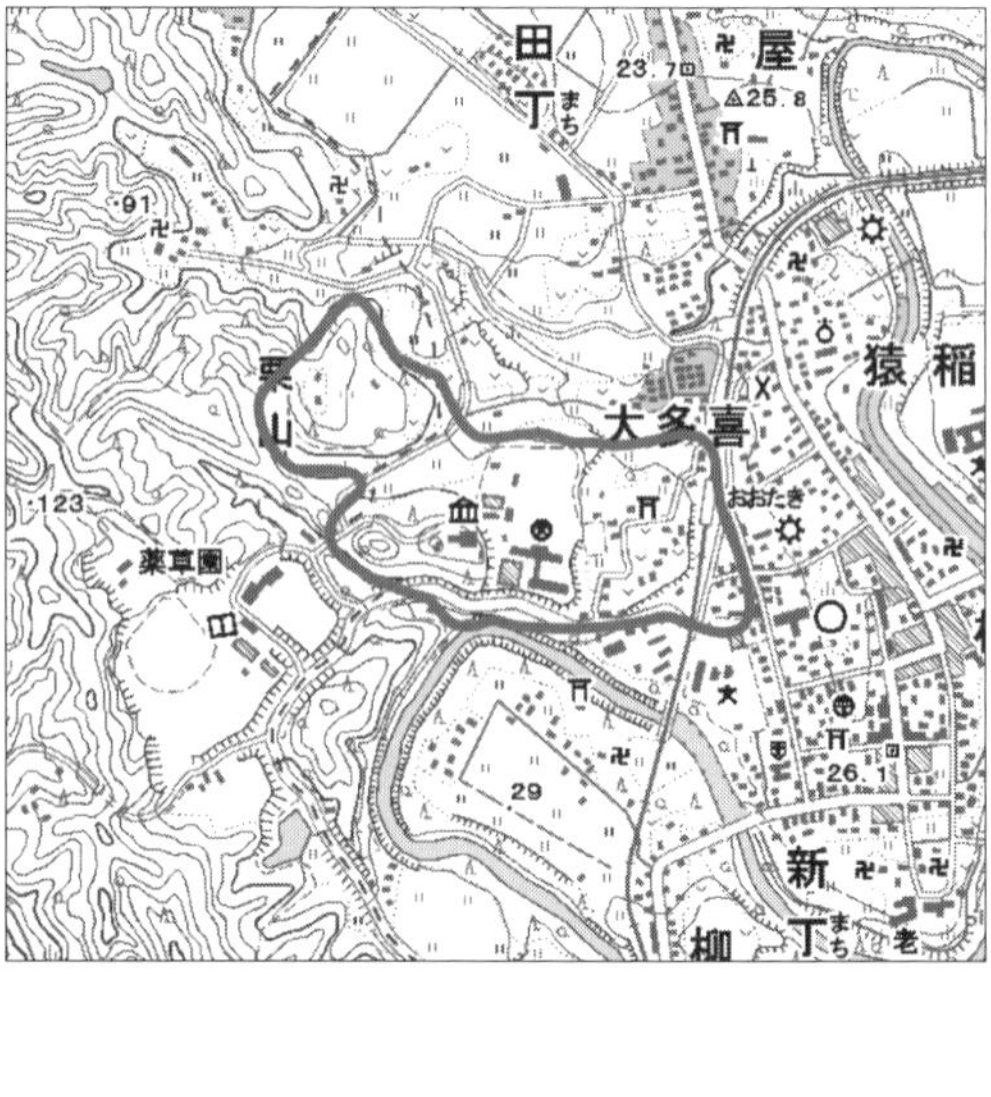

＊1　『房総志料』、『夷隅郡誌』など。
＊2　渡辺包夫「上総大多喜根古屋城」『日本城郭史論叢』（雄山閣出版、一九六九年）。

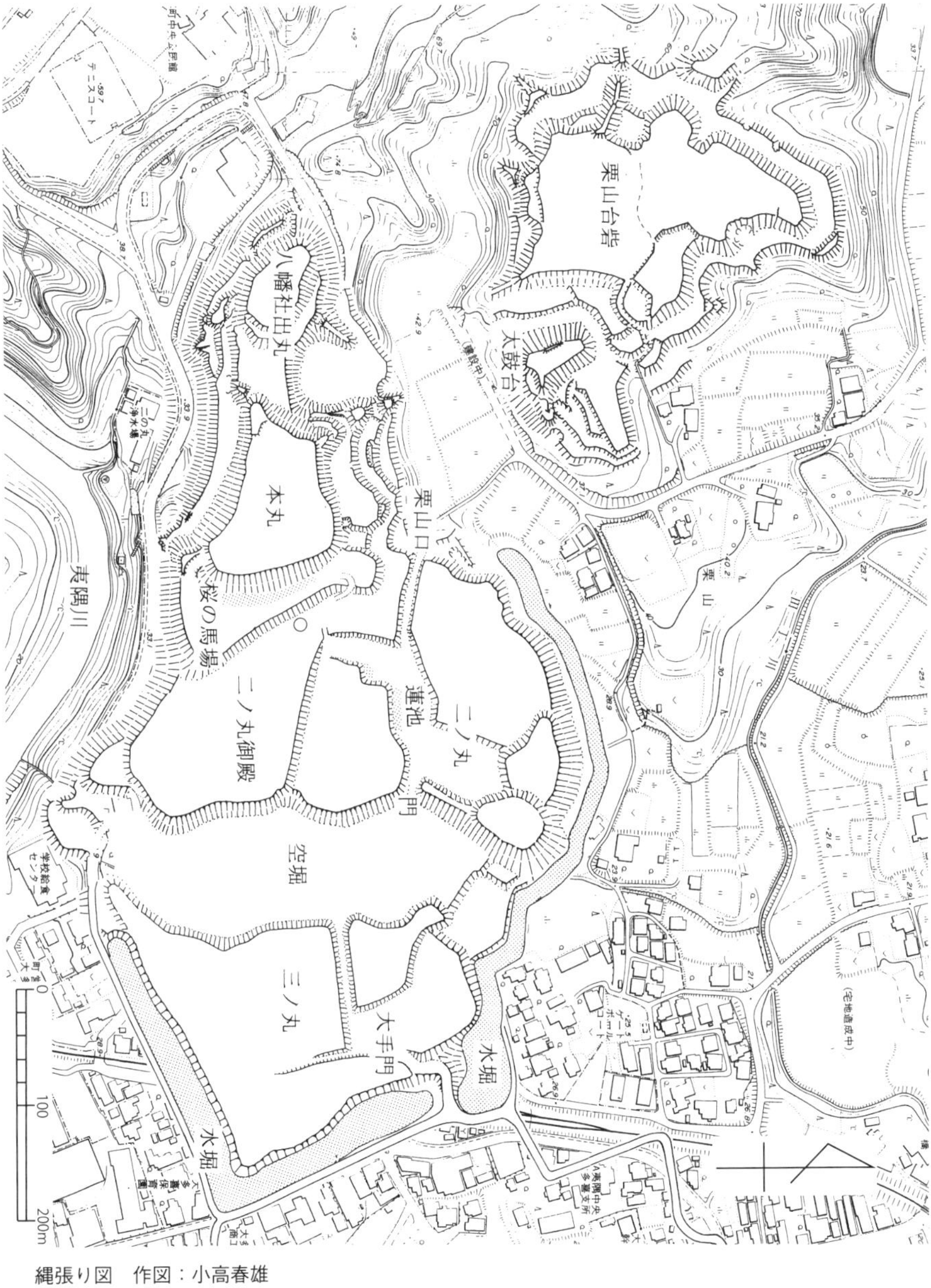
栗山台砦
八幡社出丸
太鼓台
本丸
栗山口
桜の馬場
二ノ丸御殿
蓮池
二ノ丸
門
空堀
三ノ丸
大手門
水堀
水堀
夷隅川
栗山
テニスコート
学校給食センター
0
100
200m

縄張り図　作図：小高春雄

横町・下町・下屋敷等)、②周囲を堀が廻っていること、③武田氏や正木氏所縁の東長寺《とうちょうじ》、さらには中世の泉水寺比定地が北側至近の地にある、といった三点である。城前は「じょうぜん」、内堀は「うちぼり」と読み、中世城郭に付随する字名としては少ないが、可能性としてはある。鍛冶町以下は、近世大多喜城下の一部に相当する。堀は、西側谷から夷隅川に注ぐ小河川を指すが、耕地整理前の空中写真をみても人為的な堀とみなすことはできない。この点は、昭和六十年に行われた発掘調査成果も参照いただきたい。*3 最後の点は間違いではないが、同時に西側の大多喜城との関連も指摘しえるのである。

そうすると、少なくとも渡辺氏があげた根拠は、あくまで一つの可能性を示したものといわざるをえない。中世末まで使用された城郭、しかも上総東部の実質的な盟主であった正木宗家の居城であれば、岡部台は大きな堀でいくつかに分断されていたはずで、周囲の堀も曲輪を廻る規矩形の配置を呈していただろう。

また、名称に関していえば、たしかに軍記物には「根古屋城」=大多喜城とみえるが、根古屋という地名自体、猿稲《さるいね》以南の大字であって、鍛冶町以北(岡保台《おかぼだい》)とは連動しないのである。むしろ、渡辺氏の提案は中世泉水寺との関連で追及すべきではなかったか。とはいえ、この点は丘陵上が削平・団地化された今、検証のしようがない。

中世大多喜城の様相は、本多氏が在城の間にどの程度手を加えられたかが問題である。そのためには、本多氏時代の大多喜城の構造を知る必要があるが、いくつかの手掛かりがある。一つは、有名なロドリゴの「日本見聞録《にほんけんぶんろく》」の記載で、もう一つは元禄十六年以降の城主松平(大河内《おおこうち》)家に伝わった「上総国《かずさのくに》伊灊《いすみ》大多喜《おおたき》城《じょう》地絵図《ちえず》」である。

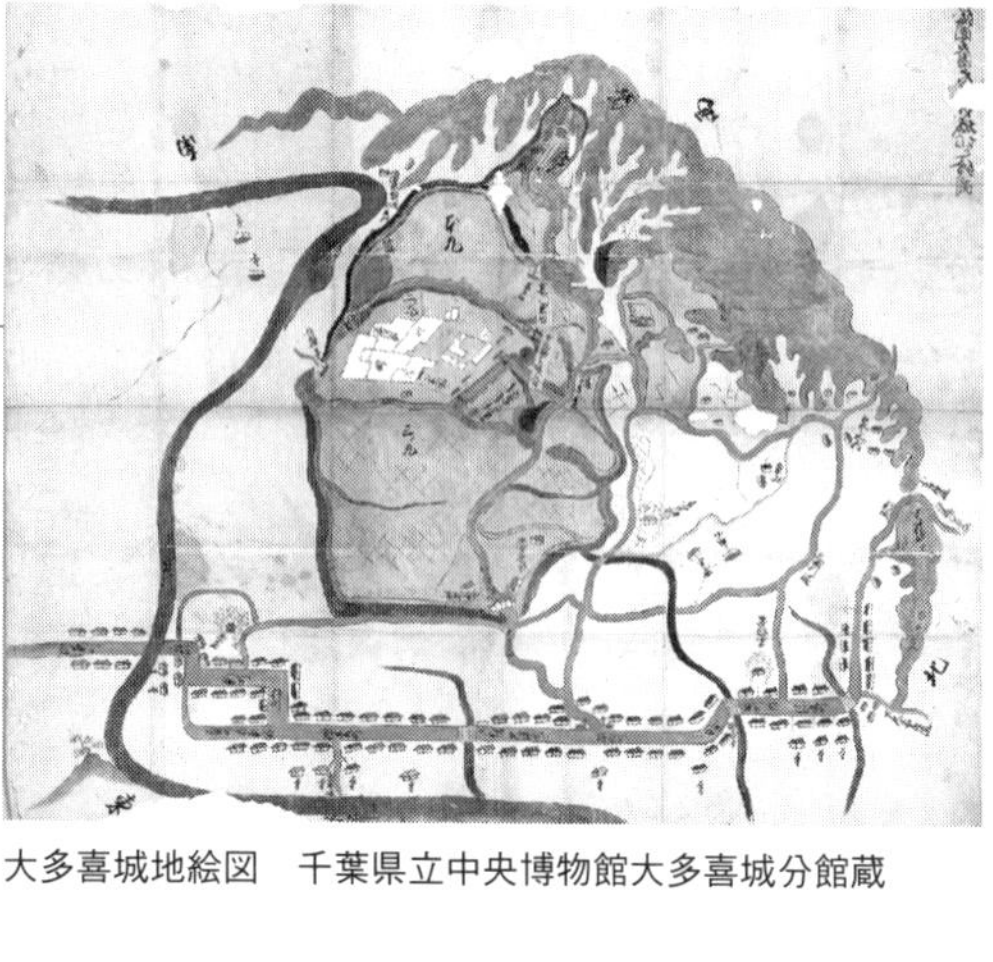
大多喜城地絵図　千葉県立中央博物館大多喜城分館蔵

＊3　大多喜町根古屋城址調査会『根古屋城跡』。

ロドリゴが夷隅郡岩和田《いわわだ》近辺で難破したのは、慶長十四年（一六〇九）旧暦の九月三十日（三日あるいは五日とも）で、その年の内に江戸へ上る途中で大多喜城を訪れている。以下、村上直次郎氏の訳から構造を探ってみよう。＊4

最初の「第一門」、「一つの濠」の場所は、普通に考えれば現大多喜駅裏手の大手門のあたりと捉えられよう。しかし、その後の「深さ身長五十を越え釣橋ありて（中略）。予は更に進みて（後略）」という表現からすると、旧外《と》廻橋《めぐりばし》の右岸、つまり、現大多喜中学校の校門前に木戸があり、ロドリゴが宿をとった場所はその手前にあったかと考えられる（船子の寺院か）。そして、濠に面した六バラ余（約五メートル）の城壁と鉄張りの城門（大手門）の前に到着する。天然ないしわずかに人工とは言いえて妙だが、これは泥岩の丘陵端を削って城壁とし、前面に堀を設けたためであろう。

土塁と土塀の存在は、文脈からは確認できない。大手を過ぎ、約百歩で「前よりも少しく小なる城壁の大なる切石を以て造りたるもの」に至る。二ノ丸御門で、大手門ほどの大きさや装飾もないものの、両脇に泥岩の切石を積み、あたかも埋門《うずみもん》風になっていたのではないだろうか。「第一門及び第二門の間」、つまり、現三ノ丸は菜園・庭園、二ノ丸間との窪地には水田があったというが、それも事実なのだろう。

第二門に入って「四五十歩」進んだところで、本多忠朝のいる御殿入口（第一の入口）に至ったという。そこが、現大多喜高校のある一画であることはまず間違いないが、第一とことわっているのは、第二の入口（御殿車寄か）があるためで、各部屋の豊かな装飾など、近世初期の御殿建築の特色と考えられる。

一方、松平家所蔵の大多喜城地絵図は、元禄十六年（一七〇三）の松平氏入城にともなって作

＊4　村上直次郎訳『ドン・ロドリゴ日本見聞録』。

本丸南西部切岸と平場

成されたと思われる。この図の大きな特徴は、飛躍や省略がみられず、城郭というより「城地」そのものが写実的に描かれている点である。結論からいうと、各曲輪・堀の形状、門の位置や道の様子など、のちの松平氏時代と基本的な枠組みは変わるところがない。強いていえば、南東の堀が夷隅川手前まではっきりと色分けされていることなど、水堀の遺存状況が明瞭なことである。すなわち、本多氏時代の大多喜城（間に阿部氏ほかが入るが、それについては後述）は、基本的に松平氏へ受け継がれたということである。

それでは、本多氏は正木氏の城を継承したのであろうか。これについては、拠るべき資料がなく、現況観察と本丸内の発掘調査結果[*5]を総合的に分析するしかない。

まずは現況観察だが、城跡は近代に旧制大多喜中学校建設とその後の拡張・改築、そして昭和十年の大多喜駅開設工事にともない、大きく旧状を損ねている。しかし、戦前の地形測量図（約一：二五〇〇）と幕末～明治期の見取図二点が残されており、比較観察が可能である。北側二ノ丸～三ノ丸崖下を廻る水堀は、現在、埋没しているとはいえ、区画は明瞭で、大手下で大きくふくらんでいるのは、大手口の防御と、もともとそこが根古屋へ続く平地であったためである。ただ、本丸下まで続かず二ノ丸下で終わっており、本丸防衛上、問題となる。

本丸背後の尾根続きには、空堀状の平場（これも曲輪の一つ）を隔てて八幡社出丸が続き、外縁は大規模な横堀が廻る。また、本丸北側中段から派生する支尾根には、小規模な堀切が随所に

＊5　奥田直栄・吉井宏『上総国大多喜城本丸址発掘調査について』（千葉県教育委員会、一九七四年）。

みられる。しかも、谷を隔てた北西の丘陵には、栗山の中世城郭がある。この城は、構造面で顕著な特徴がある。すなわち、丘陵上面はそれほど手を加えず、周囲を深い空堀ないし切岸整形し、その一部（太鼓台）は切り離して櫓台状とするなど、明らかに戦国最末期に位置づけられるものである。

平成二十二年、栗山台の城郭遺構の測量と確認調査が行われ、太鼓台と堀向かいの一画から、屋敷地らしき痕跡が確認された。[*6] 遺構そのものは明瞭ではないが、出土したカワラケや銭（五点すべてが永楽銭《えいらくせん》）の様相からして、戦国最末期とみてよいものであった。つまり、時期的に並行関係にあるわけで、むしろ、右に述べた弱点を改善するために設けた一支塞ではなかったかと考えられる。

逆にいえば、それゆえに近世の絵図では、本丸周囲と栗山の遺構はあまり省みられなかったのだろう。ただ一つ、例外的に城地絵図が本丸背後の堀らしき遺構と太鼓台（「太鼓櫓郭」）を載せているのは、中世の遺構が何らかのかたちで、松平氏入城前まで受け継がれていたことを物語っているのかもしれない。

さらに、二ノ丸と三ノ丸間の空堀ないし窪地の評価だが、少なくとも城地絵図では、そこを空堀とみて描いている様子はない。事実、松平氏の大多喜城受け取りの記録（後述）によれば、すでにこの部分は耕地となっていたのである。問題の核心は人工の空堀であるのか、あるいは単なる窪地で曲輪の一つであったとみるかだが、結論からいうと前者だろう。というのは、幅六〇×長さ二〇〇メートル、比高三〜四メートルに及ぶ南北の窪地は、両端が土橋状になっていることなど、少なくとも当初は、意図的な空堀であったらしいからである。

昭和四十八年に、博物館建設にともない行われた本丸跡の発掘調査は、東側の一部とはいえ、

＊6 『根古屋城跡—大多喜城跡栗山台地区—確認調査報告書』（大多喜町教育委員会、二〇一一年）。

二ノ丸と三ノ丸を分ける堀

旧状や年代・性格について、ある程度の見通しをつけてくれた。すなわち、旧状は西側から東側（現大多喜高校側に）へと緩斜面をなしており、東端に遺構が集中していたこと、検出された遺構は大小の溝とピット列などであったが、その後の改変もあったことなどがわかった（南東の落ち込みは、近代以降の本丸へ至る旧道跡）。遺物で特筆すべき点は、かわらけの出土が目立ったことと、陶磁器の年代が十六世紀後半～近世初めにほぼ限定できることである。正木氏時代に、そこが地形的に制約されたかたちであれ、主郭ないし詰めの郭として活用され、それが本多氏に受け継がれたとみてよいのではなかろうか。

以上の点から、中世の大多喜城の姿について、筆者は次のように考えている。すなわち、本丸の周囲は切岸状に大きく削り落とし、背後の出丸との間は広い堀切で画す。一方、前面は桜馬場との間に空堀を設け、二ノ丸下には自然の谷を利用して南北に分断する幅六〇メートルの広い空堀とし、その両端に土橋を設けた。二ノ丸・三ノ丸の周囲は、崖面を切岸状に整形して懸崖としたが、裾に水堀をめぐらせたかは定かでない。あるいは、防御上問題のある、北側のみ手を入れたのかもしれない。それは、西側、南側が直線で幅・形態共に規格的であるのに比べ、北側はその逆で、これを時期差とみることもできるからである。なお、この堀の形状などは、寛政十年（一七九八）に描かれた八幡神社旧蔵「大多喜城御城山大絵図」が詳細で、検討資料となる。

このほか、おそらく城地絵図をさかのぼるものとして、浅野文庫蔵「上総大多喜城図」がある。本丸背後の池や北側のいくつかの曲輪の存在など、古い形状を示す内容ながら、軍学特有の表記ゆえか、参考程度に留めざるをえない。また、幕末期の様相がうかがえる絵図では、明治十年の八幡神社旧蔵「実測大多喜城絵図」が信頼できる。

最後に、中世の大多喜城下について述べる。正木氏時代には、すでに城内のみならず、隣接す

出丸肩部を廻る空堀

出丸南西側切岸と平場

る城下にも家臣団の屋敷が広がっていたはずで、城下町も形成されていた可能性がある。幸い、近世城下の復元については、すでに綿密な考証がある。[*7]問題は、それが正木氏までさかのぼるかだが、防御構造という観点で注目されるのは、城の大手口を区切るように流れる田丁川と、その接点に位置する街道の鍵形の屈曲である。ここは、昭和五年の地形図（一：二五〇〇）によれば、内枡形状に窪んでおり、そこに対応するかたちで道が直角に折れているのがわかる。周囲は小高く、かつては大手口の木戸をなしていたと考えられ、起源が中世にさかのぼる可能性を指摘したい。

また、大多喜城下を考える場合に重要な点は、久保町から西に大きく湾入する谷の存在である。ここはかつてのメアンダーの跡で、現在も大多喜駅の下にはっきりと崖線を確認できる。久保町の由来は窪に起因するが、本来、そこは居住に不向きな地で、計画的な街作りの産物と考えられる。すなわち、根古屋を南北に縦貫し、柳原に至る街道を整備し、そこを町場としたわけで、戦国最末期というより、本多氏の所産の可能性が高い。そうすると、南側の現桜台〜新町は三方を絶壁の川に囲まれ、唯一開口する北側も、城と窪地に挟まれた隘路が開くのみの要害地であり、根小屋地として屋敷・畑の混在する空間が展開していたのではないか。主に安房出身の根本被官と上総譜代で構成された正木氏の家臣団がいたのは、まさしくこの一画ではなかったか。

【歴史】大多喜は中世には小田喜・小滝（おだき・おたき）と呼ばれ、室町期に当地を支配した二《に》階堂《かいどう》氏が「二階堂小滝」[*8]としてみえるのは、その一例である。しかし、十四世紀から十五世紀代という年代を加味すると、たとえ二階堂氏一族が小滝に根付いたとしても、現在の大多喜城のような要害地に館を構えていたとも思われない。可能性があるとすれば、殿台の字名が近くにのこる東長寺境内か、それこそ渡辺氏のいう「根古屋城」（岡部台）だろう。

それでは、現大多喜城に最初に拠ったのは誰かといえば、武田氏をおいては考えられない。上

＊7　「大多喜城下町の復元的研究—街道等地形復元を中心に—」（『日本工業大学研究報告』第五巻、一九七五年）。

＊8　「御内書案」ほか。

東長寺　千葉県大多喜町

総武田氏は長南と真里谷の二系統があり、大多喜がどちらの系統に属するかは不明だが、東長寺所蔵の「武田系図」[*9]に従えば、系譜は真里谷系の信清—直信—朝信ということになる。

　従来、この系図もさほど注目されず、疑問視されたこともあったが[*10]、信清自身は実在の人物で、永正期末には式部丞と称している[*11]。また、東長寺古位牌（雲珠形）には「東長寺殿圓邦恕鑑大禅定門」とあって、これは真如寺古記録「真里谷殿位牌継図」と一致する[*12]。東長寺の寺伝では、永正十一年（一五一四）に根古屋城主武田信清を大檀越《だいだんおつ》として建立したとする[*13]。そうだとすれば、真里谷・大多喜両城を抱えていたのだろうか。

　大多喜城東方の舟子八幡神社の社伝には、大永七年（一五二七）に武田信清が太刀一振を納めたとあり[*14]、これを信じれば一定期間その関係は続いたことになる。あるいは、黒田基樹氏が指摘したように[*15]、後継者の信応は、「信清の出家が確認される大永五年には、すでに家督を譲与されていたとも考えられる」とすれば、大多喜城は父である信清の隠居城であったとみることもできよう。

　直信は位牌や系図に見られず、不明としかいいえない。信清の子の一人であったのだろうか[*16]。それに比べて、次の朝信は多少の関係資料がある。「ささこおちのさうし」には、「おたき」の「とものぶ」とみられ、真里谷武田一族の一方の旗頭として登場する。そして、一族の争いに際しては北条氏康に援軍を要請し、里見義堯とは敵対関係にあったことが知られる。

　笹子・中尾両城を舞台とした争いは、天文十二年（一五四三）とその前後の頃だが、武田氏の内訌そのものは、天文三年の信清没後に始まっており、それが家督継承に関わるもの（信応vs信隆）であったことも間違いないだろう。また、この内乱は峯上・百首と大多喜の両真里谷系一族を巻き込み、それに里見氏と北条氏が介入したことから、まさに「上総錯乱」[*17]に至ったのである。

*9　「上総国大多喜根古屋城主武田殿系図」
*10　『大多喜町史』（大多喜町、一九九一年）。
*11　市原市長楽寺十一面観音坐像墨書銘『市原市内仏像彫刻所在調査報告書—南部編—』（市原市教育委員会社会教育部文化課、一九九三年）。
*12　一部保信と混同。また、東長寺系図では仮名は八郎太郎、没年月日は天文三年初秋朔日とする。
*13　『夷隅郡誌』（夷隅郡役所、一九二三年）。
*14　「大多喜町誌」。
*15　「上総武田氏の基礎的研究」（『袖ヶ浦市史研究』第六号、一九九八年）。
*16　東長寺系図では「東畔蒜庄真里谷居住」とある。
*17　「快元僧都記」

　では、小田喜の朝信はどういう立場にあったのだろうか。すでに指摘されているが、「正木家譜」に「杖珠院古文書ニヨレバ、朝信ハ義豊ノ母方ノ続キ也」とあって、里見義堯と争った義豊とは縁続きであったという（義豊の母は武田氏出身か）。義堯・義豊の対立、つまり里見家の天文の内乱は、同四年に義堯が勝利して決着したが、この戦いで恕鑑（信清）は嫡流の義豊側にあった。それも、上総・安房の「両国主」の縁を予測させるが、それゆえ、遅からず朝信と義堯とは対立する運命にあったといえるかもしれない。

　前掲家譜によれば、朝信の勢力範囲は小田喜をはじめ、天津《あまつ》・興津《おきつ》・吉宇《よしう》・勝浦に及んでいる。これは、のちに侵略の先兵となった正木氏の勢力範囲とほぼ重なり、裏返せば、正木氏は武田朝信及びその一類の旧領に入ったということになる。もちろん、後世に子孫が作成した家譜という限界はあるが、おおむね妥当なところだろう。

　では、正木氏の小田喜入城はいつか。軍記物などでは天文十一年（一五四二）または十三年とし、具体的に「川原」（現いすみ市刈谷原か）で朝信が敗死したとするが、*18 無論、確証はない。ただ、天文十一年末に正木時忠が勝浦に賦課した年貢の割付状が残っていること、また、天文二十三年に東長寺の龍州朔和尚に法衣を寄進しているので、いずれにせよ、この間であることは間違いない。おそらく天文十二年以降、ほどない頃を想定できよう。

　というのも、丸山町石堂寺《いしどうじ》の多宝塔露盤銘文《たほうとうろばんめいぶん》（天文十四年十一月）交名《きょうみょう》中には、なぜか丸郷以外の大多

正木大膳亮寄進法衣　千葉県大多喜町・東長寺蔵

*18 「里見代々記」

喜城下の東長寺・泉水寺、いすみ市の行元寺《ぎょうげんじ》の住持の名がみられるが、それも正木氏との縁によるとみられる節があることによる。なお、多宝塔宝珠から九輪部には、その後、新たに天文十七年の銘文が発見されたが、[19]これは内容からして別個のものと考える。

　ところで、時茂は大多喜に入ったものの、彼自身はまったくのよそ者で、その一代の間は安房、とりわけ東部との結びつきも強かったらしい。それゆえに吉田氏・真田氏・上野氏ら、安房の国人を小田喜領の経営に登用したのだろう。これに、小弓公方の旧臣である佐野・逸見氏、さらに、おそらく真里谷系武田氏の一族など在地の旧族を加え、いわゆる小田喜衆が形成されたとみる。

　時茂の没後から憲時が家督を継承するまでの経緯は、必ずしも明確ではなかったが、近年、滝川恒昭氏の一連の研究でほぼ明らかになった。すなわち、時茂の没年は永禄四年（一五六一）四月と思われること、その跡を継いだのは信茂であること、信茂は永禄七年の国府台合戦で戦死したため、時茂の子憲時が当主に就いたことなどである。[20]信茂自身は憲時の兄ともいわれてきたが、滝川氏があげた資料（幕臣正木氏家譜）からすると、時茂の弟ということになり、これも注目される点といえよう。

　信茂―憲時時代は、多事多難であった。時茂は、俗に〝槍大膳〟として関東に知られた武将で、真里谷武田氏の衰退に乗じて東上総を奪取し、余勢を駆って下総へ進出した、いわば飛躍期に正木家当主の座にあった人である。ところが、晩年には西上総から安房の北部にわたって北条氏のてこ入れによる国人・土豪層の反乱があり、かつ、里見義堯のいた久留里城まで包囲される事態となった。それでも、上杉謙信（この当時は景虎）の関東出陣・小田原包囲（永禄三年）などで開運の兆しがみえたそのときに、信茂が跡を継いだのである。

　信茂については、平七と称していること（時茂・憲時ともに弥九郎）、系図に名がみえないこと

＊19　本吉正宏「新発見の銘文―石堂寺多宝塔相輪―」（『千葉県の歴史』四二・四三号、一九九二年）。

＊20　「正木時茂に関する一考察」（『勝浦市史研究』第二号、一九九六年）ほか。

から、傍系という考えもあろう。しかし、永禄五年（一五六二）の正木信茂書状によれば、時茂の弟・時忠（勝浦正木家当主）に格上で接しているので、時忠の兄の一人（庶兄か）で、それゆえ大多喜を継いだのかもしれない。

内容も興味深く、時忠に対し、房王丸《ふさおうまる》（憲時）の一件、小見川《おみがわ》獲得をめぐる事後処理の件、下総平定後の論功行賞《ろんこうこうしょう》などについて列挙している。「房王丸進退」という一文が何を意味するか不明だが（憲時の小田喜相続か。その一件が一族間の懸案事項となっていた節があるが）、のちの部分は結局、下総進攻の挫折もあって反古《ほご》になっている。こんなところも、信茂没後の反乱につながっていったのかもしれない。信茂が明確に大多喜城主として家臣に指示した文書は一点で、[*21] 吉田氏に対し、真田氏の在城（大多喜か）手当てとして三十貫文を渡すことを命じている。「従お多喜」、つまり小田喜より出した手紙と表に記したものである。

永禄七年正月八日、国府台合戦で信茂は討ち死にし、[*22] 兄の平六は捕らえられた。[*23] 下総での戦闘とは異なり、北条氏との直接対決であるから、里見氏の受けた痛手は大きかったであろう（もちろん北条氏も）。「本土寺過去帳」では、「上下諸人千余人」とあるが、これは敵味方含めての話とみてよい。近いところでは、「長柄日輪寺《にちりんじ》過去帳」に「大小含百余人」とみえ、むしろこちらがほんとうかもしれない。後者には、「永禄七甲子年正月　長南巻殿　正木平七殿」とある。上総を代表する諸将が揃って討ち死にないし捕らわれたのだから、受けた打撃は大きかったのである。

すなわち、一時的ではあったが上総、とりわけ内房地域奥深くに北条氏の侵入を許す結果となり、さらに勝浦正木氏（左近大夫時忠）の離反が重なり、窮地に陥ったのである。若い憲時が小田喜を継いだのは、まさにその渦中であった。そして、里見義弘が亡くなった後の天正七年頃には、「小田喜」の印文《いんぶん》のある印判《いんぱん》を使用するようになる。里見氏に従いながらも、上総・安房の

＊21　真田文書

＊22　「本土寺過去帳」八日条。

＊23　「北条氏政感状写」・根本文書

太平洋岸に領国を形成した正木宗家としての格を示すものだろう。

憲時が相続して最初に直面したのは、勝浦正木氏の反乱である。すなわち、永禄六年頃から北条氏の誘いもあって、時忠・時通父子は北条軍と連携して同族大炊介の拠る上総一宮を攻略し、土岐領の浦々を侵した。しかし、永禄十年の三船山合戦（君津市三船台）の勝利を境に、里見氏は反撃に転じ、ほどなく失地回復している。さらに、翌年には三国同盟（北条―今川―武田）の崩壊で甲斐武田氏の脅威にさらされた北条氏は、一転して上杉氏と結んだため、房州侵攻を控える状況となった。時忠父子にとっては北条氏頼みの反乱でもあり、一方、憲時にとっては、過去の経緯や近親者ということもあってか、戦線は膠着状態となったようである。[*24]

その後、元亀二年（一五七二）に北条氏康が没し、翌年には武田信玄、そして里見義堯が続いて没した。同時代に生き、一代の間に数ヵ国にわたる領国を築いた巨星の死を、憲時はどういう思いで聞いたであろうか。そんな感傷はおそらく不要だろう。敵城を攻略・殲滅に及んでは「心地好き仕合わせ」と喜び、城下で放火・殺戮し、さらに稲を刈り取った。一昔前の日本がそうであったように、戦時はある意味で異常な世界といってよい。事にあたっては人質をとり、政略結婚に及んだ。情がないのではない、むしろ情を頼みとしたところにこの時代の悲劇がある。憲時の妻は長南武田氏当主豊信の娘で、妹は里見義頼の妻ともある。[*25]ともに、その後は敵対することになった相手である。

天正二年（一五七四）、上杉輝虎（謙信）の進撃を武蔵北部でくい止め、簗田氏の関宿城を陥落させると、北条氏は翌年、上総の東西から本格的に里見氏を圧迫した。憲時も黙視していたわけではなく、この当時、敵方であった一宮（勝浦の正木一族か）を囲んだ。[*26]これに対して、上総北部の両酒井氏（土気・東金）を攻めていた北条軍は、旧暦八月後半、城下で刈り取った稲を一宮

＊24　推移については、滝川恒昭「勝浦正木氏の基礎的考察―「正木武膳家譜」所収文書の紹介と検討を通じて―」（『勝浦市史研究』創刊号、一九九五年）参照。

＊25　「正木家譜」

＊26　「北条家朱印状写」

に運び、九月には北条側へ寝返った土岐氏の居城「満喜」（万木）へも届けている。危機感を抱いた憲時は、すぐに万喜城の対岸八幡台に築城を始め、年末には完成し、[*27]夷隅川を挟んで両軍が対峙した。

一方、内房地域では、養老川《ようろうがわ》の下流域が北条軍の手に落ち（椎津・有木）、池和田との間が前線となると、長南の武田豊信も天正五年の内に北条氏へ与《くみ》した。[*28]同年春、憲時は上野の北条《きたじょう》氏に対し、謙信の関東出陣と、必ず使者を越後へ届けてくれるように懇願したが、[*29]願いは空しく、結局、里見義弘は同年の内に和睦を申し入れた。憲時がそれに反対した様子もうかがえない。

不本意とはいえ、講和がなり、平和が訪れると思いきや、翌五月に義弘が佐貫で病没すると、今度は相続をめぐって、安房の義頼と義弘の嫡子梅王丸を推す上総の家中間に対立が起こった。義頼との不和は、義弘の生前から生じていたようだが、それも理由があってのことであった。[*30]憲時が両者の対立にどう対処したかは不明だが、天正八年、義頼が佐竹氏に宛てた書状[*31]によれば、ここ何年か勝手な行動が続いており、放っておけば反乱に及ぶことが明白と述べているので、積極的に動くまでには至らなかったが、反抗の姿勢を示したのだろう。要するに、上総の梅王丸派に同調したのである。[*32]

結果的には、機先を制した義頼側が最初に西上総を平定し、梅王丸を捕らえた時点で勝負はあった。あとは、長南武田氏・万喜土岐氏を味方とし、かつ勝利者として関東に周知すれば、急ぐ必要はない。甲相境の三坂峠に在陣していた上野筑後守に対し、義頼が労をねぎらった八月二十一日付けの書状があるが、[*33]これは、差出月日と最後に付け加えた「当口本意にあるべからざる程」という文言から、天正八年ないし九年とみるべきで、家臣の上野氏を送り、北条氏との関係を強化することで、国内の処理にあたったとも考えられよう。天正八年七月中に長狭（現鴨川市）・小湊、

＊27　「佐竹賢哲書状」

＊28　「北条氏規書状写」・「越前史料」所収山本文書

＊29　「正木憲時書状」・上杉家文書

＊30　岡田晃司『さとみ物語』（館山市立博物館、二〇〇〇年）参照のこと。

＊31　「里見義頼書状写」・東京大学史料編纂所蔵

＊32　この点、滝川恒昭執筆箇所『葛ヵ崎城跡調査報告書』（天津小湊町教育委員会、一九九四年）。

＊33　「里見義頼書状」・高橋文書

同八月には大多喜の西隣伊北庄西畑郷（現大多喜町西畑区）の一部まで勢力下に治めたが、その後は無理攻めせず、むしろ自滅を待った節がある。

ところで、この間の義頼の動きと終結後の論功行賞から、逆に小田喜領の実態がわかる。すなわち、現鴨川市・天津小湊町・勝浦湾域を除く勝浦市・大多喜町、それに市原市旧加茂村・平蔵村・夷隅町西部・一宮町・長生村域である。この広大な小田喜領に君臨する憲時ゆえ、義頼は義弘死後もしばらくは手を出せなかったとみたい。憲時退治の直接の契機ともなった渋川相模守への働きかけ（天正八年七月、憲時側による）も、西上総平定後の仕置きが済み、勝利への目算があって初めて口実となりえたのではないか。

翌天正九年九月二十九日、大膳亮憲時は城内で殺された。おそらく、場所は現二ノ丸の館内だろう。小弓公方系頼淳《よりあつ》の家臣佐野・小曽根《こそね》両氏（おそらく城内の一画にいたか）は、「この度忠臣の仁あり、当城小田喜の地、本意に属せられ候」と、常陸の太田氏に報じている。義頼は憲時暗殺後、すぐに大多喜へ入ったというから、一連の行動だろう。「忠臣の仁」とは不明だが、やはり頼淳の家臣逸見氏がのちに書状で、「当地大膳亮しゃうがい（生害）の刻み、いしゅ（意趣）ある人恩信をもって取り申し候、かの人の事は房州へ罷りうつり候間、あき所に御座候（括弧は筆者漢字当）」[34]と語っている一文は示唆的である。

この事件を報じた文書は他にもあるが、暗殺に関わった個人名が出ることはない。事件の性格もあろうが、小田喜衆を構成する房州出身者[35]の可能性もあろうか。なお、滝川氏も指摘するように、客将太田康資は、乱後まもなく「小田喜」で殺されたらしい（「本土寺過去帳」では十月十二日）。年不詳ながら、十月五日付けで頼淳が義頼の側近岡本氏に取り成しを依頼した文書[36]があるが、日付といい、〝依頼〟とはまさしく、義頼に対し、他意のない旨の表明であったとみたい。頼淳と

*34　「逸見信時書状」・西門院文書

*35　たとえば上野、または真田氏か、「正木家譜」には佐々木久山とある。

*36　「足利頼淳書状写」・武州文書

その近臣たちは、おそらくこの間、困惑していたに違いない。

ところで、ここで小弓公方系足利氏と大多喜の関係にもふれておかねばならないだろう。天文七年（一五三八）、国府台合戦で小弓公方足利義明は討ち死にし、佐々木・逸見・佐野・町野《まちの》氏らは小弓から「上様御末子」をともない、里見氏を頼んで房州へ落ちていった。[*37] この末子が国王《くにおう》丸《まる》（のちの頼淳）である。没年から考えると享禄四年（一五三一）生まれで、安房へ来たときは七歳ということになる。頼淳は、安房国内（丸郷石堂寺か）で里見氏の庇護のもとに養育され、長じてのちは二人の男子（国朝《くにとも》・頼氏《よりうじ》）にも恵まれ（妻は佐野氏という）、妹は里見義弘の室になった（その子が梅王丸である）。国朝は天正十八年（一五九〇）、秀吉の命で古河公方家を継ぎ、喜連《きつれ》川《がわ》へ移ったが、この間の頼淳の軌跡は不明である。わずかに、岡本氏や逸見氏に官途《かんと》を授けていることが知られる程度ながら、[*38] この頃は系図で見られる頼純《よりずみ》ではなく、すべて頼淳だと確認できる。

問題は、頼淳の御所地だが、前掲佐野・小曽根書状に「当城小田喜」とあるので、滝川氏は居所を小田喜とし、「房州衆説義徳随筆録」にみえる「上総小多喜仁退去新城之御所と号ス」の記載も傍証とした。大多喜城近辺で城構えの場所といえば、既述した栗山台の遺構をおいてほかない。限られた調査範囲のことなので断定は控えるが、可能性は大きいとしておきたい。
乱後、小田喜と一宮領はこの間の論功行賞の結果として、正木宮内大輔・同淡路守・同源七郎など、内房地域の同族正木氏に多く与えられている。また、小田喜領内の寺社に対する不入権の保証や、村々の争いにも裁許を下している。[*39]

さて、天正九年秋以降、旧小田喜領は里見氏の直接支配が及び、義頼は子の一人に弥九郎時茂の名跡を継がせ、小田喜正木氏を相続させたという。ただ、幼少ゆえか、実際は城代石見守が在城し、時茂がこちらにいたことはなかったともいわれる。[*40]

＊37　「快元僧都記」

＊38　「足利頼淳官途状写」武州文書・滝川恒昭「小弓公方家臣・逸見氏について」（『中世房総』第六号、一九九二年）。

＊39　川名氏前掲論文及び「房総里見文書の研究」（『日本歴史』一七九号、一九六三年）ほか。

＊40　川名登「房総正木氏について―残された文書を中心に―」（『商経論集』第二二号、一九八九年）。

栗山台北東切岸と平場

城代の石見守は、諱は頼房《よりふさ》、「正木家譜」によれば憲時の弟にあたり、憲時と義頼との争いでは憲時に属し、金山城や興津と、常に先鋒にあったという。しかし、義頼に一味したのは事実で、頼の偏諱も義頼に由来するのだろう。寺伝によると、鴨川市貝須賀の心厳寺《しんがんじ》はかつて、海寄りの磯村にあったが、もともと内陸の北風原にあったものを内乱の際に兵火に罹ったため、石見守が天正五年に移したという。本来、長狭に何らかの足掛かりを持っていたのであろうか。事実、心厳寺境内には、移転時に磯村から動かした石見守の供養塔*41が現存する。実見したところ、石塔そのものは、形態・銘文のあり方から寛永に下る頃*42の造立で、寺の過去帳等の記載によったのだろう。

憲時没後、小田喜領内にはつかの間の平和が訪れた。いすみ市南西部の大野・行川で天正十三年（一五八五）に大きな宗教戦争もあったが、戦火とは無縁な約十年の歳月が流れた後に、より大きな歴史のうねりが当地にも押し寄せた。

天正十八年三月、京都を出陣した豊臣秀吉は四月の初めに小田原城を包囲し、五月の初めには別働隊（浅野長吉・本多忠勝・平岩親吉ら）が房総に入った。そして、六月に一宮・長南を経て、安房に近い房総国境にまで進んでいる。

ここで、不思議に思うかもしれない。すでに秀吉に接近していた里見氏の領内にまで、なぜ踏み込んだのだろうかと。この間の顛末については、市村高男氏の報告*43を参照していただきたいが、里見方に情報収集に長けたブレーン層でもいれば避けられたのかもしれない。いずれにせよ、上総は没収され、八月には家康の家臣団（本多忠勝・内藤家長ほか）が入ってきた。

しかし、本多忠勝はすぐに大多喜に入城したわけではない。当初は長南に駐留していたが、同年七月中に「万喜之城」へ入城を命じられ、しかもそこで「兵糧千俵」を拝領した。忠勝自身は家康の家臣だが、この処置には秀吉の意向が働いたという。それも、単に里見氏への押さえとい

正木石見守夫妻石塔　千葉県鴨川市・心厳寺

*41「隆崇院殿心誉長安居士慶長十六亥従五位下前石州正木大膳亮二男石見守道俊卿三月十六日」と刻まれている。

*42　墓前の石灯籠は寛永八年銘。おそらく隣の室（義弘娘）の石塔と関連するものか。

*43「豊臣政権と房総―里見分国上総没収をめぐって―」（『千葉県史研究』第二号、一九九四年）。

うのみでなく、そこに秀吉が目をかけた者が配置されることが意味をもつのである。[*44] それからほどなく、忠勝は十万石で大多喜へ入ってきた。

この十万石も（数字自体の信憑性はともかく）、川田氏が挙げているように、家康に向かって「井伊・本多・榊原の者共」にどれほどの加増をするかと秀吉がたずねたら、五万石と答えたので、「それでは少ない、十万石にせよ」との指示によるとする。[*45] もちろん、大多喜への入城も秀吉の意向があってのことで、里見氏の上総没収・安房への引き揚げにともなう最終的な仕置きの結果であった。その理由については、東上総における最大勢力であった正木宗家の根城であり、かつ、城郭・城下の要害性・発展性にあったと考える。

この間、小田喜衆はどうしていたのかというと、前にも掲げた逸見氏の書状が、余すことなく語っている。すなわち、五月十二日付けで高野山西門院に宛てて、上総・安房両国は現状のまま安堵されるものと信じていたが、「上総の国の儀は、御遺乱の由」の知らせに皆落胆した。「安房出身の人はそれでもなんとかなるだろうが、自分のような上総者は安房に移ってももらえるような土地もない。前々からの誼で自分の旧領だけでもなんとかならないだろうか。ただし、このことが周りの者に聞こえたら赤面の至りであるので確認次第火中に投じてほしい」と哀願している。

つまり、浅野長政らが房総に踏み込んだ時点で、上総没収の方針が決定していたのである。高野山と房総諸将との関係は天文期頃より確認され、その後、国ごとに宿坊《しゅくぼう》も決まり、天正期には信仰を媒介に、上下あげて交際に努めるようになった。逸見氏がなり振り構わずお願いをしたのも、付き合いがあり、かつ、西門院が秀吉とパイプを有しているのを見越したためである。逸見氏がその後どうなったかはわからないが、小田喜衆の身の振り方については、二つの選択肢があったようだ。一つは、安房に退去して里見氏の家臣となる道、もう一つは下野国喜連川に移っ

＊44　川田貞夫「徳川家康の関東転封に関する諸問題」（『書陵部紀要』第一四号、一九六二年）。
＊45　「見聞随筆」

た小弓公方系足利国朝に、つてを頼って仕官することであった。後者とみるべきだろう。

さて、以上で中世の小田喜城とその歴史も幕を閉じることになるが、近世城郭としての性格もあるので、以下、その概略を述べる。

本多氏は三河譜代最古参の家柄で、忠勝はその一族である。天正十八年の大多喜入城時には四十三歳の男盛りで、慶長六年（一六〇一）に伊勢国桑名《くわな》（三重県桑名市）へ移封されるまでの約十年間、城主の座にあった。文禄・慶長期は近世城郭の築城・改築ラッシュであり、大多喜城でもそれは当然予想されるが、該当する資料を見出せない。この点、今後の課題だが、久留里や佐貫など、他の房総諸城と同様、平地部分はともかく、丘陵上は前代の城郭を改修した（水性岩の切岸で石垣とする）ものの、むしろ城下の発展に意を注いだとみられようか。なお、忠勝の墓（慶長十五年没）は桑名浄土寺《じょうどじ》と城下の良玄寺《りょうげんじ》（当初は良信寺《りょうしんじ》）がよく知られている。前者は文化三年（一八〇六）に建てられ、後者は型式からみて、十七世紀も終末以降のものである。

慶長六年、関ヶ原合戦後の配置替えにともない、忠勝は桑名へ転封し、大多喜は二男忠朝《ただとも》が分家（五万石）して継いだ。元和元年（一六一五）には大坂夏の陣が起こり、忠朝は阿倍野《あべの》で五月七日に討ち死にした。運命をともにしたのは約二十名であったが、この中には土岐旧臣らしい五名（土屋・土橋・藤平他）が含まれ、大阪一心寺《いっしんじ》の忠朝墓地の一角に供養塔が現存する。*46

主な家臣は忠勝から受け継いだが、分家でもあり、領内から召し抱えたものがいたのだろう。なお、忠朝の跡は兄の子である政朝《まさとも》（母は家康長男・信康の娘）が継いだものの、三年で播磨国龍野（兵庫県たつの市）へ移され、替わりに阿部正次《まさよし》が元和三年に入封した。しかし、正次はわずか二年で転封され、大多喜は一時廃城となり、代官支配となった。

四年後の元和九年、青山忠俊《あおやまただとし》が武蔵国岩槻《いわつき》（さいたま市）より左遷のかたちで移封（二万石）

『名臣図録』に描かれた本多忠勝　当社蔵

*46　討ち死に時の様子や供養塔造立の経緯は、「本多家伝聞書　全」（中根家文書）に載る。

されたが、わずか数ヶ月で蟄居《ちっきょ》を言い渡され、実際に当地に入ったかどうか疑わしいという。その後、先の阿部正次の孫に当たる正令《まさよし》（正能）、ついで稲垣氏が三河国刈谷（愛知県刈谷市）から入ってきたが、一月にも満たず下野国烏山（栃木県那須烏山市）へ転封となり、約四ヶ月後に松平（大河内）正久《まさひさ》が元禄十六年（一七〇三）二月に二万石で入封した。「元禄拾六年未二月十日松平備前守正久上総大多喜城地御拝領之節之覚書写」*47によれば、①元禄十六年二月十日に大多喜城地を与える旨の命があったこと、②同四月二十七日に幕府の役人二名（旗本中山、京極両氏）によって引き渡しが行われたこと、③城付武器として鉄砲・弓・長柄、それに城米千俵があったこと、④本丸・三ノ丸には「屋作」、つまり建物はなく、二ノ丸に「簀子畳縁木綿」の建物が「状々有之」有様であったこと、⑤領知は夷隅郡二十一ヶ村（大多喜北部と大原の臨海部が主）、三河国二十二ヶ村、大和国一ヶ村であったことがわかる。

松平家に伝わる「上総国伊灊大多喜城地絵図」は、内容から元禄十六年以前に作成された絵図のようで、そこには二ノ丸南側に門や木戸を備えた御殿建築らしき館（「居役家」）と、北側に多少の建物（「家中居屋敷」）がみえる。また、三ノ丸大手門付近には、「家中屋鋪」や「役人寄合所」と記した若干の建物も存在する。多少の相違はあるが、これが阿部氏時代の大多喜城の姿ではなかったか。城下は前後に鍵型の屈曲を持つ街道（六か所）に沿って町屋が並び、川沿いの背後は寺町となる。また、新町の隣には三口町・横町など、現在では見られない町名も認められる。

その後、松平氏は九代約百七十年にわたって大多喜にあったが、修補はともかく大きく城郭の整備を行ったという様子もみられない。もちろん、松平氏の治世に関わる資料は少なく、速断もできないが、塀や櫓がなければ補修する必要もないわけで、せいぜい大手門や何か所かの木戸を維持し、あとは自然の要害に任せたのかもしれない。また、そういう時代にもなっていたのだろう。

---

*47　天野家文書

勝浦正木氏の本拠

20 勝《かつ》浦《うら》城《じょう》

①勝浦市浜勝浦ほか
②武田氏—正木時忠—時通—頼忠
③痩せ尾根を生かした曲輪群と湾内の湊
④黒潮洗う懸崖の城・城下の勝浦朝市

【立地】本行寺《ほんぎょうじ》背後の遠見岬《とみさき》神社付近から太平洋に向けて延びた八幡岬まで、丘陵伝いに南北約一・五キロ、東西約〇・六キロに及ぶ広大な尾根上（大字勝浦・浜勝浦・沢倉・川津）に占地する。標高は四〇～六〇メートルほどで、もっとも高い鳴海《なるみ》神社裏で約六五メートルである。現勝浦市街は遠見岬神社の先に形成され、有名な勝浦朝市はその一角で開かれている。

【構造】遺構は大きく、先端の八幡岬一帯（字郭内地区）・鳴海神社から北へ延びる丘陵地・恵比寿台《えびすだい》から遠見岬神社に至る丘陵地の三つのブロックに分けられる。便宜上、それぞれ八幡岬地区・鳴海神社北地区・恵比寿台地区と呼称し、順次説明する。

八幡岬地区は、海中に屹立する険しい丘陵ながら、先端の高台と背後の谷部、とりわけ後者にはまとまった平地がみられる。ここは、すでに昭和初期の調査報告でも「本丸」とされ、[*1]字「郭内」そのものである。そして、先端の高台

城跡遠景

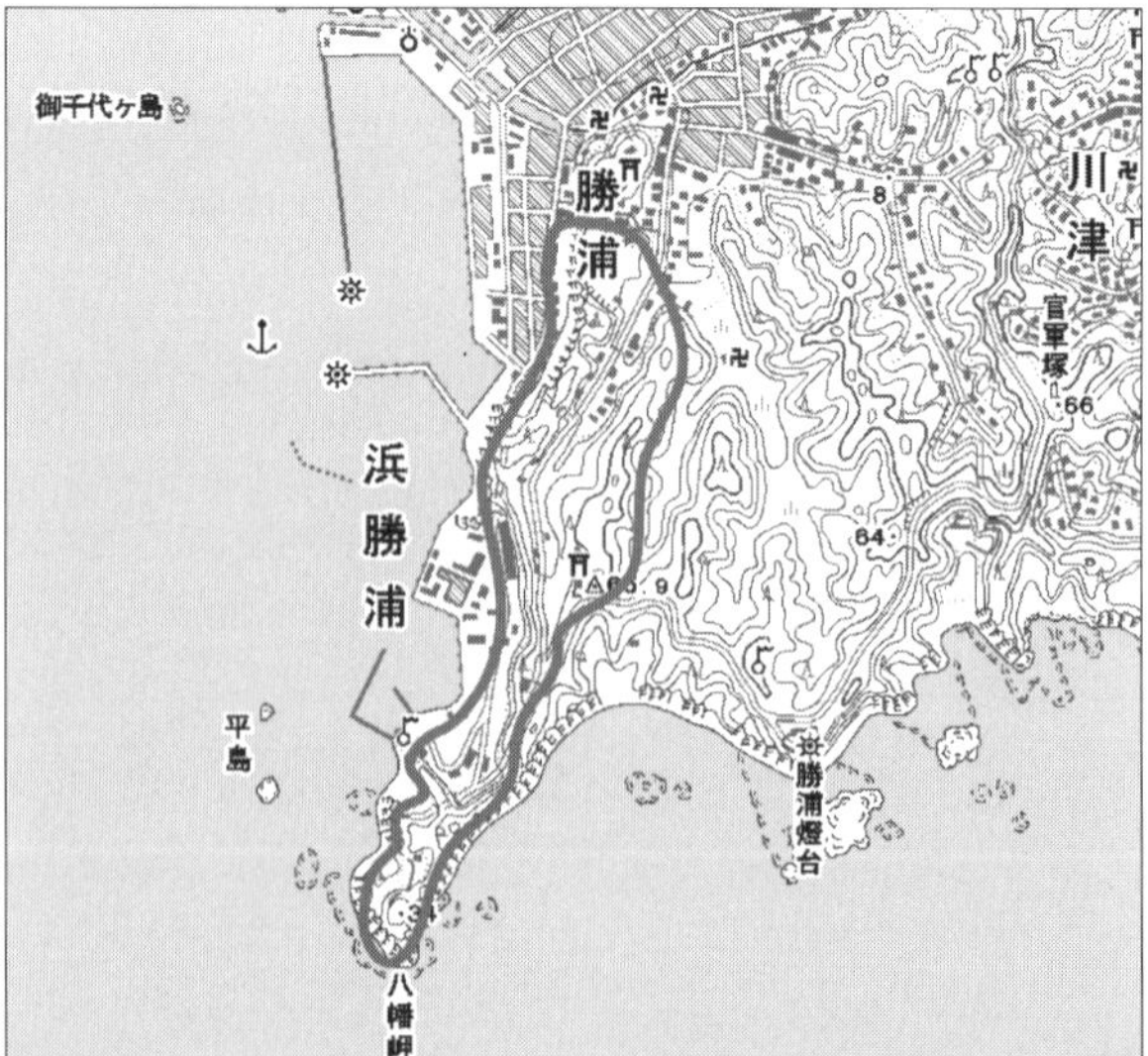

＊1　「勝浦城址」『史蹟名勝天然記念物調査』第四輯（千葉県、一九二七年）。

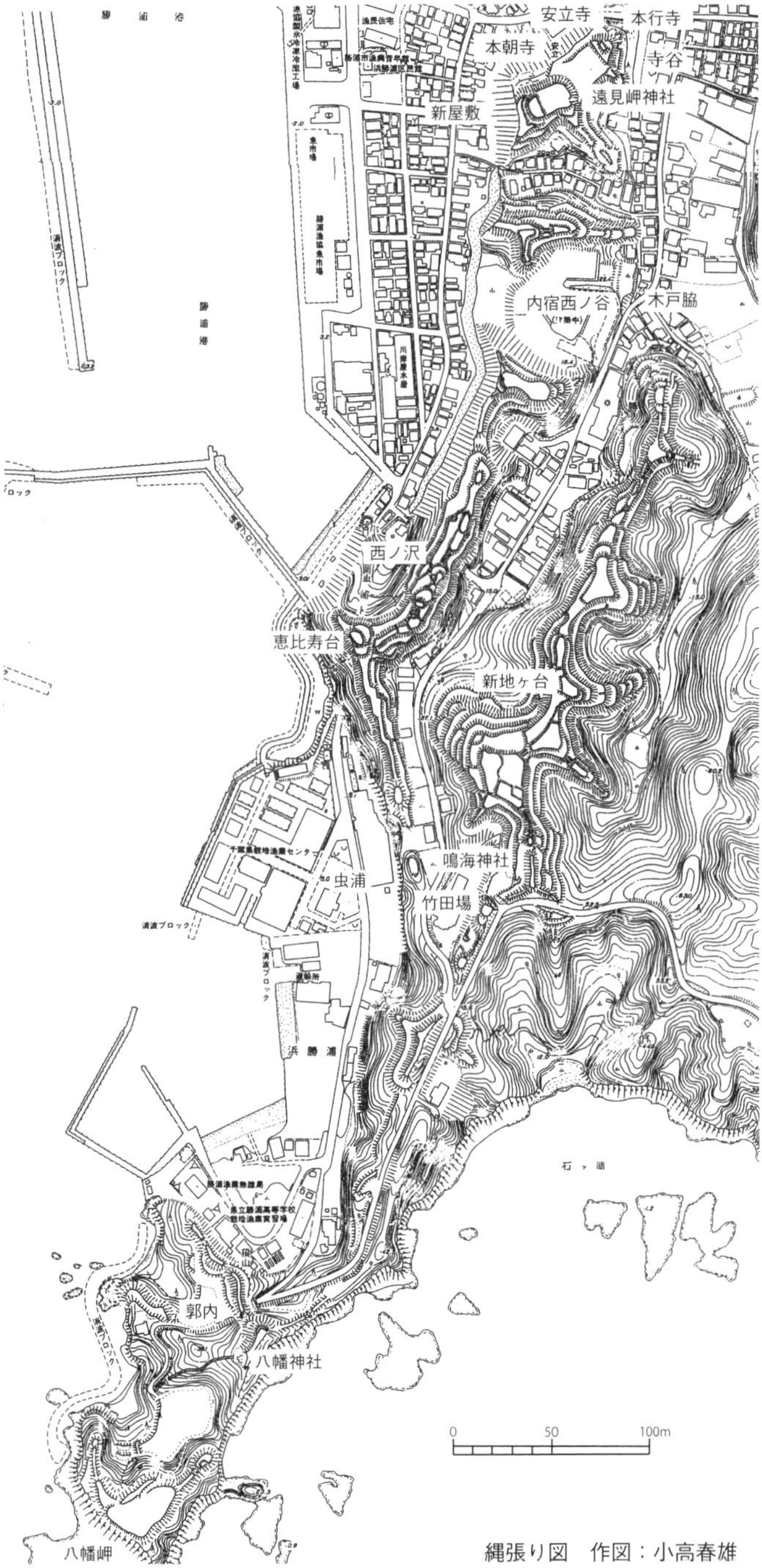

縄張り図　作図：小高春雄

（現在、お万像の建つ地）の性格も「物見台」として不自然ではないが、幕末に岩槻藩が砲台《ほうだい》を築いたこともあり、船橋西図書館所蔵の海防絵図によれば、石垣と塀を廻らした砲台場が確認される。このほかにも、尾根に設けられた堀切や小規模な土塁囲みの区画があり、とりわけ北側谷部（現在、駐車場）を囲む丘陵上に顕著である。

なお、前掲報告では駐車場北の山麓浜地を二ノ丸とする。立地環境からすれば、当時の湊である。八幡岬地区は、これだけで完結する内容を有しており、いわば詰のエリアともいうべき地区になろう。なお、岬の先には富喜島《ふきじま》をはじめ大小の小島が連なっていたが、慶長の津波で富大明神《とみだいみょうじん》（現在の遠見岬神社の前身）が移転したというから、中世にはここも視野に入れておくべきかもしれない。

　鳴海神社北地区は、城内でもっとも高く、しかも中心部にまとまった曲輪面（新地ヶ台）がある。普請の特徴は尾根を地形なりに均し、要所と支尾根を掘り切るというものだが、東側側面を尾根肩口から垂直に近い角度で削り落とし、高い崖面を形成する一方、西側にはそれがみられない。それがなぜかといえば、間の谷を含めた西側の恵比寿台とセットになるためである。つまり、内側にこのような防御遺構は必要なく、万木城と同様のありかたといえよう。ただ、支尾根に顕著な階段状削平地群は万木にはなく、久留里城などに確認される。これも一つの個性だろう。

　恵比寿台地区は、かつて最高所の峰にあった恵比寿社に由来するが（現在は虫浦《むしうら》トンネル入口の上に移転）、そこを起点として、南北に延びる尾根を地形なりに均した平場が連続する。高層マンションの周囲は旧状が損なわれているものの、北側の丘陵には、北限を画するように深い谷と大規模な堀切があり、かつ、その東側は鳴海神社北の丘陵末端にあたり、ここまでを城の範囲と考えてよいだろう。鳴海・恵比寿両者に挟まれたこの谷の出口を字木戸脇《きどわき》と呼んでいるのは、そのためである。

　では、遠見岬神社一帯の丘陵はというと、神社の敷地造成によるであろう何段かの平場はともかく、南西の平場下を廻る空堀らしき溝や周囲の段等、城郭遺構らしきものがみられるものの、支尾根の処理の仕方など、ここを一つのブロックとみなすのは躊躇せざるをえない。

八幡岬先端の南側平場

八幡岬先端の高台

鳴海・恵比寿両丘陵間の谷間も当然、曲輪の一つと考えられる。北側から入っていくと、「木戸脇」のクランクを抜けたすぐ右側を内宿西ノ谷といい、城内である。その先の水産加工工場の辺りは幅も広いが、それより先は狭隘かつ登り坂で、鳴海神社下で谷奥にあたる（現在は上へ行く道路あり）。

鳴海神社の下は、昔から平場があったそうで、新地ヶ台の主要な曲輪の下にもあたっており、城主御殿地の可能性は大きい。近世初頭における勝浦の領主・植村泰忠《うえむらやすただ》の石塔は、かつてこの一角にあったが（戦後、覚翁寺《かくおうじ》へ移転）、それも泰忠が正木氏の館を踏襲した結果であろうか。谷の奥に城主と一族、その手前に直臣はじめ家中の屋敷地が並んでいた姿を想定したい。

鳴海神社下の平場

最後に、宿・根小屋・湊について述べる。根小屋については、「岩瀬文書」に「祢こや」で市が開かれていたことがみえる。「祢こや」＝根小屋と対比するかたちで、勝浦領内ほかの五市（松部《まつべ》・串浜《くしはま》・川津《かわづ》・新官《しんかん》・吉宇）を挙げていることや、文書の伝来した岩瀬家が勝浦の名主であったことから、この根小屋とは現勝浦の一角であるとみてよい。また、文書の年代は天正十九年とされるの[*2]で、さかのぼって戦国期には、海沿いの町場で市が立ったと考えることもできよう。

では、具体的にどこかというと、勝浦の場合、地形的な制約から限定されざるをえない。それは、大手木戸外の本行寺周辺から宮谷にわたる地域だろう。[*3]現在は、高《こう》

＊2　滝川恒昭「中・近世移行期における上総勝浦湊の実像―市の考察を中心として―」（『勝浦市史研究』第三号、一九九七年）。

＊3　この点、前掲滝川論文参照のこと。

照寺《しょうじ》と本行寺の門前で月を二分して行われているが、これは戦後の交通事情からそうなったにすぎず、本来は旧市役所通りで一貫していたのである。

つぎに、宿については慶長六年の田畑屋敷反別帳に[*4]「志ゆく」とあり、宿内の屋敷二十三が挙げられ、このなかに高正寺（高照寺）がみられることや、「スナダ」（砂田）の耕作者が宿と同じことから、本行寺～高照寺にわたる砂丘地が宿にあたるとみられる。ここは現在も勝浦市街の中心地で、原型が近世初頭にさかのぼるといえるのではないか。とはいえ、これも近世初めの資料から中世に遡及しただけのことで、しかも最終段階でのあり方にすぎない。

最後に湊に移ろう。すでに、勝浦高校実習場の入江が当時の港湾の一つではとした。しかし、そこは町場とは無縁の地で、現勝浦漁港背後の浜集落、つまり浜勝浦（中世には勝浦内の浜方だろう）こそが当時の湊として間違いない。近世に名主兼網元兼廻船業者として、勝浦を仕切った久我《くが》家（同家は中世にさかのぼる家系伝承を有する）はそのなかにあり、同家所蔵の絵図「上総国七浜大絵図」（享保期か）には、久我家門前の道路（山麓際の道）に沿って家が並び、西側は砂浜となっていた。

浜には港湾施設や納屋も確認できないが、それも当時としてはむしろ一般的で、現在のように特定の場所をさした港ではなく、浜と舟と組織（網元―水夫）を擁した一定の空間というべきものではなかったか。中世の勝浦湊も同様で、当時は「勝浦領」の中心たる勝浦をもって代表していたから、単に勝浦といった場合は、勝浦湾内の串浜や松部を含めて考えておくべきだろう。

なお、専門の水軍は当然抱えていたであろうが、兵農分離ならぬ「兵漁分離」前のことで、たとえば網元兼廻船業者たる久我某が正木氏の被官として奔走するという図式になろう。それゆえ、網元の所有する大小の舟を軍船として使うわけで、天文十一年（一五四二）の有名な年貢割付状[*5]には、「大船」・「ほうちょう」の船年貢として、それぞれ八貫文と四貫文が割り当てられている。

本行寺前の通り（現状）

＊4　引田作蔵編著『私説勝浦史』（私家版、一九七〇年）所収。

大船・ほうちょう（房丁）とは、この場合、船の大小ととってもよいだろう。

【歴史】勝浦城が、いつ、誰によって築かれたかを示す確実な資料はない。問題は、すでに言われているように、正木の前に武田氏がいたのかどうか、また、いたとすれば、それは現在の勝浦城跡とみてよいのかどうかである。すでに、『私説　勝浦史』ではこの点について、武田場という地名がみられることから、武田氏の存在を肯定する。ここでは、とりあえずそれが将来の課題であることを確認しておくこととしたい。

天文十一年十二月末、時忠は勝浦の年貢を定めた。[*6] 勝浦に関する時忠の発給文書としては現存する最初のもので、おそらくこの年の内に勝浦へ入ったのだろう。計六十八貫文の年貢の内、半分強を「月あて」の年貢で占め、船や漁にかかる年貢（十五貫文）が田の年貢と同じであるなど、どうみても普通とは異なる。現在の「勝浦朝市」の起源が中世にさかのぼるようだから、「月あて」を商業、それも市場税（毎月三貫文）とすれば、商業・漁業の町として発展していた姿を示していることになる。まさに、市と湊の町・勝浦である。

時忠が入った勝浦城が、現在の勝浦城跡であることは間違いないが、入った当初の姿はわからない。当初から、このような大規模なものであったとは思われず、まず岬の先端、八幡岬地区であった可能性はあるものの、断定はできない。その後、夷隅北部へ侵攻し、小田喜・一宮の攻略にも兄時茂と行動をともにしたはずで、おそらく天文の後半には東上総における武田氏の遺産を継承したのではないか。

永禄十年（一五六七）、香取社大禰宜《かとりしゃおおねぎ》実隆《さねたか》（この当時、大禰宜・大宮司を兼ねた大中臣《おおなかとみ》家による香取神領支配が行われた）が書き置いた一節に、「房州において正木左近大夫、下総国へきり出で候て、永禄三年かのえさる極月より、同九年ひのへとら七月七日まで、小見川相根塚を城にとり、七年

＊5　三浦文書
＊6　前掲三浦文書

の間、国中乱入、なかなか申し計らいなく候、香取をも打ち破るべきよし、日々夜々申し来たり候」とある。[*7]「御こし《（神輿）》」、つまり神慮をも恐れぬ正木軍の行動に嘆息する様子が垣間みえ、時忠自身は否定するが、社領を押領したり、社人を勝手に使ったりした行いがあったのだろう。

　実質六年半の間、小見川相根塚を根城（現小見川陣屋の地、橋向城とも）に下総国中に出撃を繰り返したことになる。ただ、これを時忠の単独行動ないし悪党と呼ぶのはもちろん正確でなく、永禄三年十二月といえば、上杉謙信（このときは長尾景虎）が大軍をもって関東へ出陣中のことで、これに呼応する行動であった。また、なぜ香取の小見川かといえば、そこは中世の内海である「香取の海」と直結する河川交通上の要地であり、謙信に呼応して敵方である臼井の原氏や常陸の小田氏を背後から突き、かつ、連絡することにあったのだろう。

　当時、東金酒井氏や芝山《しばやま》の山室《やまむろ》氏などは謙信の動きに呼応したらしく（「関東幕注文《かんとうまくちゅうもん》」）、これに匝瑳《そうさ》の者も加わったことで、前記のような正木軍の香取侵攻が可能になったと思われる。その結果、塩の生産地であった須賀など浜通りの諸郷（八日市場《ようかいちば》～飯岡《いいおか》）をはじめ、海上《うなかみ》・銚子《ちょうし》・小見川の東総地帯が戦場となり、その状況はしばらく続いたようである。[*8]

　ところが、永禄七年（一五六四）の国府台合戦での里見氏の敗北をきっかけに、事態は思わぬ展開となった。すなわち、上杉謙信が翌年六月に里見義弘に宛てた書状には、「先々正木左近大夫逆心をもって、正木大炊助没落す、言語を絶ち候」[*9]とある。これは、同じ一族で一宮にいた大炊助が時忠に同地を逐われたことを指すが、挨拶につづいてすぐに切り出しているところをみると、よほど大きな事件であったのだろう。要するに、それは単に一宮の問題にとどまらず、里見氏の片腕ともいうべき正木氏の、その一方の旗手（時忠・時通父子）が敵の北条氏と結んで反旗を翻したという点で、衝撃を与えたのである。そして、その後しばらく、北条軍とも連携して、

＊7　香取文書

＊8　小笠原長和『海上町史』総集編（海上町役場、一九九〇年）第2章参照のこと。

＊9　反町文書

＊10　「日学覚書」

＊11　「房総正木氏について―残された文書を中心に―」（『商経論集』第二二号、一九八九年）。

夷隅はもちろん西上総まで荒らし回ったらしい。[*10]

川名登氏も指摘するように、[*11]それ以前から誘いの手が延びていたことに加え、永禄四年（一五六一）とされる兄時茂の死後、[*12]切り取った下総領について、小田喜を継いだ信茂との間にトラブルもあったらしい。というのは、永禄五年六月末、信茂は時忠に宛てて香取大須賀領の一件や時忠の子息たちへの処遇について一筆を与えたが、多分に「下総本意」（要するに下総平定ということ）後の約束のようにも受け取れるからである。[*13]ただ、冒頭に房王丸、つまり信茂の後に小田喜を継ぐ憲時の「進退」とあったり、一昨年の千葉介との協定など、時忠からの来信の内容がわからないと理解できないところがあるのは残念である。しかしこれも、根元的には広大な小田喜領相続をめぐる確執から生じたものかもしれない。

ともあれ、永禄六年末まで時忠が里見氏のもとにあったのは確認されるものの、[*14]永禄七年を境に、その後は北条氏の求めに応じ参陣するなど、里見・小田喜正木家から独立した動きをするようになった。もちろん、北総における時忠の行動は、当然ながら千葉・原氏にとっても好ましいものではなく、両者の間に立つ北条氏としては、当面は様子見を決め込んだのだろう。[*15]結局、永禄八年頃には千葉氏以下、大須賀・国分・海上・石毛氏らの反撃もあり、活動は限定されたようで、[*16]前掲大禰宜実隆書状に従えば、同九年の内に小見川を撤退したことになる。

この間、勝浦はどうだったかといえば、一貫して正木氏の本拠であったことは間違いなく、しかも宗家から奪った一宮は抱えたままだったから、上総〜下総の沿岸部を影響下に置いたことになろう。小田喜との一戦も避けられないはずだが、上杉氏の越山に呼応した下総出兵や永禄七年の国府台合戦で小田喜の信茂自身が討ち死にするなど、身内の争いどころではなかったのかもしれない。

＊12　滝川恒昭「正木時茂に関する一考察」（『勝浦市史研究』第二号、一九九六年）。

＊13　「正木信茂書状」

＊14　「佐竹義昭書状」・妙本寺文書。

＊15　「北条氏康書状写」・正木文書。

＊16　「千葉胤富判物」ほか。原文書

道寸・時忠石塔　千葉県南房総市・正文寺「三浦様」

ところで、滝川氏が「今までまったく伺い知ることができなかった多くの情報を有する史料」と注目した文書がある。[*17] それは、伊豆の船が無事に勝浦へ着いたことを喜び、このうえは武器や食料を運び入れることができるので、何年籠城しても、人を入れ替えさえすれば大丈夫である、と北条氏の当主氏政《うじまさ》が時忠父子に送っているものである。外海に面する勝浦には、海路で兵員や物資を補給し、それで持ちこたえられるとすれば、湊としての勝浦、それはまた、城としての勝浦城の性格をも具体的に示していることになろう。時忠の反抗・勝浦籠城は、永禄十二年過ぎまで続いたが、[*18] まもなく里見氏へ帰順し、天正三年（一五七五）には父に先立って時通が、同四年には当主時忠が世を去り、昔年の勢いは失せていたことだろう。

勝浦正木氏にとって転機となったのは、天正八年に始まる里見義頼と小田喜の正木憲時の争いである。あらすじは、本書の大多喜城の項[*19]を参照願いたいが、北条氏との同盟を計った（というより、うまく立ち回ったというべきだろうが）義頼が勝利し、かつ、小田喜正木氏をその一子が継ぐことで、永禄七年以降続いた争いが精算された。ただ、この一乱に勝浦正木氏は積極的に関与しなかったらしく、それは乱後の扱いが証明するところだろう。天正八年の「日我書状」に、時通の兄弟の内一人は小田喜、二人は安房（義頼）へ「堪忍」[*20]とあるが、これはいわば人質の意味にもとれようか。

天正十二年には、頼忠が勝浦の当主たる左近大夫として登場する。[*21] ということは、それ以前に勝浦正木氏を継承したのだろう。とはいえ、すでに指摘があるように、頼忠には兄たち（時勝《ときかつ》・時秀《ときひで》）がおり、彼らがどうして跡を継がなかったかという疑問がのこる。

この点、日我の書状には向地、つまり北条氏のもとで人質となっていた時長（のちの頼忠）と「みなのものかかわりアワニ同心」とあって、里見―北条間の和与に関与したことがうかがえる。天

時通・頼忠石塔　千葉県南房総市・日運寺

*17 「北条氏政書状写」、前掲『勝浦市史研究』創刊号所載。

*18 『勝浦市史』資料編中世（勝浦市、二〇〇三年）。

*19 『天津小湊町史』も参照願いたい。

*20 前掲「日我書状」

*21 三浦文書

正七・八年頃（二十代後半）に房州に戻ったのも、多分に時長を介して働きかけを目論む北条氏の意図があったのだろう（彼の子供たちが一緒でなかった点にも注目）。それゆえに、一乱終結後には北条氏と義頼の後ろ盾のもと、当主の座に就いたのではないか。まさに、〝頼〟の偏諱の理由である。

ところで、勝浦城の先端にあるお万の像と「お万の布晒し」の伝説から、彼女が勝浦で少女時代を送ったとみるむきも多い。言うまでもなく、「お万の方」は頼忠の娘で、家康の側室となり、のちの御三家頼宣《よりのぶ》・頼房《よりふさ》の生母となった人である。彼女の兄・為春《ためはる》が紀州徳川家の重臣となったのをはじめ、同腹・異腹も含め兄弟たちが仕官できたのも、彼女の縁故にほかならない。彼女自身は天正三年や五年、または八年と生年については諸説あるが、人質時代に結ばれた北条氏尭《うじたか》の娘との間に生まれたということや、彼女が房州で生活したという証跡もないことなど、むしろそのことが、側室への機縁を育んだはずである。

さて、頼忠がいた頃の勝浦城は、新地を含めた広大な城域を有していたはずで、館は鳴海神社下の平場にあったとみたい。憲時の一乱後、上総では大きな戦いもなく、城下の宿や湊も発展したことだろう。また、領域＝勝浦領は、勝浦湾一帯から御宿付近までの浦々が該当するかと思われる。

しかし、約十年間のつかの間の平和の後、天正十八年に頼忠と家中は安房へ退いた。慶長十一年（一六〇六）の分限帳には、「正木環斎知行　千石之内」とある。跡には本多忠勝の与力ともいうべき植村氏が入った。

江戸湾に臨む内房正木氏の湊城

21 造海《つくろうみ》(百首《ひゃくしゅ》)城《じょう》

①富津市萩生・竹岡、三柱神社裏丘陵
②武田氏—正木氏—北条氏—正木源七郎—頼時
③石山を掘り割った横堀と堀切
④江戸湾監視の湊城・幕末海防陣屋跡

【立地】富津市竹岡《たけおか》と萩生《はぎう》に跨る、白狐《びゃっこ》川河口左岸の標高約一〇〇メートルの険しい丘陵全体が城跡である。頂上に立てば、東京湾を挟んで対岸の神奈川県横須賀市浦賀《うらが》・久里浜《くりはま》方面が指呼の間にあり、広く湾内一帯を見渡すことも可能である。地質は凝灰質礫岩の竹岡層で、近代には土台・石垣用材として広く流通したため、採掘跡が城内各所に遺存する。

背後からみた城跡

【構造】当城の様子は、幕末の房総巡検記ともいうべき「遊房総記《ゆうぼうそうき》」ほかにわずかに垣間みえるものの、その後はとりたてて記すものもなく、戦後に至って踏査記[*1]をはじめ、城郭の概要が紹介されるようになった。[*2]特記されるのは、平成六年に千葉県教育委員会の行った測量調査で[*3]、以後の研究は、このときの測量図を基にして行われた。その後、筆者も測量図をもとに全体を踏査して縄張り図を作成しており、当時の観察結果を含め、以下、概説したい。

まず、城郭遺構との区分上、近代の石切場について検討したい。城域のみならず、周辺一帯は各所に石切場跡が存在し、典

＊1　桜井茂廣「海賊城としての百首」(『城郭』六―三、所収)。
＊2　「造海城」『日本城郭大系六　千葉・神奈川』(新人物往来社、一九八〇年)。
＊3　『千葉県中近世城跡研究調査報告書』第15集―造海城跡測量調査報告―(千葉県教育委員会、一九九五年)。

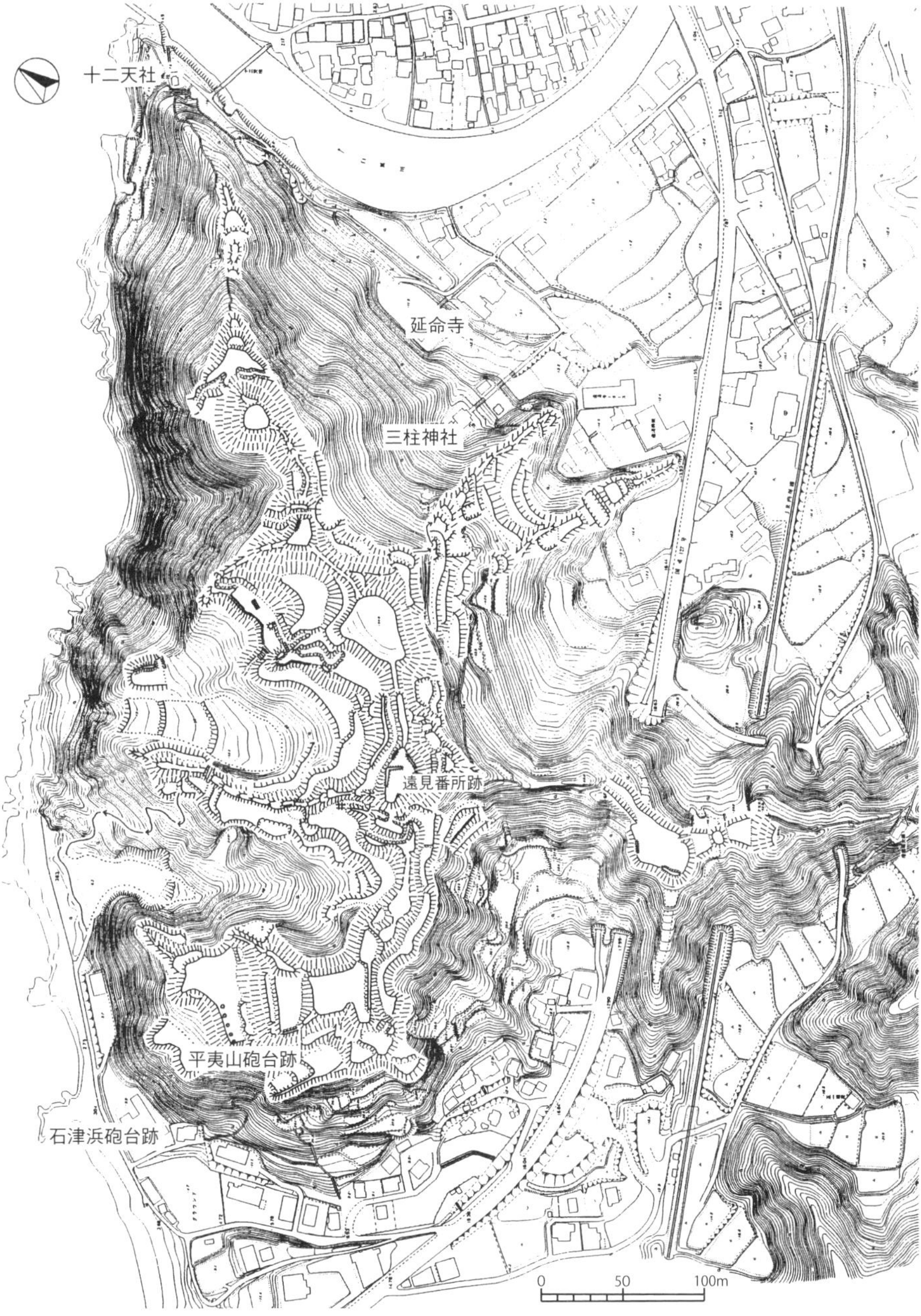

縄張り図　作図：小高春雄

南側中腹の幕末砲台跡

型例を湊川河口の天神山山麓にみることができる。採掘跡はツルハシの跡が明瞭で、かつ垂直に近い面を形成し、さらに搬出の便や搬出路が存在することなどで、識別可能である。具体的には、十二天橋の南壁面、造海興業裏手の支尾根数か所、山頂北中腹の平場、西側中腹の砲台東の谷に面した二か所、灯籠坂東肩口、それから海側の波打ち際一帯である。これらは、城郭遺構から除外して考える必要がある。

　つぎに、幕末砲台とその関連遺構で従来知られているものは、十二天社海縁・南西山麓海際の石津浜・南西丘陵中腹の砲台跡[*4]、それに山頂の遠見番所跡である。「遊房総記」は、番所の下に火薬庫がみえるとするが、これが中腹の砲台跡にあたるのか、あるいはさらに上の段を指すのかは明らかでない。ともあれ、砲台に関連する普請があったことは確かで、これも同様に差し引いて考えねばならない。

　そのうえでこの城を概観すると、大きく四つのブロックに分けられる。一つは、遠見番所と三柱神社背後の両峰を核として、北西の谷間を大きく囲い込むように延びた支尾根上の遺構群（ブロック①）、もう一つは、遠見番所西側に続く主尾根先に続く平場群（ブロック②）、そして残りは、ブロック①の東側主尾根上の遺構群（ブロック③）と、遠見番所に至る南側登攀路である灯籠坂尾根の遺構群（ブロック④）である。ブロック③と④は、ブロック①の防御上設けられた障壁群といってもよく、当城は大きく二つのブロックに大別され、それに③④の遺構群が付随すると捉えられるだろう。

三柱神社　千葉県富津市

＊4　幕末海防絵図には多聞櫓風の建物がみえる。

三柱神社背後の支尾根を登り切った峰（約三〇メートル四方、多分に自然地形）が、従来、主郭とされてきた曲輪である。また、尾根沿い南の遠見番所跡平場（二〇×三〇メートル、周縁部分に土塁が遺存）がそれにつぐ。両者の間には堀切もなく、高さもそれほどの差がないので、一体としてみておくべきであろう。ただ、番所跡北西尾根直下には、岩盤をじかに掘りこんだ空堀が断続し、西側尾根続きは一段下に中央を土橋状に残した虎口（周囲は小規模な空堀囲繞）が存在する。さらに、灯籠坂方面を大きく掘り切っていることなど、こちらにより多くの普請がなされている。もちろん、三柱神社背後の平場は懸崖地で、約五〇メートル東の大堀切で区切れば、それほどの遜色もないだろう。

重要なのは、この主尾根の遺構と連動して、北側へ延びる支尾根への手の入れ方である。西側では、外側尾根の直下を大きく削って切岸とし、北側では大堀切先を延長して、まったく切り離している。つまり、この谷部を取り込む思想がはっきりとみてとれるのである。事実、尾根の下

山上の支尾根から浜へ下る道

北側の大堀切

南東側斜面腰曲輪の石垣

には数段の広い腰曲輪を作り出し（北東下段は明らかな採石場・石材遺存）、緩やかに下る谷間には、北東先端のような平場（一種の物見台か）と南北約一〇〇メートル、東西二〇～三〇メートルに及ぶ数段の緩斜面がみられる。要するに、ブロック①は尾根ラインのみならず、全体で一つの「主郭」として捉えられるものではなかろうか。

なお、ブロック①ではところどころに石積み・石垣が確認される。明らかに中世のものらしい箇所もあるが、北東腰曲輪のように、谷積みの石垣と排水の土管が入る部分もある。中世の段階では、部分的かつ地形なりの積み方に留まっていると判断しておく。

ブロック②は、主尾根の南側を大きく削平して三段の平場を造成したもので、以前に筆者が南郭群と呼んだ地区[*5]である。その最上段（二〇×三〇メートル）は、遠見番所下から続く尾根先を削平したもので、東側の木出根《きでね》方面は削り残して土塁状とする。背後には小規模な平場をともない、北東尾根続きは掘り切る一方、北西側は下段の曲輪を囲むように延びたままである。虎口は南西にあり、坂虎口状となって隘路状の窪地を下り、石津浜へと降りるが、近世の陣屋にともなう可能性もあろうか。その下は本来一連のもので（二〇×一五メートル）、南東に開けられた虎口（堀切兼用）で上段と連絡する。

それから約一〇メートル下が、砲台（平夷山《へいいざん》砲台）のある平場となる。ここは南北五〇メートル、東西は南側（砲墩残存）で一〇メートル、礎石・瓦片の残る北側（煙硝蔵ないし番所跡）で約二〇メー

＊5　『君津の城』（私家版、二〇一〇年）。
＊6　「百首台場普請見積り」『富津市史』史料集一（富津市、一九七九年）。

トル幅となる。これは、中世の曲輪を再利用したものだろう。最下段は石津浜砲台の真上にあり、地形なりとはいえ、急峻な斜面を削平したものである。

なお、砲台の普請は文化五年（一八〇八）以降に幕府が担当し、長さ八間の石垣は真鶴石《まなづるいし》、延《のべ》石《いし》は房州本名《もとな》真似石《まねいし》を用いて、大蔵・箱番所・大筒居場雨屋の建造と道の開削を行い、このほかに「萩生村御番所ト御居小屋」なども計画された。*6 後者が、萩生字ケイゴヤとして名残を留めたのだろう。ちなみに、石津浜砲台と十二天社砲台は、天保十四年（一八四三）に忍《おし》藩が築造したらしい。

以上が主要な曲輪群の概要ながら、補足説明をしておきたい。ブロック①主郭群とブロック②南郭群との間は深い谷が入っているが、北側斜面の傾斜が緩やかで、この点が主郭南側に切岸をめぐらした要因と思われる。とすると、ここには浜へと下るルートの存在も予想されよう。これに関連するが、主郭南腰曲輪西端付近からつづら折りとなって、直下の浜へ下る懸崖道がある。近世から近代の石材搬出路であろうが、あるいは中世にさかのぼるのかもしれない。

主郭群の北限は、既述した大堀切から約一〇〇メートル北側にあり、中央に土橋を残し、西側は明瞭な折りを入れ、かつ末端は竪堀となる。その先に小規模な平場があったとしても、ここが城郭北側を画するものとみるべきだろう。

南側から主郭群に取り付くには、三柱神社脇と造海興業背後の二本の尾根道があるが、山頂付近は懸崖となるためか、堀切

造海城主郭群の近代石材遺存状況

主郭群下を廻る水堀

主郭群下の井戸跡

主郭群西側縁辺にのこる石積みの現状

などはない。造海興業裏手の幅一五メートル以上に及ぶ堀切もあるが、支尾根の末端近くということもあり、むしろ採石によるものではないだろうか。

灯籠坂は、のちにふれるように近世の主要な登攀路であったが、それは中世でも同様で、それゆえ、現国道や内房線の真上にあたる尾根上に、広い平場や幅広の堀切がのこされたのだろう。ただ、この堀切は単に地形なりの削平が行われた結果にすぎない一面もある。

石垣についても、補足しておきたい。従来、当城の石垣については強調されすぎたきらいがある。たしかに、曲輪の天端《てんば》やその西側下段などに、中世のものらしき石積みがみられ、一部は切石も確認されたが、多くは普請の過程で出た小振りの石を野面《のづら》状に積んだものといってよい。それはまさしく石山に立地した当城の特質ではあるが、すぐに石垣とまではいえない。

一方、同様な例は木出根一帯にもいえることながら、果樹園として利用されていた下から四段まではともかく、最上段には野面状の石垣がみられる。時期の比定も含め、今後の課題だろう。

根古屋・宿・湊についてはどうだろうか。通称根古屋は、石出浜奥の木出根内にあり、それゆえ木出、つまり城出が地名として残ったのだろう。とはいえ現在、この谷奥から城内に至るルートは不明瞭である。現国道が通るまでは前面の浜地も含め、まさしく隔絶した地であった。

宿は、白狐川北岸河口に外宿《とじゅく》・仲宿《なかじゅく》の字名があり、川の手前にも小字立宿《たてじゅく》が確認できる。

現竹岡宿の成立がいつかは不明ながら、河口付近の宿の存在は肯定されるのではないだろうか。

天正十七年とされる里見義康朱印状に「百首之湊」とみえ、房州から武蔵・下総へ向かう商船はすべて検問するよう城主に指示しているので、それに相当する湊が存在したことは間違いない。この点、滝川恒昭氏は百首の湊が現在の竹岡漁港以外に考えられないとし、[*7] また、津浜《つはま》を伝承どおり水軍の根拠地ではないかとする。

たしかに、かつて内房諸湊がそうであったように、遠浅の砂浜そのものは、けっして湊の存在を否定するものではない。近世には、養老川や小櫃川を下ってきた川舟が河口で積み荷を小舟に積み替え、さらに沖へ停泊する五大力船《ごだいりきぶね》に受け渡す作業が一般的に行われており、荷揚げや旅客の場合も同様であった。白狐川河口という条件は、必然的に湊と竹岡宿の繁栄を招来したはずである。では、津浜はどうか。

木出根の南を津浜といった。津浜とは、その名のとおり湊のことで、その一角（ケイゴヤ辺りか）には近世に廻船も停泊した。根古屋の先の湊であれば、まさしく水軍の湊であったといえるが、砲台近辺（干潮時には岩礁に多くの穴が確認される）も含め、その実態を明らかにするにはさらなる検証が必要だろう。ちなみに、南側山向こうの谷坪川河口付近には、堀ノ内の小字名と浜が展開する。こちらも一連のものだろうか。

なお、東南丘陵伝い五〇〇メートルの竹岡十三塚に至る間には、径約八メートル、高さ約五メートルの大きな塚があり、「物見的要素の強い塚」と報告されている。[*8] たしかに、ここは標高一五〇メートルほどの高さで、城山よりはるかに高く、見晴らしもよい。とはいえ、中世と判断できる明瞭な遺物もなく、推測の域を出ない。

もし、該当するとすれば、白河藩が竹岡陣屋または台場の警備を担当したおりの文政五年

＊7　「戦国期江戸湾岸における「海城」の存在形態」（『千葉城郭研究』第三号、一九九四年）。

＊8　『竹岡十三塚遺跡』（君津郡市文化財センター、一九九二年）。

造海津浜

（一八二二）四月、浦賀に現れた「異船」を観察するため、「御台場近き山」へ登った藩士は、「夫《それ》より山を一町余も下り平夷山御台場へ」至ったという。*9 これを尾根伝いとみれば、まさしくこの塚のあたりだろう。なお、同日記中に「平夷山陰延命寺」という記述があるので、この当時、城山を平夷山とも称していたのだろう。

【歴史】造海《つくろうみ》という名称は、たとえば応永期の「天羽郡内萩生作海郷」*10にみられるように、中世の郷名に由来する。しかし、城郭として登場する場合は、「百首要害」*11ないし「ひゃくしゅ」*12であり、名称としては百首がふさわしい。毛利文書では「つくろふミの城」であり、「百首之湊」という用例もある。

ただ、前者はほとんどが「〇〇の城」という言い方であり、後者は城山の隣接地を指す。百首は、城山を含めたより狭い範囲の呼称（近世百首村）ではなかろうか。この点、軍記物では百首の歌をもって説明するが、*13それはもちろん後世のもので、むしろ城山山麓の無数の岩礁に由来する可能性はないだろうか。ただ、この名称も村名自体が白河藩による文化八年（一八一一）の陣屋建設にともない、松竹梅にちなんで新たに竹ヶ岡陣屋と名付けられ、陣屋持ちの村（百首村）が竹ヶ岡村となったという経緯がある。竹岡百首湊などという呼び方は、まさしくその産物である。では、なぜ竹岡城ではなく、百首城のほかに造海城という名称が生きているかといえば、軍記物の影響だろう。

当城が初めて登場するのは、「快元僧都記」天文二年（一五三三）条にみえる、「百首の要害に立て籠る。当国の扶佐を請く」という記載である。立て籠もったのは、「残る所の一族」というから、当主里見義豊に討たれた伯父実堯や正木通綱らの一党ということになる。当時、百首が真里谷一族の支配下にあったことは間違いないが、にもかかわらずそこに籠もり、しかも相模北条氏の援

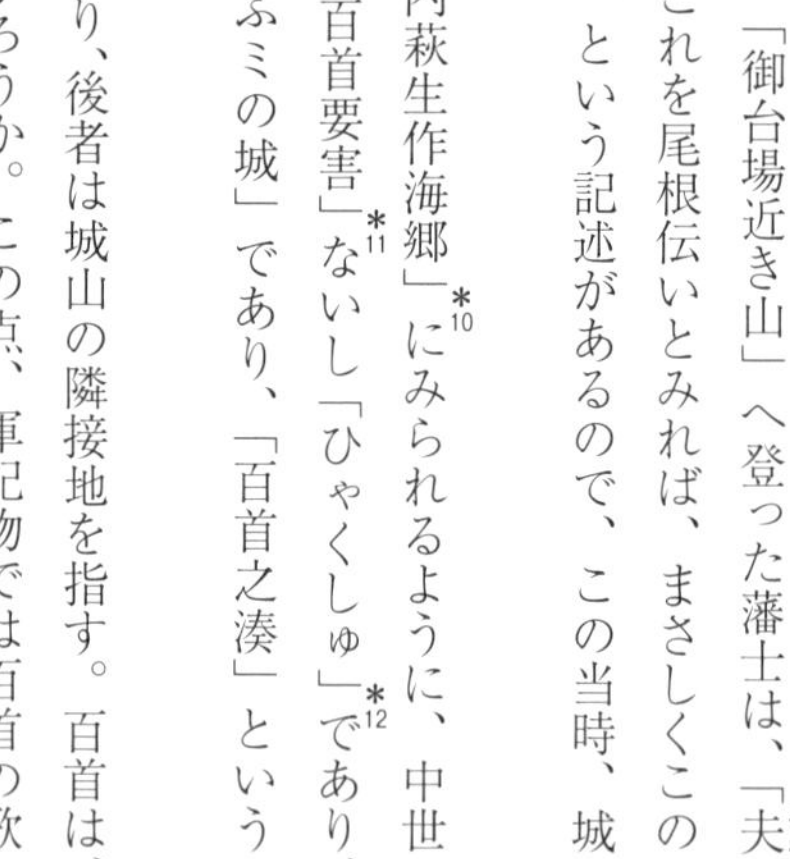
延命寺　千葉県富津市

*9 「総州平夷山出張中日記」『白河市史』近世Ⅱ。
*10 上杉家文書
*11 「快元僧都記」
*12 「日我書状」
*13 「里見九代記」など。

助を受けたという。真里谷氏当主信清は、大永〜天文期にかけて反北条氏の立場で、まもなく始まる内訌時に信隆派の持城としてみえる以上、百首はそれとは異なる一族がいたことになろう。

この点、黒田基樹氏は、城山北東山麓の延命寺弥勒菩薩坐像背部にみえる「時旦那源道存　年老六十亥　于時天文三年甲子五月吉」の墨書銘から[*14]、「信嗣の弟もしくは従兄弟にあたる」人物ではないかとした[*15]。いずれにせよ、それは安房に隣接し、親北条氏勢力の抱える城に難を逃れたことになろう。

里見家の一乱は、翌天文三年四月には義豊側の敗北、つまり実尭の息義尭を勝者として決着した。その後の戦闘の経過からして、百首の城が戦乱の舞台となることもなかっただろう[*16]。しかし、三年後の天文六年には、武田（真里谷）一族間の軋轢が内乱へと発展し、これに小弓の足利義明と北条氏がそれぞれに荷担した（足利義明・信応―北条氏康・武田信隆）。その過程で、北条氏の援助のもと内訌を乗り切った里見義尭が手切れに及び、一転して義明側に与するや、信隆派は屈して、拠点の真里谷新地ほか三か所も没落した。一つが峰上、残る一つが百首城であり、そこには北条氏からの援兵も詰めていたようである。

戦後、里見―北条間ではその処理をめぐって協定が結ばれたようで、敗者の信隆側は、「持城嶺上城からの離城と一族への明け渡し、そして自身の「物詣」という二段階をもって」収拾が図られたという[*17]。

では、百首城はどうだったのか。これといった記録もないが、おそらく以後の経緯からして、里見氏が領有するものとして了承され、そこには正木一族が入ったのだろう。その後、天文七年の国府台合戦、さらに同十二年から十三年にわたる笹子城ほかをめぐる武田一族の争いに際しては、前線基地となった。

＊14　『千葉縣史料』金石文篇一（千葉県、一九七五年）。

＊15　『戦国の房総と北条氏』（岩田書院、二〇〇八年）。

＊16　滝川恒昭「房総里見氏の歴史過程における「天文の内訌」の位置付け―関係史料の紹介をかねて―」（『千葉城郭研究』第二号、一九九二年）。

＊17　佐藤博信「房総における天文の内乱の歴史的位置」（『おだわら―歴史と文化―』第五号、一九九一年）。

しかし、天文十三年中には北条氏の反撃が始まり、同十四年～十五年と争いは続き、この間、約七キロ北東の峰上城は調略で奪取され、同十五年には佐貫城も包囲される事態となった。百首城も無事では済まなかっただろう。

とりわけ、天文二十一年末以降は北条氏との直接対決という構図となり、西上総では同氏優勢の内に事態は推移した。北条氏の家臣が直接当地へ入ったという場合はもちろん、里見氏に従っていた正木一族をはじめとして、北条氏に降る者も後を絶たず、当城もその一つであったとみるのが妥当だろう。とすると、竹岡周辺を含む旧嶺下郷に色濃く伝承を残す玉縄北条氏の家臣である朝倉氏か、いわゆる内房正木氏の正木兵部太輔と考えられる。

岩坂にかつてあったという天台宗大満寺《だいまんじ》は、真里谷氏没落ののち、朝倉景隆《かげたか》の祈願所と伝えられ、朝倉氏の「竹ヶ岡」在城時代に、城中には大満寺曲輪なる一角もあったという。[*18] 大満寺は、武内《たけのうち》神社背後の高丘大満寺山に所在したのであろうが、同氏「滅亡」ののちは、大檀那なきゆえ廃寺となったという。

もし、それが事実とすれば、天文～永禄初期以外にはありえない。というのも、内房正木氏は、永禄六年（一五六三）には三浦一帯の所領を失っており、それは同時に、里見氏への帰属を意味したからである。[*19] 以後、三崎・浦賀の海賊衆とたびたび行われた海戦でも、百首城の存在を脅かす事態には至らなかったようだが、天正五年の和睦成立で一段落することとなる。

その後、天正八年（一五八〇）の里見義頼と梅王丸との抗争に際して、梅王丸方であった百首は攻め落とされ、正木源七郎が領有することになったという。[*20] 翌九年八月には、小田喜正木憲時の征伐に際し、里見義頼が正木淡路守・同源七郎父子に宛てて出陣を命じている。そこには、「其方之人衆」が援軍である北条氏の人衆とともに、中島で装備以下の点検をせよとあるのみながら、[*21]

＊18　「岩坂誌」

＊19　湯山学「戦国時代の六浦・三浦―房総との関係を中心に―」（『中世房総』第二号、一九八七年）。

＊20　日我書状

＊21　正木文書

内容からして、金谷ないし百首というより、両城を束ねた正木氏に宛てたものとみるべきだろう。

淡路守の家系は、淡路守（実名不詳）―時盛―頼時と継承され、永禄末～元亀にかけて時盛（不染斉）へ家督が移ったようである。天正期の政変に際しての功績は大きく、力を失った東上総の正木一門から、新たに内房の正木氏がそれに替わった感がある。天正十三年の里見義康の元服の際に、百首から勝山にいち早く祝儀の盃や品が届けられたのも、この当時、正木一門の筆頭であったためだろう。[*22] 二年後の鹿野山神野寺の仁王堂棟札に、当主義康の下に頼時と勝山城主輝綱の名がみられるのは、まさしくこの当時の両者の位置を示しているのである。

なお、天正十八年の「関東八州諸城覚書」には、「かなや真崎淡路守抱　つくろふミ真崎淡路守家城」とあり、造海は明確に正木淡路守家の居城となった。天正九年～十三年の間に、子の時盛が造海＝百首に移ったということになる。天正十七年、正木淡路守宛て里見義康朱印状では、百首の湊で廻船検査を命じているが、要となる湊城に、正木一門の時盛が配置されたということだろう。

＊22「里見家永正元亀年中書札留抜書」

上総と安房の境目の城

22 金谷城《かなやじょう》

①富津市金谷
②正木氏―北条氏―正木源七郎―時盛
③石垣虎口（現在消滅）・外郭を廻る切岸
④鋸山西端に築かれた湊城

城跡遠景

【立地】富津市金谷字本町・仲町ほかの、丘陵と谷部・山麓よりなる。丘陵は鋸山《のこぎりやま》山塊の海側末端に相当するも、細尾根で結ばれているために、あたかも独立した山塊のように海に屹立する。山頂部は南側にあり、北側に向けて尾根が分岐し、間の谷の出口が金谷川河口に開けた集落に面している。

標高は、山頂部で約一二〇メートル、谷部が六〇～四〇メートル、木出付近が約三〇メートルである。地質は全山岩山の稲子沢《いなござわ》層で、ところどころに見られる岩盤整形と石積み遺構は、この城ならではだろう。

【構造】城跡の大部分は、昭和六十年代末にレジャー施設の敷地となったこともあり、遺構そのものに注意が払われることもなかったが、この城のような険しい丘陵城郭の場合、発掘調査なしには旧状の復元が困難という条件もあった。だが、図らずも再度の開発[*1]にともない、昭和五十五年～五十六年・同六十一年～六十二年に海側中腹部の発掘調査が行われ、埋もれていた遺構が明らかになったことで、初めて当城の特質が語られるようになった。以下、二冊の報告書[*2]により、概略を説明する。

＊1　リゾートマンション建設。

＊2　①野中徹ほか『千葉県富津市　金谷城跡―二ノ郭発掘調査報告―』（金谷城跡調査団、一九八一年）。②諸墨知義『千葉県富津市　金谷城跡』（君津郡市文化財センター、一九八八年）。

縄張り図　作図：小高春雄（文献①②、＊15の松本論文を参考にした）

①の報告書所収「金谷城跡概念図」は、全体を捉えたものとしては最初の作業で、山頂部を主郭、その西側中段を二ノ郭としたのは順当な評価であった。一方、三ノ郭は北東丘陵先端の削平地群に比定している。この点、②報告書では延享年間の村差出帳に、「本、二、三丸杯と申」とあるところから、主郭を本丸、二ノ郭を二ノ丸、谷部を三ノ丸に比定した。①報告書の三ノ郭は、のちに述べるように、外郭ラインの先端に設けられた支塞のようなもので、②報告書にいう三ノ丸、つまり広い北側谷部が三ノ郭に相当しよう。ただ、当城のような険しい山脈の丘陵では、明確に一つの曲輪として捉えられないので、主郭域という意味で使用せざるをえない。なお、報告書をもとに、一部加筆・修正したという松本勝氏の概念図も参照願いたい。[*3]

主郭群は標高約一二〇メートルの山頂部にあり、地形なりに頂部を削平した結果、南北と両者をつなぐ平場とその西側中腹という四つの郭に分けられる。南北の郭は地形に沿ったということもあり、形状は区々である。とりわけ、北側は削平度が高く、中央部には間を貫くような窪地がみられる。近代の砲台設置にともなう改変であろうか。

なお、北側尾根続きは二段の懸崖をもって要害化する。南側は城の南端にあたり、尾根続きは堀切で切るものの、郭直下ではない。南北郭の間は廊下状の平場となっており、南寄りには鍵形に屈曲した土塁がみられる。あるいは、後世の所産であろうか。中央土塁脇から西側へ隘路のように下る道があり、そこには一段低い谷状の平場が存在する。その西端部は、昭和六十二年の調査によって、遺構こそ検出されなかったものの、面積に比べてかわらけが多く出土した。これは、山頂の性格を物語るものだろう。なお、縁には地山の角礫による土留めが検出されている。虎口もその一角だろう。

主郭から二ノ郭へは、谷状平場から直下の腰曲輪を経て、竪堀状の通路で結ばれていたようで

＊3　「金谷城跡」『千葉県所在中近世城館跡詳細分布調査報告書Ⅱ―旧上総・安房国地域―』（千葉県教育委員会、一九九六年）。

ある。腰曲輪は海を見下ろす絶壁上にあり、幅一〇メートルから、広いところでも二〇メートルほどの平場ながら、その端に設けられた調査範囲内で、掘立柱建物跡三棟（内二棟は重複）が検出されている。腰曲輪の活用を物語る一例といえよう。その下は、傾斜面に直行するように掘り窪められたなかを、階段状に整形した道が二ノ郭手前まで続いている。このような通路が検出されたこと自体、きわめて稀な事例で、曲輪外の微地形にも注意を払う必要を教えてくれる。

なお、のちに述べるが、天文二十二年の逆乱で、実城《みじょう》に籠城した妙本寺住持・日我は、運び入れた聖教《しょうぎょう》ほかをすべて兵火[*4]で失ったという。とすれば、火災の痕跡があってしかるべきだが、腰曲輪の調査結果にも記述はみられない。ただし、新編千葉県史[*5]「金谷城」の項では、「発掘調査で確認した建物の周辺では部分的に焼土層、炭化物層を検出しており、この炭化物・焼土物層は、天文二十二年の金谷城炎上と関連する可能性を想定」できるとする。焼土層の状況や建物が、具体的にどれに比定されるのかの記述はないが、注目されるところではある。

金谷城掘立柱建物　画像提供：富津市教育委員会

とはいえ、その程度というなら、火災が山頂部に限定された結果とするより、報告された遺構群は、その後の所産と考えるべきかもしれない。ここは全体の一部でもあり、今後、調査の機会がある場合は、経巻の金具など、籠城の痕跡の有無を視野に入れた調査方針が望まれる。

二ノ郭は主郭から約四〇メートルほど下った西側海寄りにあり、眼下は波濤逆巻く湾内に臨み、背後は一段低い三ノ郭

＊4 「里見義尭室追善記」（妙本寺文書）には、「金谷実城ニテ悉焼失」とある。

＊5 『千葉県の歴史』資料編中世1（千葉県、一九九八年）。

の谷と隣接する。その大部分が発掘調査の対象となったことで、地中深く埋もれていた遺構が出現した。調査時の様子を知っている筆者としては、悪条件のなかを最大限努力した担当者の存在についてもふれておきたい。

注目すべきは、南端から北へ下る谷間を、両脇の岩山を大規模に削って埋め立て、曲輪を造成したこと（西側は削り残しの高土塁遺存）、そして、その南端に岩盤を深く刳り抜いた柱穴を有する大形の掘立柱建物群（報告書は、楼閣風の「物見台」かとする）を建てる一方、中程は礎石建物群とすることである。また、その下の三ノ郭側縁の一角は掘り窪めて坂虎口とし、薬医門《やくいもん》形式の門を置いたことなども明らかになっている。

出土遺物は貿易陶磁器（青磁・白磁・染付）、瀬戸美濃陶器（天目・擂鉢・皿）、常滑甕、かわらけなどで、とりわけ前二者が卓越する。時期的には十六世紀代、それも中頃から後半の遺物が主体で、十五世紀代と十六世紀終末の遺物がみられないという点も、特記しておかねばならない。これらの事実から、二ノ郭が城主殿舎が立ち並ぶ空間であったということ、そして火災がみられないことなど、報告された遺構は、逆乱以降の正木氏時代の所産と捉えられよう。

二ノ郭北側の様相にもふれておく。門から先は細尾根となり、先端は二段の堀切を施すも、間を障壁状に残すというやり方である。また、三ノ郭へ至る道はすぐに左折してそのまま下り、つぎに右折して、のち直進するというルートである。斜面を勾配少なく上がる方法だが、門の左上や右手の高台から射撃が可能という利点もあるのだろう。この途中の屈曲部から北側には、幅六メートル前後の明瞭な腰曲輪が存在し、そこには曲輪の長軸に沿って数棟の細長く、かつ小さな掘立柱建物が検出されている。

また、道脇には四本の柱穴から「四脚門」の存在を指摘するが、並びや位置からして疑問であ

金谷城虎口　画像提供：富津市教育委員会

金谷城虎口石積み　画像提供：富津市教育委員会

る。腰曲輪の下には、トレンチ調査で幅の狭い腰曲輪がさらに一段あることが確認されている。

三ノ郭（現金谷城スポーツセンター）は空間としてはもっとも広く、三ないし四段の平場があったと思われるが、下段は桃太郎園の駐車場となっていたため、旧状はわからず、また、一帯は発掘調査の対象となっていないので、あくまでも現状の判断である。とはいえ、その上段は明瞭な平場が存在し、ここは遺構の存在が推定されよう。谷の出口は字木戸といい、大木戸の存在が想定される。

さて、これで金谷の説明が終わるわけではない。最初に述べた①報告の三ノ郭についてふれていないこともあるが、それとも関連して、従来、この金谷について重要な視点が欠落していた。それは、筆者のいう三ノ郭を含め、主郭に至る東側側面肩口には、延々と切岸整形が施されているという事実である。主郭東側の懸崖に対し、①報告で人工的なものとし、垂直に近い傾斜と述べているとおりだが、そこではその性格を帯曲輪とし、兵の移動上の便を考えている。

個々からみれば、それも一つの解釈だが、切岸整形は主郭背後から筆者のいう三ノ郭東側肩口をめぐって先端の支塞（土塁をともなう頂部の曲輪と周囲を懸崖化し、下に腰曲輪群をともなう）に至り、さらに木戸先は竪堀で遮断するなど、城域を限る外郭ラインと捉えられる。外城を含めた城郭全体を広域に囲い込むこのような手法は、佐貫城や岡本城が典型だが、造海城や峰上城も同様な思想の産物で、それが当時の西上総における拠点城郭共通のやり方なのである。

最後に、宿・根小屋・湊について述べる。城下の現金谷港から金谷川河口一帯は江戸時代、村高に比べ人家が多い、山勝ちの湊町[*6]であった。それが中世の延長にあるとすれば、湊以外に宿・根小屋は見出しがたい。もちろん、宿はともかく根小屋を三ノ郭にあてる考えもあるわけで、少なくとも当初はその可能性があろう。湊については、現金谷港は後世の所産で、やはり金谷川河

＊6「海辺通り之田畑」ないし「田畑少く」、天明期村高五二〇石余・家数二三〇軒。『富津市史』史料集二（富津市、一九八〇年）。

金谷城からみた湊

口一帯が適当とみる。近世廻船の津としては不適かもしれないが、押送舟《おしょくりぶね》程度なら不都合ない。この点、竹岡と同様である。

【歴史】　地理的な関係もあろうが、金谷は妙本寺文書や記録中に散見される。戦乱のなかにあって、法灯を守り続けた日我に関連して言及した小笠原長和氏[*7]や、より具体的に金谷城ほか城郭の歴史的役割にふれた佐藤博信氏の先行研究[*8]などがある。さらに、研究の礎となる妙本寺文書の全容が活字化されたこと、[*9]佐藤氏のこれまでの研究成果がまとめられたこと[*10]も記しておかねばならない。そのうえで、筆者なりの分析を心掛けたい。

金谷城の初見史料は、天文二十二年（一五五三）に記された「日我弟子交名」にみられる、「乱中於金谷之籠城記之」の文言である。周知のように同年六月、房州（といっても上総南部を含むが）に「逆乱」が起こり、里見氏は窮地に立たされた。庇護を受けていた妙本寺住持日我は、聖教（経典など）を金谷城内に運び込んだが、七月に「金谷実城ニテ悉焼失」したという。[*11] 実城は御城で、主郭群ないし二ノ郭をも含む一帯を指すことは間違いない。この時点で、金谷城は明らかに里見氏の持城だったのである。

それでは、そもそも金谷城はいつ、誰によって築かれたのであろうか。この点、佐藤氏は「堯我問答《ぎょうがもんどう》」にみられる、天文四年の時茂・時忠兄弟の三浦出陣に際して、当主義堯も保田まで出馬したという記述に加え、妙本寺の位置する吉浜地頭糟屋《かすや》氏の存在から、それが正木時忠ではないかとした。たしかに、後述する経緯からも、その可能性は納得できることもあるが、それは当時、すでに金谷城が存在したうえでの話である。造海城の項で述べたように、里見家の天文の内訌時に、義堯以下が「百首之要害」に籠もったとすれば、金谷の存在はどうだろうか。天文六年の武田家の内訌時に、百首が信隆派の持城であった以上、この当時の里見氏は、国境の金谷を

＊7　「永禄二年妙本寺日我作「いろは字」の奥書と房州の逆乱」（『中世房総の政治と文化』、吉川弘文館、一九八五年）。
＊8　「安房妙本寺と房総里見氏—上総金谷城・妙本寺要害及び勝山城をめぐって—」（『千葉県史研究』第六号、一九九八年）。
＊9　『千葉県の歴史』資料編中世3（千葉県、二〇〇一年）。
＊10　『中世東国日蓮宗寺院の研究』（東京大学出版会、二〇〇三年）。
＊11　「里見義尭公追善記」

越えることはなかっただろう。

ただ、戦いの過程で、里見氏は北条氏に敵対する存在となった。当時の居城が岡本または宮本であったことを考えると、この直後に境目に築城した可能性はないだろうか。もしそうだとしたら、義堯との関係からして、主体を時茂兄弟とみることに無理はない。佐藤氏も述べているように、逆乱後の混乱からほどない頃、「千載一遇の温問を預か」り、「誠にもって往昔の恩愛」と述べたのは、やはり個々の関係というより、妙本寺が金谷城の管轄下にあったためとも受け取れる。ただし、時茂兄弟は天文十一年から同十三年頃には東上総経略の先鋒として活躍しており、それぞれ小田喜・勝浦の正木家を起こしたことは、あえて述べるまでもない。峰上城の項で既述したように、一方で佐貫・峰上領の接収が天文十三年から十四年にかけて行われたとすれば、主体は誰であったろうか。

筆者は、のちの天文期後半に北条方としてみえる正木兵部太輔であり、同弥五郎・源七郎であり、真田弾正忠であったと考える。彼らが拠った地は、弥五郎が天文十六年に保田の地頭として確認される以外、不明だが、いずれにせよ吉浜からほどない地にいたらしい。兵部太輔と妙本寺との関係が希薄なこと、義堯が佐貫に在城していたことなどからして、弥五郎・源七郎が金谷ないし造海にいた、それも佐藤氏の言うように、「事実上の物主《ものぬし》」としてあった可能性は高い。天文二十二年の逆乱は、単純に彼らが北条氏に取り込まれたという構図ではなく、これら既得権を承認される条件で一味したということもあるのではないだろうか。対岸の地三浦一帯が、その見返りに用意されたことは言うまでもない。北条氏にとっては、それだけの価値がある代償行為であったのだろう。

その結果、天文二十四年秋には金谷城が北条氏の手に落ちた。[*12] 攻め落としたというより、彼ら

*12　白川文書

金谷からみた三浦　左手には富士山が見える

の味方化というべき結果だろう。この前後と思われるが、弥五郎による某城在城衆の編成に際し、「御加世儀簡要」と、北条氏より求められた人物に真田氏がいる。[*13]徳川光圀《みつくに》の「甲寅日記《こういんにっき》」には、金谷城主として「真田八郎右衛門」なる人物の伝承を記しており、日記の年代といい、示唆するところがあろう。この某城は不明ながら、金谷・造海・天神山のいずれかには違いない。

しかし、それも長くは続かなかった。永禄三年（一五六〇）頃の作成とされる「関東幕注文」の、正木兵部少輔を兵部太輔とみるかどうかはともかく、永禄四年から六年には、三浦における房総所縁の所領が北条水軍の梶原氏らに与えられていることから、再度、里見氏に復したのだろう。[*14]とにかく、その後は既述した正木源七郎なる人物が金谷城主となったこと、また、彼が弥五郎と同じ系列に属する正木一門であったことも間違いない。のちの天正八年（一五八〇）、小田喜正木氏の一乱時に、里見義頼が「正木淡路守　同源七郎」に宛てた書状は金谷城主父子とみてよいものだが、天文初期からみられる源七郎が、この淡路守に相当すると考えられる。その子源七郎が時盛とされる人物である。彼らは里見義堯・義弘に従ってはいたが、義弘亡き後の動きからして、天正期には安房の里見義頼を含め、両属の状況にあったのではないだろうか。

ところで、この当時、内房では金谷の存在意義に関わる大きな出来事があった。それは、「新地」の取りたてである。新地については、北条水軍山本氏が同じ三浦衆の一員である井出・幸田両氏に宛てて戦功を賞した書状で、「岡本・金谷・新地三所之敵舟」という記述がみえる。いずれも城とこそ記してないが、城郭ないしその城下を含めた表現であって、岡本・金谷はもちろんながら、新地が問題となる。通常、その地に城郭があれば〝〇〇新地〟という表現になるが、それがないということであれば、まったくの新規の取り立てだろう。しかも、岡本・金谷と並んで表記されていること自体、付近にそれなりの湊を有した城郭とみてよい。

＊13　神奈川県立歴史博物館所蔵文書

＊14　復帰の条件や戦後処理をめぐる正木時忠との関係は佐藤前掲書参照のこと。

この文書の発給年代は不明ながら、筆者は天正期、それも五年以前と推測する。そこで、さらに絞っていくと、ほぼ同時期とみてよい、妙本寺住持日侃《にちかん》が某氏（時盛であろう）を介し、正木大膳に寺内の保護を依頼した書状で、新地在城衆の狼藉を取り上げたのちに、新地を「隣城」と述べている点が注目される。すなわちそれは、妙本寺とほどない地にありながら、かつ金谷城主の管轄外にあった城ということになろう。となれば、それは勝山城よりほかにありえないと考える。天正初期で新地ということであれば、築城はおそらく、元亀から天正にかけてと思われる。そうだとすれば、構造も時期に見合ったものでなければならないが、この点も申し分ない。なお、佐藤氏や松本勝氏が、すでにこの新地が勝山城の可能性が高いと述べている。*15

そこで、勝山城の意義を考えたい。築城要因は、勝山・岩井一帯を北条水軍の脅威から除くことにあったと思われ、これによって妙本寺を要害とした不自然さも解消したことだろう。また、岡本―金谷間の防衛ないし連絡という点も改善されたと思われる。

重要なのは、そのことで金谷城の存在意義に変化の兆しがみえたということである。天正八年、義弘の遺跡を継承した梅王丸と安房の義頼との間の一乱の際、金谷の名はみられず、百首以北が境界となったらしい。攻め落とされた城のなかに百首があり、そこに源七郎（時盛か）が入ったということは、いち早く義頼に従った結果と思われる。百首はまた、白狐川よりもはるかに大河で、流通の要地でもある湊川の河口を押さえる位置にある。天正五年以降、北条氏との敵対関係も解消し、上総・安房二か国の主となった義頼にとって、もはや国境の要地金谷にこだわる必要はなく、内房の北部は勝山、上総南部は佐貫・百首という住み分けが成立したのではないか。それによって、金谷城は歴史の表舞台から下りたものの、なおその命脈を保っていたことは、天正末期の「関東八州諸城覚書」に「かなや真崎淡路守抱」とあることで明らかである。

＊15　佐藤前掲『中世当国日蓮宗寺院の研究』・松本勝「安房勝山（加知山）城跡について―内房正木氏系海城の構造と概要―」（『千葉史学』第四〇号、二〇〇二年）。

取り合いとなった境目の城

23 一《いち》宮《のみや》城《じょう》

①一宮町一宮
②（不明）―正木氏―正木藤太郎―正木氏
③城内高所の池と庭園を配した御殿
④里見、北条争奪の城・北に上総一ノ宮社殿

【立地】上総一ノ宮・玉崎《たまさき》神社南側の丘陵一帯が城跡である。九十九里《くじゅうくり》平野南端の丘陵先端の要害に立地する。標高は、周囲を取り巻く丘陵の峰で四〇メートル弱、その内側の郭内で二〇メートル前後ながら、城下の街道辺りでは約七メートルほどである。地質は砂岩泥岩互層の梅ヶ瀬《うめがせ》層である。

【構造】大きく二つの山塊からなっている。一つは城山公園（字城之内の地）で、いま一つは観明寺境内である。このほか、現玉崎神社一帯を加える考えもあろうが、それには否定的である。

城之内、つまり城山地区は一宮城の中心で、あえていえば本丸になる。ここは、南側に開口する楕円形の丘陵であり、谷間は南側に向かって約三面の段差がみられる。規模は東西二〇〇×南北一五〇メートルほどである。昭和五十八年、町立武道館（振武館《しんぶかん》）建設にともなう発掘調査が東南尾根直下の平場で行われ、庭園と礎石建物、火災にともなう焼土層から刀・長刀などの武器、主に中国産の貿易陶磁と瀬戸・常滑産の陶器、それに素焼きのかわらけ、

西側から見た城跡

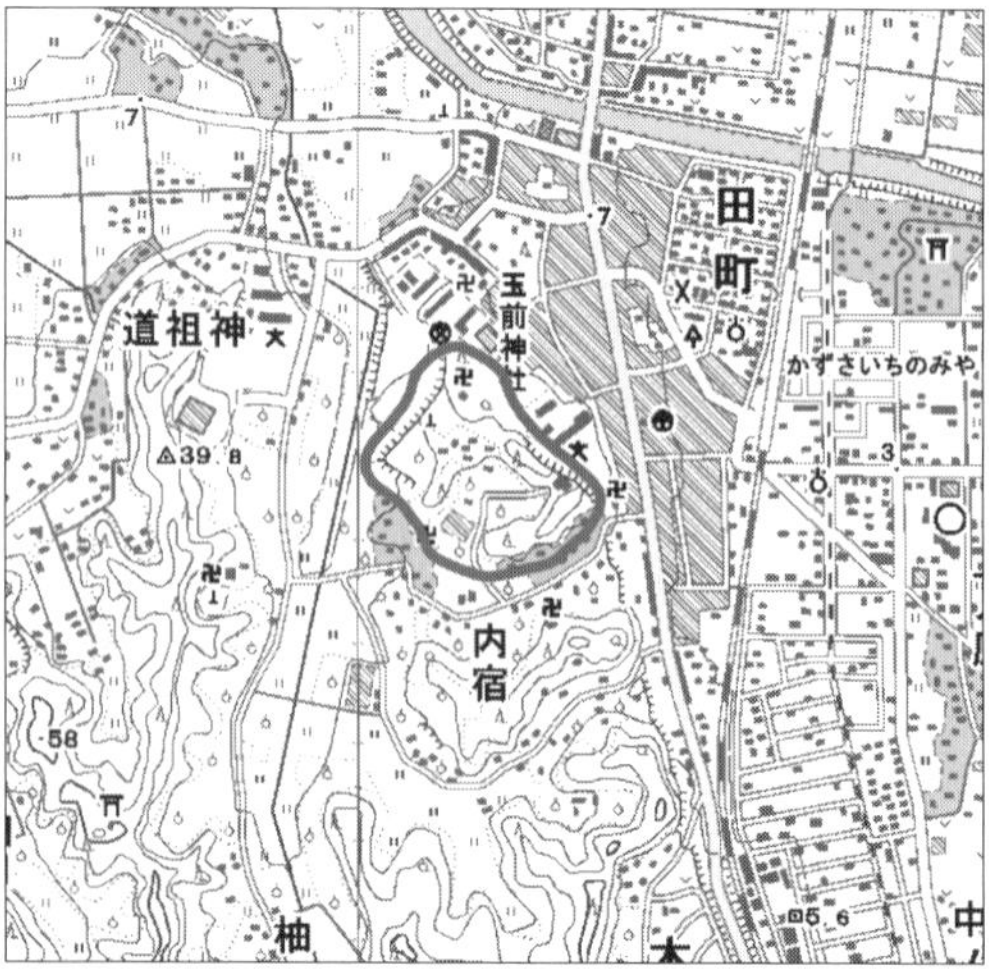

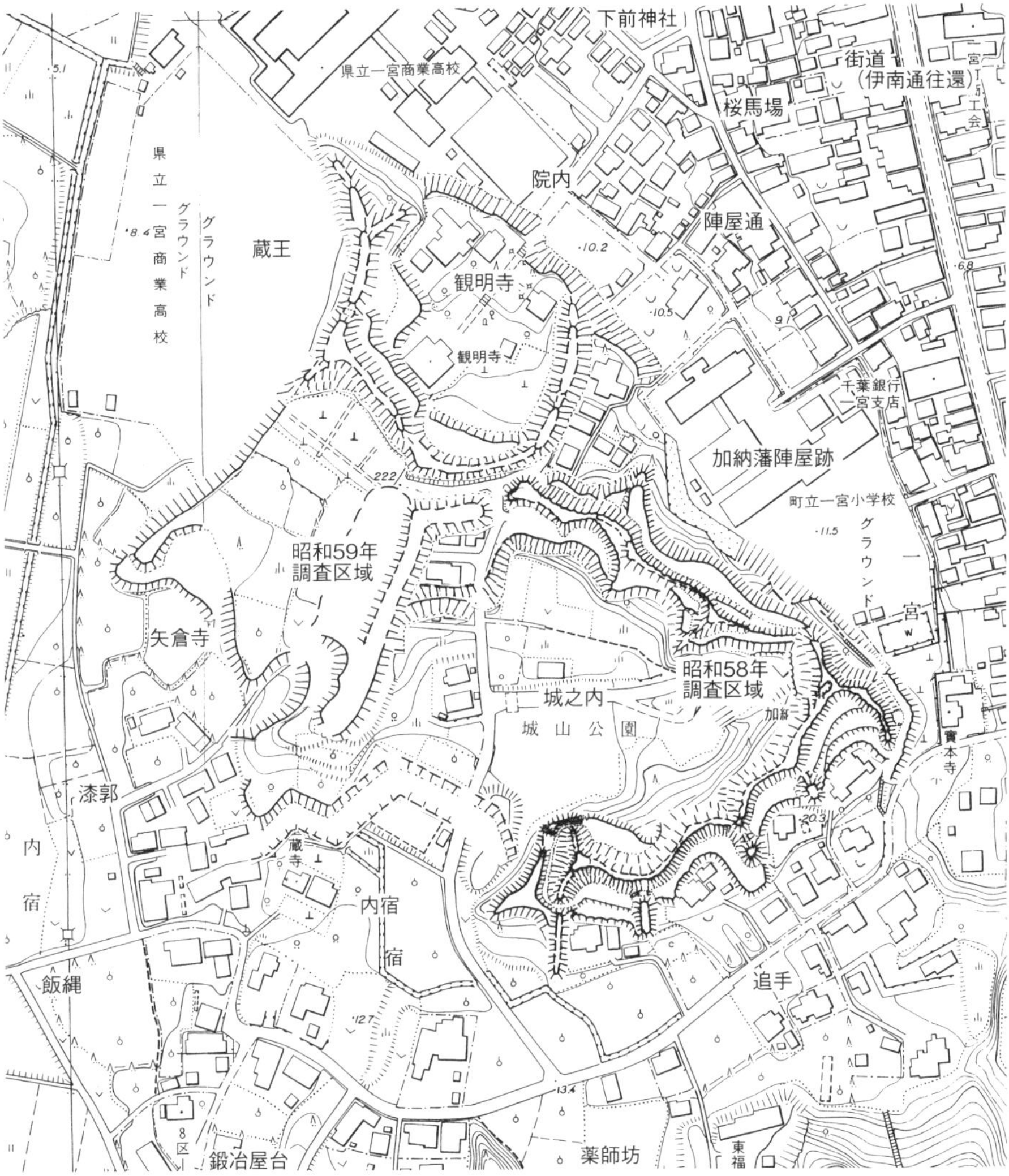

縄張り図　作図：小高春雄（『中世の一宮』）

玉崎社現況

城之内から近世陣屋・城下を見る

鉄砲玉など多量の遺物が出土した。出土した陶磁器、とりわけ編年研究の進んでいる瀬戸・常滑をみると、瀬戸では後期Ⅳから始まり、大窯3前半（藤沢編年）までで、その末にピークがある。一方、常滑では8型式以降、12型式（中野編年）に及んでいて、同様10型式にピークがある。その実年代は、瀬戸では十五世紀の後半から十六世紀後半、常滑では十四世紀代から十六世紀代に及ぶことになるが、これをもって、ただちに一宮城の存続年代とすることは危険である。

というのは、古瀬戸後期から大窯1の年代観は、いまだ問題をはらんでいること、常滑の十五～十六世紀代はそれ自体、大まかな年代設定に加え、主体となる甕の使用期間など課題も多い（一般的に、併存する瀬戸より古くなる傾向あり）。ただ、瀬戸の大窯2以降はそれほどの問題もないので、十六世紀後半の製品が多くみられることは確実で、まさしく一宮正木氏の歴史と符合する。これは、伝世品は別として、染付・白磁など貿易陶磁も同様である。さらに、出土した銭貨に、初鋳年一四五四年のベトナム銭延寧通寳《えんねいつうほう》が混じっていたことも付け加えておく。

つぎに、それを使用・所持した階層は、青白磁梅瓶をはじめ多量の青磁・白磁、箸置き用耳カワラケ、飾太刀の一部らしき金具また家具の飾金具など、他の城館出土例と比較して、国衆クラス以上の居館に比定されるものということができる。礎石建物と玉石敷池の存在も、まさしくセットとして捉えられよう。そして、遺物の多くが持ち出されずに、この遺構の上から焼土と一緒に出土した事実（被熱陶磁器、変形した銭）は、単なる火事というより、何らかの事変にともなう可能性が高い。

武道館の一角以外はどうかというと、北側の一段高い場所ではかつて焼土が露出していたし、掘ると炭や固まった焼土が出るとは、偶然居合わせた耕作者の話である。おそらく、ここにはその広さからして、同じく焼失した建物群、それもさらに大きなものがあったのだろう。城之内を

一宮城之内　郭内と丘陵

内宿方面からみた城之内

囲む丘陵は、尾根直下で外側に向けて切岸整形が行われ、あたかも屏風を立てたような面が続くが、緩斜面となる西側では昭和五十九年の確認調査の結果からして、堀が並列していたようである。

南西の開口部は、課題も多い。筆者は、玉蔵寺《ぎょくぞうじ》裏手の崖面整形の状況から、屈曲する堀の存在を指摘したが、*1 それも検証する機会が必要と考えている。ただ、いずれにせよここが大手にあたるようで、その先の東へ行ったところは追手と呼ばれている。現在、この一帯は地形の改変が進んでいるので注意を要する。

観明寺《かんみょうじ》裏は、筆者が指摘するまで*2は城跡との認識がなされなかったところである。しかし、周囲を廻る丘陵には尾根を切る堀切がみられ、城之内との境界は空堀（現掘割り道）で分離されている。唯一問題があるのは要害に欠ける北側（玉崎社側）であるが、ここはもはや旧状がわからない。

最後に宿・根古屋だが、大手先に内宿地名があり、地形条件からしてまさしく内宿だが、西側には外宿の通称・小字は確認できない。一方、根古屋は東側山麓の陣屋通り一帯が想定される。なお、それに並行して走る近世伊《い》南通《なんどおり》往還《おうかん》は南北の直線道であり、戦国期に起源を有する東総城下でみられる鍵形の屈曲はないので、旧道たる「陣屋通り」の前後に該当するものがあったのかもしれない。

【歴史】出土遺物ですでにみたように、その始まりは十五世紀末葉にさかのぼる可能性があるが、文書で確認される十六世紀中頃以降は、里見・正木領国の東上総における最前線に位置する。背後にはすでに、万木の土岐氏を挟んで同族である勝浦・大多喜の両正木氏が入っていたが、北には原氏と関係の深い土気・本納《ほんのう》の酒井氏、西には独自の支配領域を形成した長南武田氏が存在した。

下総国府台合戦の終わった永禄七年五月～六月の間であろうか、勝浦の正木時忠・時通父子は、

＊1　『中世の一宮』（一宮町教育委員会、二〇〇四年）。

＊2　『長生の城』（私家版、一九九一年）。

北条氏に一味して正木大炊助のいる一宮城を襲った。*3 これは、突然かつ予想外の出来事であったようで、ときの里見家当主義弘が越後の上杉輝虎（後の謙信）に送った書状の返信には、*4 逆心によって大炊助が没落に及んだことは言葉にならず、あなたもさぞお力を落としであろうと慰めている。同年十二月の時通の制札では、観明寺門前の喧嘩・狼藉を禁止したのは通例として、加えて「在宿中各別」とある。勝浦正木軍の占拠がしばらく続いたのだろう。

同じ一族同士が、なぜ闘かったのか。永禄三年から開始された大多喜・勝浦・一宮といった一族を結集した正木氏の香取侵攻で、切り取った下総領のことで大多喜と勝浦の間で確執が生じていたようである。*5 永禄四年に総領家の大多喜正木時茂が没し、その跡を従兄弟の信茂が継いでいたこともあろう。同七年正月の第二次国府台合戦での里見氏の敗北は、下総領のみならず上総でも勢力を大きく後退させ、しかも当の信茂が討ち死にするに及んで反旗を翻すに至ったが、もちろん北条氏との密約があったのだろう。同七年七月に「高根」に下した北条氏禁制*6は、現長生村高根とみてよいが、*7 そうであれば一宮庄内に侵攻したことも、その連携のうえになされた行動と思われる。

勝浦正木氏の一宮侵攻が一宮城への攻撃を意味するのは間違いなく、あらためて、既述した城之内の様相が問題となる。持ち出されずに焼失した遺物群が突然の強襲に対応するとして、しかも池をともなう庭園とそれに臨む建物内に遺されていたとしたら、永禄期の御殿における饗応空間の様相を示す標識的遺跡といえるのではないか。

一宮城は、その後も争奪の舞台となった。天正三年（一五七五）夏、北条氏は一門の氏繁をはじめ、遠山氏・桑原氏・清水氏・山角氏、それに下総の臼井衆・小弓衆を動員して東上総の酒井氏を包囲した。さらに、一宮・万木にまで兵を出した。同年八月二十三日付けで、一宮へ兵粮米三俵と

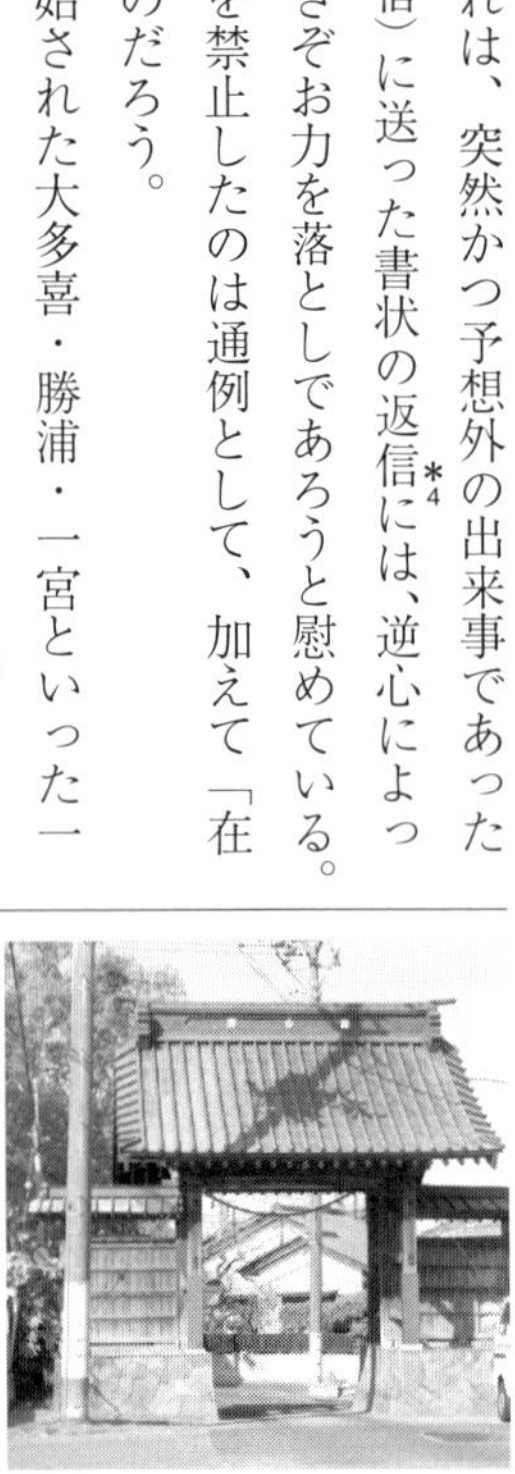

観明寺門前にあった近世堀氏時代の門

*3　この点、『中世の一宮』（一宮町教育委員会、二〇〇四年）滝川恒昭氏の担当箇所参照。

*4　六月二十七日付け上杉輝虎書状

*5　永禄五年六月二十九日付け正木信茂書状

*6　「上総国古文書」所収北条氏禁制写

*7　前掲『中世の一宮』。

一四〇俵を遣わすべく、それぞれ桑原氏と氏繁に命じているが、[*8]そのなかに「一宮正木藤太郎逼迫候間、合力候」とある点は注目される。里見氏から圧迫されていた存在として、正木藤太郎なる人物がいたのである。藤太郎はいち早く北条氏に呼応したのであろうが、それも境目に位置する者の選択結果にすぎない。このときの結末は不明だが、その後の経緯（長南武田氏の北条氏帰属）をみると、北条方が確保したのであろう。講和がなったのは、同五年のことである。

信茂の跡を継いだ大多喜の憲時と、新しく里見家の当主となった義頼との間は次第に疎遠となり、天正八年には戦闘に発展した。その際、一宮正木氏は憲時とともに行動したようだが、同九年には義頼が大多喜へ打ち入り、一宮領も平定に功績のあった者たちに分け与えられたので、同様に自落したのであろう。この後、一宮城と一宮領は里見氏が支配したが、やはり東上総の拠点であったことは変わりなく、かの「関東八州城々覚」に「一宮ノ城」とみえることでも明らかである。[*9]しかし、天正十八年六月中には、「観明寺并門前」に秀吉禁制が出されたので、房総征討軍に接収されたのだろう。

ところで、城之内の調査区内では、瀬戸大窯3段階後半（その実年代は十六世紀後半のほぼ天正期に想定）の遺物は、相対的に稀少となる。焼土層を整地して、新しくそこに殿舎を構えた痕跡がない以上、ここは饗応のみならず、生活空間としての役割も失われたのではなかろうか。それが北側の地に移った可能性もあるが、むしろ近世加納藩陣屋の置かれた現一宮小学校周辺へ移ったとみる考えもあってよいだろう。今後の課題としたい。

＊8　「北条家朱印状写」

＊9　「毛利文書」

万木城を遠望する城

24 大野城《おおのじょう》

①いすみ市大野
②（大野氏）―正木氏（頼長）
③岩山を切り落とした堀と広い曲輪取り
④夷隅川縁の丘城・川越しに望む万木城

【立地】大字大野字要害他の丘陵および低地に所在する。城跡は夷隅川と大野川の合流部に立地し、標高約四〇メートルの平坦な丘陵部分と、それより一五メートル低い低地部とに分けられる。川を隔てた対岸の引田・行川方面の眺望に恵まれるものの、南側周囲からは見下ろされる条件下にある。地層は、青岩の柿ノ木台層である。

【構造】一部で測量・発掘調査が行われており、まずはその概要を箇条書きにしたうえで説明したい。

一次（昭和四十八～五十年）―測量調査・城域全体*1

二次（昭和五十二～五十三年）―発掘調査・西側縁辺部約1／4程*2

三次（平成十二年）―発掘調査・主郭部四地点、字内城地区二地点のトレンチ調査*3

字要害の地が、主郭に相当するのは間違いない。ここは、西向きにあたかも蝶が羽根を広げたような平面形をなすが、それも本来の地形に起因するものだろう。上面は一見平坦ながら、一段高い北側は表土も浅く、肩部は場所により腐植土に富む（八幡神社参道付近など）。かつて水田として使用していたこともあったと聞くので、本来は多少起伏があったことに加え、浸食や人為的な整地によって、現在の状況となったのだろう。

要害部を特徴づけるもっとも大きな城郭遺構は、縁辺部の空堀ないし切岸といってよい。二次

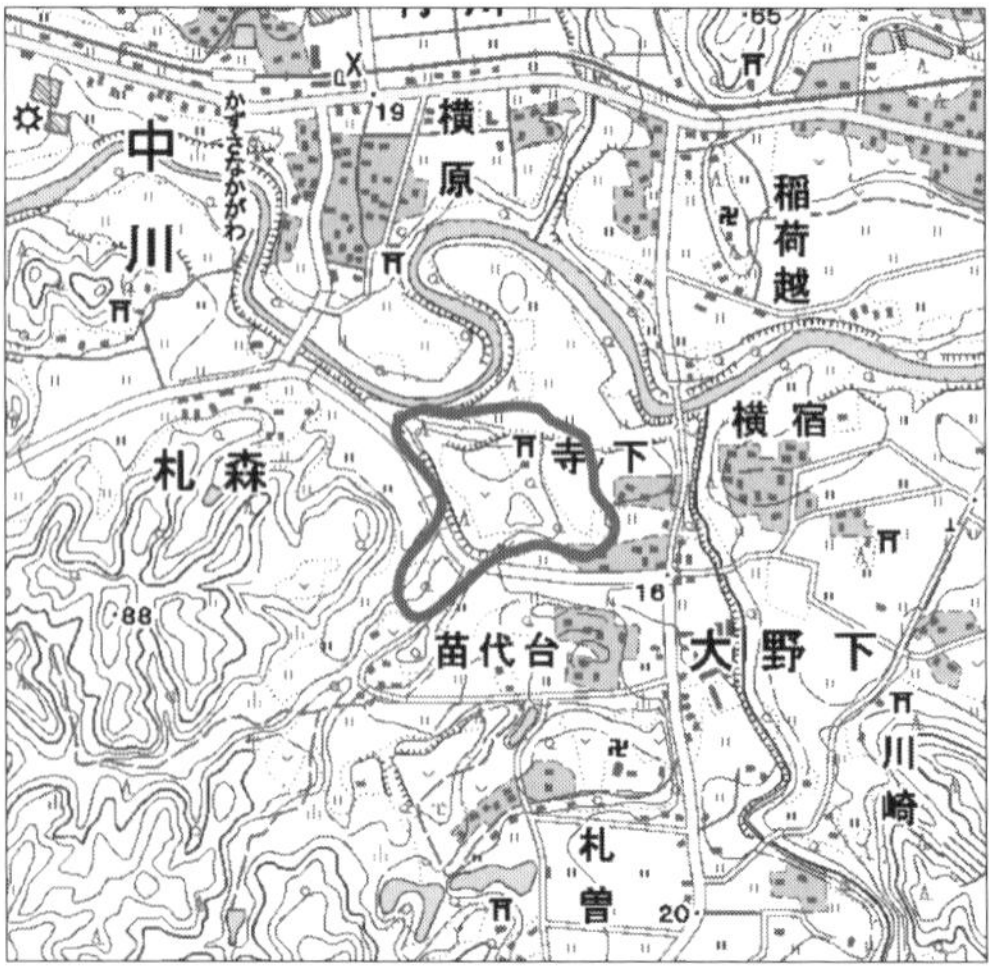

＊1　『千葉県・夷隅町大野城址の測量調査』（立教大学考古学研究会、一九七六年）。

＊2　①『千葉県・夷隅町大野城跡発掘調査報告』（大野城跡緊急発掘調査会、一九七八年）・

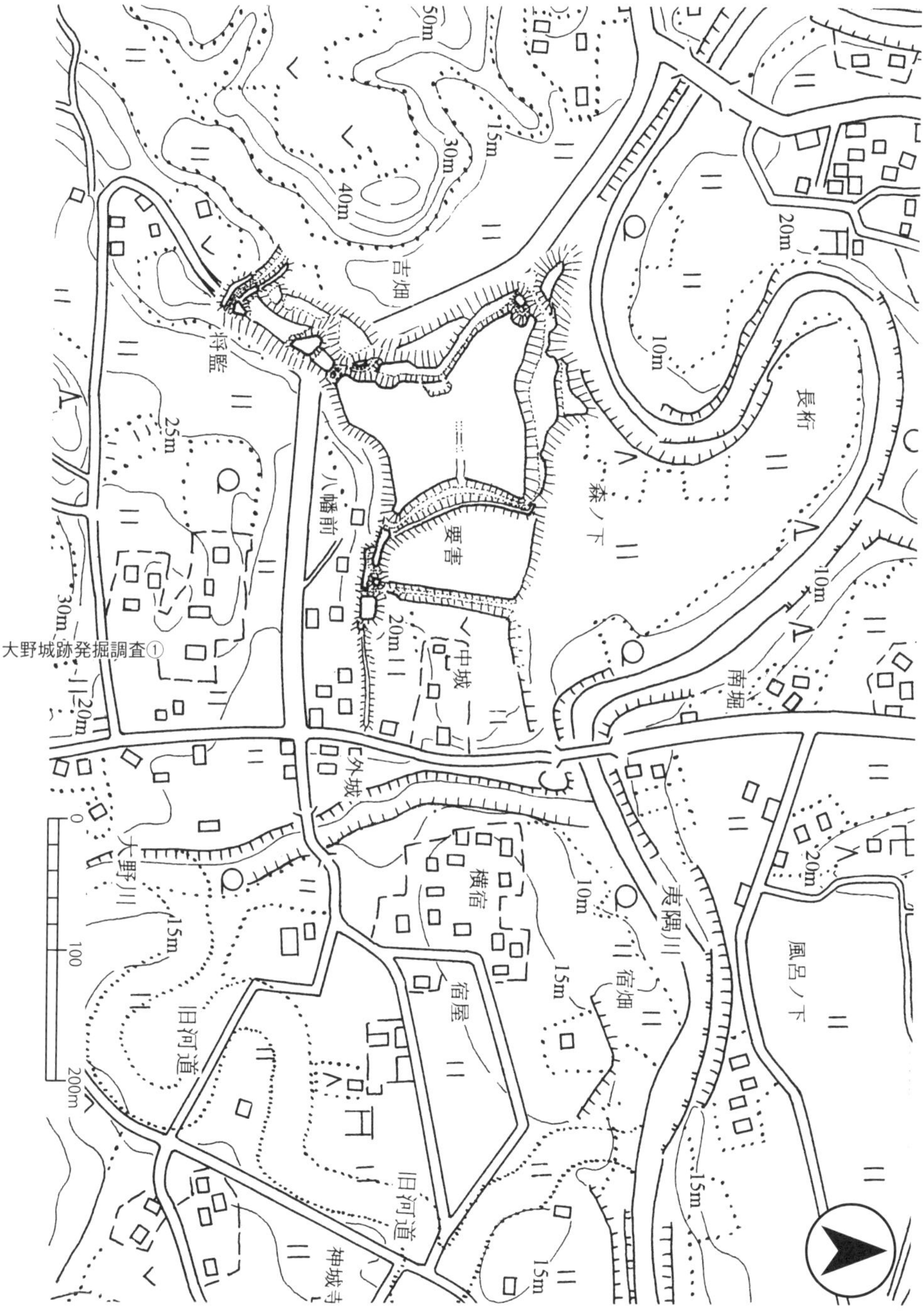
吉畑
将監
八幡前
要害
中城
外城
横宿
宿屋
宿畑
旧河道
旧河道
神城寺
東隅川
大野川
風呂ノ下
南堀
長桁
森ノ下
大野城跡発掘調査①
50m
40m
30m
15m
20m
10m
25m
0
100
200m

縄張り図　作図：小高春雄

（2点とも）昭和52年発掘調査写真　画像提供：いすみ市郷土資料館

調査では、南側上位テラス部で岩盤を大規模かつ切岸状に掘り割った空堀（上幅・深さともに約五メートル）、北側斜面部で切岸および直下の狭い段が検出されている。

　上位のテラスが、縁辺部を一周することや斜面の様子からして、曲輪の一段低い肩口に大きな空堀を廻らし、その先の斜面部は取り付けないようにに切岸整形を施したのだろう。なお、その南端部では堀そのものが途中で終わっている状況であったという。もちろん、これは意図的な所産（一種の袋小路）であったらしく、北側が見通しを欠く屈曲になっていることと関連するのであろうか。

　南側丘陵と連絡する細尾根に設けられた堀切も、一連のものと考えられる。やはり、曲輪面から堀底まで比高差約五メートルに及び、間には掘り残しによる狭い土橋（報告では土橋状の施設）が確認された。

　ところで、前記の空堀は、「十六世紀末から十七世紀前半のある時期に目的々に埋め立てられ」、それは本多氏による「周辺地域の大多喜城に対する脅威を取り除く行為」であった（二次＊2—②）とする。だとすれば、その土はどうしたのか。覆土自体の記載が乏しいので断定はできない

②橋口定志「上総伊北・大野城について」（『千葉県の歴史』一九号、一九八〇年）・③『千葉県夷隅郡夷隅町大野城跡発掘調査報告書』（夷隅町教育委員会、二〇〇二年）

＊3　『千葉県夷隅郡夷隅町重要遺跡確認大野城跡』（総南文化財センター、二〇〇三年）。

が、堀の排土で空堀の後ろに土塁を築いていた可能性は高いとみる。報告でわざわざ近世としているのは、覆土下位から近世初頭の陶器片が出土したことによるが、[*4]その土塁を崩して埋めたというのはどうだろうか。なぜなら、近世にはこのような、斜面も階段状にして耕地に活用していたようなのである。

さて、翻って丘陵上曲輪内部は、中央を東西に分ける大規模な空堀の存在がすでに指摘され（一次報告）、現八幡神社参道下から二度折れて西側中央に至ると予想されたものであった。事実、三次調査の中央部トレンチ調査結果では、比較的小規模の箱堀（幅三×深さ約二メートル）が検出された。この堀は、向きからして要害部を南北に分けるものではあろうが、部分的な調査ということもあり、全体像は不明である。ただし、参道から要害へ登る道は岩盤が一メートルほどで露出していることや、同じく西側縁に近い調査地点でその続きがみられないなど、予想とは異なる廻り方になる可能性が高い。

主郭東側腰曲輪と切岸

そこで、二次調査時に唯一、要害部をまとまって発掘した南西部の結果だが、ここは中世によくみられる傾斜面を段々の平場にしたもので、ピット群・方形竪穴遺構・大型竪穴が確認されている。調査者は、周囲の城郭遺構と一体のものと考えているようだが、筆者は城郭に先行する遺構とみる。というのは、このような類例は、城郭とは無関係に広くみられるからである。過去の調査遺物を検討した簗瀬裕一氏の分析[*5]によれば、年代をもっともよく指し示す瀬戸製品では、古瀬戸中期段階（十三世紀末〜一四世紀代）からみられ、以後、継続して大窯期十六世

＊4　調査員柴田龍司氏の御教示による。

＊5　『夷隅町史』通史編。

北西堀切

推定虎口

紀代まで確認されるという。川に面した低平な台地状地形という条件から、中世の早い段階から屋敷地などとして活用され、その延長が戦国期の姿となったのだろう。

要害の他の場所はどうだろうか。東側の八幡神社下の一段低いテラスは、一見、腰曲輪状を呈しており、これは一次調査の測量図でも図示されているように、空堀が廻っているとみる。北端部におけるV字状の窪みの示すところでもあるが、南端部ではまったくの平坦で、堀の開口部も予測しにくい。西側で検出された切岸・空堀に対応する遺構と位置づけられよう。

これに対して、南北の縁辺部ではもともと崖をなしていたためか、切岸状に整形するのみであったらしい（南側では後世の採土により崖面後退）。注目されるのは、北西端の堀切周辺の遺構である。ここは、一二次の報告書でいう方形の「櫓台遺構」を区画するように空堀が廻っており（同じく「竪堀状遺構」はその延長だろうか）、搦手口かと指摘された場所である。

ただ、堀切あるいは北側の切り離された丘陵であったにしても、要害部に取り付くのは困難で、「櫓台遺構」も北側から俯瞰されてしまう。この場所全体が一つの防御遺構とみるべきではなか

主郭内

ろうか。

最後に、主郭への虎口はどこかというと、すでに指摘があるように（文献二次＊2—③）東辺中央のくびれ部だろう。とはいえ、神社参道前の現道路は、狭隘にも関わらず岩盤が露出しており、より南の内側へ窪んだ地点かとも思える。おそらく、土橋で内城地区と結ばれていたのではないだろうか。なお、主郭から南東へつながる尾根続きには三条の堀切がみられるが、規模自体は特別強調するものではない。

一段低い字内城地区は、主郭にないならばという条件付きで（文献二次＊2—③）、城主の居館や屋敷群に想定されている。だが、三次（内城東部）の調査結果でピット群こそ検出されたものの、生活遺物には乏しかった（鉄砲玉や銭）。「内城」とはあまりみられない字名だが、要するに、城の内ということだろう。この曲輪の性格については、さらなる調査の必要がある。

内城から幅約一〇数メートルの堀を隔てて、字外城地区がある。ここは、中央に自然の小山があるも南側に開口する平地で、北に夷隅川本流、東に大野川が流れ、要害性は高い。また、南側に高さ数メートルの土塁を築いて区画する。北側川沿いの字「ネコヤ」は、もちろん根小屋の意とみてよい。

このほか、狭いながらも、主郭南西の尾根伝いを区画した部分も曲輪としてよいだろう。南西丘陵方面に対して設けられた一種の馬出のようなもので、二次＊2—①の報告で指摘されたように、前面は屈曲する堀と櫓台・土塁のセットで構成される。東側が急崖なのに対し、西側は浅い谷に面しているわりには、階段状を呈するのみである。あるいは、主郭西側と同様の遺構でも隠れているのだろうか。また、北側川沿いの低い段丘面も、耕地など何らかの活用がされていたものと考える。

以上、遺構からみた当城は、主郭部分を空堀や切岸状整形で要害化し、東側の低地を堀で分けて主郭続きを城内に取り込む一方、外側は土塁で根小屋地として区画するなど、当地における戦国末期の一類型と総括する。

【歴史】構造面のほかに、小高清氏による記録・文書面からのアプローチがある。その一覧を下に記載した。*6

小高氏の大野城に関する理解は、①大野城は「伊保城」で、院内の丘陵も含むこと、②伊保城主は狩野氏であること、③落城は応仁元年（一四六七）と思われること、などであろう。しかし、その所説はまず伊保城、そして大野城と狩野氏を一体のものとして認め、それを前提に論を進めたところに問題があった。それゆえ、③の点はその必然的帰結といってもよい。ただ、伊保の狩野氏の存在を紹介した氏の業績は疑うべくもなく、これも当時の城郭研究レベルを差し引いて考える必要があろう。

その意味で、城郭研究者（伊禮正雄氏）と考古学研究者（橋口定志氏）が、調査結果をもとに新たな見解を提示したのは、当然であった（二次①報告）。伊禮氏は、①築城は十五世紀初期に属し、狩野氏の可能性があるとするが、②十六世紀半ば過ぎの構造（要害東字内城地区の「屋敷」群の存在と要害西側の空堀など）が顕著にみられるので、その消滅後に③土岐氏の支城となった、とした（最後に「一つの推測乃至仮説」と断っている）。

一方、橋口氏は「記録にあらわれた狩野氏の時代は、現存する大野城址の形態から推定される存立年代とほぼ一致する。—中略—こうした諸特徴は、十五世紀から十六世紀にかけての戦国期に築城されたもの」とした。両者の考えに若干の相違こそあれ、地域の歴史が城郭の構造や年代と関わり合って論じられるようになったのは、やはり時代の産物でもあったろう（もちろん、関

＊6　①「狩野氏の発祥と房総」1〜4（『房総及び房総人』第十巻十一号〜十一巻三号、一九三七年〜三八年）。
②「行川妙泉寺の由緒と狩野氏」（『総南文化』第十二号、一九七〇年）。
③「狩野氏の光福寺建設と作田明王院の伝承」（『総南文化』第十三号、一九七一年）。
④「伊北城と狩野氏」（『総南文化』第十四号、一九七二年）。
⑤「伊北の狩野氏について（その1）」（『千葉文華』第八号、一九七四年）。
⑥「伊南城の落城について」（『房総の郷土史』五周年特集号、一九七八年）。
⑦「伊北狩野氏の没落」（『房総の郷土史』第十一号、創立十周年記念号、一九八三年）。
⑧「伊北の狩野氏」（『房総の郷土史』第十四号、一九八六年）。
※②〜⑥については＊2—③『大野城跡発掘調査報告書』に再録。このほかに、同氏の編集による『大田区史（資料編）寺社1』（大田区、一九八一年）に、狩野氏とかかわる光福寺、妙泉寺他夷隅郡内の宗門文書を採録する。

係者の力量も幸いしたが）。

それから約半世紀を経た今日、城郭や中世史をめぐる研究水準は着実にレベルアップした。千葉県全体からみれば取り残された感はあるが、個々の事例を考えるうえで、環境は大きく様変わりしたのである。もっとも新しい大野城の報告書[*7]は、まさしくこれらの蓄積から導かれた新しい地平を示すものであった。

滝川恒昭氏は、大野城を考える前提として、「大きく2期の時代（中略）すなわち十五世紀代と十六世紀後半」があり、前者を前期大野城、後者を後期大野城と位置づけ、小高清氏が取りあげた大野城とは、「明らかに前期大野城の城主に関する」とした。そのうえで小高説を検討し、「狩野氏と大野の地の深い関わりを明らかにしたものではあるが、またそれ以上のものでもない」と総括したのである。そして、後期大野城については、当時、大野一帯が正木氏の領域内にあったらしいことから「正木氏系の城」であり、かつ、具体的伝承もみられないので、「軍事的拠点として機能していた」と推定した。

一方、調査を担当した橋口氏も、今度は具体的な変遷について語っている。すなわち、「現在私たちが目にしている大野城の構造は、夷隅地域でもかなり技巧性が高いことから、戦国時代後期の十六世紀後半段階を示していると考えられる。しかし、発掘調査によって出土した陶磁器の年代は十五世紀代が主体で、戦国時代後期の遺物は皆無であった。このような出土遺物の傾向からうかがい知ることができるのは、十五世紀代の大野城は城内の居住性が高い城であったが、十六世紀代には居住性が低下していたのではないかということである。おそらく、十五世紀代の大野城は狩野氏の居城として、十六世紀代には武田・正木あるいは土岐の各氏による支配領域の境目の城として、それぞれ異なった役割を担った城であったことがそこに反映されている」とい

＊7　二次③。なお、この報告は概報に対する本報告というより、総合調査報告とでも称すべきものである。

うのである。

　両氏の考えにはそれぞれの拠りどころの相違があり、同一ではない。しかし、大野城が十五世紀代と十六世紀後半の二段階があり、前者は狩野氏との関わりがあり、後者は正木ないし土岐氏両勢力の境目城であったとする見方が、大枠として定まったことは確かだろう。

　さて、ここで筆者の考えを述べておく。すでに構造の項で指摘したように、十五世紀段階の「大野城」が城郭としてあったのかどうか、つまり大野城の始まりが十五世紀にさかのぼるかどうかについては、いまだ断定できないとみている。たしかに、大野と狩野氏の関わり自体はあっただろう。しかし、それは大野というより伊北そのものであって、[*8] 伊北全体のなかで居城なり居館なりを考えるべきである。それゆえ、大野字要害で検出された遺構は、あくまでもその候補の一つだと位置づけられるのではないか。ただ、私自身は『夷隅の城』で述べているとおり、狩野氏の本拠は川向こうの行川・引田だとみている。

　では、十六世紀後半段階の大野城はというと、疑いもなく城郭であって、しかもこのことが、小高氏をして狩野氏と結びつけた原因となったのである。主郭内の堀はともかく、現存する構造は十六世紀でも後半、とりわけ元亀～天正の所産とみられるもので、その位置が注目される。すなわち、ここは大多喜と万木のちょうど中間にあって、両者を結ぶ回廊の中継点ともいうべき場所である。そして、滝川氏が指摘したように永禄期には正木氏が行川あたりまで支配権を行使しているので、[*9] その東の引田・大野あたりが両者の境目となっていた可能性は高い。

　そこで重要なのは、川のどちら側かという点である。万木側が川の南側へ築城した場合、背後を絶つことになり、わずかに東側の狭い平地沿いに補給線があるのみとなる。一方、正木側では何よりも川を前にして防御上の利があるし、しかも大野から山越しへ総元《ふさもと》方面へのルートを押さ

城跡から万木方面を望む

＊8　「本土寺過去帳」でもすべて伊北の狩野である。

＊9　妙泉寺文書

えることができるのである。たしかに、二次①②の報告で強調されているように、西側の堀は大規模で、それゆえ大多喜側への防御に意を注いだと見るむきもあろう。ただそれは、そういう時代の産物であって、要害周囲の東側でもさらに大規模かつ規格的な堀が廻っているし、南と北では切岸状整形で、人を寄せ付けぬ急崖となっている。あえて土岐氏に比定する必然性がないとすれば、正木氏とみるのが自然である。

では、現存する大野城の姿はいつ、どのような事情から形作られたのか。すでに、当城について、元亀～天正とある程度の年代比定をした。土岐氏と正木氏が、同盟関係から一転して明らかに敵対関係になったのは、天正三年（一五七五）年九月段階である（もちろん、少し前から疑わしい動きはあったのだろうが）。その年の内に、正木氏は万木の対岸に向城を築き、以後、天正五年まで両者は戦闘状態にあった。向城自体は臨時的に敵領内に築城したものだから、そのまま維持したわけではない。そのため、天正四年頃に土岐氏に圧力をかける意味で、境目である作田から大野の間に一城を築く必要に迫られたのではないか。

だいたい、土岐氏と正木氏を比較した場合、勢力範囲からして、軍事的には正木氏が優勢でありながら、一方で、北条氏の傘下たる土岐氏となると事情が異なる。このような二重の状況が、境目への築城の背景とみたい。大野城の呼称も、この段階とするべきである（それ以前をあえて呼称すれば伊北城となる）。

その後まもなく起こった里見氏の内訌は、もちろん大野城の性格にも影響を与えただろう。この間の状況については、大多喜城の項を参照したいただきたいが、新しい支配者である里見義頼は正木氏の存在、というより、小田喜領の支配関係を清算したわけではなかった。つまり、旧来の城郭ネットワークを維持したのであって、長南領との境目には大羽根《おおばね》城・平蔵城を、万木領との境目にはこの大野城を維持したのである。

旧中川村域では、中世以来、基本的に引田〜行川の間に中心があったとみる（旧伊保宿）。それが、一時的に大野の築城に呼応して麓に移った時期があった。結果、現在遺る通称根古屋・字宿（要害東に根古屋・横宿・宿畑・宿屋）は、その名残ではなかったか。

また、上総の池上《いけがみ》系日蓮宗寺院の双璧（触頭《ふれがしら》）ともいうべき寺院に、妙泉寺《みょうせんじ》と光福寺《こうふくじ》がある。長禄年間（一四五〇年代）、すでに狩野氏出身で比企谷《ひきがやつ》・池上両山の貫首《かんしゅ》であった日調《にっちょう》は行川妙泉寺に「国本寺」、つまり上総の本寺であることを認められている。[*10] さらに、歴史的には引田本《ほん》顕寺《けんじ》が布教の足掛かりを担ったともいう。[*11] 事実、正木憲時が永禄期に妙詮寺《みょうせんじ》に与えた一筆にも、「浜四ヶ寺並諸末寺」は、これまでのように妙泉寺を守るようにとある。[*12]

にもかかわらず、その後むしろ逆転現象を起こしたのは、大野築城をきっかけに、支配者との関係を強めた光福寺が相対的に優位に立ったからで、それが近世に引き継がれたのではないかと予想する。おそらく、大野城主は内訌にあたり、最終的には里見側に付いた人物ではなかったか。そして、その人物とのつながりから、光福寺も里見氏との関係を深め、結果的に里見氏関係の文書を多く残したのだろう。

では、その人物とは誰か。一つの可能性としてあげられるのは、備中守頼長《びっちゅうのかみよりなが》である。この人物は、天正十年代に山中妙光寺（現大多喜町堀之内所在、大野光福寺の末寺）の住持職について、光福寺の大檀那である高師《たかし》氏に指示を与えている。[*13] このような文書が出された背景としては、住持職をめぐって妙光寺の「衆旦」（旦那衆）に反発があったからで、[*14] それゆえ介入したとも考えられるが、だとすれば、高師氏よりも上位の領主とみるべきだろう。

一つの推測にすぎないが、大野〜川向こうまでの旧中川村域が大野の城付領として組み込まれ、

---

*10　「日調掟書」妙泉寺文書
*11　慶長十七年「本顕寺由緒覚」光福寺文書
*12　妙泉寺文書
*13　「備中守頼長書状」高師文書
*14　「日惺書状」・妙厳寺文書

その城主が頼長であったというのはどうだろうか。すでに指摘されてはいるが、[*15]「頼」が里見義頼の偏諱であった可能性は高く、これまた正木氏の一族とみるのが自然だろう。

ともあれ、大野城が明確な遺構を遺しているのに比べて、城主について信じるに足る伝承さえなかったという事実は、すでに滝川氏が注目している（二次②報告）。その理由が、本来、地域とは無縁のいわばよそ者であったとしたら、また、そのために天正十八年の廃城後はもとの村里に戻ったというのはどうだろうか。

なお、報告書でも指摘しているが、西側堀の埋め立てが、近世初めのいわゆる「破城」に該当するという。これは、既述したように、堀底近くにその頃の陶器が出土したことによるらしい。そうだとしたら注目すべき事実だが、逆に、その頃まで本多氏が管理していたということはないだろうか。東側の堀の状況ともあわせ、今後も見逃せない留意点といえよう。

＊15　『夷隅町史』資料集中世（夷隅町、二〇〇二年）四九号解説。

里見氏に従属した秋元氏の城

25 秋元《あきもと》（小糸《こいと》）城《じょう》

①君津市粟倉・清和市場
②秋元氏…義久―義次―義則
③曲輪周囲の切岸と段堀
④御家人秋元氏の戦国城郭・背後は鹿野山とマザー牧場

【立地】小糸川沿いの標高一一〇メートルの険しい丘陵上（通称古城・ユーゲ）にあり、背後は痩せ尾根で鹿野《かの》山塊に通じている。全山泥岩からなる粟倉《あわくら》層だが、山頂部は砂層が分布し、比較的広い平坦面に恵まれている。山上に立てば、眼下にかつての秋元庄一帯を望む一方、鹿野山からは俯瞰される。

秋元城遠景

【構造】秋元城、というより秋元氏については、地元の町村史のほか、林義雄氏の先駆的な調査・研究があった。[*1] 縄張りについては、松本勝氏による全体図、[*2] ついで矢野淳一氏による踏査結果が、[*3] 今日でも基本資料として活用されている。

平成二年度からは遺構の確認調査が行われ、計三冊の報告書が刊行された。[*4] 加えて、秋元城跡保存・活用調査研究会が発足し、平成六年以降、何度かの講演会・記録が残された。また、この間、坂井昭氏による研究蓄積が公にされたことも付け加えておかねばならない。[*5] 以下、先行研究をふまえ、各郭について概説する。

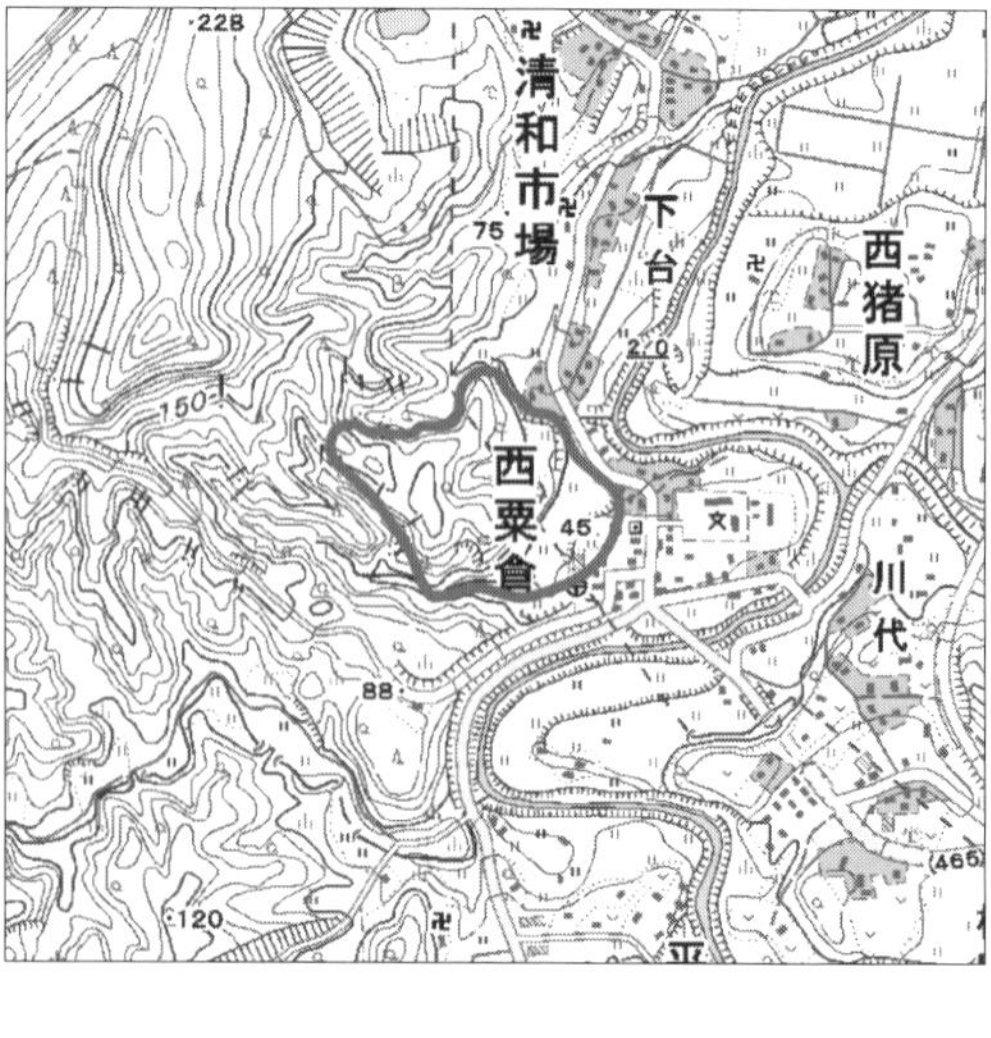

＊1　『秋元氏の歴史　前篇』・「秋元城と秋元氏歴代」『西かづさ』上巻、西上総文化会、一九八七年）。

＊2　「秋元城跡」『千葉県所在中近世城館跡詳細分布調査報告書Ⅱ—旧上総・安房国地域—』（千葉県教育委員会、一九九六年）。

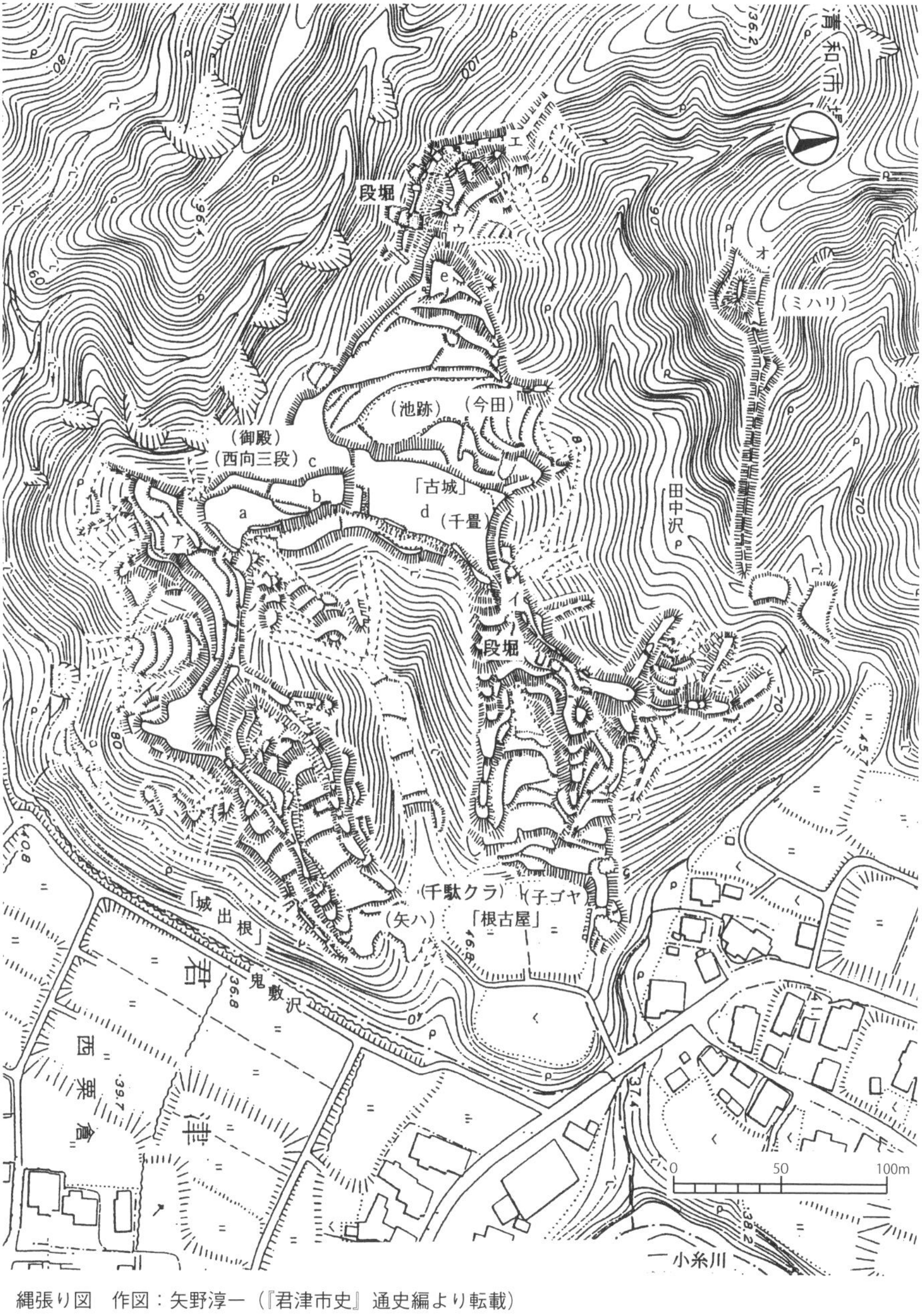

縄張り図　作図：矢野淳一（『君津市史』通史編より転載）

西向三段（中段）

御殿最上段

山頂部の三段の平場は、志保澤家所蔵小糸城絵図（以下、単に絵図と記す）に御殿および西向三段と併記される。君津郡市文化財センターによる確認調査で、各段ともに掘立柱建物の柱穴らしき穴が密に検出された。このうち、三段目では「遺構が濃密に存在し、量も多くバラエティーに富んだ遺物が出土している」*6というから、まさしく御殿とみることができよう。

また、二段目では礎石建物の跡らしい石組が検出され、峰のトップにあたる最上段は堀切側に土塁を有し、岩盤を大幅に削平して曲輪を作り出している。地形上、別棟になったのだろう。より広い北側千畳

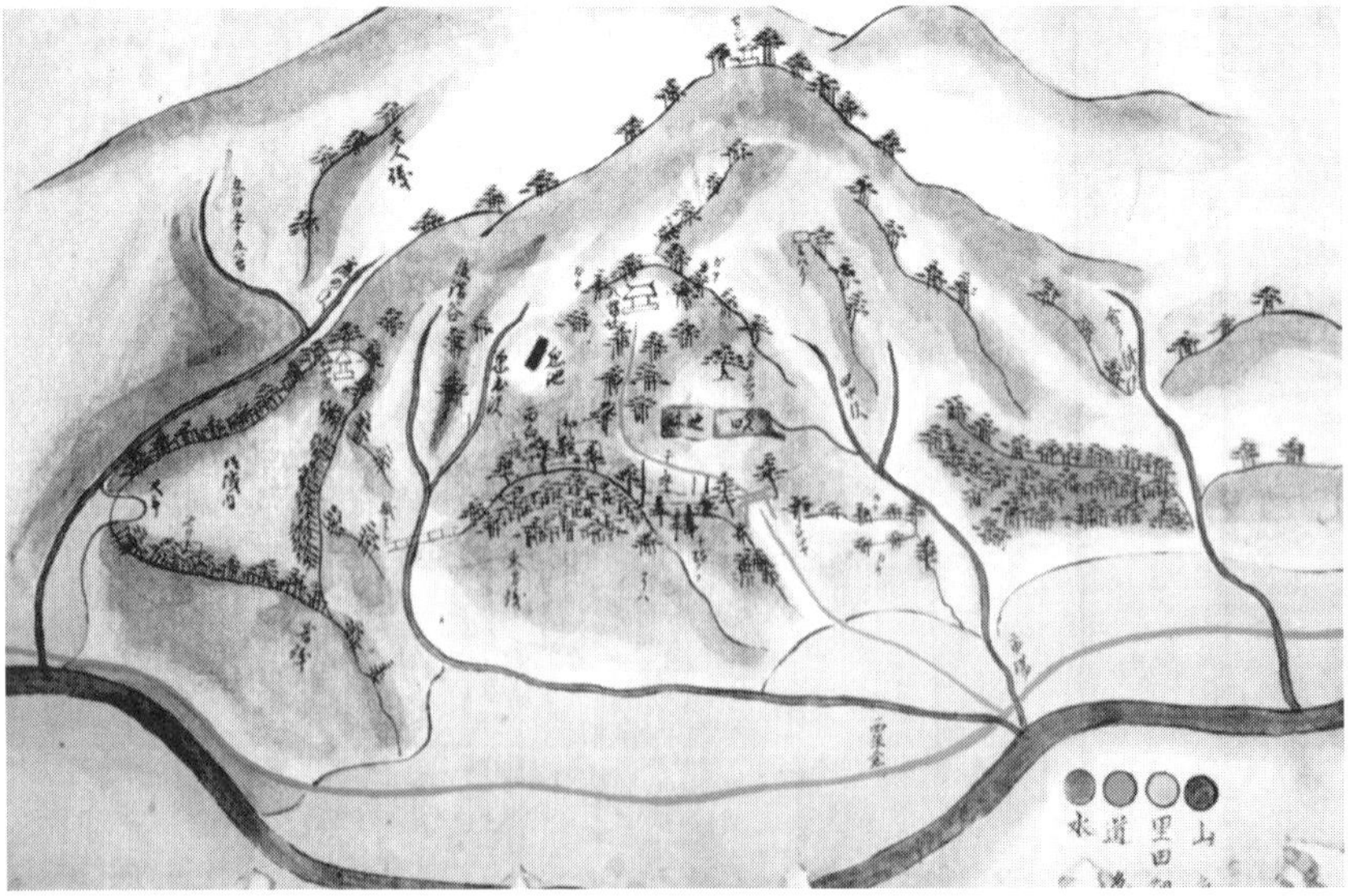
秋元城（小糸城）絵図　個人蔵　画像提供：君津市立久留里城址資料館

ではなく、山頂の狭い平場群に設けられたこと自体、その性格を物語っていると思われる。

御殿北側は千畳と記され、いわゆる千畳敷と理解される。北端を削平し、中央西側斜面を埋め立てて、東西二五×南北五〇メートル弱の平場を造成している。北端部と東側縁辺には土塁が現存し（東側は断続的）、南端御殿境界部は溝で区画され、中央に食い違い状の虎口がみられる。ここは、時期差をもって掘立柱建物と礎石建物が重複するように確認されているが、南側半分に片寄っているという特徴がある。出土遺物は、多量のかわらけに瀬戸美濃産陶磁器を交える状況であった。主殿または前庭部とみておきたい。

西向最下段から西側へは土橋を経て、八幡社（標高一一二メートル）のある平場を頂点とする曲輪群へと続く。東側は地形なりに削平した三段の平場が連続し、二段目では鞴羽口《ふいごはぐち》とかわらけ転用坩堝《るつぼ》が出土しており、付近に小鍛冶工房の存在が想定される。いずれも、トレンチ調査の結果ではあるが、不規則にピット群が認められるのみで、掘立柱建物が存在する空間（それも御殿部とは違った性格）として機能していたことは確かであろう。

千畳と八幡社曲輪群に挟まれた谷は、東側に向かって階段状に整形されている。周囲からおよそ六〜八メートルも低く、絵図に「今ハ田・池跡」とあるように、近世には溜池と棚田がセットとなっていたのだろう。ただ、それが中世にさかのぼるかどうかは不明で、むしろ御殿・千畳に匹敵する広さから、耕地や小屋場として活用されていたのかもしれない。

周囲の遺構にもふれておく。西向三段から南側は、大堀切を隔てて岩盤削り出しの土塁、ついで腰曲輪がめぐる。土塁は三段側の土塁と呼応する二重土塁で、堀底との比高を増している。大堀切の北側延長上には、西向三段から千畳東側懸崖直下まで腰曲輪・堀がめぐるが、これは側面の切岸化にともなう処置であろう。いったん千畳北東で途切れるものの、尾根続きの千畳北端の

＊3 「君津市秋元城跡について—現地踏査の結果から—」（『君津市立久留里城址資料館年報一九』、一九九七年）・「秋元城跡」『君津市史』通史（君津市、二〇〇一年）。

＊4 『秋元城跡』1・2（君津郡市文化財センター、二〇〇二年・二〇〇三年）・『秋元城跡発掘調査報告書』（君津市教育委員会、二〇〇四年）。

＊5 坂井昭『戦国武将の時代 中世の上総国の秋元氏について』（私家版、二〇〇一年）・同『房総志拾遺』（翻刻、私家版、二〇〇四年）。

＊6 前掲報告書。

千畳敷南側切岸

堀・堀切と対応し、さらに稲荷・金比羅祠の東面に至っている。なお、現在この北東端が大手口へのルートとなっているが、後世の所産で、絵図にもあるとおり、堀切から北西崖直下の小道（現在、一部崩落）を通って千畳や「池跡」、さらには八幡社へ至っていたと思われる。

八幡社尾根続きは大堀切で遮断し、その先四〇メートルにも堀切を設けている。注目されるのは、この間の南側斜面に特徴的な堀がめぐっていることである。これについては、古くは「段堀」、近年では「横堀」とその「内部に削り残した壁」ないし「削り出した障壁や段」、「障子堀」の一例とさまざまである。筆者も以前、「段堀」という捉え方を支持したが、斜面中腹を斜めに下る堀の内部に間隔を置き、衝立状の障壁を掘り残した形態のもので、横堀とそれに直交する障壁が結合した結果である。

これが、水平にめぐっているのならば、類例が結構あることとて問題にはならず、なぜ斜めなのか、ということが問題となる。おそらくそれは、地形条件、つまり痩せ尾根斜面から緩斜面へ移る接点に設定した結果であって、それゆえ秋元城なりの個性（もちろん障壁そのものにも）が現れたのであろう。なお、ここにこのような横堀ないし箱堀が設けられた理由は、前面の沢筋から取り付きやすいという条件によるのだろう。

千畳北東端からは、堀切を隔てて支尾根が延び、先端には岩山を人為的に削平した細長い曲輪（その一角に稲荷石祠）がある。前面に大堀切が設けられているので、ここが北端になろう。この

千畳敷

支尾根の東面は従来あまり注目されなかったが、切岸整形され、直下には箱堀状の窪みがみられる。それは、千畳側の堀切先から斜めに下って稲荷社へ上がる坂道下まで確認されるが、筆者はこれこそ、既述した「段堀」と同じ思想による遺構と捉えている。切り倒した竹材で隠れているが、千畳北東端直下にもこのような箱堀が認められるので、山上東面は条件に応じて、空堀・切岸・障壁をともなう横堀をめぐらしていたと考えられる。

　千畳北東端と稲荷社平場から派生する支尾根間の谷（要するに現登城路左側の谷）は、絵図に「子コヤ」とあり、その先の山麓中段も含めて根小屋とみてよい。このうち、山麓中段部に確認調査が実施され、中世の遺構（掘立柱建物・杭列）が検出されている。現状は、東西二段の平場であるが、開田など後世の改変によるもので、上段は本来、南に向かって数面の平場があったらしい。その南は御殿下まで入り込む谷の出口に相当し、ここは絵図に千駄蔵《せんだくら》とある。その名のとおりの性格とみるべきであろうか。

　根古屋の北東、田中沢から流れる小河川を隔てた平場を内宿という。広義の城内ともいうべき地で、近世の曽根氏陣屋跡から本田寺《ほんでんじ》、さらには妙喜寺《みょうきじ》に至る屈曲路あたりまで視野に入れておくべきだろう。ここは、旧臣と伝える根岸《ねぎし》氏や荻生《おぎゅう》氏の旧宅があったところで、清寿院《せいじゅいん》（横手観音《よこてかんのん》）跡を含め、寺町ともいうべきエリアを含み、小字「市場」はその一角を指す。北へ少し離れた地には、秋元氏の再建と伝える上下諏訪神社があり、その社家が家臣四天王の一人とされる溝口《みぞぐち》家である。

　ところで、筆者は秋元小学校と清和公民館一帯の地にも注目する。周囲は小糸川が大きく東側に蛇行し、ちょうど、秋元城の東麓を楕円形に大きく囲い込むようにめぐっている。川岸は懸崖で、平地とはいえ、まさしく要害地である。道は内宿から左斜めに現在のルートで進み、かつては郵

根古屋地区

八幡社北の鬼出沢側段堀

便局先で一端クランク状をなし、それから山越えの鹿野山方面または東粟倉方面（旧道は現在の大橋東側）へ連絡される。域内には、秋元氏が元亀三年（一五七二）に造った妙見堂の棟札が納められていた八幡神社が存在し、堀ノ内（現小学校校庭）の小字もある。宿とみるべきだが、あるいは、さかのぼる段階の館でもあったのだろうか。

城郭本体から離れた地の遺構について補足する。北側の田中沢沢上の一高所は、絵図に「ミハリ」とあり、ここには小規模な整形跡がみられるようだ。また、八幡社背後から浅間社（標高約二四〇メートル）までの間には、切り立った崖と痩せ尾根、それに二条の堀切やそれにともなう整形もみられる。こちら（つまり鹿野山方面）から侵入するのは、きわめて困難だ。

大手のルートについても補足しておきたい。城の南側の沢は鬼敷沢といい、田中沢と根古屋下で合流するが、その手前は城出根といって、城手、つまり大手口の存在を示唆する。絵図では、根古屋下段から谷沿いに上って千畳下へ至るルートが記され、これが戦国期にさかのぼる可能性が高いと思われる。

【歴史】秋元氏の居城である。その出自は、下野の豪族宇都宮泰業《うつのみややすなり》が嘉禄年中（一二二五～二七）に秋元庄を領したことに始まるとされる。『吾妻鏡《あづまかがみ》』嘉禎四年（一二三八）二月十七日条に将軍藤原頼経《よりつね》の入洛に随行した御家人の一人（左衛門次郎）としてみえ、歴史は古い。建治元年（一二七五）の「六条八幡宮造営注文《ろくじょうはちまんぐうぞうえいちゅうもん》」[*7]には、鎌倉中として執権《しっけん》北条時宗《ときむね》ほか北条一族・足利氏・

鬼出沢側「段堀」近景（箱堀状）

＊7　「六条八幡宮造営注文」について」（『国立歴史民俗博物館研究報告』第四五集、一九九二年）。

千葉一族の名がだいたい負担額の多い順にみられるが、それとは別に在京・国別に負担者の名があげられている。上総国では十二名の名が列挙され、二番目に「秋元次郎跡」としてみえ、負担額は七貫文であった（ちなみに平均は約五貫文）。これは鎌倉中、つまり鎌倉在任の御家人の下位クラスに相当する。一概には言えないが、負担額が所領規模に比例するとすれば、秋元氏は上総国の御家人としては、比較的上位にあったということになろう。

その後も秋元氏は記録に散見され、鎌倉末期には「秋元四郎左衛門入道」、南北朝期には「秋元弾正左衛門尉」[*8]・「秋元又次郎」[*9]の名が確認される。十五世紀初めの上総を揺るがした、いわゆる上杉禅秀の乱（一四一六〜一七）では、畔蒜庄の小櫃氏らとともに禅秀方に与同したらしいが、滅亡することなく戦国期を迎えている。系譜については、従来、郡誌をはじめとして近世大名秋元氏の家譜から説明されてきた経緯があり、このなかにあって、大野太平氏が独自の系譜を紹介しているのはさすがである。[*10]また、大野氏の研究をもとに、林義雄氏は、菩提寺である天南寺《てんなんじ》の過去帳から、義久《よしひさ》（義政《よしまさ》）—政次《まさつぐ》—義次《よしつぐ》—義則《よしのり》の系譜を提示し、義久がのちに義政と改めたこと、その死後、里見堯元《たかもと》が秋元家に入って政次と称し、以後、義次—義則と続いたとする説を提示した。[*11]　さらに、近年に至り、二つの注目すべき研究があった。一つは、滝川恒昭氏が新資料[*12]を含めて戦国期における秋元氏の系譜を整理したものである。それによれば、秋元家の家督は義政から分家筋の政次に移り、さらに里見家から養子に入った義次へ継承され、その子義則に至って天正十八年（一五九〇）を迎えたとする。[*13]

一方、坂井昭氏は周辺の寺社資料を丹念に収集・調査し、金石文の成果も加え、地元に残る関連資料を紹介した。[*14]とりわけ、妙喜寺の秋元氏関係の古位牌と秋元氏関係の過去帳が報告されたことは、「西門院過去帳」と妙喜寺古位牌・過去帳および「天南寺過去帳」（後者のほうが新しく、

＊8　円覚寺文書

＊9　三宝院文書

＊10　義堯—堯元—義次、「集成里見系譜」（『房総里見氏の研究』宝文堂書店、一九三三年）。

＊11　林前掲書。

＊12　弘前市立図書館蔵「里見氏調」・高野山西門院蔵「上総国諸侯大夫過去帳」小糸城主秋元家。

＊13　『戦国山城フォーラム〜秋元城と秋元氏をめぐる記録集』（君津市秋元城跡保存・活用調査研究会・君津市教育委員会生涯学習課、二〇〇五年）。

＊14　坂井前掲書ほか。

表1　「西門院過去帳」による秋元氏歴代の氏・諱・受領・官途・法名・没年月日

氏	諱	受領・官途・法名	没年月日
藤原	義久　―	弾正忠　天室全也	永禄七年六月二十二日
藤原	政次　―	豊前入道　生山宗誕	天正十五年七月二十日
源	義次　―	豊前守　朴翁宗淳	天正十七年二月十四日
藤原	義則	梁山正琴	文禄五年四月六日

近世大名の戒名形式）との関係を知るうえで貴重である。これらを仮に「西門院過去帳」に従い、没年順に並べてみると表1のようになる。

西門院や妙喜寺過去帳・位牌ともに義政が見当たらない点は、「天南寺過去帳」に義久と義政が同一人物とあることで解決するのかもしれない。義久は、妙喜寺古位牌に当寺開基と記された存在で、没年の永禄七年（一五六四）六月といえば、国府台合戦の余勢をかって北条氏が上総の南部にまで進出した頃で、従来、それはそのまま秋元城の落城を意味すると受け止められてきた。野史には「義正ノ嫡子義久」[＊15]ともされる人物である。とはいえ、義政の嫡子ならば弘治以降、政次と義次の間を埋める存在としては不可解である。一方、里見系秋元氏の系譜上にある人物とすれば、最初に秋元家に入った里見氏の男子であり、その先代、つまり大野氏の系譜上では堯元に該当する。

しかし、天文二十三年（一五五四）の諏訪神社御狩大明神再造棟札には、たしかに大檀那として義政が上に、政次が下に名を連ねている。それが、二年後（弘治二年）の同じく諏訪神社一宇造営棟札では大檀那として政次のみが見え、しかも秋元を称していることからすれば、前者が嫡流、後者が庶流とみるべきだろう。これは、義政に適当な後継者がいなかったか、滝川氏が論じたように、釜瀧《かまたき》氏が主家を簒奪ないしは継承したということも考えられよう。

なお、政次は「天南寺過去帳」では天正五年（一五七七）丁丑九月二十三日没となっており、

＊15　「狐糸濫觴」

系譜関係からすると、こちらが正しいのかもしれない。このほかに、位置づけが不明な人物がいるが（義秀《よしひで》・清家《きよいえ》・房子）、それについては坂井氏の研究があると記すに留める。

さて、秋元氏は里見氏と北条氏の間をどう動いたのであろうか。周知のように、天文十年代には里見氏は上総の東西から進出し、その南半を簒奪した。秋元庄には長狭大川面から小糸川水源の奥畑経由で比較的楽に行き来できるので、否応なしに干渉を受けたはずで、それは義政の時代のことであったろう。

永禄期に入って、佐貫や久留里をめぐって戦闘があったが、秋元一帯は両者の後方にあたることから、本拠が脅かされる事態とはならなかったようだ。ただ、永禄七年の国府台合戦後は事実秋元も陥落した可能性があるが、それが義久の忌日（六月二十二日）かどうかは別問題である。ともあれ、永禄十年の三船山合戦以後は秋元家も安泰で、里見系秋元氏（義次―義則）の継承も順当に行われたことであろう。

秋元氏の墓　君津市・妙善寺

天正十五年（一五八七）の鹿野山神野寺修善院「二王」像棟札二点は、当時の里見家中と秋元氏の関係を知る好資料である。一点（A）は、右上段に当主義康・義康室・義重（幼名梅王丸）、左上段に法印《ほういん》・別当《べっとう》・民部大輔を併記し、以下、正木一族・重臣を数段に分けて列挙したものである。もう一点は（B）、同じく右に義弘・義頼・義重、左に義次・別当を併記するも、右側下には家臣でも下位の者、同左下は秋元氏の家臣や大工・鍛冶・仏師らを列記したものである。

すなわち、両者は対をなすもので、義康代には義重や義豊系里見氏（民部大輔）の復権もなされたこと、また、義次の下に、政乗（則）・義則、義則の脇に政次とあって、義則の兄らしい人物（あるいは義次の弟か）が確認される点などが注目される。

義次は天正十七年二月に没し、その跡は義則が継いだらしい。小田原合戦前の関東諸勢力の主な城を記した「関東八州諸城覚書」[*16]には、里見義康領分として、九か所の城をあげ、そのなかに「こいとの城　里見弾正小弼居城」とある。同十八年六月の高野山西門院宛里見義康判物[*17]にも、神野寺の件で少弼方にも伝える旨の記載があるが、これも義則のことだろう。ともあれ、里見領上総分没収の噂は同年五月中には伝わっており、七月中には秋元領も接収された。[*18]義則は安房へ退去したらしいが、子孫は津軽《つがる》家へ仕官した。幸運な例といえようか。

最後に、秋元氏の家臣についてふれておく。既述した神野寺棟札（B）には、義次・政乗・義則の下段に根小屋・越後守・左土守と併記されるが、この三者が重臣格、その下の受領・官途名を有する者たちが、それに続くと解される。彼らの実名については比定できないが、坂井昭氏が活字化した近世後期の『房総志拾遺』（榛澤宗峻著）には、「秋元の四家」として、真板・志保澤・谷中・溝口をあげており、根岸氏も旧臣とする。同じく「秋元庄弧糸説」には、このほか萩生・白駒・鈴木・石井・青木・石渡・関谷の諸氏も登場する。そのまま対応するかどうかはともかく、記しておきたい。

＊16　毛利文書
＊17　西門院文書
＊18　「豊臣秀吉禁制」神野寺文書

久留里背後の堅城

26 千本城《せんぼんじょう》

①君津市平山・広岡、北野神社一帯
②里見氏―亀山衆
③戦国末期の城郭遺構群
④久留里後詰の城・眼下にＪＲ久留里線松丘駅

【立地】久留里の南約四キロの旧松丘村広岡字要害ほかの丘陵が城跡である。城跡一帯は険しい高丘（標高一三〇～一五〇メートル）で、西側山麓は小櫃川沿いに国道千葉鴨川線が走り、背後はゴルフ場敷地である。頂上（北野神社）からの眺望はすばらしく、眼下に街道や松丘方面を一望できる。地盤は砂と泥岩互層の国本《こくもと》層である。山頂部は砂層が乗っており、山上のあちこちに湧水点があって、この点は久留里城とも類似する。

城跡遠景

【構造】かつて一部が発掘調査され、[*1] また、矢野淳一氏によって構造と歴史が概説されている。[*2] 筆者自身も概念図と所見を述べる機会があり、[*3] 以下、それらの成果を通して解説する。

まず、南の通称萩ノ台と北の同新曲輪をどうみるかという問題がある。萩ノ台はなだらかな広い丘で（伝馬場）、上面はともかく、支尾根を掘り切っていないことから、城域とは考えられないだろう。新曲輪は、その名称から曲輪の一つ、それも新たに築かれたというように理解するむきもある。

しかし、ここは丘陵そのものが斜面を含めなだらかで、しかも

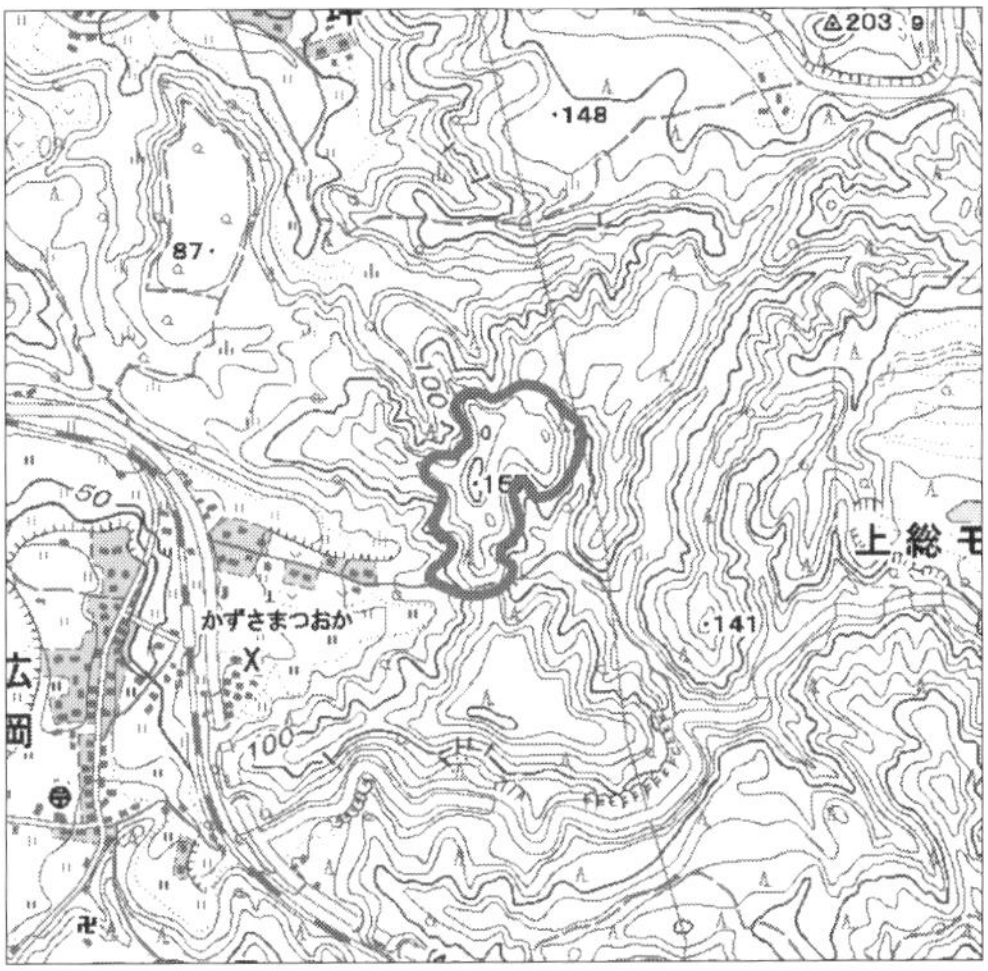

＊1　光江章『上総線鉄塔建設用地内埋蔵文化財発掘調査報告書』君津郡市文化財センター、一九八六年。

＊2　矢野淳一「千本城曲輪遺跡」（『千葉県の歴史　資料編中世1』千葉県、一九九八年）・「戦国の城　千本城跡」（『君津市史』通史、第3編中世第2節、君津市、二〇〇一年）。

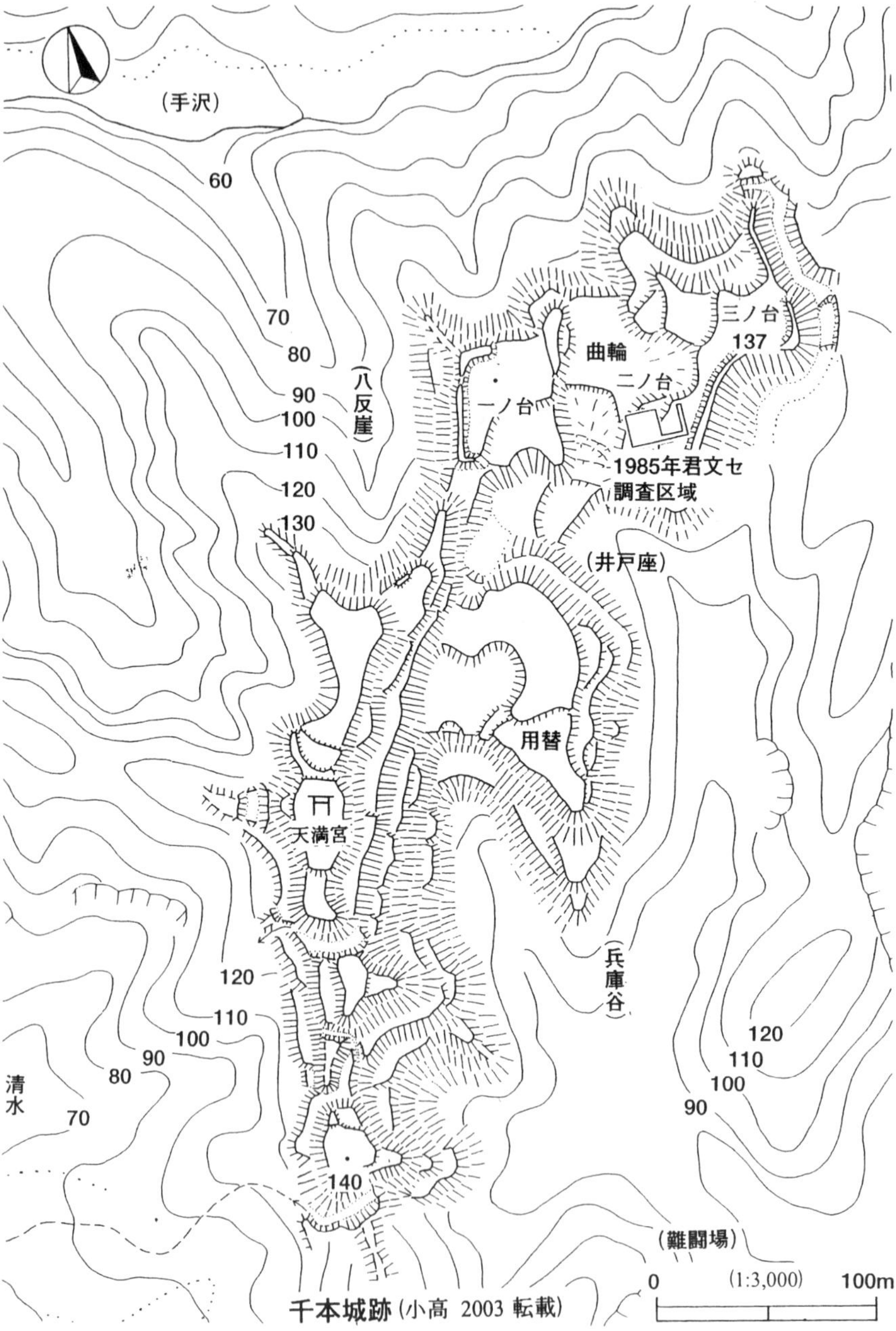

千本城跡（小高 2003 転載）

縄張り図　作図：小高春雄

連なる尾根に堀切を入れていない。その違いは、西側の字曲輪を分ける大堀や曲輪の周囲をめぐる明瞭な土塁と比較すれば十分だろう。

では、この通称をどう理解したらよいか。後にも述べるが、字曲輪に隣接して通称新曲輪があり、そこに城郭遺構がみられないのであれば、新畑経営の可能性など、必ずしも城郭にこだわる必要性はないと考える。将来の発掘調査による検証が求められよう。

これに対して、西側千本の沢を上った通称女坂上の大堀切から、既述した「曲輪」を限る大堀切までの尾根面は明確な城域（南北約五〇〇メートル）であり、大きく三ブロック*4の曲輪群に分割できる。以下、各ブロックごとに説明する。

①中央脊梁曲輪群は、北野神社（天満宮）の位置する南北に連なる高丘群で、堀切によってさらに三分割される。このうち、神社の占める平場がもっとも高く（標高一五〇メートル）、ある程度の広さもあり、背後（北側）に地形なりの削平地もあることから、主郭群（幅一〇〜二〇メートル×長さ一〇〇メートル）と捉えられる。西側は天然の人を寄せ付けぬ切岸がめぐり、わずかに連なる一本の尾根も大堀切で遮断する。一方、東側は自然の急崖に加えて人為的な切岸化を図り、結果として中腹に一段が設けられる。大堀切を隔てた南側の小規模な平場は、主郭を限ったことで生じたものながら、谷頭にあたるので確保したものだろう。その先には、小規模な堀切もある。南端の峰は、萩ノ台へ通じる尾根の取り掛かり部分を大堀切で切り離したもので、一種の出郭といってよい。

主郭群北東東側の一段下がった平場群が②東側平場群（字用替）である。ここは地形なりとはいえ、北から南へ二段の明瞭な平場造成が認め

主郭西下支尾根堀切

*3　拙著「畔蒜庄亀山郷における戦国末期の動向—城郭のあり方と棟札の分析を通して—」（『千葉城郭研究』第七号、二〇〇三年）。

*4　①中央脊梁曲輪群、②東側曲輪群、③北側曲輪群。

主郭南の大堀切

られ、南東へ突き出た尾根部分も堀切ではなく、切岸プラス平場という手法を採っている。主郭から下るとはいえ、周囲はまったくの急崖であり、あえて土塁も必要ない。

東方の谷を兵庫谷、その南側を難闘場《なんとうば》という。戦前にこの一角が崩れたとき、多くの人骨が出たというが、具体的な場所は不明である。なお、難闘場だがナント・ラントという地名は時折散見されるので、その転訛とも考えられる。いずれにせよ、墓所関連の地名ということになろうか。

一方、③北側郭群は大堀切というより尾根の谷間に手を加えて主郭群から大きく分離し、既述した新曲輪方面大堀までの曲輪群を指す。ここは西側から通称一の台（その西側谷が千尋の谷ともいうべき八反崖《はったんがけ》）・二ノ台・三の台と呼称され、部分的に土塁囲みの平場が三段並列する。地形なりとはいえ、明瞭な平場の造成と、新曲輪方面の大規模かつ幾重にも屈曲する堀は、二メートル前後の高土塁とともに圧巻である。

字曲輪とは、まさしくその性格が呼称として遺存したもので、貴重な遺例といってよい。しかしそれにしては、北側や南側谷頭（手沢、井戸座）方面には曲輪縁に土塁さえみられない。段差整形で対処した結果といえばそれまでだが、城の背面という条件にもよるのだろう。現在では松丘方面からのみ登っているが、宇坪から入ると「曲輪」の正面に至る。

昭和六十年、君津郡市文化財センターによって三ノ台南西の高台鉄塔建設部分の発掘調査が行

主郭北側の平場

われている。[*5] 遺構そのものは検出できなかったが、遺物は、陶磁器・カワラケ・擂鉢片・鍛冶遺物が出土した。調査地点（斜面および土塁脇の狭い曲輪面）からして遺構の未検出は当然としても、生活遺物、とりわけ陶磁器の組合せから上位の階層を想定しうる。それも曲輪の性格（山上殿舎か）と関わっているのではないか。

さて、右記の各曲輪群の性格だが、①主郭群をいわゆる詰の曲輪、②東側曲輪群をそれに付属する曲輪群と理解するが、③北側曲輪群はそれとは独立した区画とみておきたい。この「曲輪」を「新くるわともいっている」[*6] とあるとおり、あえていえば、こここそ新曲輪である。おそらく、この城の歴史ともリンクするもので、必要に応じて新たに取り立てたものとみておきたい。

城下についてもふれる必要があろう。南西谷の千本宿がいわゆる宿に相当することは間違いない。地形からして北側山麓が該当しようが、根小屋も一体のものと捉えられよう。西側からの登城路谷奥（女坂下）を大門、その下の一角を横町《よこちょう》、国道付近を牛蒡《ごぼう》屋敷・宿端《しゅくはずれ》・鍛冶町、山寄りを粟殿《あわどの》（安房殿）と呼ぶのは、いずれもその関連であろう。また、北側曲輪群下の手沢を下った宇坪《うつぼ》は、後述する星野氏の館のあったところで、この一帯も城下として捉えられよう。

曲輪東側の土塁

【性格】 東平《とうべい》安《あ》芸守《きのかみ》父子（安芸守―右馬允）の居城とされている。[*7] たしかに、千本城北西の平山大原神社の永禄十二年（一五六九）銘棟札裏面には、助成檀那の一人として藤平藤七郎なる人物の名が見える。しかし、同棟札表には代官（氏

*5 *1文献。一五×一五メートル、他に一部関連トレンチ。

*6 『松丘郷土史二集』。

*7 『関八州古戦録』巻十「里見義弘逝去附義頼家督相続事」には、「上総千本の城主東平ノ安芸守」が義弘亡き後の上総梅王丸派と安房義頼との抗争に際し、「久留里千本ノ両所ヲ根城トシ東平安芸守同右馬允父子一揆所々ニ蜂起ス」とあって、しばしば引用される理由ではある。

北側曲輪現状

曲輪土塁上から東限の空堀をみる

名不明）また大旦那星野某とあるのみで、裏面最上段に鴇田《ときた》氏、二段目に元吉（本吉）氏や鴇田氏、三段目に至って藤平氏が垣間みえる。通常、棟札の檀那衆の上下はそのまま序列関係が反映されるので、当地では星野氏を筆頭に、本吉氏や鴇田氏といった有力者がいて、それにつづいて藤平氏の存在がいたとみたほうが適切である。なお、大正期の『千葉縣誌』では、当初東平氏、のち伊賀守に変わったとする。この伊賀守とは加藤伊賀守（信景）のことだろうか。その根拠は不明である。

　それはともかく、千本城そのものが抗争の舞台となったのは事実である。義堯と親交のあった安房妙本寺の住持日我晩年の書状＊8によれば、天正八年（一五八〇）の夏、久留里・佐貫・千本・百首諸城が義頼によって攻め落とされたのである。このような採り上げ方は、降伏した城を単純に羅列したというわけではなく、いわば梅王丸派の拠点を列挙したとみるべきで、天正八年当時、久留里・千本という二拠点が隣接するように畔蒜庄内にあったことは確かである。そして、そこに拠った諸将がいたことも事実であろう。

　問題は、「せめおとし」の内容である。上総の諸将が団結して徹底抗戦したら、義頼軍の比ではありえず、個別に硬軟織り交ぜ潰した結果とみておきたい。小櫃川上流域の南畔蒜庄内では、中世の棟札の遺存例は多いが、残念なことに天正七年以降のものはない。それゆえ、去就は定かでないが、上総三船山合戦からほどない、永禄十年九月八日銘の菅生庄大寺薬師像造像札には大

＊8　椙山家文書「当年辰年たつ□也夏、くるり、さぬき、せんほん、ひゃくしゅせめおとし」とある。

檀那として星野氏、御祓《みそぎ》木の檀那として鴾田氏ほか、当地周辺の土豪が加わっている。菅生庄大寺が戦火にともない放火され、再建に亀山衆（亀山周辺の土豪層）があたっていることは、単純に信仰ゆえというのではなく、おそらく三船山合戦後の戦後処理の産物（菅生庄内における没収地の獲得）ではないか。

このなかで、星野氏は亀山宇津保とあるので、平山宇坪にいたことがわかる。宇坪とは、既述したように城下であり、星野氏を中心とした亀山衆が在城したと考えたい。

ただ、星野氏については近世初頭以降の棟札には見えず、それが天正八年時の抗争の結果によるかは速断できないが、以前筆者も論究したように、中世末期に没落した可能性が高い。[*9]すでに述べた東平氏については、福島県いわき市の東平家は天正八年時以降、当地を離れ万木の土岐家へ移り、のちに同地へ移住したと伝えている。ともに組みした結果であろうか（東平家の史料は、近世に火災で燃えてしまったという）。「関東八州諸城覚書」[*10]に千本城の名がみられないのは、規模や構造からしても釣り合わず、意図的に破却された結果とみたい。

なお、付け加えておきたいのは、たとえ星野氏以下の居城としても、規模はやはり群を抜いている。天文末～永禄初期に久留里が脅かされるにともない、広岡背後の要害地という条件から、当初の築城年代はともかく、その後詰めのために、久留里が陥落した際には最前線としての役割も担ったのではないか。それゆえ、義堯・義弘ないし梅王丸が一時的に在城したこともあり、新たにそのための曲輪も用意され、それが新曲輪ではなかったかと推測する。

いずれにせよ、当城は永禄～天正前期の上総を考える場合、重要な位置を占めると考えられ、城下を含め、さらなる調査や活用が図られるべきことを強調しておきたい。

＊9　＊3文献。

＊10　毛利文書

北条・里見氏間で争奪を繰り返した城

27 峰《みね》上《がみ》城《じょう》

①富津市小志駒・上後
②武田氏―里見氏―峰上衆―正木氏
③右岸の懸崖と大堀切で仕切られた曲輪群（玄蕃の詰めた尾崎曲輪）
④志駒川の曲流と紅葉の城山

峰上城遠景

【立地】上後《うえご》字要害と環《たまき》にわたる高丘上（標高一〇〇～一三〇メートル）にあり、西側は湊川の支流志駒《しこま》川が山麓をめぐっている。北側から西側は、峰上はもちろん峰下諸村を広く眼下に収め、東南は志駒・豊岡の丘陵へ続く。周囲は懸崖で、水田面との比高差は約六〇メートルに及ぶ要害地である。地盤は泥岩層だが、山上部は礫混じりの砂層である。

【構造】従来、絵図や金石文、関連する史料[*1]から説明されてきた。[*2]縄張り研究者による概念図の紹介もあったが、[*3]ことに構造という面では、千葉県教育委員会による測量図が公になったことで、大きく進展したといえよう。以下、同報告書[*4]にもとづき概説するが、近世・近代の絵図[*5]も参考としたい。

各曲輪の名称は、天保八年（一八三七）の「上後村古城跡之図（写）」[*6]には、天神・本城・仲城・後宿・大門・鍛冶屋敷・尾崎などの呼称がみられる。当絵図は、後掲の國學院大學図書館蔵「峯上古城之図」（内務省地理局模写図）や『君津郡誌』下巻巻頭図版掲載「上

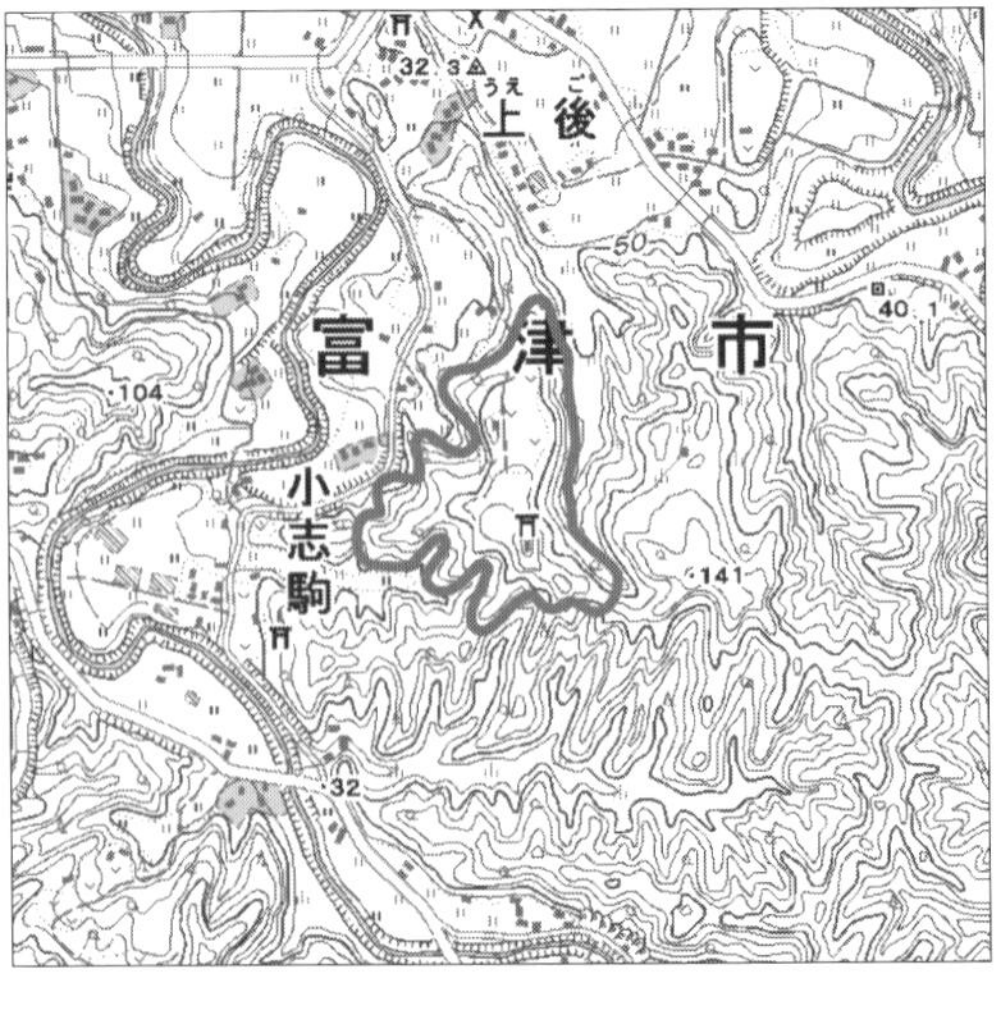

＊1　鳥海家文書
＊2　その代表が『日本城郭大系六　千葉・神奈川』（新人物往来社、一九八〇年）の「峰上城」の記載。
＊3　「峰上城跡概念図」『真里谷城跡』（木更津市教育委員会、一九八四年）。

243 峰上城

縄張り図　作図：小高春雄（＊4の文献を元に作図）

後城址図」と同系だが、年号が確認できるという点から、とりあえずそれによって説明したい。

本城は東西五〇×南北三〇メートルほどの略台形を呈し、南側が山頂の天神郭（摩利支天社）となる。内部は平坦で、周囲に低い土塁をめぐらす。山頂部は狭いが平場を作りだしており、背後は大堀切で遮断する。かつて草葺きの小祠があり、のちに紹介する一連の資料が納められていた。本城の北側が中城で、本城から約七メートル下にある。南北七〇×東西五〇メートルほどの略長方形を呈し、北側外城との境界には絵図に「ホリ」と注記され、本来は大きな堀が存在したのだろう。東端に

大門先北側大堀切

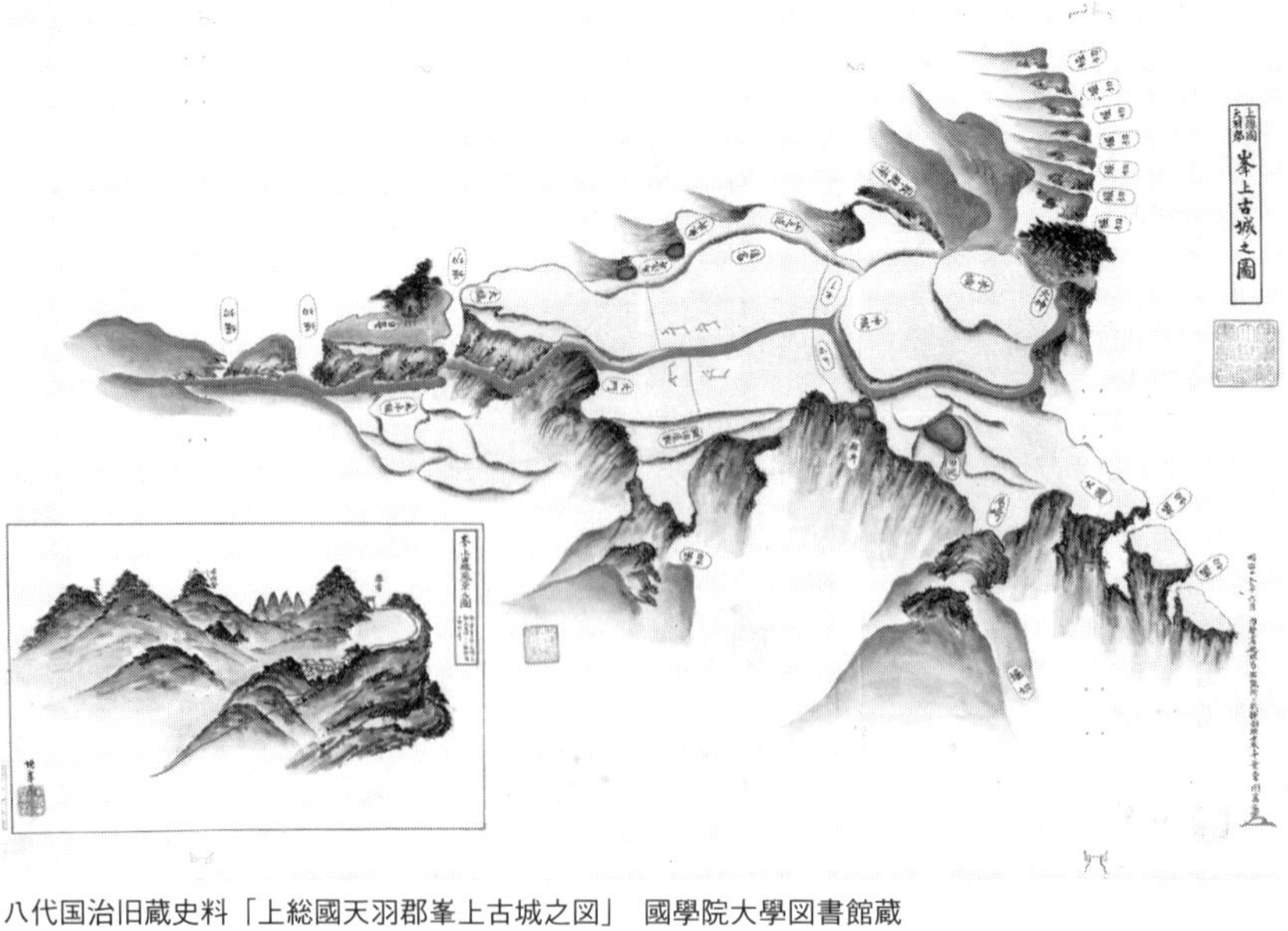
八代国治旧蔵史料「上総國天羽郡峯上古城之図」　國學院大學図書館蔵

竪堀、西端に「殿井」が見られるのはその名残であろうか。本城・中城の周囲、とりわけ本城周辺肩部は明瞭な切岸整形を施しており、結果として、郭側面の懸崖化と直下の帯曲輪を形成する。なお、天神郭から背後の主尾根に至る土橋状の高まりは、土橋というより堀切間の通行を妨げるものと理解される。

中城前面の堀の先は後宿とあり、これは外城とみてよいだろう。中城の三倍近い広さがあり、まったく地形なりの曲輪ながら、中城東側からの帯曲輪が続いていることや、北側主尾根ラインネック部に大堀切を入れ、北西肩部を切岸整形していることなど（西側は自然の懸崖）、この区域を外曲輪として取り込んでいることは明らかである。なお、曲輪内には民家もあり、旧状をそのまま伝えているとは思われないが、西側縁の二段の段差（一段目に鍛冶屋敷と注記）は当時のものだろう。

以上が主要な曲輪だが、周囲の遺構にもふれる。中城東側に有名な尾崎曲輪がある。この曲輪は、城跡から西へ約四キロの梨沢の旧吉原家に伝えられた一連の文書群[*7]に、固有名詞として登場するので、そこに籠城した人々とその目的や行動を知ることができる数少ない事例である。すなわち、天文二十三年から二十四年にかけて、北条氏は吉原玄蕃助を頭とする「尾崎曲輪上下小屋廿二人衆」に対して兵糧を支給することで、北条氏への忠節を要請し、その際には知行・褒美を与える旨を約束している。また、彼らがそれに従って行動したことも事実であった。

本城南端の土塁

＊4　『千葉県中近世城跡研究調査報告書第12集—峰上城跡測量調査報告—』（千葉県教育委員会、一九九二年）。

＊5　國學院大學蔵「峯上古城之図」・「上後古城之図」、「上後村古城跡之図」。

＊6　小宮保四郎『峯上城址踏査による中世紀史料の一班』。

＊7　鳥海文書

北条氏朱印状（鳥海文書）「尾崎曲輪上下小屋衆廿二人衆」に出されたものである　館山市立博物館蔵

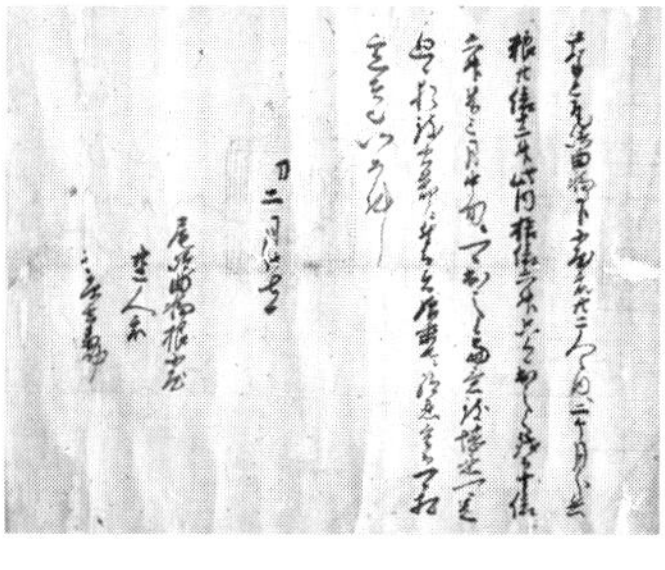

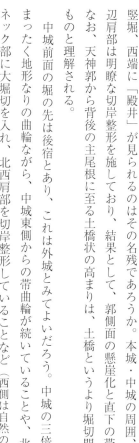

本城縁から腰曲輪を見る

重要なのは峯上尾崎曲輪とあることで、これは峯上城内の尾崎曲輪という意味で、本城や中城とは別の曲輪として認識されていたということである。ここは、中城から西側へ派生した支尾根上面を地形なりに削平した狭い平場が大きく三段に続く場所で、上下小屋ないし尾崎曲輪根小屋ともみられることから、そこには陣小屋があり、山麓にも根小屋が存在したことを示している。おそらく、山麓谷部から志駒川沿いの低地が根小屋に相当するのだろう。なお、堀切を隔てた南西部（絵図の大瀧先）にも一郭あり、その肩部下も整形を施し、派生する尾根には小堀切を入れている。

天神郭背後の七連堀切（いわゆる七つ堀切）は、比高差が一〇メートル以上もある大堀切は別として、次の約六メートルから次第に深さを減じ、最後は三メートルほどとなる。尾根を切る堀切は上総・安房の戦国城郭では多用されるが、このようにしっかりと、なおかつ連続させるのは例がない。その意味で、各郭から派生する支尾根上面にみられる梯郭、かつ多段の平場もまた特筆される。これは、本城南の二か所と外城北西の一か所で確認され、下り傾斜の尾根にみられるという共通性がある。後者もまた、上総以南の主要城郭（それも主郭周辺で）でしばしば確認されるので、両者は地形に応じた使い分けと理解される。

北側大堀切先の郭にもふれておきたい。ここは、大堀切側に塁を残し、間に隘路を設けて虎口とし、北側堀切（これも大堀切といってよい規模）までを二段の平場としている。絵図では外城側

尾崎曲輪

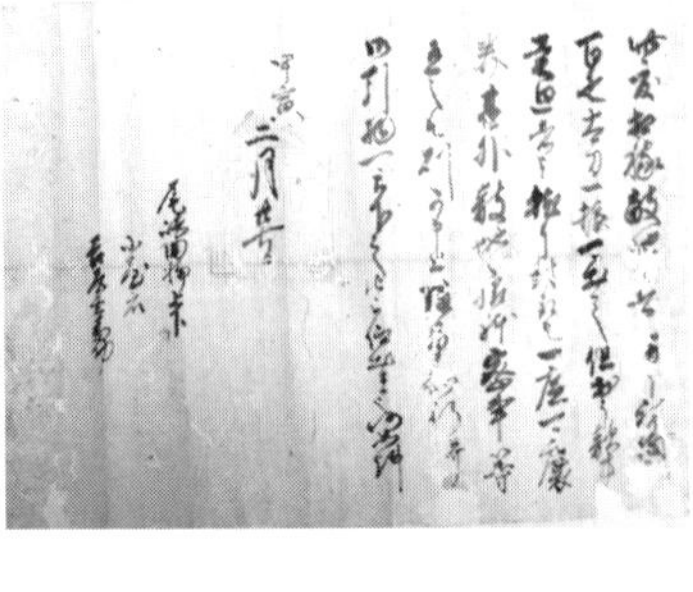
北条氏朱印状（鳥海文書）「尾崎曲輪上下小屋衆」に出されている　館山市立博物館蔵

を大橋と注記しており、あるいはその名のとおり、橋が渡されていたのかもしれない。周囲は切岸整形し、東側は既述した多段平場を設けているなど、明らかに一つの郭としての構えである（絵図には小社が描かれ、自庵と注記）。一種の出郭と見ておきたい。その延長にはさらに一本の堀切があるも、天神郭背後のように連続させることはない。このほか、外城北西切岸下と尾崎郭下の棚田状の段も気になる存在である。これを棚田とみるのか、あるいは前者に注記された「木平根」を前向きに解釈するかにかかっているが、考古学的な調査が必要だろう。

最後に、説明できなかった絵図の注記について補足する。外城から出郭脇へ至る道の肩口付近は大門とあり、位置からしても、追手門が置かれた可能性が高い。同じく外城東の帯曲輪下には、近接して馬洗井と東井の二か所の井戸がある。一方、尾崎曲輪には池の表記があり、脇に苗池とある。現在もその跡は明瞭で、近年まで周囲の田を潤していた。

【歴史】 名称については、峰上（峯上・嶺上）のほかに上後城や環（環木・玉木）城とも称している。前者は城跡の所在する近世村名、後者は同小字名に由来するもので、そのことからすれば、湊川中流域を広く指した中世以来の峰上がもっともふさわしい。

そもそも峰上とは、峯山、つまり長崎の背後に南北に延びる丘陵の名で、ここを境にして東側一帯を指す古称である（その西側海寄りが峯下）。なお、上後は本来、上郷の意味で、環は明治二十二年以降の十一か村合併村名に由来するという考えもあって、城址の名前と和を意味する名称ゆえに付けられた村名である（当初は環城村）。

それはともかく、峰上にいつ城が築かれたはわからないが、要害の地で、かつ峰上一帯を眼下に収めるという点から、上総武田氏の当地入部にともない、明応から永正期頃の間に築かれたと考える。史料上の初見は、城内天神郭の環神社に奉納された天文二年（一五三三）銘の鰐口《わにぐち》で、「峯

後宿平場の現状

上之城摩利四天　天文二年九月三日」とある。[*8]既述したように、本城背後の峰は絵図に天神社とあり、摩利支天社との関係が問題となるが、これは摩利支天と天満神社を合祀した後に環神社と称した結果である。奉納された銅鏡に、「奉納天満天神摩利支天」（同写真）と刻まれているとおり、ともに城の守護神として信仰されたのだろう。これにつぐのが、小志駒環神社旧蔵「峰上城鎮守摩利支天寶前　天文六年」とある鰐口だが、現在所在は不明である。

金石文以外の初見は、「快元僧都記」天文六年五月二十七日条の「上総峰上房州百首城兵、新地之者共、御免之由」の記載である。天文三年以降の内訌にともない、惣領である信隆側の峰上城兵が百首・真里谷新地の者たちとともに赦免されたとあり、城兵という言い方からして、明確に峰上城の存在を確認できる。信隆側の武田一族が在城していたとみるのが妥当だろう。

その後まもなく、当城は信応方の法名全方なる人物（信秋だろう）が抱えたようで、峰上城南の小志駒諏訪神社旧蔵天文八年鰐口銘[*9]や、同北西の長崎白山神社蔵天文十一年鰐口銘[*10]には大檀那として「沙弥全芳」の名がみえる。つまり、入道して沙弥全芳（方）と名乗ったのである。また、北側対岸の寺尾六所神社は、天文八年に全芳の息義信再建と伝えられる。[*11]新しい支配者が社寺に堂宇再興や寺領安堵、仏具寄進を行うのはこの時代の常である。なお、白山神社は社伝に天文五年に環城主武田大学助時信の「剏健」（創建）とする（前掲郡誌）。大学助は信秋の官途名だが、年代や名前は一致しない。社伝ということもあり、参考の域を出ないが一応紹介しておく。

このように、天文八年から十一年まで当地と全方との関係は確認できるが、その後まもなく、武田氏との関係は清算されたようである。経緯は、北条氏と里見氏との間を仲介した僧が北条氏康に義堯の意を伝えた書状[*12]で推し量ることができる。以下、関係する部分とその大要を紹介する。

「貴札快閲す、よって駿・甲破れ、すでに旌旗《せいき》動かるか、これにより相・房御和の儀仰せを蒙り候、

本城摩利支天社

*8　前掲峰上城測量報告書所収写真。

*9　『千葉縣史料』金石文篇一（千葉県、一九七五年）。

*10　『富津市史』史料編二（富津市、一九八〇年）。

*11　『君津郡誌』下巻。

*12　妙本寺文書

即《そく》披達《ひたつ》せしめ候、義堯挨拶のごとくんば、先年真里谷大学《まりやつだいがく》忠信に属し候間、愚の取り成しをもって、御亡父御血判あり、嶺上の地御落去《ごらっきょ》し、御誓詞今に所持す、しかるに武田卜心《ぼくしん》・伊丹以下讒訴《ざんそ》を企てるに付いて、貴殿様御遺乱《ごいらん》、横須賀左衛門大夫《さえもんのだいぶ》引き付けられ、かの地請け取られ、伊丹指し置かれ候、しかるといへども先年吉原の地、開かされ、中窪御陣折角に及ばれ候間、氏綱の御厚恩報謝のため、義堯自身加勢のため出陣あるべき分に候処、真里谷八郎四郎の讒言《ざんげん》のゆえに延引し、一勢立ち進まれ候き、結句《けっく》それ以往、真里谷大炊頭《おおいのかみ》引き立てられ、義堯在城する佐貫の地、大軍をもって押し詰められ候、かくのごとく一往御相違せず、今に御恨み事亡失《ぼうしつ》なく候、……」＊13

はじめに「駿・甲破れ」、つまり駿河今川氏と甲州武田氏の同盟が破綻したとあるので、永禄十二年（一五六九）のこととわかるが、その結果、北条氏は今川氏救援のため駿河へ向かわねばならず、里見氏とはいったん休戦する必要に迫られた。ところが、そのことを見透かしてか、昔反古になった一件を取り上げて氏康を詰ったのである。すなわち、自分（義堯）に従っていた真里谷大学助に峰上城が明け渡され、父上（氏綱）の証文もあるのに、武田卜心・伊丹以下の者たちの訴えを聞き入れ、横須賀左衛門大夫を誘って峰上城を接収し、伊丹を守将とした。しかし、父上に対する恩もあるので、そちらに加勢しようと思っていたところ、真里谷信応の讒言にあって叶わず、逆に対立するところとなり、以後は真里谷義信を引き立て、私の居城としていた佐貫城を大軍で包囲した。今もって忘れないと、恨み言を述べている。

既述したように、天文六年に信隆側の三城の赦免が決定したので、峰上御落去はその時点と理解されているが、当時の主体は武田一族間と足利義明であり、「忠信に属し候間」という文言からしても、義明討ち死に後の天文七年から同八年の頃ではなかったか。金石文の銘からして、同十一年まで全方と峰上の関係は確認されるので、峰上城が北条氏の手に渡ったのはそれ以後とな

＊13　日侃筆某書状写　妙本寺文書（『千葉県の歴史』資料編中世3、二〇〇一年）、原文漢文・傍線筆者挿入。

る。「笹子・中尾両草子」によれば、天文十二年から十三年にかけて、大学助父子（信秋―義信）と小田喜の武田朝信は、一族間の争いの一方にそれぞれ荷担しており、中尾城の戦いでは父子から援軍の要請を受けた里見義尭が、佐貫・峰上軍とともに攻囲軍に加わっている。それを信じれば、天文十三年四月以降に峰上が北条氏の手に落ちたのだが、文書の内容をふまえると、北条氏が直接進軍したのではなく、現地の者たちの要請を受けて介入したといえる。

武田卜心の〝卜心〟とはもちろん法名だが、真里谷系・真如寺系のそれとは異なっている。武田名字で記されていることや、[*14]江戸衆の伊丹氏とともに行動している点から、武蔵武田氏の系統とも考えられる。横須賀氏は三浦を本領とし、のちに北条氏に従った三浦一族との認識に対し、近年、黒田氏は「引き付けられ、かの地請け取られ」の文言から、結論として「それ以前は武田全方の被官もしくは寄騎」と解釈している。[*15]僧某を介していることもあり、この一点の文書で当時の峰上を語るのは難しいが、永正期末以降の真里谷氏と北条氏の関係からみて、向地上総それも西上総に所領を得た者たちがいたのではないか。そして、彼らが氏綱の死（天文十年）をきっかけに、大学助父子に反旗を翻した可能性はないだろうか。

あるいは、正木氏が本来三浦氏であり、房州へ落ち延びたとすれば、それに従った者もいたはずで、長狭や保田を拠点とする糟谷氏などもその一人の可能性があるのではないか（相模糟屋庄の荘官を出自とするか）。いずれにせよ、それはいまだ真里谷領国内のことであった。それゆえ、信応の存在が記されたのである。佐貫城を大軍で包囲した年が天文十五年で、里見義尭が居城とし、真里谷大炊頭（西門院文書には大炊頭義信とみえる）を引き立てたということは、義信の旧領回復という大義名分を掲げたことがうかがえる。おそらく、天文十三年から十四年の間に佐貫・峰上領は里見氏に接収され、それに対して北条氏が介入したのだろう。

＊14　それゆえ、黒田基樹氏は長南武田氏の可能性を示唆している（『戦国の房総と北条氏』、岩田書院、二〇〇八年）。

＊15　同黒田前掲書。

天文十六年～二十一年には、北条氏は両上杉氏を逐って武蔵から上野に版図を拡大したが、それも一段落すると、下野から常陸、そして房総へ鉾先を向けた。既述したように、天文二十三年には峰上尾崎曲輪の吉原玄蕃助ほか二十二人衆が、北条氏の誘いに応じて里見氏に敵対することとなる。吉原氏は峰上城南西約四キロの梨沢の土豪で、二十二人衆とは城から南の相川・梨沢を含め、駒山一帯の土豪層に該当するのではないか。

一方、外城には城から北の旧環諸村や湊川本流域の関、豊原の者たちが詰めていた可能性がある。伊丹氏らがいつまで峰上にいたかは不明だが、天文十四年頃には里見氏のもと、正木氏、それも兵部太輔が抱えたのではないかと考える。それが、北条氏の攻勢と誘因が活発となった天文二十年代に北条側へ与したとみてよい。ただ、峰上衆が全体としてそれに同調したかといえばそうではなく、そのため、北条氏が直接切り崩しを図ったのではないだろうか。

兵部太輔と吉原氏以下のその後はよくわかっていないが、永禄三年（一五六〇）の久留里攻めまでは、北条氏の優勢の内に推移していたので、当地一帯も影響下にあったと考えられる。しかし、永禄四年～七年の間、両者は西上総一帯で激しい取り合いを演じた。永禄四年に江戸衆遠山氏が小敷谷《こしきや》氏に与えた三浦の土地は、かつては峰上の証人（人質）のものであったというから、[*16]その過程で兵部太輔は没落したのだろう。あたかも正木淡路守と入れ替わったかのようで、金谷・造海を抱えた淡路守にとって、峰上はなお拠点の一つではあったろうが、もはや後背地の一つと認識された存在ではなかったか。秀吉来攻前の「関東八州諸城覚書」に峰上の名がみられないのは、廃城となったのではなく、その延長上、つまり内外において端城として把握されたからにほかならない。

＊16　相州文書

上総の里見領を管轄する城

28　大《おお》羽《ば》根《ね》城《じょう》

①市原市本郷
②里見氏（板倉氏）
③前後の大堀切と区切られた曲輪群
④新緑の映える高滝ダム湖南の城跡

【立地】市原市加茂地区本郷字大羽根の小高い丘陵上に所在する。尾根面の標高は大体一一〇メートル前後で、西側裾部を養老川が懸崖となって廻る一方、東側は険しい山脈と深い谷が連続する要害地である。また、山頂に立てば川越しに広く加茂の谷底平野を望むことができる。地質は砂・礫からなる万田野《まんだの》層だが、表層の一部はローム層に覆われている。

城跡遠景

【構造】ゴルフ場建設による大堀切背後一帯の開発行為にともない、概念図が公にされている。[*1] 筆者提示の図とは一部相違もあるので、まずはそのことにふれておく。

尾根面は概して狭いが、そのなかでももっとも広い南側の最高所（標高約一二〇メートル）が主郭に相当するとみてよい。前面は土塁（その右手に土橋とセットの虎口）と幅広の堀、背面は櫓台状土塁先に大堀切を配し、側面は切岸整形して区画性を高めている。また、曲輪東南には土塁状の高まりがあるが、これは地形なりの整形結果だろう。東側に延びる支尾根は基部を大きく掘り切り、腰曲輪と連動

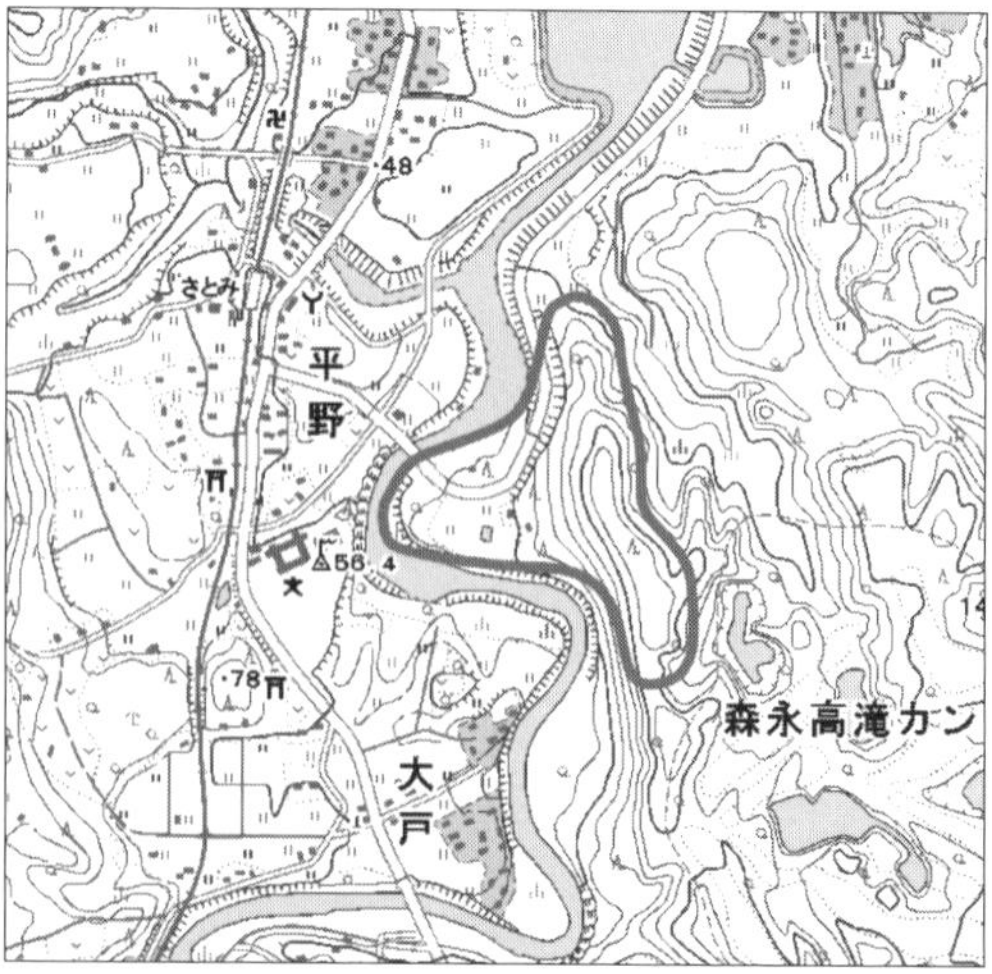

＊1　『大羽根城郭跡—南部外郭の測量調査—』（市原市文化財センター、一九八六年）。

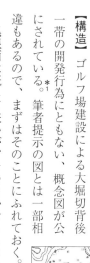

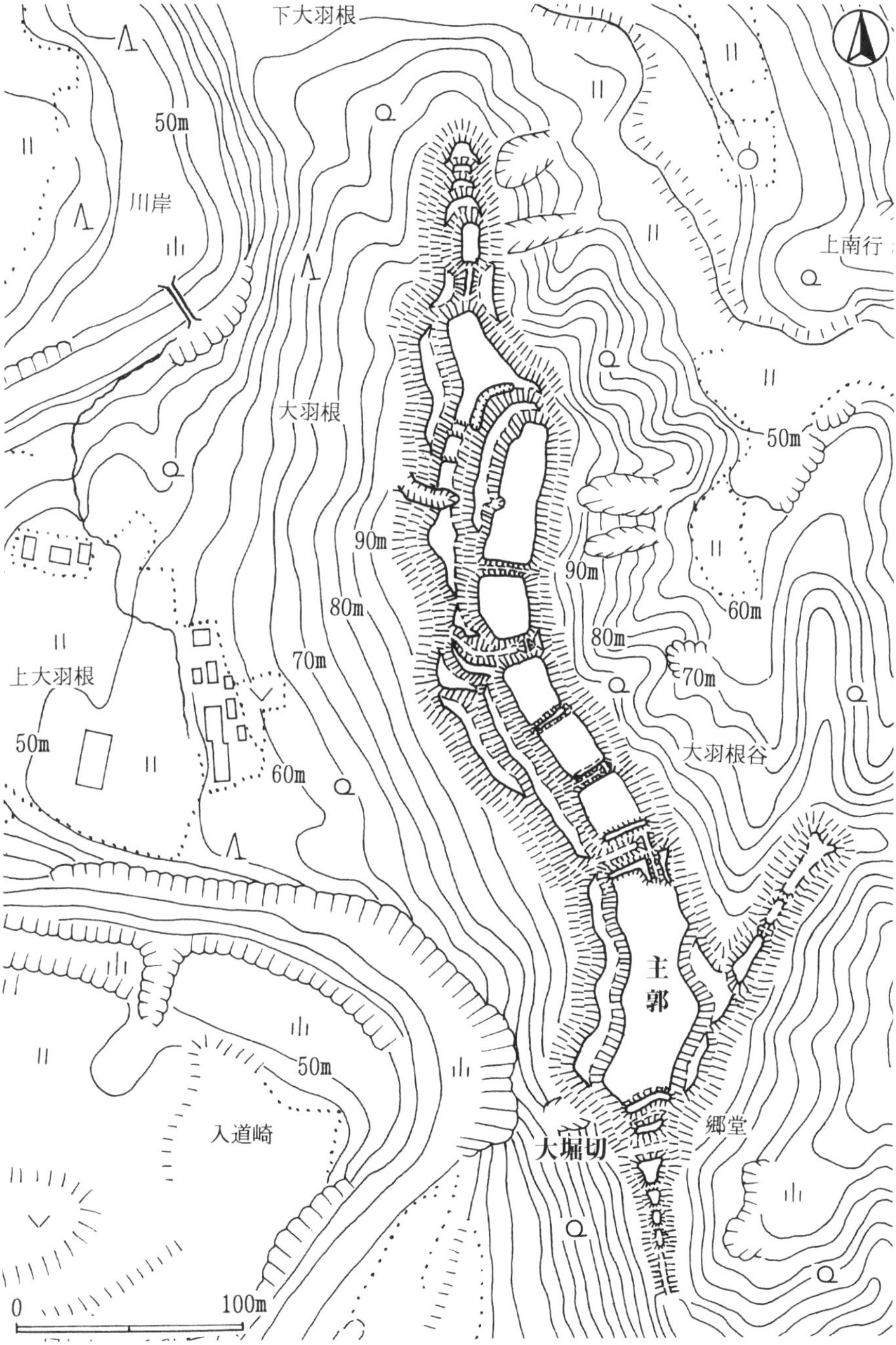
下大羽根
50m
川岸
上南行
大羽根
50m
90m
90m
80m
80m
60m
70m
70m
上大羽根
50m
60m
大羽根谷
主郭
50m
入道崎
郷堂
大堀切
0
100m

縄張り図　作図：小高春雄

山上を大きく分ける空堀

主郭から西側腰曲輪を見る

させ、その先も掘り切っている。

土橋の先は、方形と略方形の曲輪（約二〇メートル）が浅い堀と低い土塁を隔てて三郭続き、両側面は切岸整形とする。西側にのみ帯曲輪が廻るのは、東側と比べて傾斜が緩いからである。これらをまとめて二ノ曲輪群と呼んでおこう。

その先は、堀を隔てて（土橋あり）広い曲輪となるが、間は浅い堀で区分されている。あえていえば、三ノ曲輪になろう。ここも周囲は切岸整形されている。なお、二ノ曲輪との境をなす堀西側は、曲がりながら下に延びており、その延長部の状況は不明ながら、ここが大手口になるのかもしれない。

三ノ曲輪の先は、下って二段の腰曲輪がみられ、尾根伝いの下段は地形なりに均した平場がある。付け根にはわずかながら半円形に廻る窪みがあり、意図的なものの可能性がある。さらに、北側尾根続きは明瞭に懸崖としたうえで堀切を併設し、東寄りには土橋らしき高まりも見られるが、ここが北側境界となろう。

主郭現状

南端曲輪の段差

このほか、西側山麓は川の蛇行で広い平坦面が存在し、地形条件からしても根小屋に比定してよい場所である。元禄十一年（一六九八）の「本郷村分ケ郷田畑反別帳写」には、立山・大羽根・沓かけなどの地に「川欠」と記しているところから判断すると、慢性的な崩落地であり、それが現在につづいているのだろう。一方、北西対岸は緩やかな岸辺があり、近世も寛永段階から河岸の存在が確認される。それが中世にさかのぼるとすれば、当城とも関連することとなる。

以上、大羽根城は切岸と堀（堀切）による曲輪の区画性が明瞭で、かつ前後の大堀切など、当地における戦国末期の城として間違いない。しかも、位置や規模からして、養老川流域で里見領を管轄する城であったことも間違いないだろう。場所は不明ながら、長イモ掘りにともない、焼米の出土がみられたという。[*2] 米蔵の存在を示唆するもので、いわゆる拠点城郭によくみられる事例である。

北端の懸崖（南から）

【歴史】『市原郡誌』では、土人の口碑によるとして、「天正年間里見氏塁壁を此処に築」いたとする。前後の脈絡からすれば、築城に至った経緯には問題もあるが、里見氏云々という点は重要である。というのは、原資料は存在しないものの、城跡対岸の大戸熊野神社旧蔵天正十六年（一五八八）の棟札には、「熊野権現社頭一宇」の落成に当たり、当地頭板倉昌察《いたくらまさあき》・代官新左衛門、守護源義安（康）・御代官宗政《むねまさ》右馬助の銘文が確認されるからである。板倉昌察は通称牛洗斎《ぎゅうせんさい》のことで、義頼—義康に仕

＊2　小幡重康『郷土史年表（付史料）—千葉県市原市南部地区—』（私家版、一九六九年）。

東側に寄った土橋

南端の大堀切

主郭南端の櫓台

えた里見氏の重臣の一人である。おそらく、大戸一帯を領有したが、実際は代官として新左衛門なる人物が支配にあたったのだろう。守護（すなわち安房・上総国主）として当主義康が記されるのは当然として、宗政右馬助なる人物はよくわからない（慶長十一年分限帳にもみえない）。ただ、義康の下に記されているのをみると、あるいは蔵入地の管理を任された人物でもあろうか。

とすると、大羽根城は板倉氏の管轄するところで、大戸一帯はその城付領とみることができよう。もちろん、宗政氏の可能性もないわけではない。いずれにせよ、この流域では長南武田氏が約五キロ北に池和田城を抱えており、より奥の白尾や田代を除いてはこれといった城がなく、義頼の代に至って新たに前線の高滝に築城したものだろう。

武田氏滅亡後に正木氏が入った城

29 笹《ささ》子《ご》城《じょう》

①木更津市笹子
②武田信茂―鶴見氏―正木氏
③落城を物語る城破りの跡
④菅生庄の田園を望む丘陵

【立地】「笹子落草子」の舞台となった笹子城跡は、小櫃川下流域左岸の北向きの丘陵先端（標高四〇数メートル～六〇数メートル）に占地し、西側の山を越えた一キロ先に中尾城、七キロ東に真里谷城がある。

【構造】平成三年から同五年にわたって、北端部で館山道建設にともなう発掘調査が行われ、報告書も刊行されている。＊1 これに加えて、筆者の踏査結果と過去の研究成果＊2をあわせて図示したので、以下、これによって説明する。

城郭遺構は大きく三つに分けられる。山頂の通称城の内地区（標高六〇数メートル）、その下の神宿地区（標高四〇～五〇メートル）、北端の通称要害台（標高約四〇数メートル）の三ブロックである。要害台地区は山上を字北作といい、南側は大堀切で画する。北側一段下に平場（通称寄場）があり、発掘調査によって密集する土坑群とピット群ほかが検出されている。土坑のプラン（長方形・円形・方形）や規模（約一～二メートル前後）に加え、出土遺物に人骨片・銭貨・陶磁器を含むものがみられるので、土坑墓群と考えら

城跡遠景

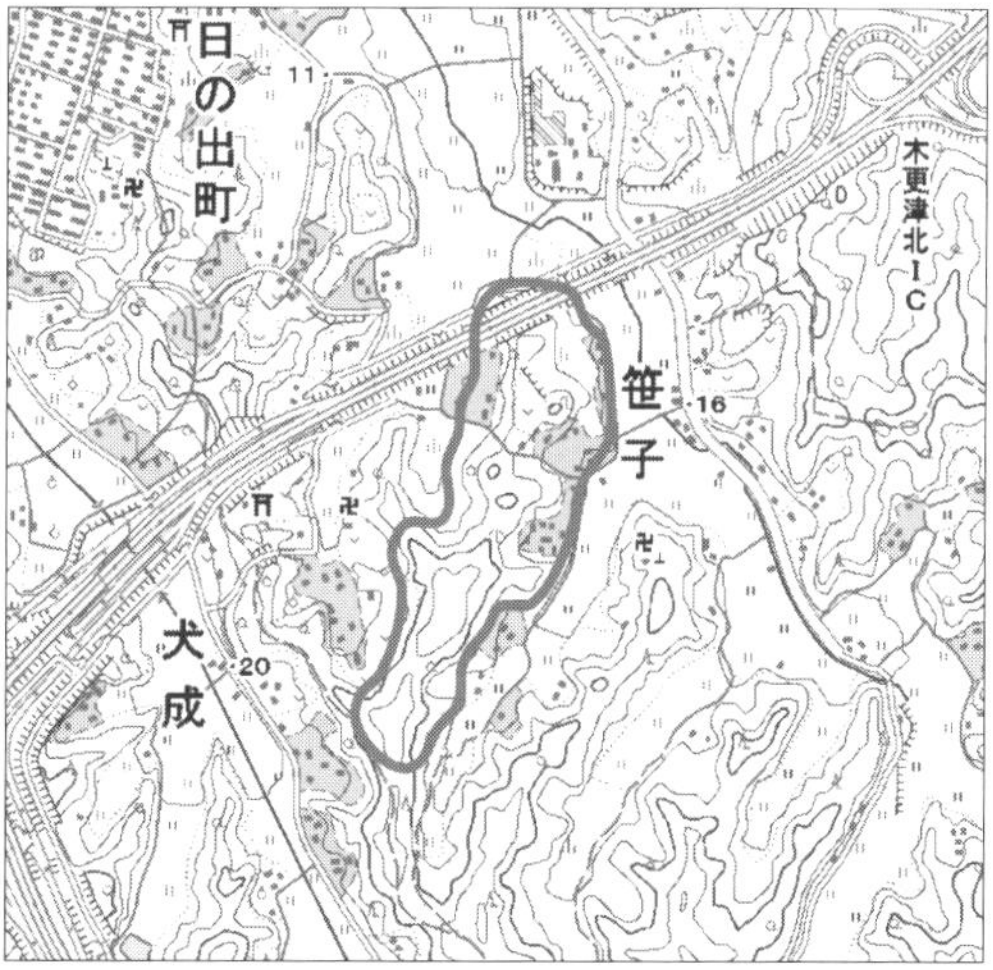

＊1『東関東自動車道（千葉・富津線）埋蔵文化財調査報告書14―木更津市笹子城跡―』（千葉県文化財センター、二〇〇四年）。

＊2 林義雄『笹子城跡探訪の手引』、一九八四年・『笹子城実地調査概況報告』。

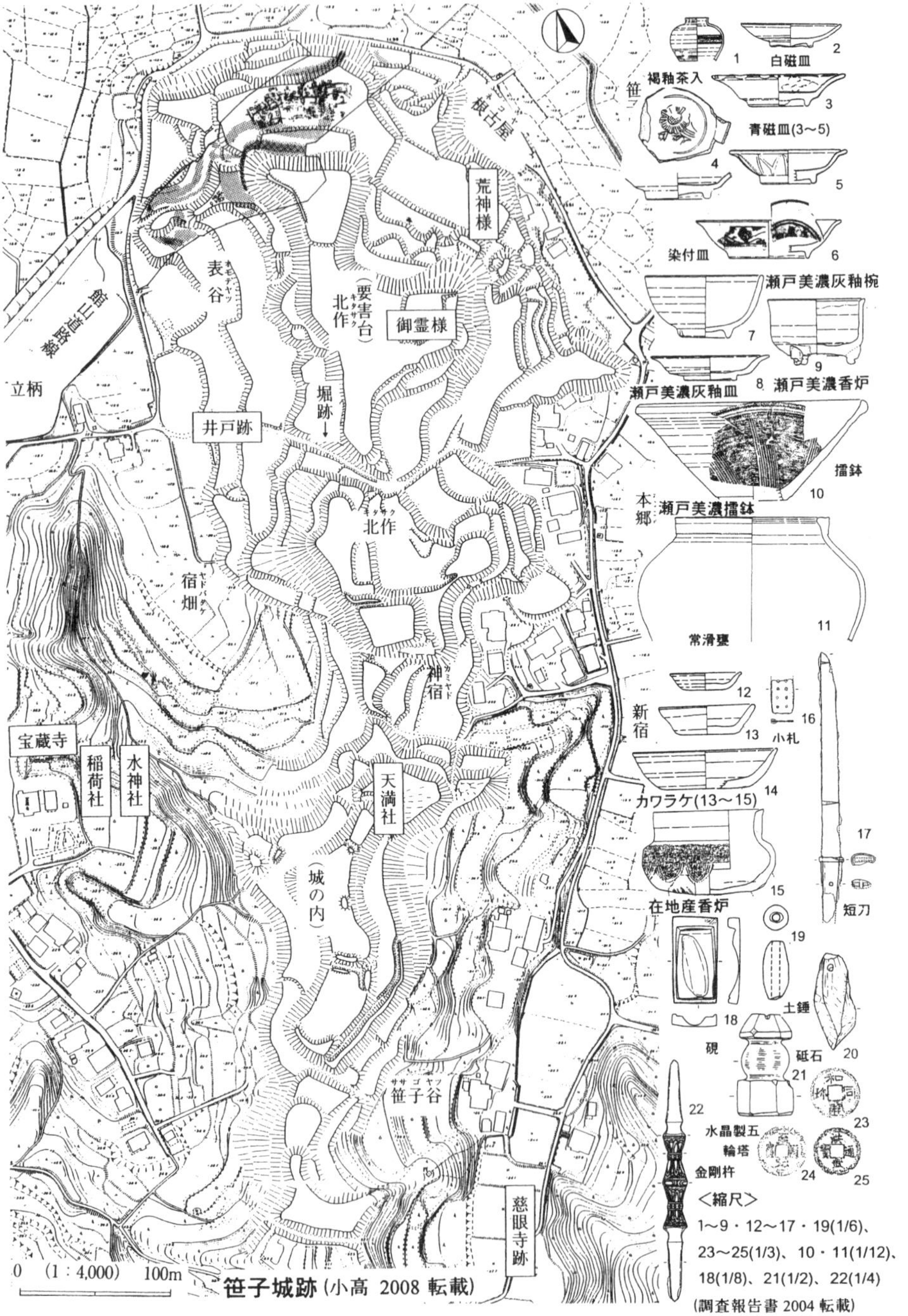
笹
根古屋
荒神様
表谷《オモテヤツ》
北作《キタサク》
（要害台）
御霊様
館山道路
立柄
井戸跡
堀跡↓
北作《キタサク》
宿畑《ヤドバタケ》
神宿《カミヤド》
宝蔵寺
稲荷社
水神社
天満社
（城の内）
笹子谷《ササゴヤツ》
慈眼寺跡
本郷
新宿
0　(1：4,000)　100m
笹子城跡（小高 2008 転載）
1 褐釉茶入
2 白磁皿
3
4
5 青磁皿(3～5)
6 染付皿
7 瀬戸美濃灰釉椀
8 瀬戸美濃灰釉皿
9 瀬戸美濃香炉
10 擂鉢
瀬戸美濃擂鉢
11 常滑甕
12
13
14 カワラケ(13～15)
15 在地産香炉
16 小札
17 短刀
18 硯
19 土錘
20 砥石
21 水晶製五輪塔
22 金剛杵
23
24
25
＜縮尺＞
1～9・12～17・19(1/6)、23～25(1/3)、10・11(1/12)、18(1/8)、21(1/2)、22(1/4)
(調査報告書 2004 転載)

縄張り図　作図：小高春雄

れる。土坑とピット群との関係は定かでないが、一部に柱穴列と想定される並びも見られる。西側の小規模な平場も同様で、この一角が墓域となっていたことを物語っている。

要害台と寄場との間では、数条の堀が検出された。寄場寄りの一条と要害台直下で切り合った二条の計三条である。結論からいうと、寄場寄りの一条は築城にともなうもの、あとの二条は戦乱、それも天文の内乱にともなって掘り直されたものだろう。寄場が墓所として使われたのは、この間のことである。もっとも山際の堀は最後の戦いの後、埋め戻されて二メートル近い盛り土がなされていた。これは城破りの結果だろう。さらに、寄場北側にも二条、西側の平場には三条の堀がめぐっていた。なお、寄場中央を南北に分断する堀の中央には、枡形状の虎口がみつかっている。

要害台西側は表谷《おもてやつ》と称し、三段の段差が確認される。最上段は丘陵直下の山際にあたり、現状は断続する狭い平場群である。筆者は以前、大堀切手前の道際崖面に明瞭な薬研《やげん》堀を確認したが、位置や形状から、山際の堀と対応するもので、堀の窪みがまったく認められないことなどから、西側も埋め戻されたのだろう。

中段は幅二〇～三〇メートルに及び、北端の調査範囲で上段の崖下からめぐる堀がみつかっている。また、下段もほぼ同じ広さと形状で、同じくその北端部で中段の縁をめぐる堀が検出されているので、寄場と同様の状況が想定される。しかし、こちらの平場が墓地として使われていたかはわからない。

北東山麓の茂田家屋敷地一帯を根小屋という。平場自体は南の三叉路付近まで続くことから、この一帯が根小屋と捉えられよう。裏山は、寄場から続く一段低い平場にあたり、広さに加え、明瞭な長方形の区画をなしており、家中の屋敷地でもあったのかもしれない。その南側は、斜面に大きく三段の平場が存在し、現在は民家の敷地となっている。なお、東側には検出された堀に

笹子城の重複する堀　画像提供：千葉県教育委員会

上ノ城南端大堀切

接続するような堀切があるが、その先の大規模な竪堀から先ははっきりしない。

要害台の南は、大堀切を隔てて通称神宿《かみやど》となる。神宿とは上宿《かみじゅく》のことと思われ、その西側谷間は宿畑《しゅくばたけ》、同東側山麓を新宿という。これに対応する下宿・古宿の名は見当たらないが、位置関係からすれば、上宿が古宿、新宿が下宿に相当しよう。この地区は、大堀切から続く尾根上に方形の区画（八幡社あり）があり、北側尾根続きに空堀と土塁、南側に堀切がみられる。要害台より高い点など、詰めの曲輪として捉えられようか。その北東下にはまとまった平場があり、御殿部かもしれない。なお、一帯の周囲には切岸状の法面整形がみられる。この西側は大堀切と掘割道によって分割されているが、要害台方面から三段の平場が続く。ただ、ここにも時期差のある三条の堀がめぐっているかどうかはわからない。

問題となるのは、八幡社を見下ろす南方の通称城の内（上ノ城）である。北側に三日月堀を配し（中央に土橋あり）、間を小規模な堀と土塁で三分割し、背後の尾根続きはきわめて大きな堀切で画する。また、周囲は明瞭な切岸整形を施し、結果として裾を平場が廻っている。なお、後述する東麓中段の城主末裔と伝える民家は、屋号を表《おもて》と称する。木戸はこちらに求められようか。

尾根続き南には、さらに明瞭な二本の堀切があるが、手前のものは登り切った先に設けており、城の内を防御する意図がうかがえる。尾根上も多少の手を加えており、ここまでが広義の城内とみるべきだろう。その先南端の堀は、國學院大學図書館蔵絵図に「五郎太夫堀」（地元では五郎太

上ノ城東側中段空堀

上ノ城を分割する中央の堀

夫堀切）とあるもので、これは一種の捨堀である。さらに、南の伊豆島との境界付近には同じく南口大木戸とあり、この間には経塚《きょうづか》と七つ塚がある。

【歴史】 笹子城は従来、『群書類従』巻三八六合戦部一八に収められる「ささこおちのさうし」・「なかおおちのさうし」によって説明されてきた。すでに両書については、天正十五年の奥付があり、「かなづかいほんのごとくうつしおく」とある点や、文体や用例などが中世末期の様相を色濃くのこすなど、国文学の分野では、少なくとも原型はほぼ室町期に成立したと考えられてきた。しかし、大野太平氏をはじめ、歴史系研究者の間で低く評価されてきたのは、軍記物文芸とでも称すべき内容に加え、基本的な事項に錯誤がみられると判断されてきたからである。これは、資料の性格からしてある意味当然だろうが、それではまったく参考の域を出ないのであろうか。

武田氏の嫡系は信隆（祖父信政）で、その一族が笹子城主三郎信茂である。また、信隆の伯父に大学助信秋・義信父子、他に一族の有力者として小田喜城主朝信がおり、彼らが一族の中心人物として登場する。

信隆の近臣に堀之内・国吉両氏がいて、信茂の家臣に鶴見内匠助信長（原文のぶなか）、後藤兵庫助信康（原文のぶやす）がいた。彼らが信茂討伐の事件の黒幕で、主人公である。堀之内・国吉両氏の讒言で信茂討伐を命じられた鶴見・後藤両氏は、城内で首尾よく討ち果たした。このとき、討伐軍を「鶴見が中の庭」に隠し置いたというから、鶴見氏は笹子城内（城下）に屋敷を有した重臣であったのだろう。なお、信隆は信茂の怨念でまもなく他界したという。

その後、監物河内なる人物（近辺の小領主か）は鶴見の舎弟を養子にしていたにもかかわらず、後藤の三男を婿に迎えたことから、義兄弟であった後藤と鶴見は仲違いし、鶴見は大学助父子に援兵を頼み、監物の屋敷を焼き払った。後藤は縁者である小田喜城（現大多喜）の武田朝信に助

上ノ城南端の土塁（櫓台）

上ノ城南側の切岸と堀切

けを求めた結果、朝信は北条氏や千葉氏に援軍を頼み、天文十二年（一五四三）陰暦七月に笹子城に押し寄せた。

信茂に代わり笹子城主となった鶴見は、覚悟を決めて待ち受け奮戦したものの、堀底から鋤鍬《すきくわ》で実城《みじょう》の側面を崩されるに及び、母に最後の別れを告げた後、曲輪に戻って一戦し、敵（萩原某）の手にかかって首を取られた。これが「ささこおちのさうし」のあらすじである。

次に、後編にあたる「なかおおちのさうし」にも、関連上ふれておきたい。

事の次第に、収まらないのは鶴見が頼みとした大学助父子で、安房の里見義堯に後藤討伐の使者を送ったところ、義堯は正木氏に命じ、一千余騎を従えて（翌天文十三年）四月に後藤のいる中尾城を取り囲んだ。城内には後藤のほか、北条氏から送られた援軍（福室氏七十三騎）が籠城してこれに備える一方、里見側は大将義堯以下、正木時茂・時政・時忠ほか七百余騎、それに大学助父子五百騎、総勢千四五百騎であった。里見軍は義堯の下知のもと、一気に城内目がけて攻め登ったところ、たちまち福室は討ち死にし、後藤は逃亡を図るも捕らえられて自害し、幼い末の子までもが斬られた。戦が終わり、首実検の最中に信茂の化身した雷雲が現れたところで話は終わり、最後に君臣の道を説いて完結する。

それでは、この両草子にあるような事件が実際にあったのだろうか。信茂の系譜は不明ながら、信清ないし信嗣の代に分かれた有力な一門であることは間違いなく、笹子城も永正期頃には築かれていたかと思われる。要害台の発掘調査結果を検討すると、丘陵中段に最初の箱堀をめぐらした時期（Ⅰ期）、その堀を埋め、平場が活用された時期（Ⅱ期）、中段および裾内側に薬研堀をめぐらし、一部は内部を画して中央に枡形門を設けた時期（Ⅲ期）、前代の堀を埋め戻して（一部は生かす）、新たにその内側により深い薬研堀をめぐらす時期（Ⅳ期）、と大きく四期が想定される。

上ノ城北端中段の土橋

このうち、主要な平場に土坑やピットが多く遺されたのはⅡ期であり、Ⅲ・Ⅳ期が戦乱に対応することになろう。

年代については、通例用いられる藤沢瀬戸・美濃編年[*3]によれば、古瀬戸後期Ⅳ段階から始まり、同Ⅳ期から大窯1段階に主体があり、大窯2段階に至って急減するという内容である。古瀬戸後期Ⅳ（新）段階が実年代で一四六〇～一四八〇年、大窯1段階が一四八〇～一五三〇年代後半、同2段階が一五三〇年代後半～一五六〇年代に想定されていることから、これをそのまま当てはめれば、主体は文明年間後半から天文初期ということになる。

しかし、これをもってそのまま笹子、というより要害台の年代幅とするのは短絡である。耐久性のある生活用品は、ある程度の年代幅をもって考えるべきで、笹子城の場合も後期Ⅳ段階、それも新段階以降ということであれば、当時使われていた陶磁器をもって入城するわけだから、そこに遺された遺物も一時期前のもの（中国製の優品ならなおさら）が遺って当然である。既述したように、出土した陶磁器の年代に加え、当城が武田一族の持城であることや、文明期（一四七〇年代）の真里谷氏入部以来、永正期には西上総の多くを傘下に収め、多くの一族・庶流が生まれたことも考慮すると、十五世紀末の明応期～十六世紀初頭の永正期頃に築かれたとみるのが妥当であろうか。とすれば、Ⅰ期の堀がそれに比定されよう。

その後、真里谷氏は本拠の望陀《もうだ》・畔蒜両郡のほかに、信嗣から分かれた佐貫・峯上の信秋系、信清から分かれた小田喜の朝信系と大きく三分され、繁栄期を迎えた。笹子城のⅡ期は、その反映ではないか。だが、要害台の調査範囲は城の中段テラスということもあってか、中・下層階層の人々の墓域として使われた可能性が高い。

この分家筋は時とともに自立化し、三極鼎立（真里谷・佐貫・小田喜）となったようだが、と

＊3　藤原良祐「瀬戸・美濃大窯製品の生産と流通―研究の現状と課題―」（『財団法人瀬戸市埋蔵文化財センター設立一〇周年記念シンポジウム・講演会資料集』（瀬戸市埋蔵文化財センター、二〇〇一年）。

りわけ信清の生存中から、公方家の対立とも絡んで内部で対立が生じていた。その結果が、天文三年～六年にわたる「上総錯乱」であり、天文十二～十三年の笹子・中尾両城を舞台にしたのが、最後の大きな戦いであった。

そこで、あえて比定すれば、天文初期の内訌にあたり、新たに掘られたのがⅢ期の堀で、同十二年の鶴見籠城に関わるのがⅣ期の堀となる。両者は形態・構造・めぐり方が類似し、Ⅲ期の面では遺構数が限られるなど、それほど年代の懸隔も感じられない。また、Ⅳ期の堀の覆土中位からのまとまった石塔の出土は、すでに指摘されているように、敵対する側によるとみられるが、それも「笹子落」に対応するものだろう。天文十四年には里見氏が佐貫に入っており、同十三年頃には重臣正木氏の小田喜入部があったらしいことなど、天文十年代後半には真里谷からその北の一部のみをかろうじて抱えていたとみてよい。この点、両草子の登場人物や、出土陶磁器の下限など、それほどの齟齬もない。

Ⅳ期、つまり最後の堀の埋め戻しは、城破りの類型と捉えられよう。Ⅳ期の堀は、いったん埋没（自然堆積）後に中途まで掘り下げた段階で中止し、その後は単に埋め戻すに留まらず、広範囲にわたって二メートル近く盛り土さえしている。おそらく、落城した後、いったん放って置かれたものが、再度取り立てを意図したものの、途中で変更されて城破りに及んだものであろうか。現在、Ⅳ期の堀がめぐっているような辺り、とりわけ、要害台西側中段では堀の痕跡は感じられず、単に帯状の平場がめぐるのみであり、埋め戻した結果だろう。東側でも、宅地により旧状復元が難しいが、調査区東端のトレンチで同様の盛り土が確認されている。

では、堀の埋め戻しはいつのことだったのか。これについては両草子には言及がなく、また、笹子（城）そのものが天文期以降の記録に見えず不明である。真里谷氏は、天文二十一年頃の信

犬成宝蔵寺本堂前の中世石塔

東側丘陵の寺社地―阿弥陀寺・慈眼寺跡―

応の死去を契機に滅亡したようで、天文末期から永禄初期にわたる北条氏による房総侵攻、それに対する永禄三年から同七年までの里見氏の反攻と、その後も当地をめぐる情勢はしばらく流動的であった。ようやく安定したのは、永禄末以降である。

城の内地区でみられる城郭の特徴は、養老川水系上流域における十六世紀後半代の、里見氏の境目城と思われる大羽根城や平蔵城山城で確認される。城の内地区が、要害・神宿地区とは別個の城郭として、前者の城破り後に取り立てられた（前期笹子城に対して後期笹子城）可能性を指摘したい。

さらに、そこにいた主体については、天保三年（一八三二年）の奥付がある「上総日記」に、著者の聞き取りとして「松の林なしたる高き山」は正木大膳の城跡とあり、しかもその末が正木氏を憚り、氏を替えて今に至っていると記している。高き山とは城の内のことであり、末とは正木氏の子孫との所伝のある柴崎家のことだろう。

そうすると、永禄末から天正初期の間に後期笹子城は、里見領国で境目城の一翼を担っていた可能性があると考える。具体的には、土岐氏に対する布施殿台城・大野城、長南武田氏に対する小田喜城と養老川水系の大羽根城・平蔵城山城、小弓原氏に対する蔵波城・久留里城、そしてこれに後期笹子城を加えたい。おそらく、天正五年の相房一和（北条勢力との領土確定）にともない、新たな役割を負ったものだろう。里見一族に準じる正木氏の派遣も、その一環と捉えられるのではないか。

湊川河口の石山に築かれた城

30 天神山城《てんじんやまじょう》

①富津市海良
②（正木兵部大輔）―（峰下衆）
③房州石の山塊を切る堀切
④湊川の河岸と採石場

天神山城と根小屋（手前は湊川）

【立地】富津市海良《かいら》字天神台ほかの丘陵に所在する。丘陵は南端が山頂にあたり、次第に降って川寄りは広い平場となり、湊川が北麓を洗っている。湊川の河口近くにあって、対岸に湊の町並みをまじかに望む開けた高丘ながら、山並みは険しく、東側は小河川がめぐるなどまさに要害の地である。標高は山頂で一一〇メートル、北側中腹平場で三五～四〇メートル、北東根小屋で一〇メートルほどである。

なお、地山は海良石と呼ばれる礫混じり砂岩（竹岡層）であり、近世から近代にかけて盛んに採掘され、城址の各所に切り立った採石跡が確認される。

【構造】天神社のある広大な平場（天神台、現在住宅地）と南側高丘の山頂および周辺の腰曲輪、その背後の堀切群が主な遺構である。

天神台は、川へ向かって緩やかに傾斜する約一〇〇メートル四方の平場で、北

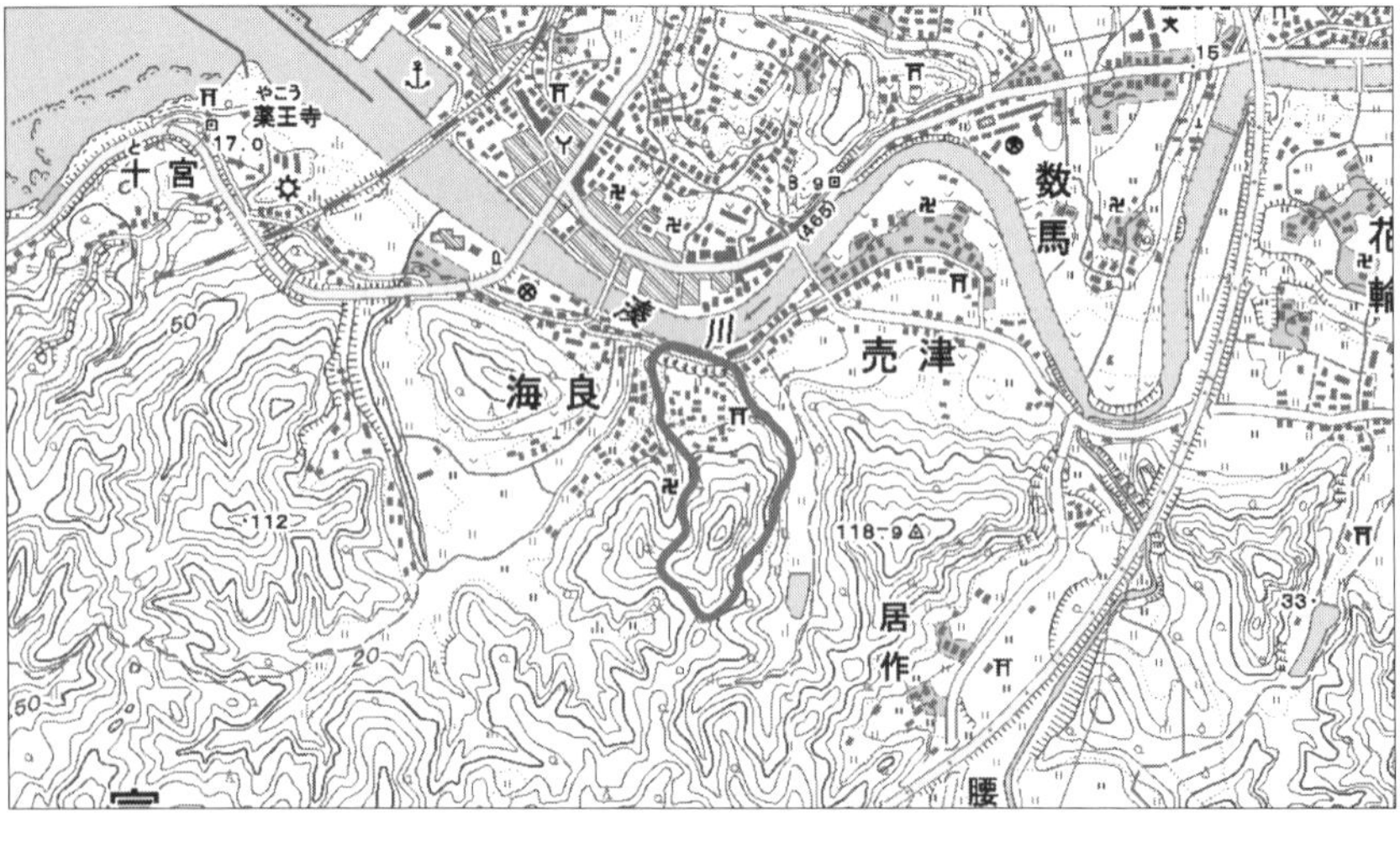

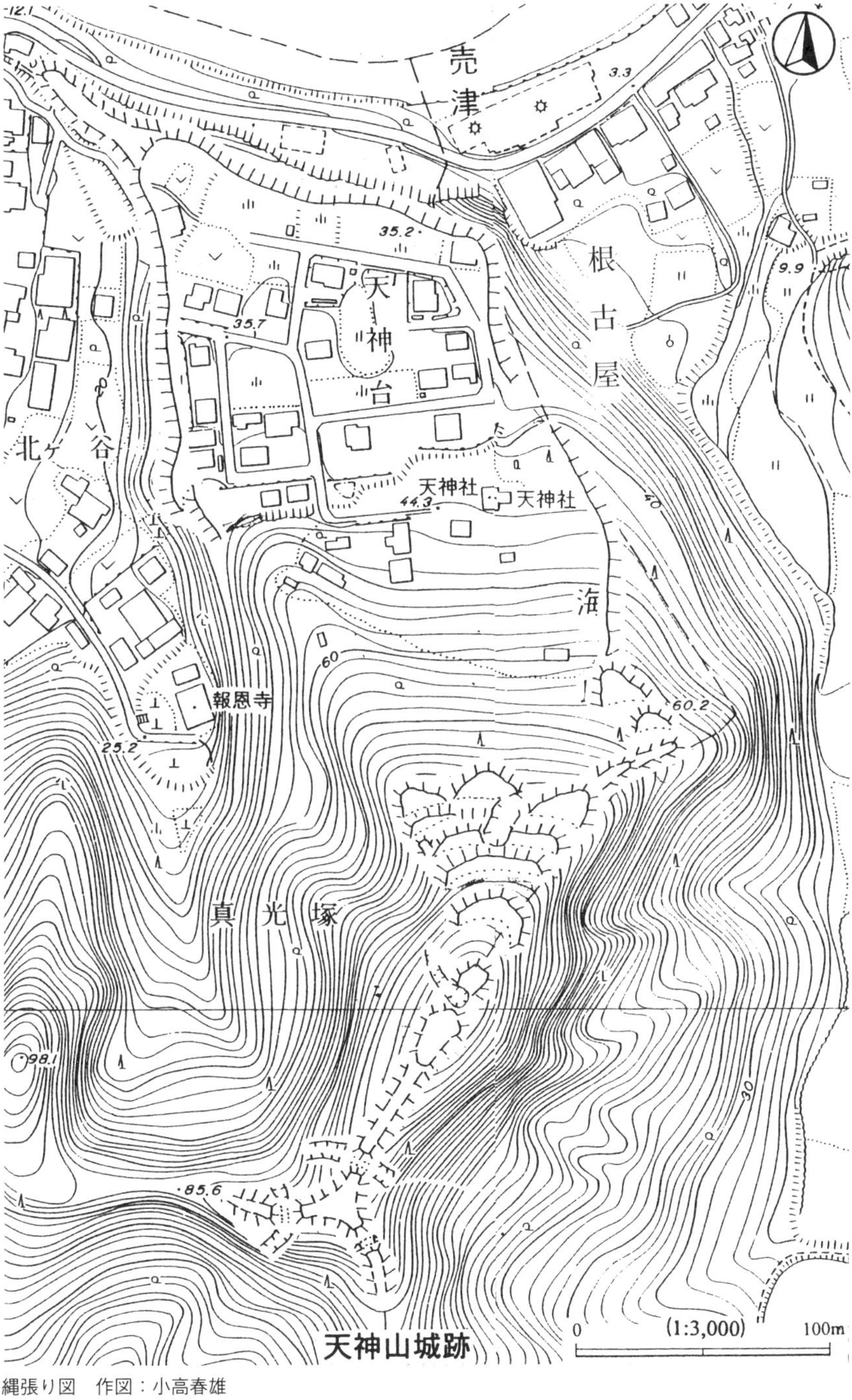
売
津
3.3
9.9
35.2
根
古
屋
天
神
台
35.7
北ヶ谷
天神社
44.3
天神社
海
60
60.2
報恩寺
25.2
真光塚
98.1
85.6
30
40
0　(1:3,000)　100m
天神山城跡

縄張り図　作図：小高春雄

側は湊川、東西は切り立った崖となる要害の地形である。住宅地ということもあり、旧状はわからないが、本来は何らかの区画があったのだろう。かつて、「縄文時代から歴史時代にかけての遺跡を発掘調査した時に空堀の一部とも思われるものが発見された」とあるが[*1]、それ以上の詳細は不明である。北西川沿いには細尾根が延び、木戸はこの北西方向にあったと思われる。

南側は、緩斜面を経て山頂に向かうにつれ、急勾配となったところに幅一〇～一五メートル、奥行五〇メートルほどの腰曲輪がある。ここから約二〇メートルで山頂となるが、その間にも小規模な平場が散在する。山頂は、南北二〇×東西一〇メートルほどの細長い平場があり、北側の山塊には後世のものらしき改変（掘り込み）がみられる。

山上背後２番目の堀切

山頂は孤峰で、眼下の湊市街はもちろん、東西の旧峯下諸村を広く見渡すことができる。山頂平場の背後には、主尾根を切る堀切があり、さらにその先の分岐した支尾根もそれぞれ断ち切っている。西側堀切の場合、末端は竪堀状となり、谷に落ちている。その先の痩せ尾根を経た西側丘陵部も踏査したが、採石場跡が随所にみられる一方、城郭遺構は確認できなかった。この堀切群は、いずれも尾根を垂直に切り落とし、底部は平に整形する手法で、造海や峰上など、当地特有のやり方といってよい。

このほか、北東山麓の字根古屋にもふれておかねばならない。東側谷部は広さもあり低平で、

＊1　『富津市史』通史編（富津市、一九八二年）。

湊川沿いの河岸としては適地である。ということは、ここから城内に至るルートもあったのだろう。今後の課題である。

以上が、現存する遺構の概要である。内容としてはシンプルで、南東谷奥の君ヶ谷城跡と類似する内容といえる。なお、北西の谷間には真言宗報恩寺《ほうおんじ》が所在する。

【性格】 当城は、従来さして注目もされず、わずかに松本勝氏が遺構の概念図と若干の解説を試みた程度であった。[*2] 理由は、文献に乏しく、構造的にも比較的単純なためであろうが、湊川河口近くに位置し、かつ市街を見下ろす高台にあり、明瞭な戦国城郭であるという点で見過ごせない城である。伝承としては、「文明年中、環城主真里谷氏の築く所にして、後里見氏の武将戸崎玄蕃頭勝久之に居たり」とあるが、[*3] 真里谷氏はともかく、戸崎氏が久留里の北の戸崎城主と同じか、あるいは一族としても、その関係はどうみたらよいだろうか。とりあえず紹介するに留める。

天神山城から見た湊川河口方面

それはともかく、東約五キロに峰上城、南西約三キロに百首城があって、当地はまさしく両城が辿った歴史そのものであったといわねばならない。とはいえ、峰上・百首に対して当城が中世の文書・記録にほとんど現れず、近世地誌類に散見するのは、ひとえに主に対して従たる存在であったとみるべきだろう。問題はその主だが、伝承を信じれば峰上ということになり、真里谷武田氏の抱え城としてよい。

しかし、天文～弘治にかけては北条氏が当地周辺を席巻し

＊2　「天神山城跡」『千葉県所在中近世城館跡詳細分布調査報告書Ⅱ—旧上総・安房国地域—』（千葉県教育委員会、一九九六年）。

＊3　『千葉縣誌』巻下。

ており、弘治三年（一五五七）にはその軍勢が集結していたことが確認される。[*4] すなわち、下総船橋で調達した兵糧を天神山へ船で届け、南条・大貝・富塚諸氏に渡すよう、船奉行に命じている。この天神山が天神山城を指すことはほぼ間違いなく、「兵糧着岸相違なき所」とあるなど、湊川岸辺には津としての機能も存在した。

この文書では、それ以上のことはわからないが、当地周辺は天正三年に「里見家の臣正木大膳太夫の一族同兵部太輔の再興」[*5]とする鴨川市長安寺《ちょうあんじ》末の相川見性寺《けんしょうじ》・売津海龍寺《かいりゅうじ》、さらにその末寺にあたる横山福田寺《ふくだじ》・田原正覚寺《しょうかくじ》・更和善福寺《ぜんぷくじ》などの諸寺が存在する。宮山長安寺が正木氏所縁の寺（時茂開基か）であることはいうまでもなく、正木氏、それも兵部太輔が居城とした可能性があろう。とはいえ、彼は一度は北条氏に味方し、その後（永禄三年から四年頃）は没落したらしい人物で、見性寺の記録では天正十二年六月十五日に没したとする（見性直心居士）。没落後も当地に留まった結果だろうか。

なお、峰上城が峰上衆の拠り所とすれば、こちらは峰下衆の拠点となろう。[*6] 滝川恒昭氏によれば、彼らは野中氏を盟主に仰いだ存在で、商人・職人としての側面も有する人々であったという。[*7] 彼らの行動はときとして、里見と北条間を振り子のように動く存在に映るかもしれないが、それは表面的な見方で、その地の有力者たちが境目なるがゆえに、その条件を逆手にとった行動であったと考えたい。

---

*4　久保木実氏所蔵文書

*5　『君津郡誌』下巻。

*6　永禄十一年の八雲神社棟札銘には「上総国嶺下郷岩坂村」とある。

*7　「上総天神山湊と野中氏」（『千葉県の文書館』第四号、一九九九年）。

安房富浦の土豪忍足氏が在城

31 三《み》直《のう》城《じょう》

①君津市三直
②忍足治部少輔
③明瞭な虎口と土橋
④小糸川中流域を一望する丘城

【立地】小糸川下流域の広い谷底平野を南に見下ろす、中位の段丘端に立地する。標高はおよそ四〇メートル弱で、比高差からして、それほどの要害地ではない。地山は砂層であり、そのうえにローム層がのっている。

【構造】松本勝氏[*1]と矢野淳一氏[*2]の概念図がある。筆者も以前に踏査したが、先端から三郭が並列する、南端が実城、間は中城、北端は外城というような、わかりやすい縄張りである。以下、そのように仮称して概説する。

実城は縦横四〇メートル足らずの略方形の曲輪で、中城側を除いて縁に土塁はなく、周囲は急斜面とはいえ自然地形にまかせている。北側中央虎口から土橋伝いに中城に至るが、間は横一文字の空堀で分断する。

中城は実城より若干小さいものの、周囲は縁に低い土塁がめぐる（東側は不明瞭）。東西の両斜面は中位に腰曲輪状の狭い段差が認められる。実城同様、北側中央に土橋があり、外城と連絡するが、空堀との間にはテラス状の細長い平場がある。これが旧状を伝えるものかどうかは判然としない。なお、この空堀

城跡遠景

＊1　『千葉県所在中近世城館跡詳細分布調査報告書Ⅱ—旧上総・安房国地域—』（千葉県教育委員会、一九九六年）。
＊2　『君津市史』通史（君津市、二〇〇一年）。

実城虎口（手前は土橋）

実城虎口付近土塁

東側は、曲輪北東の出張りと呼応して折りをなす。

外城は、曲輪自体は前二者より広いものの（およそ南北五〇×東西四〇メートル）、縁辺には土塁もみられない。しかし、西側は空堀、北側も子細に観察すると幅の広い堀の痕跡が確認され、その東端は明らかに曲げている。

空堀を隔てた外城西側は、あえていえば一種の出曲輪で、西側には空堀が明瞭ながら、北側は現状で段差のみとなる。ここは、後世に曲輪内が活用され、旧状が損なわれた可能性が高い。このほか、矢野氏が推定したように、外城先の細長い空間もあるいは一つの曲輪とみるべ

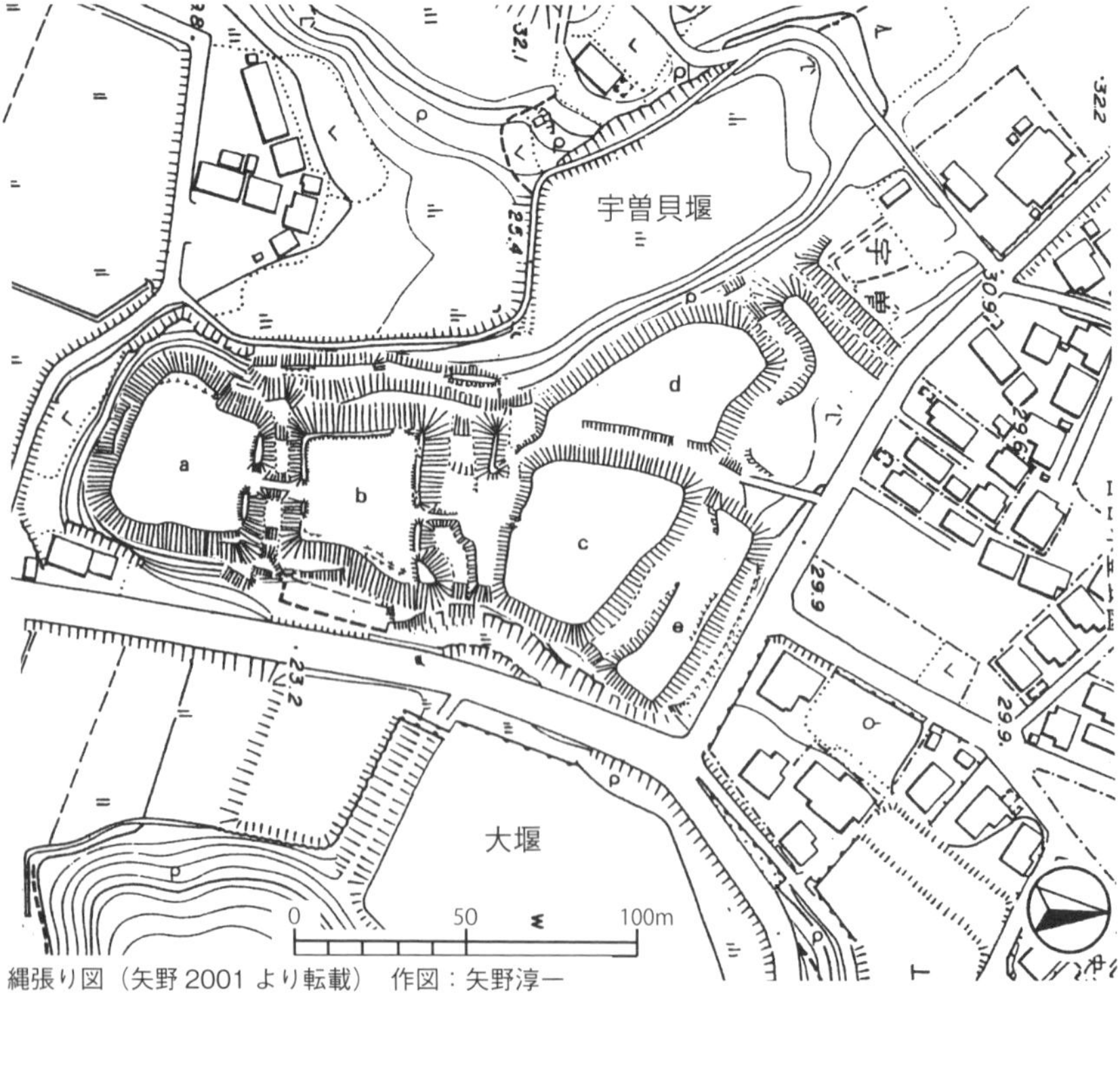

縄張り図（矢野2001より転載）　作図：矢野淳一

きかもしれない。というのは、『君津郡誌』などに「五郭に分つ」と記載されており、その五番目の郭がここに相当する可能性もあるからである。

以上、当城は平野に突き出た細長い台地を規格的に分割し、土橋や折りを随所に設けるという点では、下総の戦国城郭と同様である。さらに、それが以下に述べる安房出身の土豪であったという点で、注目せざるをえない。

【歴史】大正期の『千葉縣誌』巻下第三章城址には、「里見氏の将忍足治部少輔之に居り」とある。忍足《おしたり》氏といえば、旧富浦町に伝承を有する安房の旧族で、天文十四年（一五四五）の那古寺蔵の棟札には、表の大檀那義堯・義弘につづき、裏面の国衙奉行人正木時茂の後に小屋奉行として忍足美作守元次《もとつぐ》なる人物の名がみえる。那古寺といえば、里見氏の信仰篤い鶴谷八幡社の別当寺であり、他例からして、奉行は重臣クラスがあたっている。義堯親子と時茂のもとでその役に就いたということは、忍足元次その人の格を示すものであろう。しかも、天文十四年という年代は、ちょうど里見氏が上総への経略を押し進めた頃で、それは当城と忍足氏の結びつきと無縁ではないはずだ。

ところで、三直の対岸に

大手虎口

大手虎口の前の堀底道

中城前面の堀の屈曲

あたる常代光聚院薬師如来坐像底面墨書銘[3]には、永禄八年（一五六五）に周西政忠《すさいまさただ》を願主、檀那忍足小次郎、代官駒場・忍両氏のもと造像した旨を記すが、当寺の檀那とは常代《とこしろ》（君津市常代）の領主を意味し、その代官が両氏に相当するのだろう。忍氏は近世の里見氏分限帳にも名前のみえる氏族だが、駒場氏は出自など不明である。そして、当の周西政忠なる人物は姓からして、鎌倉期以来の周西氏の流れを汲む人物とみてよいだろう。この像は、銘文からもとは川田にあった東光寺《とうこうじ》のもので、光聚院縁起でも確認できる。[4]

同じく、常代正竜寺十一面観音坐像も旧東光寺の蔵になるもので、胸部墨書銘[5]から天正八年（一五八〇）に忍足治部少輔を檀那として造像（薬師と同一の仏師）されたことがわかる。小次郎と治部少輔が同一の人物かは不明だが、永禄期以降、忍足氏が常代の領主であったとみてよいだろう。

三直と忍足氏との関係は、天正八年六月に治部少輔が弘□（□不明）なる僧に天王台への新寺造立を許可した一件で確認できる。[6]天王台とは、大堰を隔てた三直城東の台地を指し（八雲神社の別名牛頭天王宮に由来）、新寺とは現在の真言宗忠善寺《ちゅうぜんじ》（別当寺）のことだろう。また、年未詳八月十七日付け里見義頼書状写[7]は、造海城主正木淡路守に宛てて出陣を命じたもので、中島（三直から約三キロ東の地）でいったん道具などを点検するよう指示した後に、忍足治部少輔手代に鶴見信濃守を立てたと記している。

三直の対岸にある常代城の主郭

三直忠善寺

おそらく、行軍の途次にそのような休憩・点検行為があったのだろうが、中島を含めた当地一帯では、忍足氏の「手代」として鶴見氏が加わったとみられる。前掲資料もあわせてみると、忍足氏は永禄期以降、旧周南・八重原・中一帯の支配を任されていたのだろう。

ただし、こと三直城との関係でみるならば、天正期に城の向かいに新寺を許可したというならば、それはとりもなおさず三直城、つまり新城の取立を暗示させるものがある。また、それが天正八年過ぎだとすれば、相房一和後の領域支配の拠点として築かれたといえるだろう（それ以前は常代城か）。この推測が正しいかどうかは、発掘調査などの検証によるが、当地の城郭史を考えるうえで、貴重な存在であることはいうまでもない。

＊3　『君津市内仏像彫刻所在調査報告書』（君津市教育委員会教育部文化課、一九九八年）。
＊4　『君津市史』史料集2（君津市、一九九二年）。
＊5　前掲報告書。
＊6　「上総国古文書」
＊7　「正木文書」

天正三年に築かれた万木城の向城

32 八幡城《はちまんじょう》

①いすみ市松丸八幡神社背後
②正木氏
③大規模な食違虎口と万木城の向城
④夷隅川中流域の崖端城

城跡遠望　万木城山麓から望む

【立地】標高約四五メートルの独立丘に立地し、土岐氏が居城とした万木城とは、夷隅川を挟んだ西側に対峙する。周囲は、夷隅川のなす谷底平野が広く展開し、きわめて眺望に富んだ地である。

【構造】全体が山林で、遺構がほぼ手つかずのまま残っている。また、次項に記すように、年代が押さえられる陣城として稀有の例でもある。それゆえ、ここではいくつかの要点に的を絞って、観察結果を記したい。

　縄張りの特徴としては、明瞭な虎口の存在がまず挙げられる。中央を南北に分断する大きな空堀の南寄りには、鍵型の出張りが見られ、これは食い違い虎口と判断される。前面の空堀は幅広の箱薬研状を呈し、北側には三か所の折を有する。注目すべきはその北端部の構造で、堀幅はそこで狭まり、しかも堀をいったん閉めるような土橋状の高まりが見られるのである。おそらく、これは堀内の移動を妨げたり、北側谷からの敵に対する

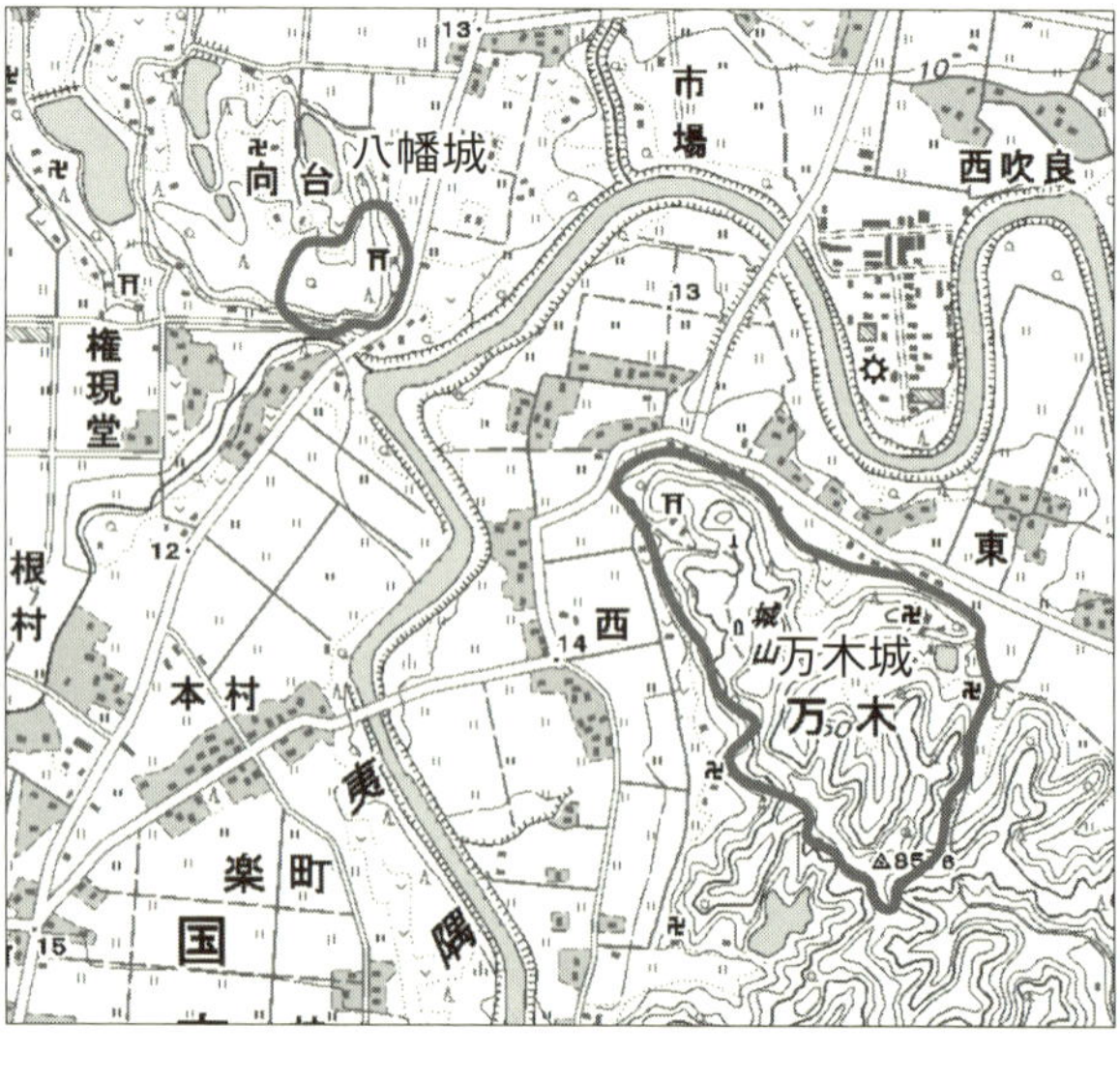

一種の普請手法だろう。食い違いの内側の堀、つまり南側から入った堀は前面の空堀よりなお大きく、縁には高まりがある。このあたりの理解は、門の位置ともあわせた検討が必要だろう。なお、城の正面自体は万木方面にあるものの、向城という性格から、こちらが表木戸になろう。

堀の東側が外郭に比定される。曲輪面は平坦で、周囲には土塁もない。北側は明瞭な腰曲輪が廻っており、ここには縁に沿って堀が廻っていた可能性がある。

外郭の東側に主郭があるが、こちらは区画性がなく、主郭というより内郭としておきたい。それも、この城の性格に関わるものだろう。外郭との間は幅広の堀で南北に分断されて

食違い虎口（手前は内側の堀）

食違い虎口（両側は空堀）

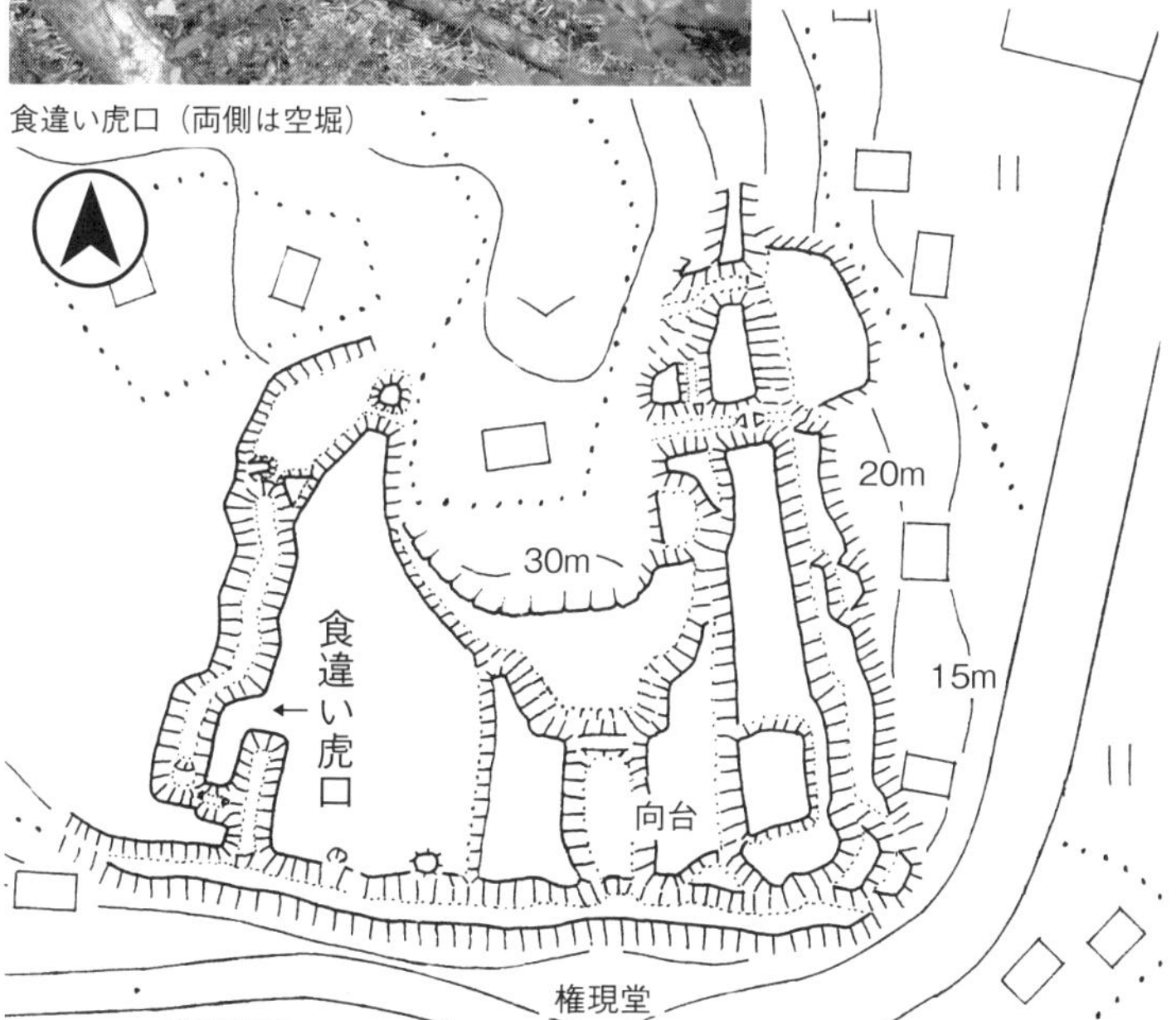

縄張り図　作図：小高春雄

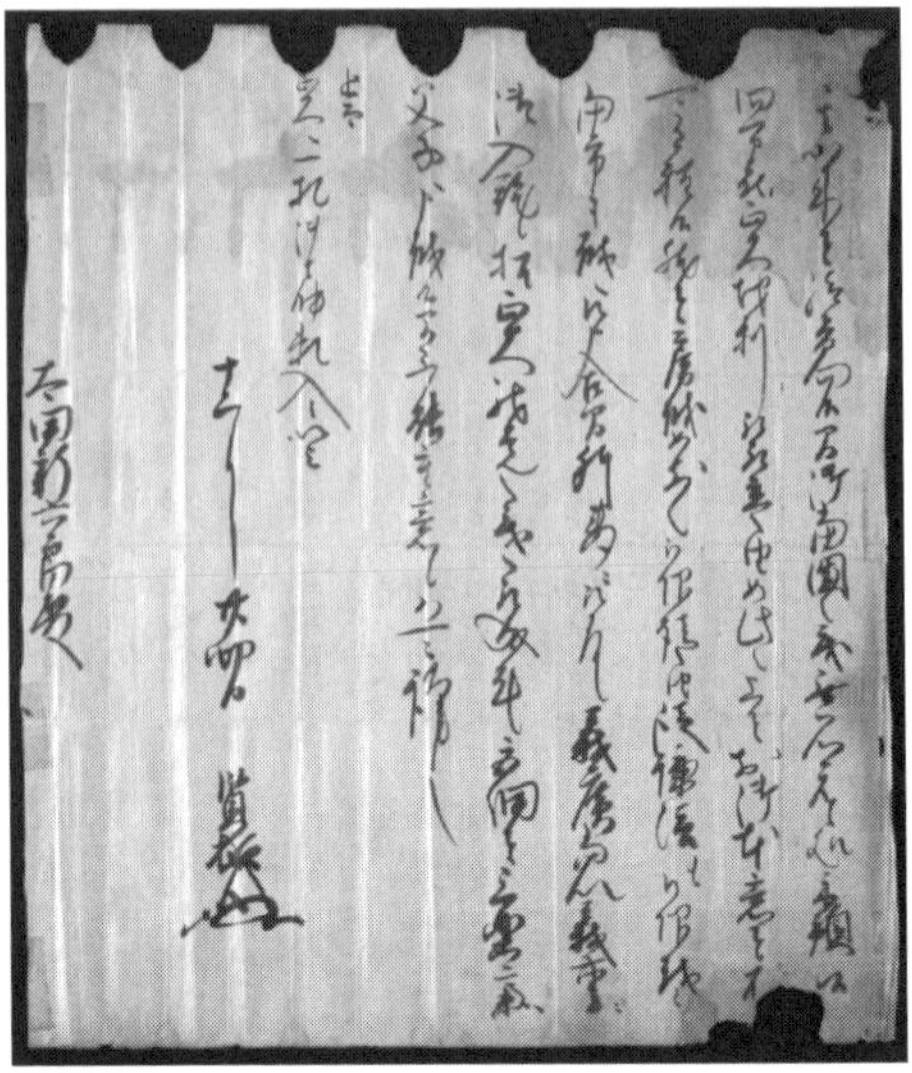

北賢哲書状（上野文書）　館山市立博物館蔵

内郭

内郭西側の空堀

おり、両者の連絡は北端の土橋（らしき高まり）でなされたかと思われる。また、堀の西側が一段高いのは、掘った土をここへ盛ったためかもしれない。

内郭は万木城に相対する位置にあり、この丘陵ではもっとも高位にある。周囲に土塁はなく、北側は一段あるも、概して自然地形である。しかし、夷隅川沿いには明瞭な切岸整形と腰曲輪が認められる。

その先に八幡神社裏の大堀切があり、より北側は自然地形となっていることから、ここまでを城域としてよいと思われる。位置からして、西側の一段低い平場（民家敷地）を含めた丘陵平坦部を広く囲い込むためだろう。なお、堀切は東側から横に招き入れるかのように掘られている。

以上、構造からみたこの城は、万木城に対する丘陵先端を戦国末期の手法で囲い込んだもので、要所のみ大規模な普請を施している。それが当城の性格に起因することは、言うまでもないだろう。

【歴史】　天正三年（一五七五）、常陸佐竹氏は一族の北賢哲を通して旧知の太田康資（この当時、江戸を逐われ大多喜の正木氏のもとへいた）宛てに正木氏への取り成しを依頼した。内容は、上杉氏が房州里見氏との同盟を復活したいと願っており、当家（佐竹氏）からもぜひお願いしたい、というものである。問題の箇所は、その前段にある。「向万喜ニ」は万木城に向かってということ、次の「地利被取立」とは城を築いたということで、かくなるうえは「御本意」、つまり万木城の落城は間近いだろう、と記しているところである。この場合、あくまで社交辞令の意味もあるので、落城云々は別問題ながら、向城を正木氏が築いたことは確かである。そして、年代は天正三年秋であることもほぼ間違いないだろう。

外郭西側堀

その後、土岐氏が一時的にも万木を離れた形跡もなく、かつ、天正四年には西筋が緊迫した情勢となるので、土岐氏の危機は去ったのだろう。正木氏にとって、夷隅川を挟んでいるとはいえ、やはりそこは敵地でもあり、しばらくは抱えたかもしれないが、機を見て引き揚げたに違いない。結果、そこに無傷の陣城が残されたのである。

房総の城郭史上、敵城と向城が完全に残され、しかも資料から年代が特定できる例がどれほどあろうか。なかでも、関宿城と山王山砦、臼井城と一夜城ほかは好例ながら、もはや旧状を偲ぶことさえ不可能である。この歴史的遺産は後世に伝えていく必要があろう。

万木城本丸

あとがき

筆者と城郭との触れあいは、そう古いことではない。小さい頃、兄が昭和三十年代になってようやく出回り始めた城の概説本を見ていたことを覚えているが、それに対して取り立てて興味を覚えたわけでもない。では、城にまつわる歴史はどうかというと、これも学校の社会科の延長にすぎなかったというのが実態である。

そのような私ではあったが、地理や地質には興味があった。地図帳はまったく見飽きることがなかったし、崖の断面、そしてそこに挟まれる岩石や化石を見るのが楽しみだった。しかしその後、文学書に傾倒するようになって、それらは記憶のなかの存在と化した。

考古学との出会いは、高等学校卒業後に社会人となってからで、遅い出発ではあったが、それが今日までの人生を決定した。多くの考古学徒（こんな言葉も現在では死語化しているが）がそうであったように、学問以前に土器の文様に感動し、はたまた古墳の石室《せきしつ》を開ける瞬間に魂を揺すぶられるような興奮を覚えた。そして、それが事実、自分の手で体験できることに夢中になった。城郭と出会ったのも、そのような頃であった。

久留里城の調査に携わったのは、学生時代の最後である。調査団長かつ城郭研究者の伊禮正雄先生から現地調査を任されはしたが、上総の歴史上、いかに久留里城の占める位置が大きいか、そのことを知るにつれ、責任の大きさを感じ、昼はひたすら現場に、夜は予算管理や折衝に奔走した。それでも、今となっては報告書を含め、経験不足の誹りは甘んじて受けるしかないというのが正直なところである。ただ、これが機縁となって伊禮先生との付き合いが始まった。先生は面白いことに、あまり城そのものについて自分の考えを述べたり、主張することはなかった。しかし、その一方、先生の学問に対する態度や考え方という点では大きな影響を受けた。個々の遺構や遺物はもちろん基本ながら、はるかに大きな世界があることを私に「示唆」してくれた。

それから、今度は暇を見つけては県内はもちろん、日本全国の城を訪ねた。近江、とりわけ観音寺《かんのんじ》城や安土《あづち》城の石垣は何日もかけて観察した。姫路《ひめじ》・丸岡《まるおか》・二俣《ふたまた》・神戸《かんべ》をはじめ、現存する櫓《やぐら》建築・天守台などもしかりである。また、房総ではほぼ皆無である畝状空堀群《うねじょうからぼりぐん》が山肌を廻っている様子にも感動した。それからすれば、当時の私の感覚からして、県内の城は自然の丘陵や台地を生かした地味な城という印象は否めなかったが、足元を固めたいという思いが膨らんだ。

とりあえず、私の故郷長生郡内の城郭の研究成果をまとめたのが三十代、続いて居を移した縁もあって旧市原郡、職場（大多喜町）と職種（歴史系博物館）が変わった夷隅郡内の研究成果をまとめ終えた頃には四十代になっていた。それも半ば、余暇の領域かつ締め切りのない仕事の常と割り切っていた結果でもあろう。というわけで、残りの上総二郡（山武・君津）、安房一郡を終えたのは約五年前のことである。つまり、その集大成が本書といっても過言ではない。

それゆえ、その観察結果や概念図の多くはその当時のものという有意さはあっても、観察眼は同一ではない。また、既述したようなわたしの履歴からして、欠落した領域もあろう。それでも、一つだけ強調しておきたいことがある。それは、房総の城郭はこの地なりの発達過程を歩んだということである。それも、半ばは複雑な地形・地質条件のなせる業であったろうが、同時に各谷間に拠った土豪層の一揆的なまとまりが、遅くまでその技術に反映されたのではないかとも思える。

しかし、後者の点は容易に片付く問題ではない。城郭が趣味の世界から〝学〟として脱皮するためには、多様なアプローチが必要である。そういう意味では、私の仕事は長い研究過程の一つのステージにすぎない。

平成三十年六月

小高春雄

【著者略歴】

小高春雄（おだか・はるお）

1951年（昭和26）、千葉県長生郡生まれ。現在、夷隅郡大多喜町職員。立正大学文学部史学科を卒業後、公立中学校教員を経て、千葉県教育委員会へ移る。財団法人千葉県文化財センター、県立博物館等勤務ののち、現在に至る。専攻は日本考古学（弥生時代）であるが、次第に中・近世考古学の領域に入る。

城郭関係の著書として、旧上総5郡（長生・夷隅・山武・君津・市原）、安房郡、下総1郡（匝瑳）の私家版城郭シリーズのほか、久留里城・佐貫城・岡本城・小西城・土気城・池和田城などの発掘・測量調査報告書、『千葉県の歴史』中世考古資料編（共著）、『佐倉市史』考古編（中世）ほかの市町村史などがある。

図説 日本の城郭シリーズ⑨

房総《ぼうそう》里見氏《さとみし》の城郭《じょうかく》と合戦《かっせん》

2018年8月10日 初版初刷発行

著　者　小高春雄

発行者　伊藤光祥

発行所　戎光祥出版株式会社

〒102-0083 東京都千代田区麹町1-7 相互半蔵門ビル8F

TEL:03-5275-3361（代表）　FAX:03-5275-3365

https://www.ebisukosyo.co.jp

編集協力　株式会社イズシエ・コーポレーション

印刷・製本　モリモト印刷株式会社

装　丁　山添創平

ISBN978-4-86403-297-1